近世日本海運史の研究

上村雅洋著

吉川弘文館

目次

序論……一

一　研究史……一

二　分析視角と本書の構成……七

第一章　近世海運の成立と展開……一八

一　払米市場と廻船……一八

二　河村瑞賢と近世海運の成立……三一

三　江戸・大坂幹線と商品流通……三六

四　北前船と地方廻船の発展……四二

第二章　近世の米穀流通と廻船の展開……四八

一　各港での米穀取扱状況……四八

二　大坂・江戸への廻米……五〇

三　城米輸送……五一

四　大坂登米輸送……五四

五　地方米穀市場と廻船の発展……五六

六　讃岐国直島の海難史料に見る米穀流通と廻船……五八

第三章　近世の商品流通と廻船の発展形態……七一

一　商品流通史料について……七一

二　讃岐国直島と海難……七五

三　商品流通経路と廻船……七七

四　廻船市場……八三

1　大坂周辺地域（八三）　2　北国・山陰地域（八六）　3　山陽地域（八七）

4　九州地域（九〇）　5　四国地域（九二）　6　東海地域（九四）　7　小括（九四）

第四章　菱垣廻船再興策と紀州廻船……一〇六

一　紀州廻船の動向……一〇七

1　紀州廻船の登場（一〇七）　2　明和―弘化期における艘数動向（一〇八）

3　廻船所有者動向（一一一）　4　紀州廻船の隆盛（一一一）

二　紀州廻船の菱垣廻船への合体……一一三

1　目的と誘因（一一三）　2　経過（一一四）　3　合体による積荷変化（一一八）

三　紀州廻船の衰退……一二〇

1　衰退の原因（一二〇）　2　合体後の経過（一二三）

第五章　紀州廻船業者の在村形態……一三〇
一　薗家の場合……一三〇
二　村上家の場合……一三六
第六章　有田蜜柑輸送と日高廻船……一五三
一　有田蜜柑の出荷形態……一五三
二　有田蜜柑の輸送状況……一五六
1　組株段階での状況(一五六)　2　積合・郡段階での状況(一六〇)
3　嘉永四年における状況(一六四)
三　廻船経営と蜜柑輸送……一六九
1　益久丸の経営(一六九)　2　揚力丸の経営(一七五)
第七章　新宮鵜殿廻船と炭木材輸送……一八一
一　新宮廻船と鵜殿廻船……一八一
二　熊野地方の炭木材輸送……一八六
第八章　尾鷲入津の城米船……一九八
一　史料について……一九八
二　城米輸送……二〇〇
三　城米船……二〇三

四　航路と滞船……二〇六
第九章　幕末・維新期の灘酒輸送……二一五
一　「一紙帳」と灘酒造地域……二一六
二　江戸積・浦賀積樽数……二一九
三　輸送廻船……二二一
1　艘数動向（二二一）　2　航海日数（二二四）　3　難船率（二二五）
4　風帆船・蒸気船の登場（二二七）
四　酒造家の手船……二三〇
第一〇章　幕末・明治期の赤穂塩輸送と廻船経営……二三九
一　赤穂廻船の動向……二三九
二　個別廻船の経営……二四三
1　利吉丸の経営（二四四）　2　長安丸の経営（二四六）　3　盛新丸の経営（二五七）
4　彩光丸の経営（二五八）　5　天祐丸の経営（二五九）　6　元亨丸の経営（二六〇）
7　有功丸の経営（二六二）　8　公正丸の経営（二六三）　9　凌雲丸の経営（二六四）
10　万全丸の経営（二六五）　11　久徳丸の経営（二六七）
三　奥藤家の廻船経営と塩取引……二六九
第一一章　近世阿波における廻船経営と手船化……二七九
一　所有形態……二八〇

二　活動状況……二八四
三　収支状況……二八六
四　積荷と手船化……二九一
第一二章　阿波国撫養における山西家の廻船経営……二九五
一　阿波をとりまく廻船……二九六
二　山西家の廻船活動……三〇三
三　徳一丸の経営……三〇八
四　幸福丸の経営……三一五
第一三章　阿波国撫養をめぐる商品流通と廻船……三二四
一　「入船帳」の分析……三二五
二　移入商品……三三三
三　移出商品……三三六
四　廻船経営……三三九
第一四章　塩飽廻船の水主と備前国南児島……三四八
一　塩飽廻船と廻米……三四八
二　元禄期の瀬戸内海運……三五一
三　味野村の廻船……三五九

第一五章　讃岐国塩飽廻船の機能……三六九
一　塩飽廻船の成立と人名制……三七〇
二　塩飽諸島と廻船業……三七八
三　廻船業の衰退……三八四
第一六章　石見国銀山領の城米輸送……三九七
一　大浦湊と城米集荷体制……三九七
二　城米輸送……三九九
三　城米輸送船の航行……四〇六
四　運賃と農民の負担……四一〇
第一七章　幕末期における越後国の城米輸送……四二〇
一　大坂廻米……四二一
二　西廻り江戸廻米……四二六
三　東廻り江戸廻米……四二八
第一八章　佐渡国入津船と商品流通……四三六
一　浦川港の客船帳……四三六
二　享保一〇年「諸廻船入津留帳」……四四〇

結論……四五三
一　廻船の発展類型……四五三
二　廻船と商品流通……四五四
三　廻船の性能……四五六
四　廻船の損益と運賃……四五九
五　廻船の経営形態……四六一
六　廻船と危険分散……四六五
七　廻船の近代化……四六八
あとがき……四七一
索引

図表目次

挿図

図1　直島諸島周辺略図……七五
図2　紀州廻船艘数動向と時期区分……一〇九
図3　酒値段と酒運賃との関係……一二一
図4　塩飽諸島略図……二五〇
図5　越後国城米積出湊……四二一

挿表

表1　蔵米積地および輸送船籍……五六
表2　蔵米輸送船の動向……六〇
表3　時期別海難件数……七六
表4　商品別件数一覧……七八
表5　大坂船籍の他国稼……八四
表6　船稼形態……九五
表7　廻船規模別内訳……九八
表8　船稼・船頭・廻船規模の関係……一〇〇
表9　比井若一王子神社廻船関係奉納物……一一一
表10　比井廻船積荷一覧……一一八
表11　米と酒の運賃比較……一二二
表12　薗家歴代当主一覧……一二一
表13　天明六年薗家財産引継目録……一二三
表14　文政九年薗家財産引継目録……一二四
表15　比井浦歴代庄屋一覧……一二八
表16　龍神丸新造費用内訳……一四三
表17　龍神丸の経営状況……一四四
表18　糸我組蜜柑出荷状況……一五六
表19　明和七年糸我積合出荷状況……一六〇
表20　有田郡年間蜜柑出荷状況……一六二
表21　嘉永四年蜜柑出荷状況……一六四
表22　嘉永四年江戸送蜜柑輸送状況……一六六
表23　益久丸稼動状況……一七〇
表24　揚力丸の積荷……一七五
表25　鵜殿廻船内訳（天保二年九月）……一八五
表26　魚崎村江戸積樽数・船数……二二〇
表27　今津村江戸積樽数・船数……二二一
表28　難船艘数・樽数……二二六
表29　風帆船・蒸気船の導入……二二八
表30　文久二年魚崎村酒造家の所有廻船と積荷（1）……二三一
表31　文久二年魚崎村酒造家の所有廻船と積荷（2）……二三二
表32　文久二年魚崎村酒造家の所有廻船と積荷（3）……二三二
表33　慶応二年今津村酒造家の所有廻船と積荷……二三三

表34　赤穂塩廻船艘数……二四三
表35　利吉丸の活動状況……二四五
表36　長安丸の活動状況(1)……二四七
表37　長安丸の活動状況(2)……二五一
表38　長安丸の活動状況(3)……二五六
表39　廻船利益動向と塩価……二七一
表40　奥藤家の廻船利益動向……二七三
表41　天保一二年七月山西庄五郎所有廻船……二八三
表42　元治二年山西庄五郎手船及び支配船……二八三
表43　伊勢丸の利益構成……二八八
表44　伊勢丸五か年損益計算……二九〇
表45　「入船出船通」の内容……二九七
表46　積荷と規模との関係……二九九
表47　冊子による規模別構成……二九九
表48　船籍と規模と積荷の推移……三〇〇
表49　山西庄五郎船の動き……三〇五
表50　徳一丸の乗組員と賃金……三〇八
表51　徳一丸利益構成……三一二
表52　幸福丸利益構成……三一七
表53　「入船帳」の積荷内容……三二六
表54　「入船帳」の積荷と廻船規模の関係……三二八
表55　「入船帳」の船籍と廻船規模の関係……三三〇
表56　「御品仕切帳」における商品額……三三二
表57　「諸上納之帳」における米穀移入量……三三四
表58　移入米穀の販売先……三三五
表59　弘化三年月別塩買入量……三三七
表60　弘化三年の塩買入先……三三七
表61　徳善丸利益構成……三四〇
表62　他国行船稼一覧……三五三
表63　大坂行積荷購入先内訳……三五六
表64　塩飽諸島高配分内訳……三七一
表65　人名内訳……三七四
表66　正徳三年塩飽諸島浦々明細……三七八
表67　延宝三年の牛島廻船所有者……三八一
表68　宝永二年の牛島廻船所有者……三八二
表69　蔵宿別廻船積高……四〇〇
表70　大浦湊積出江戸大坂廻米高……四〇三
表71　江戸大坂廻米船比較……四〇四
表72　大浦湊入津・出帆・出戻時刻……四〇九
表73　大浦湊より江戸・大坂廻米運賃高……四一一
表74　大浦湊積出江戸大坂廻米諸入用(文政八年)……四一三
表75　嘉永元年の江戸廻米運賃比較……四二九
表76　万延元年越後国海老江湊積建東廻り江戸廻米船……四三〇
表77　享保～明治一六年佐渡浦川港入津の諸国廻船……四三七
表78　安永七年以降浦川港山岸屋の客船……四三九
表79　船籍と廻船規模……四四二

序論

1　研究史

本書は、日本の近世海運を全国レベルで経済史的・経営史的に把握することを課題としているが、ここで改めてこれまでの近世海運史研究の動向を概観してみると、さまざまな分野から研究がなされてきたことがわかる。(1)

まず第一に、法制史的研究があげられる。この分野は戦前からの研究蓄積があり、そこでは海法史の研究に重点が置かれ、住田正一・中田薫氏の先駆的研究(2)がある。その流れを受けた研究として、長沼賢海・窪田宏氏の研究(3)や土佐藩の海事法制史を取り扱った吉永豊実氏の研究(4)が存在する。海難救助制度については、生島広治郎・金指正三氏の研究があり、特に金指氏は全国各地の難船史料を集大成された。(5)さらに、近世海運の最も発達した形態を備える菱垣廻船や樽廻船の難船処理方法を明らかにされた津川正幸・岩橋勝氏の研究(6)がある。他に「浦手形」などの難船史料が全国各地で発掘され、それらを用いた難船に関する研究が各地で盛んに見られるようになった。すなわち、徳山久夫・小林茂・利光三津夫・家令俊雄・中田四朗・渡辺勲晏・舟橋三雄・村瀬正章・近藤恒次・島谷良吉・末永国紀氏などの諸研究(7)である。そして、積荷の海難損金に対処しようとした近江商人の海難積立準備金についての江頭恒治氏の研究(8)も見られた。また、幕府法や藩法などによって近世の海運制度について明らかにされた研究としては、西村圭子・安達裕之氏の研究(9)がある。これらの研究は、近世海運の特徴・限界を制度的に明らかにするものであった。また難船事例により実際の商品輸送状況が、廻船の性格とともに個別具体的に明らかになり、難船処理に対する法制的手続きだけではなく、難船を通じて輸送船の性格や積載商品の流通の在り方が問題とされるようになってきた。

第二に、海運論的研究があげられる。それは、交通論・海運論の立場から日本海運の経営形態の近代化を理論的に説明しようとするものであった。その研究としては、佐波宣平・富永裕治・佐々木誠治・下条哲司氏の研究(10)があげられる。これらの研究により日本海運の近代化の過程で近世海運の経営形態が問題とされるようになった。そこでは、自己運送から他人運送という海運の発展形態を近世における菱垣廻船と樽廻船との競争や北前船における買積形態と菱垣廻船・樽廻船における運賃積形態の中に見出そうとした。このような海運業の近代化を経営形態の変化に求めて考える視点は、従来ほとんど取り上げることのなかった近世の廻船経営研究を押し進めるのに大いに貢献してきた。

第三に、技術史的研究があげられる。それは、工学技術的な側面から日本の廻船を把握しようとするものであった。その研究としては、石井謙治・松木哲・堀内雅文・加地照義・多田納久義・田村尚久・安達裕之氏の研究(11)があげられる。これらの研究により、大和型帆船の特徴とその経済合理性が明らかにされ、また積石数・反帆数・乗組員数の関係など廻船航行の基本的数値が明確になり、より精緻に廻船研究を行なう基盤が形づくられた。

第四に、社会史的研究があげられる。それは、社会史的・民俗学的な立場からより具体的に近世海運の実態に迫ろうとするものであった。その研究としては、金指正三・北見俊夫・師岡佑行・南波松太郎・牧野隆信・刀禰勇太郎・西窪顕山氏の研究(12)があげられる。これらの研究により、実際に廻船に乗り組んだ人々の生活ぶりや業務内容・慣習・信仰などが明らかにされ、近世海運の実態がより生き生きと描かれるようになった。

以上のようなさまざまな分野からの研究は、近世海運の経済史的・経営史的研究を発展させる上で大いに役立ったのであるが、近世海運史研究を促進することになった研究基礎史料・海運論文集・海運関係雑誌の刊行やこれらの研究を踏まえた概説・研究動向に関する論考も見られるようになった。

史料集としては、戦前からの『海事史料叢書』（全二〇巻）だけでなく、『続海事史料叢書』（全一〇巻）が引き続いて刊行され、島根県浜田の客船帳を翻刻した『諸国御客船帳――近世海運史料――』『近代海運史料――石州浜田廻船問屋記録――』、加賀藩の銭屋五兵衛の日記である『年々留――銭屋五兵衛――』、越前諸港の記録である『小浜・敦賀・三国湊史料』、北前船頭の日記である『北前船頭の幕末自叙伝――川瀬甚太夫一代記――』などの史料集が刊行された[13]。さらに、『瀬戸内御手洗港の歴史』など海運史料の豊富な地方の県史や市町村史の刊行[14]により、新たな史料が発掘され、海運史研究者の共有財産となった。

また、海運史研究を促進した要因の一つに、海運史関係の学会・研究会の発足がある。一九六二年には海事一般に関する歴史・法律・民俗・水産・考古・船舶・航海・海運などの分野の交流をはかり、資料の総合調査、一般への啓蒙など多角的な活動を行なうことを目的として日本海事史学会が、一九七五年には全国的な交通史研究機関の設立が要望され交通史研究会が発足し、現在に至るまで活発な研究活動を行なっている。研究誌としてそれぞれ『海事史研究』と『交通史研究』を刊行し、そこには数多くの近世海運関係論文が掲載されている。海運史関係の研究がある程度進んでくると、近世海運史関係の論文集も多く刊行されるようになっていった。『北陸と海運』『東北水運史の研究』『内海産業と水運の史的研究』『海事経済史研究』『日本海海運史の研究』『日本近世交通史研究』『日本近世交通史論集』『日本水上交通史論集』などの交通史関係の論文集が次々と刊行され[15]、そこには数多くの近世海運史関係の論文が掲載された。

このような研究をうけて、執筆者の専門分野にやや偏りが見られるものの、これまで近世海運に関する概説書が生み出されてきた。古くは住田正一・古田良一氏などの研究[16]があり、その後『日本の船』『船』『交通史』などの概説書が生まれた。[17] さらに、渡辺信夫・柚木学氏の研究[18]もあり、最近の研究水準を示している。近世海運史の研究動向については、商品流通史の立場から中井信彦・北島正元氏の研究[19]があり、海運史の立場からは、佐々木誠治・柚木学氏の研究[20]がある。

このように近世海運史研究は、進められてきたのであるが、次に本書の課題である近世海運史研究の経済史的・経営史的研究の動向を地域別に見ることにしよう。地域別に整理したのは、海運史の実証研究は史料的制約から、地域的性格の強い研究が中心とならざるをえないことによる。そこで、地域別に近世日本の海運を東廻り海運、日本海海運、瀬戸内海運、大坂―江戸海運、九州海運に便宜上大別して、研究動向を見て行こう。

東廻り航路と西廻り航路についての先駆的研究としては、古田良一・小川栄一氏の研究[21]がある。渡辺信夫氏は、津軽藩・秋田藩・南部藩などの諸藩における廻米体制や河村瑞賢の業績など近世海運の成立について明らかにされた。[22] 津軽・八戸については、工藤睦男・小山興久氏による津軽地方の廻船問屋・「客船帳」などの研究[23]や三浦忠司氏による八戸藩の産物輸送と海運の研究[24]がある。また、三陸地方の海運と海産物流通については、古田良一・細井計氏の研究[25]がある。さらに東廻り海運の関東内陸部河川との接続関係を明らかにしようとした渡辺英夫・浅沼正明・川名登・丹治健蔵氏の研究[26]が存在する。なお、西廻り海運や東北地方の河川輸送を含めた論文集として、前述した『東北水運史の研究』がある。

西廻り航路を中心とした日本海海運については、北前船研究に象徴されるように松前から長門まで近世海運の根拠地であるだけに、その研究蓄積は非常に潤沢である。松前・江差・函館の海運については、宮下正司・小林真人・榎森進氏の研究[27]があり、下北半島を中心とした海運については鳴海健太郎氏の研究[28]がある。そして、西廻り海運の成立に関する横山昭男・脇坂昭夫氏の研究[29]、秋田藩の廻米を取り扱った今村義孝氏の研究[30]が存在する。出羽などを中心とした城米輸送については、阿部善雄・石井謙治・本間勝喜氏の研究[31]があり、出羽への塩の流入

について の井川一良氏の研究[32]も見られる。越後・佐渡を中心とした米穀流通や海運に関しては、小村弌・渡辺慶一・富井秀正・中村辛一・柚木学・田上繁・佐藤利夫・田中圭一氏の研究[33]がある。

加賀藩の廻米・海運政策や廻船問屋については、若林喜三郎・水上一久・高瀬保・田中喜男・見瀬和雄氏の研究[34]、敦賀・小浜などの越前若狭の廻船業者や海運をとりあげたものに、山口徹・小野正雄・小葉田淳・脇田晴子・脇田修・刀禰勇太郎・印牧邦雄・印牧信明氏の研究[35]がある。他に北陸を中心とした日本海海運については、坂井誠一・長井政太郎・和泉清司・ロバート・G・フラーシェム氏の研究[36]も見られる。北前船については、日本海海運について叙述した研究では常に言及されているが、特に北前船について正面からとりあげたものとしては、越崎宗一・西村通男・堀田成雄・牧野隆信・古河嘉雄・新井建一・津川正幸・柚木学・中西聡氏の研究[37]があり、北前船の近代化については関順也・梅村又次・山口和雄氏の研究[38]が存在する。山陰沿岸を中心とした海運については、足立政男・真下八雄・中井寿孝・山中寿夫・津川正幸・横田健一・田中豊治・岩間洋樹氏の研究[39]があり、下関を中心とした海運交易については小林茂氏の研究[40]がある。なお、日本海海運については、前述した『日本海海運史の研究』『北陸と海運』『日本水上交通史論集』一巻（日本海水上交通史）、『日本水上交通史論集』二巻（続日本海水上交通史）の論文集があり、他にも多数日本海海運に関する論文が掲載されている。

瀬戸内地域は大坂市場を背後に控え、瀬戸内水軍に象徴されるように古くから廻船が発展し、さまざまな商品が輸送された地域であるが、瀬戸内海運についての研究は決して豊富であるとは言えない。長州の廻船については、吉本一雄氏の研究[41]、安芸・備後・備前の海運・商品流通については、脇坂昭夫・豊田寛三・黒正巌氏の研究[42]がある。阿波の廻船・商品流通については、泉康弘氏の研究[43]、讃岐の海運については、真木信夫・丸野昭善・土居光子・木原溥幸・徳山久夫氏の研究[44]、播州坂越の廻船については西畑俊昭氏の研究[45]がある。なお、瀬戸内海運については、前述した『瀬戸内御手洗港の歴史』や『内海産業と水運の史的研究』『日本水上交通史論集』三巻

（瀬戸内水上交通史）の論文集があり、他にも瀬戸内海運に関係する論文が収められている。

大坂―江戸の海運は、菱垣廻船・樽廻船に代表されるように、その研究は戦前から行なわれてきたが、ここでは菱垣廻船・樽廻船だけでなく、大坂―江戸の間に位置する地域の海運についても取り上げる。菱垣廻船・樽廻船については、竹越与三郎・古川洋三・佐々木誠治氏の研究によって、両者の競争史として研究がなされてきた。[46] その後、菱垣廻船については、十組問屋・商品流通史の側面から伊藤弥之助・福尾猛市郎・松本四郎・津川正幸・林玲子・中井信彦・馬場章・杉本嘉八氏などの研究がなされ、[47] 樽廻船については津川正幸・柚木学氏の研究があり、[48] 大坂・江戸間の海産物輸送についての清水三郎氏の研究や上方・奥州間の近江商人の商品輸送に関する江頭恒治氏の研究もある。[49][50] 地域別では、赤路洋子氏による和泉の廻船問屋、[51] 鳥羽正雄・中田四朗・和田勉氏による熊野の木材・米輸送と海運、[52] 末永国紀・青木美智男・斎藤善之氏による知多地方の海運、[53] 村瀬正章・中田四朗・仲見秀雄氏による三河・伊勢湾の海運、[54] 村瀬典章・川崎文昭氏による駿河・遠江の海運、[55] 西川武臣氏による江戸湾における海運の研究がある。[56] なお、大坂―江戸の海運については、前述した『日本水上交通史論集』四巻（江戸・上方間の水上交通史）もある。

ほかに、九州の海運に関する研究も存在する。九州諸藩の領主米の上方・江戸廻米を扱った中野等氏の研究、[57] 筑前の廻船についての高田茂広・中野等・千々布祐貴子氏の研究、[58] 対馬・博多間の海運を扱った尾道博氏の研究、[59] 豊後廻船についての豊田寛三氏の研究、[60] 薩摩の海運についての松下志朗・藤本隆士氏の研究がある。[61] そして、最近では前述した『日本水上交通史論集』五巻（九州水上交通史）の論文集が刊行され、他にも琉球を含めた九州海運に関する論文が多数収録されている。

以上、全国の海運研究を地域別に述べてきたのであるが、特定の地域だけでなく、全国的な規模で近世海運の動向を把握しようとした経済史・経営史研究も存在した。一つは鈴木直二氏による米穀輸送史研究であり、[62] もう一つは柚木学氏による海運史研究(63)である。

特に柚木学氏の研究は、地域的にも、また取り上げている問題においても、きわめて広範囲に及ぶものである。地域的には、上方―江戸間の海運（菱垣廻船・樽廻船）を初め、瀬戸内では讃岐の塩飽廻船・直島の廻船、淡路海運、日本海では但馬・出雲の北前船までを取り扱っている。菱垣廻船・樽廻船の問題でも、単に競争史としてとらえるだけでなく、酒造業研究の成果を生かして樽廻船所有者である灘目の動向や紀州廻船など菱垣廻船・樽廻船の内部動向まで把握しようとし、最終的に九店仲間の結成にまで及んでいる。それは、一方で樽廻船・北前船の廻船経営の分析として特徴づけられ、樽廻船の廻船加入や新造船計画、そして樽廻船経営の実態や賃積船である樽廻船経営と買積船である北前船経営との比較など廻船経営の特質を明らかにされた。また、近世廻米体制の確立を塩飽廻船の展開過程の中で位置づけ、北前船の経営実態を明らかにするとともに、北前船を北陸地方という一地方に限定することなく、新たに西廻り航路に航行した買積船であることに注目し、広く日本海海運史の問題として把握しようとした。そして、日本海沿岸の諸港に存在する「入船帳」や「客船帳」を用いて日本海を航行する諸国の廻船とその積荷を分析し、日本海をめぐる商品流通や廻船の性格をとらえようとした。このような柚木学氏の研究は、まさに包括的な海運史研究であり、本書の目指している近世海運史の経済史的・経営史的研究の一つの指針となるべき研究であると言えよう。したがって、本書は柚木学氏の研究をさらに押し進める研究であらねばならないと考えている。

二　分析視角と本書の構成

近世海運史を研究する意義について、まず示しておこう。それは、近世廻船がもつ二つの性格からくるものであった。

一つは、近世廻船の経済合理性に基づくものであった。それにはまず、近世廻船をとりまく経済的環境・社会的条件について述べなければならない。日本は、周りが海に囲まれており、地域間の交流は海上を通じて盛んに行なわれ、鉄道・道路網が発達する近代に至る以前における海上交通の重要性は強調するまでもないであろう。また、近世社会の海上交通は、鎖国によって、諸外国との直接的な交易が遮断されたため、沿岸航路の展開が近世社会の枠内で成熟し、それにともない廻船構造の経済性は極限にまで高められた。

そして、近世社会の経済構造からも、近世海運が果たした役割の重要性は否定できない。幕藩体制は、石高制を基盤としていたため、米納年貢の市場での換金が必要とされ、それは一定度の商品生産・商品流通を前提とするものであった。また、兵農分離により武士・町人は城下へ、農民は農村へと集住させられ、それぞれの営みに従事したため、そこには社会的分業が成立し、相互の物資交換を必然化させた。全国的規模では、それは一方に物資の消費地・集散地・加工地としての性格をもつ大坂と大消費地としての性格をもつ江戸という換金市場があり、他方に農産物生産地・手工業製品消費地としての性格をもつ地方があり、その間には経常的な商品流通が存在した。また、地方的規模では主として消費地としての性格をもつ町方と、主として生産地としての性格をもつ在方が存在し、そこにも商品流通が存立した。もちろん一方で、町方においても手工業製品の生産が行なわれ、それを消費する在方が存在したことは言うまでもない。したがって、近世社会には大小いくつもの商品流通網がはりめぐらされていたといえよう。このようにして成立した幕藩制的市場構造は、大坂・江戸を中心とする商品流通はもちろん、全国各地の間での商品流通を前提とするものであった。そして、これらの商品流通を大量に、しかも円滑に行なうことを可能にしたのが、廻船の存在であった。すなわち、ここに大量物資輸送手段である廻船が、幕藩体制下で重要な意味をもつこととなったのである。それゆえ、河村瑞賢による西廻り航路・東廻り航路の開発や菱垣廻船・樽廻船の出現が、幕藩体制の商品流通を円滑に維持していくためには、不可欠であったし、近世海運の確立が幕藩体制の確立と不可分な関係にもあった。そして、幕藩体制下における商品流通の進展にともない廻船の必要性はますます増大していったのである。

このような廻船をとりまく経済的環境の下に、近世廻船は船舶構造上その経済性を追求していった。すなわち、帆走性能の向上により逆風や横風での帆走をも可能とし、操櫓用の水主を不要なものとしたため、大幅な乗組員数の減少をもたらした。そのため、少数の乗組員で大規模廻船の航行が可能となった。たとえば、いわゆる千石船を走行させるにはわずか一五人程度の水主で十分であった。しかも、乗組員は蒸気船のような特別な資格や高度の航海技術を必要とするものではなく、実務経験を積み重ねることによって確保されていった。海路図や磁石の導入などの航海技術の改善ははかられたものの、鎖国のため外洋を航行する必要はなかったため、山や岬を見ながらの沿岸航行で十分であった。そのため、日和見が重要な問題となった。それは、廻船構造とも密接な関係があった。すなわち、近世廻船は静穏な航海に適応するように造られていたため、荒天時の航行には不向きであった。それは、船舶構造における水密甲板のない船体、脆弱な外艫、不釣り合いに大きい舵という特徴に表れていた。そのため、天候の厳しい冬の日本海での航行は不可能であり、安全性を確保するための日和見が重要となり、それは迅速性の欠如につながっていった。しかし、近世の商品流通においては、迅速性はそれほど重要な問題ではなかった。近世廻船に要求されたのは、大量物資の確実な経済的輸送であった。このように、近世廻船は廻船構造上きわめて近世的経済合理性を備えた廻船であったといえよう。それゆえ、海運活動の狭さのため各地に船型や構造の異なる多種多様な廻船が存在していたのが、商品流通の活発化・海運活動領域の拡大にともない弁才船という近世的廻船への脱皮が全国的に進展していったのである。

以上述べた近世海運史研究の意義が、近世廻船をとりまく経済的環境・社会的条件と廻船のもつ廻船構造とい

う ハード面に基づくものであったとすれば、もう一つの意義は、廻船のもつ廻船機能というソフト面に基づくものであるといえよう。

近世廻船は、蒸気船などに比べれば格段に割安であるが、当時としては巨額であった。たとえば、千石船一艘の建造費は一〇〇〇両以上もした。したがって、これだけの金額を一度に出資できる企業家は限られていたし、一瞬にして巨額の出資金が消失する難船の危険性を考えれば共同企業が成立するのも当然であった。そして、この合本組織を会社制度の先駆的形態の一つとしてとらえることもできる。共同出資は、廻船加入という形態で行なわれ、一仕建あるいは一年ごとに損益勘定がなされ、徳用配分・欠損負担がそれぞれの加入率に基づいて処理された。そして、海難による欠損や修復等の新たな費用についても加入率によって負担する仕組になっていた。もちろん、廻船加入は単に巨額資本の必要性、利益配当、危険分散だけの機能によって成立していたのではなく、荷主の優先荷積や集団的利益供与の意味も含まれていたことは、否定できないが、共同企業形態の一つとして注目されるものであった。また、廻船の所有者は、一艘だけでなく複数の廻船を所有するようになると、所有者が直乗船頭として直接に廻船に乗り込むのではなく、沖船頭を雇用する。どこまで沖船頭に権限があるかは別として、個別廻船の経営は沖船頭に委任し、所有者である船主（居船頭）と経営者である沖船頭の機能の分化が見られるようになる。また、廻船の経営形態には、買積（自己運送）と運賃積（他人運送）とが見られ、定期航路的な性格が付せられるようになると商業機能と運送機能とが分化し、より進んだ運賃積の形態が存在するようになっていった。そして、近世の廻船経営は買積が基本的な形態であったとはいえ、このように近世の廻船経営において商業機能と運送機能とが分化するまでに至ったということは企業形態の展開を考える上で注目されるものといえよう。

さらに、廻船経営においては、海難などの危険がともなったにもかかわらず、当時保険制度が欠如していたため、これをカバーするさまざまな工夫がなされた。一つは前述した共同出資による海難による船舶被害の分散であり、もう一つは自分の積荷が被害に遭わなくても積合わせ荷主が共同して被害積荷の損失を補塡する共同海損であった。他にも、特定荷主の商品のみを積み込まないという分散荷積による積込み方式の工夫が見られたり、万一のため海上金として荷主による自己積立金制度が設けられたり、実際の廻船航行に当たっても日和見には異常なまでに注意を払ったりしたのである。このように、保険制度が存在しないだけ、余計に危険分散に対する細心の注意・工夫がなされていた。また、万一海難に遭っても、迅速にその処理を行なえるように海難救助制度の整備がなされていた。このように廻船経営においては、企業形態から見ても近代会社企業の成立を考える上での無視しえない機能がそこに見出されるのである。

このように近世において廻船は、幕藩体制という経済的環境、すなわち商品流通を前提とした大量輸送手段の確保の意味からも、廻船のハード面である廻船構造上からも、また廻船のソフト面である廻船の機能上からも近世的経済合理性を備えた輸送手段であったといえるのである。それゆえ、近代的輸送手段が確保されるようになる明治期さらには大正期に至るまで和船の建造が継続して行なわれたのである。そこに近世海運史研究の意義が存在するものと考えることができよう。

このような近世海運史研究の意義を受けて、本書では具体的に次のような分析視角に基づいて叙述しようとした。そして、それは本書の特徴ともなっている。

第一に、時期的に江戸期から明治期にかけて、連続して把握しようとした。したがって、近世海運史としているが、実際には明治期まで言及した場合も多い。それは、史料を断ち切ってとりあげるのではなく、できるだけ一連の史料を利用する場合には、史料の性格上連続してとりあげたからである。それにより近世海運史の連続性、近代への転換をとりわけ強調したかったし、またそれだけ明治期に入っても和船のもつ沿岸輸送における重要性が高かったことにもなる。

第二に、本書では、できる限り新しい史料の発掘に努め、全国各地に残されている一次史料を重点的に用いることを心掛けた。したがって、本書では海運史に関する詳細な実証分析を行なっており、単なる海運政策や規制だけではなく、実態を具体的に明らかにすることに重点を置いた。すなわち、単にどういう法令がだされたとか、どういう規定になっているとか、どういう商品取引・商品流通の契約がなされたとかいうものではなく、実際どのように商品が移動したのか、どのような廻船が用いられたのか、実際どのような方策が施行されたのか、それは果たして効果をあげたのか、煩雑さを厭わず、個別の事例をとりあげて、明らかにしようとした。

第三に、本書では、できる限り数多くのデータを収集し、それを分析する手法をとった。すなわち、大量観察によって、できる限り全体像が浮かび上がるように注意した。たとえ、その史料一つだけをとりあげたのでは、部分的・断片的で細かな史料のように見えるものでも、丹念に史料を集積すれば、大量観察が可能となり、それを分析することによって大きな流れが明らかになると考えたからである。

第四に、本書は海運史の研究となっているが、単に海運史の研究ではなく、海運史を通じて、近世における商品流通の動向を明らかにしようとした。すなわち、廻船と商品流通の接点を考えて、近世の海運史をとりあげた。それは、現実に行なわれていた商品の流れを分析することであった。したがって、この研究は幕府や藩の政策・商人仲間の組織・商家の経営分析に依存していた従来の商品流通史に対する、ある意味では新しい商品流通史の試みであると考える。

第五に、海運史の研究といえども、単に経済史的手法だけでは十分に海運の実態が明らかにできないと考え、経営史的な側面を明らかにするため、廻船経営についても分析を進めた。また、廻船経営が、共同企業・加入形態・利益処分・危険分散などそれ自身近代における企業形態の機能につながる側面があるため、特に個別廻船の経営分析には力点を置いた。

第六に、日本海運史の研究であるので、本来なら日本全国の事例をとりあげなければならなかったのであるが、史料的・時間的制約、そして筆者の能力の限界もあり、本書でとりあげた地域は、比較的古くから廻船の発展が見られた西廻り航路を中心とした地域にやや偏ってしまった。特に東北地方から東廻り航路にかけての研究が手薄であるが、それでもある程度近世における日本海運の動向は把握することができたのではないかと考える。

そして、本書の構成を簡単に示せば、次のようになる。

第一章「近世海運の成立と展開」は、近世における海運の展開について、幕藩体制の成立・市場構造の変化・商品流通の発展にしたがい概観を試みた。近世海運史の枠組や商品流通との関係などを追究した。

第二章「近世の米穀流通と廻船の展開」は、近世海運に占める米穀取扱量の重要性を指摘し、江戸・大坂への廻米状況を数量的に把握し、近世における米輸送システムを市場の発展と関係させて概観した。

第三章「近世の商品流通と廻船の発展形態」は、讃岐国直島周辺で発生した難船とその積荷を分析することによって、瀬戸内を通過する商品の流通経路を明らかにし、その船籍から地域ごとの廻船の発展度を検討した。

第四章「菱垣廻船再興策と紀州廻船」は、樽廻船・菱垣廻船を構成した紀州廻船の動向を天保四年にいたる紀州廻船の樽廻船から菱垣廻船への合体を中心にその衰退原因を含めて考察した。

第五章「紀州廻船業者の在村形態」は、その紀州廻船の根拠地である日高郡薗浦の薗家と比井浦の村上家というともに代表的廻船業者をとりあげ、出自の問題・村落内での地位・所有地など在村での活躍状況の比較を試みた。

第六章「有田蜜柑輸送と日高廻船」は、紀州の有田蜜柑の出荷形態をその集荷組織と数量の実態を把握するとともに、その輸送状況を廻船への積込みと輸送を担当した紀州廻船を構成した日高廻船の経営について明らかにした。

第七章「新宮鵜殿廻船と炭木材輸送」は、熊野川河口に位置する新宮廻船と鵜殿廻船をとりあげ、両者の相違およびその重要な輸送荷物であった炭・木材の熊野産物の輸送状況を明らかにした。

第八章「尾鷲入津の城米船」は、尾鷲地域に寄港する城米船をとりあげ、城米の内容、城米輸送の積出地、城米船の船籍・規模、航路・日数などを具体的に明らかにしたものであり、尾鷲地域の風待ち港としての性格を見た。

第九章「幕末・維新期の灘酒輸送」は、灘酒造地の魚崎・今津から江戸・東京への灘酒輸送について、実際どれだけの樽数が輸送されたのか、どれだけの輸送船で運ばれたのか、どのように樽廻船から風帆船・蒸気船へ輸送船が転換していったのか。難船率や航海日数、さらに荷主である酒造家と船主としての酒造家の関係についても分析を加えた。

第一〇章「幕末・明治期の赤穂塩輸送と廻船経営」は、赤穂塩の輸送に携わった赤穂廻船をとりあげ、幕末・明治期における個別廻船経営における仕建回数や利益額などを見るとともに、廻船を通じて赤穂塩の仕入先と販売先との関係とその変化を明らかにした。

第一一章「近世阿波における廻船経営と手船化」は、阿波国の塩問屋である山西家が手船を所有する動きと、藍商の三木家との共同出資による伊勢丸の経営をとりあげ、出資形態・利益額・利益配分・手船と積荷の関係などについて分析した。

第一二章「阿波国撫養における山西家の廻船経営」は、阿波国に出入りする廻船について、その積荷から阿波地方へ出入りする商品の動向や輸送船の船籍・廻船規模・積荷との関係などを明らかにするとともに、同じく山西家の廻船経営についても所有形態・経営形態を中心に見た。

第一三章「阿波国撫養をめぐる商品流通と廻船」は、阿波国の撫養地方に出入りする移出入商品とその輸送を担った山西家の廻船経営について明らかにしたものである。

第一四章「塩飽廻船の水主と備前国南児島」は、塩飽廻船の根拠地である塩飽諸島の対岸に位置する備前国南児島地方の村々における船稼をとりあげ、塩飽廻船との関係、北国・江戸・九州・大坂・瀬戸内各地への廻船活動、南児島における中小廻船の発展について明らかにした。

第一五章「讃岐国塩飽廻船の機能」は、讃岐国の塩飽廻船をとりあげ、軍事用役を担った塩飽衆の活躍から城米輸送船としての地位の確立、城米輸送船としての特権の喪失、廻船業の衰退という塩飽廻船の動向を塩飽独自の制度である人名制の変質過程に注目しながら考察した。

第一六章「石見国銀山領の城米輸送」は、石見国銀山領における城米の集荷体制と江戸・大坂への輸送形態について、船籍・滞船・航行日数・運賃などにいたるまでその実態を分析した。

第一七章「幕末期における越後国の城米輸送」は、越後から江戸・大坂へ東廻り航路あるいは西廻り航路で輸送された城米および城米船について、それぞれ比較しながら、その特質を明らかにした。

第一八章「近世佐渡国入津船と商品流通」は、佐渡国へ寄港した廻船について、その船籍・廻船規模・入津時期・積荷などについて分析し、各地の廻船の動向と商品流通の一端を見た。

すなわち、第一章～第三章は、近世における海運業の展開と諸商品の輸送経路および廻船市場についての枠組（概観）を提示し、第四章～第八章は紀州における廻船（菱垣廻船・樽廻船・有田蜜柑・炭・木材輸送船・城米船）、第九章は灘の樽廻船、第一〇章は赤穂の塩廻船、第一一章～第一三章は阿波における廻船（塩・藍・魚肥・米穀輸送船）、第一四章～第一五章は讃岐の塩飽廻船（城米船）、第一六章～第一七章は石見国・越後国の城米輸送船、第一八章は佐渡国への入津船（材木・米輸送船）について、それぞれ廻船経営を含めた実証分析を行なったものである。

（1）近世海運史に関するまとまった文献目録としては、柚木学編「日本海海運史関係論文著書目録」（福井県立図書館・福井県郷土誌懇談会編『日本海海運史の研究』同会、一九六七年）、同「日本水上交通史文献目録」（柚木学編『日本水上交通史論集』第二巻、文献出版、一九八七年）、「近世交通史関係文献目録」（児玉幸多先生古稀記念会編『日本近世交通史研究』吉川弘文館、一九七九年）、細井計編「東北地方水運史関係論文著書目録」（東北史学会編『東北水運史の研究』巌南堂、一九六六年）、横山昭男「東北水運史研究文献目録」（地方史研究協議会編『流域の地方史――社会と文化――』雄山閣出版、一九八五年）がある。個別研究の内容を紹介・コメントすると膨大な研究史となるので、本書では研究文献をできるだけ多くとりあげることだけにとどめた。

（2）住田正一『日本海法史』（巌松堂、一九二六年）、のち同『日本海法史』復刻版（五月書房、一九八一年）、同『廻船式目の研究』（東洋堂、一九四二年）、中田薫「徳川時代の海法」（『法学協会雑誌』三二巻三号・四号、一九一四年）、のち同『法制史論集』三集（岩波書店、一九四三年）所収。

（3）長沼賢海『日本海事史研究』（九州大学出版会、一九七六年）、窪田宏『回船大法考――住田正一博士・「廻船式目の研究」拾遺――』（大阪経済法科大学出版部、一九八九年）。

（4）吉永豊実『土佐海事法制史』（山海堂、一九八三年）。

（5）生島広治郎「徳川時代に於ける海難救助の研究」（『国民経済雑誌』三四巻五号、一九二三年）、金指正三『近世海難救助制度の研究』（吉川弘文館、一九六八年）、同『日本海事慣習史』（吉川弘文館、一九六七年）。

（6）津川正幸「樽廻船輸送の海損分担」（魚澄先生古稀記念会編『国史論叢』同会、一九五九年）、同「菱垣廻船の海損清算事例」（『経済論集』三七巻四号、一九八七年）、同「菱垣廻船の海損清算事例」（柚木学編『日本水上交通史論集』四巻、文献出版、一九九二年）、岩橋勝「文政期菱垣廻船の海損精算」（宮本又次編『商品流通の史的研究』ミネルヴァ書房、一九六七年）。

（7）徳山久夫「近世讃州直島附近の海難」（『香川史学』七号、一九七八年）、小林茂「近世中期における讃岐船の海難について」（『名古屋学院大学論集』七巻四号、一九七〇年）、同「近世中期における摂津船の海難訴訟について」（『兵庫史学』五五・五六号、一九七〇年）、同「近世中期における西廻り航路の航海と海難について――響灘海難史料から――」（『郷土』一六号、一九七〇年）、近藤恒次「近世遠州灘難破船の研究」（愛知大学『総合郷土研究紀要』一輯、一九五五年）、のち同『近世の交通と地方文化』（名著出版、一九八六年）所収、島谷良吉「遭難廻船処理の法制史的研究」（『高千穂論叢』昭和四六年度、一九七二年）、利光三津夫「徳川時代の浦証文について――紀州熊野廻船難破の浦証文を中心として――」（地方史研究所編『熊野』同所、一九五七年）、家令俊雄「江戸時代熊野灘を中心とした難破船（三重大学学芸学部教育研究所『研究紀要』二六集、一九六二年）、同「近世における沈没廻船の城米引揚について」（『日本歴史』三〇九号、一九七四年）、中田四朗「奥熊野における御城米難船処理費の問題について」（『海事史研究』八号、一九六七年）、同「尾鷲市立中央図書館蔵の御用留にみられる難船」（同一一号、一九六八年）、中田四朗・渡辺勲晏「近世における熊野灘の海運――御城米船の難船処理・再積について――」（『三重史学』一一号、一九六八年）、舟橋三雄「近世における海難の浦方吟味とその防止策――熊野灘沿岸の御城米積廻船遭難の場合――」（『海事史研究』四九号、一九九二年）、村瀬正章「上総浦難破船不正事件について」（同四六号、一九八九年）、末永国紀「近江商人難船水死事故一件――行商活動の一駒――」（『経済経営論集』一四巻三号、一九八〇年）。

（8）江頭恒治「中井家の海上金について」（『彦根論叢』一〇一・一〇二号、一九六四年）、のち同『近江商人中井家の研究』（雄山閣出版、一九六五年）所収。

（9）西村圭子「寛政・化政期の海運制度」（『史艸』一六号、一九七五年）、同「幕藩期における海運法令の変遷」（『日本女子大学文学部紀要』二四号、一九七五年）、安藤裕之「鎖国と造船制限令」（『海事史研究』四〇号、一九八三年）、同「大船の没収と大船建造禁止令の制定」（同四八号、一九九一年）。

（10）佐波宣平「日本海運経営形態小史」（『経済論叢』六二巻三号、一九四八年）、のち同『海運理論体系』（有斐閣、一九四九年）所収、富永裕治『交通における資本主義の発展』（岩波書店、一九五三年）、佐々木誠治『日本海運競争史序説』（海事研究会、一九五四年）、同『日本海運業の近代化』（海文堂、一九六一年）、下条哲司「日本形船舶の衰退過程における日本海運業の近代化の三類型」（『経済経営研究年報』二八号（一）、一九七八年）。

（11）石井謙治「帆について――特に商船の積石数と帆の端数との関係について――」（『海事史研究』創刊号・二号、一九六三・

一九六四年）、同「菱垣廻船の菱垣について」（同三・四号、一九六五年）、同「北国地方における廻船の発達――とくにハガセ船・北国船・弁才船について――」（前掲『日本海海運史の研究』）、同「大型帆船の発達と海運――弁才船の発達史――」（『歴史公論』三巻二号、一九七七年）、同「御城米積船の船足基準と船足極印」（日本海史編纂事務局編『日本海地域の歴史と文化』（文献出版、一九七九年）、同「近世後期における廻船の航海――松前長者丸の場合――」（前掲『日本近世交通史研究』）、同『図説和船史話』（至誠堂、一九八三年）、松木哲「廻船之図絵」（『海事史研究』二号、一九六四年）、堀内雅文『大和型船――航海技術編――』（成山堂書店、一九八二年）、加地照義「鎖国時代の大和型帆船――とくに造船制限との関連について――」（『商大論集』二〇巻四号、一九六八年）、同「江戸時代の航海技術――海技の近代化序説――」（『同志社商学』二二巻五・六号、一九七一年）、多田納久義・田村尚久「弁財型帆船の帆走性能について」（『海事史研究』四一号、一九八四年）、安達裕之「近世における廻船の発達」（永原慶二・山口啓二編『講座日本技術の社会史』八巻　交通・運輸、日本評論社、一九八五年）、同「明治の帆船」（同書）、同「組船考」（『海事史研究』四五号、一九八八年）。

(12)　金指正三『日本海事慣習史』（吉川弘文館、一九六七年）、北見俊夫『日本海上交通史の研究――民俗文化史的考察――』（鳴鳳社、一九七三年）、師岡佑行編『北前船頭の幕末自叙伝――川渡甚太夫一代記――』（柏書房、一九八一年）、南波松太郎『船・地図・日和山』（法政大学出版局、一九八四年）、牧野隆信・刀禰勇太郎・西窪顕山編『日本の船絵馬――北前船――』（柏書房、一九七七年）。

(13)　住田正一編『海事史料叢書』全二〇巻（巌松堂、一九二九～一九三一年）、日本海事史学会編『続海事史料叢書』全一〇巻（成山堂書店、一九六九～一九八六年）、柚木学編『諸国御客船帳――近世海運史料――』（清文堂出版、一九七七年）、同『近代海運史料――石州浜田廻船問屋記録――』（清文堂出版、一九九二年）、若林喜三郎編『年々留――銭屋五兵衛――』（法政大学出版局、一九八四年）、福井県立図書館・福井県郷土誌懇談会編『小浜・敦賀・三国湊史料』（同会、一九五九年）、前掲『北前船頭の幕末自叙伝』。

(14)　魚澄惣五郎編『西宮市史』五巻　資料編二（西宮市、一九六三年）、伊丹市史編纂専門委員会編『伊丹市史』四巻　史料編一（伊丹市、一九六八年）、後藤陽一編『瀬戸内御手洗港の歴史』（御手洗史編纂委員会、一九六二年）、加賀市史編纂委員会編『加賀市史』資料編　四巻　北前船史料（加賀市役所、一九七八年）、御坊市史編さん委員会編『御坊市史』四巻、史料編II（御坊市、一九七九年）、新潟県編『新潟県史』資料編一〇　近世五　流通編（新潟県、一九八四年）、酒田市史編纂委員会編『酒田市史』史料篇　三集・四集　海運篇上・下（吉川弘文館、一九六六年・一九六九年）、浜坂町史編集委員会編『浜坂町史』（浜坂町役場、一九六七年）、河野村誌編さん委員会編『河野村誌』資料編（河野村、一九八〇年）、三国町史編纂委員会編『三国町史料』海運記録（三国町教育委員会、一九七五年）。

(15) 福尾猛市郎編『内海産業と水運の史的研究』（吉川弘文館、一九六六年）、堀江保蔵編『海事経済史研究』（海文堂、一九六七年）、福井県立図書館・福井県郷土誌懇談会編『日本海海運史の研究』（同会、一九六七年）、北陸総合学術調査団『北陸と海運』（北陸中日新聞社、一九六三年）、東北史学会編『東北水運史の研究』（巌南堂、一九六六年）、児玉幸多先生古稀記念会編『日本近世交通史研究』（吉川弘文館、一九七九年）、交通史研究会編『日本近世交通史論集』（同、一九八六年）、柚木学編『日本水上交通史論集』一巻　日本海水上交通史（文献出版、一九八六年）、同『日本水上交通史論集』二巻　続日本海水上交通史（同、一九八七年）、同『日本水上交通史論集』三巻　瀬戸内水上交通史（同、一九八九年）、同『日本水上交通史論集』四巻　江戸・上方間の水上交通史（同、一九九一年）、同『日本水上交通史論集』五巻　九州水上交通史（同、一九九三年）。

(16) 住田正一『海上運送史論』（巌松堂、一九二五年）、同『日本海運史』（明玄書房、一九五四年）、古田良一『日本海運史綱要』（経済図書、一九四三年）、同『日本海運史概説』（同文書院、一九五五年）、同『海運の歴史』（至文堂、一九六一年）、日本歴史地理学会『日本海上史論』（三省堂書店、一九一一年）。

(17) 石井謙治『日本の船』（創元社、一九五七年）、須藤利一編『船』（法政大学出版局、一九六八年）、豊田武・児玉幸多編『交通史』（山川出版社、一九七〇年）、横倉辰次『江戸時代舟と航路の歴史』（雄山閣出版、一九七一年）。

(18) 渡辺信夫「船による交通の発展」（丸山雍成編『日本の近世』六　情報と交通、中央公論社、一九九二年）、同「海上交通」（児玉幸多編『日本交通史』吉川弘文館、一九九二年）、同『海からの文化――みちのく海運史――』（河出書房新社、一九九二年）、柚木学「交通の発達」（岡光夫・山崎隆三編『日本経済史――幕藩体制の経済構造――』ミネルヴァ書房、一九八九年）。

(19) 中井信彦「近世封建社会における商品流通史研究の課題」（『歴史学研究』二二九号、一九五九年）、同「戦後の近世商品流通史の研究」（『地方史研究』五一号、一九六一年）、同「近世商品流通史の動向と展望」（『社会経済史学』二七巻四号、一九六二年）、北島正元「近世商業と交通・運輸」（『地方史研究』五八号、一九六二年）。

(20) 佐々木誠治「日本海海運史研究の最近動向」（『国民経済雑誌』一一二巻一号、一九六五年）、柚木学「近世海運史研究の動

向――菱垣廻船・樽廻船・北前船を中心として――」（『海事史研究』三・四号、一九六五年）、のち同『近世海運史の研究』（法政大学出版局、一九七九年）所収。

(21)　古田良一「東廻り海運に就て」（『史林』一六巻二号、一九三一年）、同『東廻海運及び西廻海運の研究』（東北帝国大学奥羽史料調査部、一九四二年）、のち前掲『日本海海運史の研究』所収、同「秋田家文書による文禄・慶長初期北国海運の研究」（『社会経済史学』一一巻三・四号、一九四二年）、同『河村瑞賢』（吉川弘文館、一九六四年）、小川栄一「東廻海運の一考察」（『社会経済史学』一〇巻八号、一九四〇年）。

(22)　渡辺信夫『幕藩制確立期の商品流通』（柏書房、一九六六年）、同「南部・津軽両藩と若越海運」（前掲『日本海海運史の研究』）、同「河村瑞賢と海運」（『歴史教育』一五巻一一号、一九六七年）、同「海運史上の酒田――河村瑞賢と北前船を中心に――」（『山形地域史研究』一三号、一九八七年）、同「近世海運の成立について」（『文化』三三巻一号、一九六九年）、同「幕藩領主と海運」（『歴史公論』三巻二号、一九七七年）、同「東廻海運の廻船機構について――明和安永期の石巻穀船積荷一件を通じて――」（『山形史学研究』一三・一四号、一九七八年）、同「東廻海運と石巻」（前掲『日本近世交通史研究』）、同「東廻海運の構造」（『交通史研究』八号、一九八二年）。

(23)　工藤睦男「青森湊廻船問屋儀定書」（『弘前大学教育学部紀要』一三号、一九六四年）、同「下北佐井湊松屋家の「廻船御客帳」」（同一五号、一九六五年）、同「近世中期津軽藩領西浜通りからの材木移出について――黒滝家文書を中心として――」（同三〇号A、一九七三年）、同「近世中期における下北半島の木材移出について――化政期の佐井・牛滝両湊を中心に――」（『海事史研究』二四号、一九七五年）、同「津軽深浦湊と幕末における廻船の入津状況」（同二八号、一九七七年）、小山興久「近世後期の青森廻船問屋経営」（前掲『東北水運史の研究』）。

(24)　三浦忠司「八戸湊の入津船と八戸藩の海運」（『八戸地域史』一四号、一九八九年）、同「八戸藩における藩政改革以後の海運と産物流通」（『地方史研究』二二一号、一九八九年）、同『八戸湊と八戸藩の海運』（八戸港湾運送株式会社、一九九〇年）、同「東廻り海運八戸藩の産物輸送」（前掲『日本水上交通史論集』四巻）。

(25)　古田良一「江戸時代の三陸沿岸の海運」（『東北学院大学論集』三五・三六号、一九五九年）、細井計「安永・寛政期における三陸海岸の海産物流通――仙台藩気仙郡綾里村を中心に――」（『歴史』三〇・三一輯、一九六六年）。

(26)　渡辺英夫「東廻り海運の初期段階――常陸国潮来を中心に――」（羽下徳彦編『北日本中世史の研究』吉川弘文館、一九九

〇年)、同「東廻り海運の展開――常陸国潮来をめぐって――」(前掲『日本水上交通史論集』四巻)、浅沼正明「関東に於ける近世初期貢租米江戸廻漕機構の成立過程」(『歴史地理』九〇巻三・四号、一九六二・一九六三年)、川名登『近世日本水運史の研究』(雄山閣出版、一九八四年)、丹治健蔵『関東河川水運史の研究』(法政大学出版局、一九八四年)。

(27) 宮下正司「松前藩と若越交通」(前掲『日本海海運史の研究』)、同「江差における廻船問屋の分析」(『松前藩と松前』創刊号、一九七二年)、同「西廻り海運と江差商人の北前船経営について」(前掲『日本水上交通史論集』一巻)、小林真人「藩主・藩士の手船所有と近世初期の松前海運」(『松前藩と松前』一九号、一九八二年)、榎森進「松前交易における日本海々運の発展形態」(『日本歴史』二七五号、一九七一年)、のち同『北海道近世史の研究』(北海道出版企画センター、一九八二年)所収。

(28) 鳴海健太郎「近世における下北半島の海運――日本海の海運を中心として――」(前掲『日本海海運史の研究』)、同『下北の海運と文化』(北方新社、一九七七年)。

(29) 横山昭男「近世初期西廻海運の発達に関する諸問題」(前掲『東北水運史の研究』)、のち同『近世河川水運史の研究』(吉川弘文館、一九八〇年)所収、脇坂昭夫「西廻り海運開発に関する二、三の問題」(前掲『日本海海運史の研究』)。

(30) 今村義孝「秋田藩と上方市場(概報)」(『歴史』三〇・三一輯、一九六六年)、同「秋田藩と若越海運」(前掲『日本海海運史の研究』)。

(31) 阿部善雄「江戸城米の廻送と蔵納――幕末期桑名藩預所城米を中心として――」(『史学雑誌』七二編一一号、一九六三年)、同「蔵元資本よりみた廻船業態の分析」(『海事史研究』六号、一九六六年)、同「城米廻送よりみたる越前三国湊」(前掲『日本海海運史の研究』)、石井謙治「西廻り航路における城米輸送について――特に航海関係を中心として――」(『交通文化』四号、一九六四年)、同「西廻りによる出羽江戸城米の廻送について――とくに航海関係を中心として――」(前掲『日本海海運史の研究』)、本間勝喜「近世中後期出羽幕領米の船中欠負――田川郡(庄内)を中心に――」(『交通史研究』二五号、一九九〇年)、同「近世中期出羽幕領の御城米輸送と請負」(前掲『日本水上交通史論集』四巻)、同「幕末期羽州庄内幕領の江戸・大坂廻米」(『交通史研究』二八号、一九九二年)。

(32) 井川一良「西廻り海運の発達と羽州塩業」(前掲『日本水上交通史論集』二巻)。

(33) 小村弌「西廻り海運成立前の米穀流通――佐渡・越後を中心に――」(前掲『内海産業と水運の史的研究』)、のち同『幕藩制成立史の基礎的研究――越後国を中心として――』（吉川弘文館、一九七九年）所収、同「幕末越能加三州の海運について」（『日本海地域史研究』二輯、文献出版、一九八一年）、のち同『近世日本海海運と港町の研究』（国書刊行会、一九九二年）所収、渡辺慶一「越後の御城米船積の研究」（小村弌先生退官記念事業会編『越後佐渡の史的構造』同会、一九八四年）、富井秀正「近世城米廻送について――近世後期蒲原郡岩船郡を中心として――」（同）、中村辛一「江戸への城米廻送について――越後頸城郡大濁村の一例――」（新潟大学教育学部高田分校『研究紀要』一三号、一九六九年）、柚木学「幕藩体制の確立と越後海運」（上越郷土史研究会編『越後地方史の研究』国書刊行会、一九八一年）、田上繁「近世後期高田藩における領主米商品化の構造変化」（『歴史学研究』五二六号、一九八四年）、佐藤利夫「近世前期における佐渡の廻船商人」（『日本海地域史研究』一輯、文献出版、一九八〇年）、同「佐渡沢根町浜田屋の廻船業について」（前掲『日本水上交通史論集』一巻）、田中圭一「天領佐渡における近世海運の諸様相」（『信濃』三三巻三号、一九八一年）。

(34)　若林喜三郎「加賀藩初期海運史料覚」その一・その二（『金沢大学教育学部紀要』人文・社会科学編、一一号、一九六三年）（『地方史研究』六一号、一九六三年）、同「加賀藩初期海運史料覚書」（同編『加賀藩社会経済史の研究』名著出版、一九八〇年）、水上一久「藩政初期における加賀宮腰港について」（『金沢大学法文学部論集』哲学史学篇　八号、一九六三年）、高瀬保『加賀藩海運史の研究』（雄山閣出版、一九七九年）、同『加賀藩流通史の研究』（桂書房、一九九〇年）、田中喜男「城下町外港の海商について――加賀藩大野港丸屋一族の活動を中心に――」（『金沢経済大学論集』八巻二号、一九七五年）、同「加賀藩における潤政策と商品流通」（前掲『日本水上交通史論集』一巻）、見瀬和雄「加賀藩小浜廻米制の成立について」（『日本歴史』四四二号、一九八五年）同「加賀藩における大坂登米の成立」（『日本史研究』三〇三号、一九八七年）。

(35)　山口徹「小浜敦賀における近世初期豪商の存在形態――幕藩体制成立期に関する一考察――」（『歴史学研究』二四八号、一九六〇年）、のち同『日本近世商業史の研究』（東京大学出版会、一九九一年）所収、小野正雄「寛文期における中継商業都市の構造――越前敦賀港に関する一考察――」（『歴史学研究』二四八号、一九六〇年）、小葉田淳「近世初期、若狭小浜の廻船業について」（『海事史研究』七号、一九六六年）、同「近世若狭の北前船――西津の古河屋嘉太夫の場合――」（前掲『日本海海運史の研究』）、同「近世中期敦賀の廻船業――高島屋（萩原）久兵衛の場合――」（前掲『日本海地域の歴史と文化』）、同「近世後期敦賀の廻船業――高島屋（萩原）久兵衛の場合――」（『敦賀市史研究』一号、一九八〇年）、脇田晴子「敦賀湾の廻運について――河野舟と浦、山内馬借――」（前掲『日本海海運史の研究』）、脇田修「敦賀の廻船業について」（同）、刀彌勇太郎「河野・今泉の海運について」（同）、同「他国廻船と西街道に生きた今泉浦の衰微について」（『海事史研究』八号、一九六七年）、同「福井藩における御預り所城米廻船について」（前掲『日本水上交通史論集』二巻）、印牧邦雄「日本海港湾都市の構造と機能の変化について――敦賀港と三国港の場合――」（前掲『日本海海運史の研究』）、印牧邦雄・印牧信明「越前・若狭の初期豪商について」（前掲『日本水上交通史論集』一巻）。

（36） 坂井誠一「越前と越中との海運」（前掲『日本海海運史の研究』）、同「加賀藩における舟運業の特権をめぐって――高岡木町船頭の特権をめぐって――」（『海事史研究』二号、一九六四年）、長井政太郎「飛島資料にみえる越前海船の問題」（前掲『日本海海運史の研究』）、和泉清司「近世前期日本海における地廻り海運の展開」（前掲『日本水上交通史論集』一巻）、ロバート・G・フラーシェム「一八世紀中頃越前海岸の廻船――越前町を中心として――」（『海事史研究』二四号、一九七五年）。

（37） 越崎宗一『北前船考』（私家版、一九五七年）、同『北前船考（新版）』（北海道出版企画センター、一九七二年）、西村通男『海商三代の記録』（私家版、一九六三年）、同『海商三代』（中央公論社、一九六四年）、堀田成雄『北前船と西村屋忠兵衛』（羽咋市教育委員会、一九六三年）、牧野隆信「近世における海運業の経営――北前船の場合――」（『社会経済史学』二九巻一号、一九六三年）、同『北前船』（柏書房、一九六四年）、同『北前船の時代――近世以後の日本海海運史――』（教育社、一九七九年）、同『北前船の研究』（法政大学出版局、一九八九年）、同「北前船の船中掟」（『海事史研究』五〇号、一九九三年）、古河嘉雄『海商古河屋――北前船の航跡――』（若狭学術振興会、一九七一年）、新井建一「近世後期における廻船業資本の経営動向」（林英夫・山田昭次編『幕藩制から近代へ』柏書房、一九七九年）、津川正幸「北前船主の一類型――兵庫県城崎郡香住町宮下家の場合――」（『経済論集』一三巻四・五・六号、一九六三年）、柚木学「近世日本海海運の発展と北前船」（前掲『日本水上交通史論集』一巻）、中西聡「場所請負商人と北前船――日本海海運史研究序説――」（吉田伸之・高村直助編『商人と流通――近世から近代へ――』山川出版社、一九九二年）。

（38） 関順也「北前船の近代化とその背景」（前掲『海事経済史研究』）、梅村又次「一七～一九世紀における日本海海運の発展」（『経済研究』二七巻一号、一九七六年）、のち新保博・安場保吉編『近代移行期の日本経済――幕末から明治へ――』（日本経済新聞社、一九七九年）所収、山口和雄「明治期北陸地方の近代海運業」（『創価経営論集』六巻二号、一九八二年）。

（39） 足立政男「近世における日本海沿岸の帆船運航の状況について――丹後国網野縮緬機業地帯における山中九兵衛家の文書を中心として――」（『立命館経済学』六巻二号、一九五七年）、同「近世後期における地方商業資本の発達とその活躍――丹後国浅茂川商人山中九兵衛家の場合――」（同六巻三号、一九五七年）、真下八雄「幕末・明治前期における丹後海運業について（前掲『日本海海運史の研究』）、中井寿孝「日本海の回漕業について――特に浜坂地方を中心として――」（『兵庫史学』二六号、一九六一年）、山中寿夫「鳥取藩における廻米輸送政策と海運の発達」（前掲『内海産業と水運の史的研究』）、津川正幸「江戸時代における交通と経済発展――隠岐の海運業を中心として――」（『史泉』一三号、一九五八年）、横田健一「隠岐を中心とした近世日本海海上交通の一考察」（前掲『日本海地域の歴史と文化』）、同「近世日本海海運史に関する若干の史料とその考察――隠岐海士村村尾家文書より――」（『関西大学東西学術研究所紀要』一一号、一九七九年）、田中豊治「近世日本海の帆船交通」（前掲『日本海海運史の研究』）、岩間洋樹「近世山陰地方の廻船業について」（『兵庫史学』七〇号、一九八四年）。

(40) 小林茂「西廻り航路と長州藩」（前掲『内海産業と水運の史的研究』）、同「幕末期下関と北前交易」（『社会経済史学』三二巻一号、一九六六年）、同「幕末における西廻り海運と関門との関連について」（前掲『日本海海運史の研究』）、同「幕末期西廻り廻船よりみた交易状態」（『名古屋学院大学論集』一六号、一九六八年）。

(41) 吉本一雄「長州藩の廻船について」（『山口県文書館研究紀要』五号、一九七八年）、同「諸郡戸籍帳と廻船数」（同七号、一九八〇年）、同「吉敷郡阿知須浦の廻船経営――国司家の場合――」（同八号、一九八一年）。

(42) 脇坂昭夫「近世初期豪商の性格と問屋制の成立」（『史学研究』八五号、一九六二年）、同「近世後期瀬戸内海における廻船業――藤木屋を例として――」（『芸備地方史研究』四一・四二号、一九六二年）、同「近世港町の商品流通――備後国鞆の場合――」（同六七号、一九六七年）、豊田寛三「幕末・明治初年の芸予交易」（『大分大学教育学部研究紀要』人文・社会科学　五巻一号、一九七六年）、黒正巌「岡山藩と大阪との海運」（『経済論叢』二一巻六号、一九二四年）。

(43) 泉康弘「瀬戸内海水運による阿波藍の流通――山西庄五郎家の廻船活動を中心に――」（渡辺則文編『産業の発達と地域社会――瀬戸内産業史の研究――』溪水社、一九八二年）、同「瀬戸内水運における阿波廻船――阿波藍と薩摩国産品の交易――」（渡辺則文編『瀬戸内海地域史研究』一輯、一九八七年）同「吉野川平野への魚肥移入と阿波藍」（前掲『日本水上交通史論集』三巻）。

(44) 真木信夫『瀬戸内海に於ける塩飽海賊史』（香川県教育図書、一九三四年）、丸野昭善「堺谷家の廻船経営について」（『香川史学』四号、一九七五年）、土居光子「近世における讃州直島の一廻船業者の記録」（『法政史学』二八号、一九七六年）、木原溥幸「近世における讃岐の廻船について」（松岡久人編『内海地域社会の史的研究』マツノ書店、一九七八年）、徳山久夫「讃州箱浦・多度津港の船問屋「勝間屋」――その松前・北海道との関係――」（『松前藩と松前』一二号、一九七八年）、同「瀬戸内海における回船業――物資の流通を中心として――」（『歴史手帖』七巻四号、一九七九年）、同「讃岐三藩の船について」（『香川の歴史』二号、一九八二年）、同「石見国の客船帳にみる讃岐の船」（『香川史学』一一号、一九八二年）、同「塩飽の廻船業」（『香川史談』四号、一九八三年）。

(45) 西畑俊昭「坂越廻船の動向」（『兵庫史学』七〇号、一九八四年）。同「元禄期坂越浦の村落構造」（松岡秀夫傘寿記念論文集『兵庫史の研究』神戸新聞出版センター、一九八五年）。

(46) 竹越与三郎『日本経済史』六巻（日本経済史編纂会、一九二〇年）六章海運、古川洋三「樽廻船について」（『松山経専論集』七号、一九四九年）、同「樽廻船について（続）」（『松山商大論集』一巻一号、一九五〇年）、佐々木誠治前掲『日本海運競争史序説』、同前掲『日本海運業の近代化』。

(47) 伊藤弥之助「杉本茂十郎――菱垣廻船積株仲間の成立――」（『三田学会雑誌』四七巻九・一〇号、一九五七年）、福尾猛市郎「菱垣廻船十組問屋表店組成立の前提」（『日本歴史』一六四号、一九六一年）、松本四郎「幕末明治初期の伊勢木綿買次問屋仲間と海上輸送」（『地方史研究』六二・六三合併号、一九六三年）、北島正元編『江戸商業と伊勢店』（吉川弘文館、一九六二年）、津川正幸「十組問屋と菱垣廻船」（『経済論集』一六巻四・五号、一九六六年）、林玲子『江戸問屋仲間の研究――幕藩体制下の都市商業資本――』（御茶の水書房、一九六七年）、中井信彦「江戸町人の結合論理について――菱垣廻船積仲間と三橋会所を素材として――」（豊田武教授還暦記念会編『日本近世史の地方的展開』吉川弘文館、一九七三年）、馬場章「近世後期における問屋仲間と海上輸送――江戸砂糖問屋の場合――」（『歴史評論』四七〇号、一九八九年）、杉本嘉八「文化年代における笠置廻し白子積問題について」（『三重県史研究』四号、一九八八年）。

(48) 津川正幸「近世における廻船に関する若干の資料」（『経済論集』九巻一号、一九五九年）、同「近世中期樽廻船輸送の動向」（同九巻五号、一九六〇年）、柚木学『近世灘酒経済史』（ミネルヴァ書房、一九六五年）、同「近世海運の展開と菱垣廻船・樽廻船」（『兵庫県の歴史』一九号、一九八三年）、同「新綿番船と新酒番船の起源について」（前掲『日本近世交通史論集』）。

(49) 清水三郎「江戸―大阪海運における水産商品」（『漁業経済研究』一〇巻二号、一九六一年）。

(50) 江頭恒治「江戸時代における商品の輸送について――特に江州日野の豪商中井家の場合――」（『彦根論叢』一〇〇号、一九六三年）、のち同前掲『近江商人中井家の研究』所収。

（51） 赤路洋子「幕末期泉州における米穀市場――貝塚・廻船問屋の分析を中心にして――」（脇田修編『近世大阪地域の史的分析』御茶の水書房、一九八〇年）。

（52） 鳥羽正雄「文久年間に於ける紀伊木本材の移出先と運輸船」（『歴史地理』五七巻五号、一九三一年）、中田四朗「近世における熊野灘の海運――須賀利浦文書にみえる御城米輸送について――」（三重大学教育学部『研究紀要』三七号、一九六七年）、同「紀州藩の年貢米の回送」（『海事史研究』一三号、一九六九年）、和田勉「近世熊野灘の海運とその影響――紀州須賀利港を中心として――」（『三重史学』八号、一九六五年）、同「近世における熊野灘の海運」（前掲『日本水上交通史論集』四巻）。

（53） 末永国紀「近世後期における塩の流通と廻船商業活動――伊予喜多浜塩と尾張野間廻船――」（『経済学論叢』二〇巻六号、一九七三年）、同「明治在来海運業の推移――尾張野間廻船の場合――」（同二一巻一・二号、一九七三年）、青木美智男「史料にみる尾張国知多郡廻船惣庄屋中村家の盛衰」（日本福祉大学知多半島総合研究所編『知多半島の歴史と現在』一号、校倉書房、一九八九年）、同「大坂市場を脅かした「内海船」の組織と運営」（『日本福祉大学経済論集』創刊号、一九九〇年）、斎藤善之「内海船住吉丸の廻船経営――安政年間を対象に――」（同二号、一九九一年）、同「内海船住徳丸の廻船経営帳簿について」（瀧澤武雄編『論集中近世の史料と方法』東京堂出版、一九九一年）、同「「戎講」の仲間船・諸国商人統制――尾州内海廻船仲間組合の成立過程――」（『知多半島の歴史と現在』三号、校倉書房、一九九一年）、同「近世後期における下り塩流通と内海船」（同四号、一九九二年）、同「内田佐七家創立期の廻船経営――文政のお蔭参りと天保飢饉との関連において――」（同五号、一九九三年）、同「菱垣・樽廻船と内海船」（前掲『商人と流通』）。

（54） 村瀬正章『近世伊勢湾海運史の研究』（法政大学出版局、一九八〇年）、同「三河の海運と商品流通」（『交通史研究』一三号、一九八五年）、中田四朗「近世流通経済下の白子港――竹口家文書紹介――」（『地方史研究』八〇号、一九六六年）、同「白子港の回船史料」（『海事史研究』九号、一九六七年）、仲見秀雄「白子浦の積荷問屋竹口家について」（地方史研究協議会編『三重――その歴史と交流――』雄山閣出版、一九八九年）。

（55） 村瀬典章「遠州掛塚湊における廻船問屋」（『日本歴史』四五九号、一九八六年）、川崎文昭「近世前期の海上交通と商品流通」（本多隆成編『近世静岡の研究』清文堂出版、一九九一年）。

(56) 西川武臣「近世中期以降の江戸湾における廻船と流通」(前掲『日本水上交通史論集』四巻)、のち同『江戸内湾の湊と流通』(岩田書院、一九九三年)所収。
(57) 中野等「幕藩制成立期の領主米流通――福岡藩の上方・江戸廻米について――」(『交通史研究』一二号、一九八四年)、同「一八世紀豊前中津における海運の展開」(『日本歴史』四七八号、一九八八年)、同「幕藩制成立期における領主的商品流通の展開――豊前小倉藩の場合――」(前掲『日本近世交通史論集』)、同「領主的輸送体系の形成過程――豊臣期の領主財政と朝鮮侵略戦争の遂行――」(『日本史研究』三五二号、一九九一年)。
(58) 高田茂広『筑前五ヶ浦廻船』(西日本新聞社、一九七六年)、同「筑前五ヶ浦廻船の海外への漂流」(西南地域史研究会編『西南地域の史的展開』近世篇、思文閣出版、一九八八年)、同「近世筑前の海運」(前掲『日本水上交通史論集』五巻)、同『近世筑前海事史の研究』(文献出版、一九九三年)、中野等「近世北九州における廻船業の展開――筑前下浦廻船の場合――」(前掲『日本水上交通史論集』二巻)、千々布祐貴子「近世筑前の廻船業――筑前「五ヶ浦」廻船を中心に――」(前掲『日本水上交通史論集』五巻)。
(59) 尾道博「宗家文庫「毎日記」の分析――対馬―博多の交通を中心に――」(前掲『西南地域の史的展開』近世篇)、同「対馬藩における流通綱について」(前掲『日本水上交通史論集』五巻)。
(60) 豊田寛三「幕末・維新期の九州廻船と安芸国忠海港――豊後廻船を中心として――」(前掲『日本水上交通史論集』五巻)。
(61) 松下志朗「幕末に於ける薩藩の海運について」(『ヒストリア』四四・四五合併号、一九六六年)、同「薩藩に於ける船運賃について」(『九州史学』三五・三六号、一九六六年)、藤本隆士・松下志朗「幕末における薩摩藩の海運について」(秀村選三編『薩摩藩の基礎構造』御茶の水書房、一九七〇年)。
(62) 鈴木直二『徳川時代の米穀配給組織』(巌松堂、一九三八年)。
(63) 柚木学『近世海運史の研究』(法政大学出版局、一九七九年)、同「海運史料としての入船帳と客船帳」(『交通史研究』八号、一九八二年)。

第一章　近世海運の成立と展開

一　払米市場と廻船

幕藩制社会は、石高制を経済構造の基本原理としていた。したがって、領主の元へ集められた米納年貢の処理をめぐって、幕藩領主は最大の関心を払わざるを得なかった。年貢米をいかに有利に売り捌くか、すなわち、安定的に少しでも高く多量に売り捌ける市場を見出すこと、安全に少しでも安い運賃で大量に運ぶことができる輸送手段を確保すること、つまり市場と廻船が、幕藩制社会の成立当初から彼らにとって自らの財政基盤を支える重要な課題であった。それでは、幕藩制的市場構造の中核となる大坂市場が成立し、輸送体系が整備される時期まで、領主はどのような市場で年貢米を処分し、どのような方法でそれを市場へ輸送したのであろうか。この時期に活躍したのが、小浜・敦賀の組屋・道川などの初期豪商であり、彼らは中世以来の系譜をもち、輸送手段である手船や保管のための倉庫を所有していた。したがって、諸藩は、市場が不安定で、輸送手段や流通機構が十分整っていない状況において、輸送手段をもち各地の市場に熟知した初期豪商に年貢米販売を委託せざるをえなかったし、彼らは、そのような未熟かつ不安定な市場状況のなかで、年貢米販売を請負うことによって莫大な富を蓄積していったのである。(9) そこで、近世初期における諸藩の払米について見てみよう。

小倉細川藩の場合には、どのように年貢米を処理したのであろうか。市場は、領内市場と領外市場とに分けられ、領内市場としては城下町・在町・鉱山などがあった。同藩では、小倉が最大の米穀市場を形成し、これに中津が加わり領内で群を抜く城下町市場が存在した。在町は、城下町に比べ人口も少なく、市場規模としては劣っていたが、城下までの輸送距離を考えると重要な存在であり、米相場も小倉相場に準じ決められていた。鉱山では、企救郡の呼野や田川郡の採銅所などに年貢米が供給された。最盛期には、呼野金山に五〇〇〇～六〇〇〇人、採銅所に三〇〇〇人以上の人々が集まり、これらの鉱山では米の需要が大きく、また地理的には輸送が困難な市場であった。そのため米相場も高く、小倉相場の一・五倍にもなり、領主にとっては最適な米市場であった。

領外市場としては、大坂・京都・江戸のほか長崎・下関などもあったが、まず上方を中心に見てみよう。大坂・京都では幕府の軍役を遂行するにも、借銀は必要不可欠なものであり、そのため上方への廻米は必然化するが、この段階ではまだ年貢米の販売と大名貸とは結びつくことはなく、利子率も不安定で利子率によっては借銀をしない場合も見られ、借入先も流動的であった。したがって、大坂へ廻送された米が必ずしも大坂で売却されるとは限らず、米相場によってはさらに江戸などへ運ばれる場合もあった。

それでは、上方廻米にはどのような廻船が用いられたのか。中世以来の瀬戸内海運の展開にともない豊前と上方の間には民間レベルでの海運業者が発達していたようで、元和七年（一六二一）には大坂廻米が国元での雇船によって行なわれていた。しかし、同九年には藩の手船による廻米も盛んに行なわれ、それは大坂への廻米だけに従事するのではなく、領内での廻送にも当たり、大坂へは他に薪・竹・塩・大豆・小豆などの貨物を輸送していた。遠くは江戸・長崎・北国にも航行しているが、多くは大坂への廻米・薪輸送と領内での材木輸送に従事した。藩による手船の充実政策はその後も続けられたらしく、寛永三年（一六二六）には大坂廻米は藩の手船を優先的に用い、雇船はできるだけ避けるよう指示したが、実際には廻米量の増加に手船が対応できず、雇船に依存する場合もあった。これらの手船は、一〇端帆程度の規模であまり大きくなく、安芸の倉橋島や日向などで建造された。藩の蔵米については、以上のような状況であったが、大坂は給人米の販売地でもあり、高禄の家臣は自らの手船で知行地から大坂へ廻米を行なっていた。

江戸への廻米は、寛永六年には大幅に増加し、領内の廻船では不可能なため、塩飽・縄島などの瀬戸内廻船を調達した。これは、当時江戸城下の建設により米相場の高騰を招き、江戸が格好の米市場として登場したからであり、大坂へ運ばれた年貢米が、大坂と江戸との米相場に応じて江戸まで廻送されるというようなことが起こったのである。

以上元和～寛永期の小倉細川藩の廻米について見てきたが、この時期の特徴は、領内市場として城下・在町・鉱山などの有利な市場を抱え、一方領外市場としては、大坂市場もまだ年貢米販売と大名貸とが結合した関係にはいたらず、大名領主も年貢米の有利な条件での販売を心掛け、また米相場も大きく変動し安定していなかったため、年貢米の廻送地は固定されたものではなく、その時々の米相場に応じて輸送先を柔軟に変更した。特に同藩では手船の建造を進め、大坂をはじめ各地の米相場に即応するように独自の輸送体系を整備し、手船は廻米だけでなく材木・薪などの輸送にも従事したのであった(2)。

次に、加賀藩におけるこの時期の廻米について見てみよう。加賀藩では、元和二年（一六一六）に蔵米を三つに分け、一つを大津、一つを敦賀、残りを地払にするという方針を示したが、廻船が調わずうまく行かなかったようである。そして、西廻り航路の開拓以前にあたる寛永一六年（一六三九）には、蔵米一〇〇石の大坂への試験的直接廻送を実施した。ただこの大坂登米は、その後継続的に行なわれたのではなく、あくまで単発的なものに過ぎなかった。この時期年貢米の販売先としては、大坂などの領外市場よりむしろ領内市場が大きな役割を担っていた。領内市場の中でも最大の市場は城下町金沢で、寛永一四年には蔵米一二～一三万石程度のうち二万八〇〇〇石が金沢で販売された。さらに領内には小松・高岡・富山・七尾・大聖寺などの城下だけでなく、領内に散在する松任・鶴来・宮腰・輪島・氷見・放生津・福光・井波・魚津などの在町も蔵米の重要な販売先となった。また、鉱山や農山漁村も地払米の市場として存在した。したがって、寛永期には領内市場が年貢米の換金市場として大きな比重を占めており、上方市場は従属的位置にあったようである。ところが、正保期（一六四四～一六四七）になるとこれまでの領内市場を中心とする年貢米販売政策に変わって、敦賀への登米政策が強力に打ち出され、併せて大津での蔵米販売を積極的に進めることとなった。これは、寛永末年の凶作を契機とする領内市場の急速な縮小にあった。すなわち、凶作による農村の窮乏・年貢未進、在町の商業不振さらに城下町金沢の不況により、領内の諸都市や農村における払米市場としての機能の低下は、覆いがたいものとなった。そこで当時有力な領外市場である敦賀・大津市場の強化策が登場した。ところが、このようにして成立した敦賀・大津市場もその後大坂登米の増加にともなってしだいに地位の低下が目立つようになり、蔵米の領外市場への販売が大坂を中心としたものとなって行くのである。(3)

二　河村瑞賢と近世海運の成立

河村瑞賢は、幕府の命を受けて寛文年間に東廻り航路と西廻り航路を開拓したが、河村瑞賢によってはじめてこれらの航路が開かれたわけではなく、それ以前にすでに前提となる海運が東北および北陸諸藩で存在していた。

たとえば、仙台藩や南部藩では慶長・元和期に江戸廻米が行なわれ、それは販売米としてではなく、江戸藩邸の台所米・江戸詰給人の給人米等に用いられた。その輸送船は、藩自ら建造するか領内から調達しなければならず、その規模も二〇〇～五〇〇石積程度のものであった。慶安二年（一六四九）には、南部藩では換金用の江戸廻米が行なわれるようになり、年貢米は石巻から積み出された。これには、江戸・仙台・石巻の商人が請負人となり、江戸までの廻送と江戸での販売を海難による損害も含め高額請負料で全面的に請け負った。寛文三年（一六六三）になると、三二〇石積と三八〇石積の廻船が江戸で雇用され、石巻の廻船とともに南部藩の江戸廻米に当たるようになる。ここで雇われた廻船は、故意による海難以外の積荷の損害は藩が負い、廻漕業者は運賃収入を得るものとなり、それまでの請負人とは異なった。このような雇船による江戸廻米が見られるようになったのは、房総半島を迂回する東廻り航路の発達があったからであり、津軽藩においても寛文九年に江戸商人に請け負わせた江戸廻米は外海廻りで江戸に到着している。(4)

加賀藩の大坂登米は、前述したように寛永一六年（一六三九）から試験的に行なわれたが、一万石を越える蔵米の大坂廻送が試みられたのは慶安三年からであり、承応期（一六五二～一六五四）以降急増する。したがって、大坂登米の増加にともない、敦賀・大津市場の地位が次第に低下し、万治期（一六五八～一六六〇）にはついに敦賀・小浜・海津にある蔵屋敷を廃止するに至り、蔵米の領外販売市場が大坂に収斂されて行った。

このような年貢米販売市場の変化は、直接的には輸送経路の相違からくる経費の問題であった。『寛文雑記』によれば、越後—大坂間の廻米一〇〇石の運賃は一九石であるのに対し、越後—大津間の運賃・駄賃等の経費は一七石五斗八升と積み替えのための欠米四石八斗の合計二二石三斗八升となり、大坂直送の方が有利となる。さらに、当時の輸送条件に変化が見られた。すなわち、陸送米量が増加したため敦賀—海津間の七里半街道が悪化し、輸送に供する牛馬数がそれに追いつかず、それが米の輸送を停滞させることとなった。一方、廻船は後述するように敦賀周辺の北国船に対し、経済性の高い上方船の登場により、いっそう運賃の低廉化がもたらされたのである。(5)

このような諸藩による東廻り航路・西廻り航路の先駆的な動きの後、寛文一〇年（一六七〇）幕府は河村瑞賢に陸奥国信夫・伊達郡の幕領米数万石を江戸へ廻漕するように命じた。これに対し、彼は幕府へ次のように建議した。第一に、廻送船には商船を雇い、船には幕府の幟をたて、乗組員は強健で航路によく通じた者を雇用する。第二に、年貢米はまず夏に阿武隈川を船で荒浜まで下し、そこで廻船に積み替えて房州、さらに相州三崎か伊豆下田に向かい、西南の風を待って江戸湾に入るコースを辿る。第三に、平潟・中湊・銚子口・小湊等に番所を設け、廻船の遅速・乗組員の勤惰・海難の原因等の調査を行ない、さらに標幟を沿岸諸侯・代官に告知し、海難等の際の救護に当たらせるというものであった。この建議は採用され、寛文一一年春に彼は江戸廻米に着手した。彼は現地に行き、廻米作業を監督し、番所のある湊を巡回し江戸に帰った。七月には続々と廻船が着岸し、城米は少しの損傷もなく、廻漕日数も費用も従来に比べ半減したのである。

翌寛文一二年には、さらに幕府は、出羽国最上郡の幕領米を江戸へ輸送することを瑞賢に命じた。出羽から津軽海峡を通り太平洋に出て江戸に達する東廻り航路は、まだ危険性をともなうものであったため、危険性の少ない西廻り航路を目指した。そこで彼は備前・讃岐等に人を派遣して、海路・島嶼・港湾等を詳しく調査させ、それにもとづいて計画をたて、前回同様次のような建議を行なった。第一に、廻送船には北国海運によく慣れた讃岐の塩飽諸島、備前の日比浦、摂津の伝法・河辺・脇浜等の廻船を用い、不足する場合には尾張・伊勢等の廻船を用いる。第二に、幕領米を下す最上川の川船運賃は幕府が支払い、上流船と下流船とを平等に用い、酒田には新たに蔵を設け、廻船に積み込む費用も幕府が負担する。第三に、廻船には御城米船の幟を掲げ、寄港地の入港税を免除し、志摩菅島では毎夜烽火を挙げ船の目標とし、潮の流れが早く岩礁で危険な下関海峡には水先案内船を備える。第四に、途中の寄港地を佐渡の小木、能登の福浦、但馬の柴山、石見の温泉津、長門の下関、摂津の大坂、紀伊の大島、伊勢の方座、志摩の畔乗、伊豆の下田とし、これらの地には番所を設け、沿岸の諸侯・代官には御城米船の保護に当たらせるというものであった。この建議も採用され、寛文一二年正月彼は幕領米を最上川から船で下す準備を行ない、二月には川下りも始まった。五月には城米船がいよいよ出帆し、七月には少しの損傷もなく相次いで江戸へ到着したのである。(6)

このように河村瑞賢による東廻り航路と西廻り航路とが開拓され、近世海運が新たな段階に達した。それを可能にしたのは、廻船雇用方式の変化・輸送環境の整備・廻船構造の相違であった。すなわち、第一に、廻送船に商船を充当したことである。従来は幕領米を商人に請け負わせ、請負商人が川船・廻送船の調達から海難による損失まで一切の責任をもって目的地まで輸送する商人請負方式になっていたが、それでは迅速性・安全性に欠け、しかも海難等の危険負担を請負人がかぶることになるため、単なる運賃に比べ請負料はかなり高額なものとなったのである。しかも、廻米量の増加につれて増えてくる高額請負料の負担を軽減するために、瑞賢は航路に慣れ、堅牢な瀬戸内・上方等の商船を雇う幕府直雇方式へと転換したのである。雇船の運賃は、請負料に比べれば小額であったが、そのかわり幕府にとっては海難にともなう危険負担を背負わねばならなかった。そこで、この危険負担を軽減するためには、輸送環境の整備と廻船の構造が次に問題となってくるのである。第二に、東廻り・西廻り航路に城米輸送のための安全施設を設け、沿岸の諸侯・代官に城米船の保護に当たらせたことである。従来からも幕府は、海難救助・廻船航行に関する法令等を出していたが、このような全面的な海運施設を設置することはなかった。このような施設が設置されたのも大規模な廻米が行なわれるようになったからであり、廻米が海難による危険負担も背負っていた請負商人の手に委ねられていた場合には、幕府が直接海運施設を設ける必要はなかった。しかも、米蔵の設置・入港税の免除・安全施設の設置・城米船の保護等は、幕府権力を背景にしてはじめて実現可能な施策であり、それが近世海運の発展に大きく寄与したことは言うまでもなかった。第三に、そこで用いられた廻船が瀬戸内・上方の廻船であったということである。

それは、いったいどのような廻船であったのか。従来の廻船とどのような点で異なっていたのであろうか。当時日本海で用いられていた在来の廻船には羽賀瀬船と北国船があった。羽賀瀬船は、船首を鋭く尖らし、船底は平らで、外板とともに厚い材をはぎ合わせてつくるため、非常に堅牢な構造であった。莚帆を用い、帆の長さが極めて短いため積石数の割には反数が多く、船底が平らなため帆走性能が劣り、そのため横風・逆風に備え多数の漕手を乗せる必要があった。ただ、堅牢な船体であったため、波の荒い日本海を航行し、浅い川湊への入港は容易であった。北国船は、羽賀瀬船より大型で船首が丸い点以外、基本構造は羽賀瀬船とよく似ており、堅牢な船体であるが、帆走性能が劣り、多くの乗組員を要する漕帆兼用の廻船であった。すなわち、羽賀瀬船にしろ北国船にしろ、いずれも堅牢ではあるが、帆走性能が低劣で経済性に欠ける中世以来の日本海的造船技術の伝統を受け継いだ廻船であったといえる。そしてこのような廻船は、日本海で航行しているだけであれば、それなりの合理性をもっていたのであり、実際敦賀等を基点とする航海には大いに活躍していた。ところが、積荷も大量化するにともない日本海から太平洋あるいは瀬戸内海をも航路とするには、むしろ経済性が大いに重視されるようになってきた。そこで登場してくるのが、瀬戸内・上方の廻船であった。それは、構造的には弁才船と呼ばれる廻船である。弁才船の特徴は、まず帆走性能の優秀さにあった。それは、木綿帆の採用に大きく依存しており、四角帆ながら下に桁を入れず、横風走行はもちろんのこと逆風走行も可能にした。したがって、従来は帆走性能の低さを人力、すなわち艪によってカバーするため多数の乗組員を必要としたが、これによって漕艪のための重労働はなくなった。さらに船内轆轤の装備により、操帆作業や重量物の揚げ下ろしなどの作業も軽減されたため、乗組員は重労働から解放され、同じ積石数でも少しの乗組員で航行が可能となった。このような弁才船は経済性のゆえに、堅牢さではむしろ優位にあった北国船を退け、瑞賢によって採用されたのであった。そして、高い経済性に支えられた弁才船は、北国船等のような狭い海運活動領域を有する各地に存在した船型・構造の異なる多種多様な廻船をしだいに駆逐して、全国的に普及するにいたるのである。(7)

三　江戸・大坂幹線と商品流通

江戸―大坂間の海運は、大坂が江戸の物資供給地であったため、当然幕藩体制成立当初から整備が急がれ、幕府による掌握を必要とした。元和二年（一六一六）には、伊豆下田に船番所が設けられ、江戸へ入津する諸国廻船の取り締まりにあたった。同五年泉州堺の商人が紀州富田浦の二五〇石積の廻船を借り受け、大坂より木綿・油・綿・酒・酢・醬油等の生活必需品を積んで江戸へ廻送したのが、菱垣廻船のはじまりとされている。寛永元年（一六二四）には大坂の泉屋平右衛門が江戸積船問屋を開業し、同四年には毛馬屋・富田屋・大津屋・顕屋・塩屋が続いて船問屋を開き、大坂の菱垣廻船問屋が成立した。酒荷は、当初菱垣廻船の混載荷物として輸送されていたが、正保年間（一六四四～一六四七）には伝法船によって単独で大坂廻船問屋から積み下された。伝法に樽廻船問屋が成立するのは、万治元年（一六五八）である。寛文年間（一六六一～一六七二）になると、伊丹酒造家の援助により、酒荷を中心に酢・醬油・塗物・紙・木綿・繰綿・金物・畳表等の荒荷を積み合わせて下すようになり、船足も早く「小早」と称され、これが樽廻船のはじまりとされている。

江戸―大坂間の商品流通が活発化し、輸送手段である廻船の航行が盛んになるにつれ、船頭や乗組員が輸送途上で積荷を盗んだり、故意に破船させたり、難船を偽装したりして積荷を抜き取るような不正行為が多く見られるようになった。不正行為が発生したのは、積荷輸送に対して荷主と荷主からの集荷・廻船の仕建業務を行なう廻船差配人である廻船問屋や船頭との間に何らの規約もなく、輸送に関する業務はすべて廻船問屋と船頭に任されていたからである。このような不正行為をなくし、荷主の立場を強化するために元禄七年（一六九四）江戸の問屋商人を結集して組織されたのが、江戸十組問屋である。十組とは、塗物店組・内店組・通町組・表店組・薬種店組・河岸組・綿店組・紙店組・釘店組・酒店組であり、上方からの下り物を扱っていた。海難予防策としては、仲間内に四つの極印元を設け、新造菱垣廻船の船名を改め、船足・船具に極印を打ったり、江戸入津に際しそれを検査したりした。また、難破船処理策として、海難にあった際の難破船の調査や難船荷物の処分、そして荷主間の分散勘定処理業務を行なったのである。この江戸での十組問屋の成立に呼応して大坂でも江戸積問屋が結成され、後に廿四組問屋となった。このようにして菱垣廻船は、江戸・大坂問屋荷主の手船あるいは定雇船同様の性格を帯びることになり、全く江戸十組問屋と大坂廿四組問屋の勢力下に入ってしまったのである。

このような改革がはかられたため、海難等による損害も減少し、一方廻船数は増加し、享保八年（一七二三）には一六〇艘にも達した。しかし、酒荷の輸送量が増加するにつれ、酒樽輸送専用の廻船として樽廻船が出現するようになり、同一五年には酒店組が十組問屋より分離独立し、酒荷は樽廻船への一方積、酒荷以外の諸荷物は菱垣廻船に積み込むこととなった。江戸下り酒問屋が脱退したのは、まず酒荷と他の商品との性格の違いにあった。すなわち、一般に菱垣廻船の積荷は江戸十組問屋の仕入荷物であるのに対し、酒荷は荷主である伊丹・池田・西宮・灘目等の酒造家の送り荷物であった。そのため海難にあった場合の負担金の支払は、仕入荷物の場合は荷主である江戸十組問屋が行ない、送り荷物である酒荷は荷主である上方酒造家の負担となった。したがって、海難による損害の共同海損組織として成立した十組問屋に、仕入荷物以外に送り荷物を扱う酒店組が包摂されていたところに無理があった。それゆえ、仕入荷物は菱垣廻船で、送り荷物は樽廻船で輸送する方が自然であった。

それと関連して、菱垣廻船における積荷の種類による積載方法の違いがもたらす海損処理における不公平が生じていた。すなわち、酒荷は油・砂糖・砥石・瀬戸物・鉄等とともに重量がある下積荷物として、繰綿・木綿・薬種・煙草・紙等は比較的高価で軽くて嵩高な上積荷物として積み込まれたため、海難における刎荷として上積荷物がその対象となった。そのため、下積荷物として積み込まれた酒荷は、刎荷による損害を受けずに残ったにもかかわらず、共同海損の原則に従い荷主である酒造家にも損金の負担が求められた。また、酒造家荷主には何のかかわりもない上積荷物を嵩高に積むことで船の安定性が崩れ、海難の発生率が高まることも酒造家にとっては我慢のできないところであった。さらに、菱垣廻船のスピードに問題があった。菱垣廻船は、さまざまな種類の商品を嵩高に積載するため、集荷・艤装・出帆に手間取り、迅速性に欠けていた。これに対し、酒荷は腐敗しやすい生物であったため、とりわけ輸送上の迅速性が要求された。酒荷自身は、下積荷物であり、かつ同一規格商品のため集荷・艤走が容易であった。しかも、酒樽のみの輸送は嵩高に積載しないため安定性が高く、それだけ気象条件が少々悪くても航行が可能となり、廻船の迅速化につながった。このような点から、十組問屋から酒店組が脱退し、菱垣廻船から酒樽専用の樽廻船が分離独立するのは、自然の成り行きだった。荷主である上方酒造家の支援により樽廻船の建造が行なわれ、大坂伝法・西宮の樽廻船積問屋の差配により仕建てられるようになった。もっとも西宮において江戸下り酒の積荷輸送に携わった酒積問屋が成立したのは、それより早く宝永四年（一七〇四）であり、それは伊丹・池田・大坂を中心とする江戸積酒造地の中に西宮が加わって行く時期であった。そして、享保五年（一七二〇）に灘地方の在方酒造株が江戸積酒造地として認められるに至り、西宮が樽廻船の中心地となって活躍するのである。

ところで、このような菱垣廻船と樽廻船の間に結ばれた積荷協定も、しだいに樽廻船の優位性の前に崩された。すなわち、樽廻船は、前述したように迅速で、しかも酒荷は下積荷物であるため上積荷物の輸送を低運賃で引き受けるようになり、菱垣廻船より樽廻船への洩積が増加するようになった。特に酒造統制によって樽廻船の積荷である酒荷が不足した場合には、両者による積荷の奪い合いは激化した。

そこで、明和七年（一七七〇）には、酒問屋と他問屋との間で米・糠・藍玉・灘目素麺・酢・醬油・阿波蠟燭・

の七品については樽廻船への積み合いを認めるという菱垣廻船側が譲歩する形で積荷協定が結ばれることとなった。酒荷は樽廻船への一方積、七品は樽廻船と菱垣廻船への両積、その他の商品は菱垣廻船への一方積とされた。そして、安永元年（一七七二）には大坂伝法樽廻船問屋八軒・西宮樽廻船問屋六軒、翌年には菱垣廻船問屋九軒が公認され、この規定が守られた。しかし、この規定も樽廻船による菱垣荷物の洩積によってしだいに崩れ、樽廻船が菱垣廻船を圧倒していった。このため、安永元年（一七七二）には菱垣廻船一六〇艘・樽廻船一〇六艘存在していたのが、文化五年（一八〇八）になると菱垣廻船はわずか三八艘にまで激減したのである[8]。

それでは、何がこのような菱垣廻船の衰退をもたらすことになったのか。洩積の要因について考えてみよう。まず第一には、樽廻船の前述した艤装・出帆における迅速性である。第二に、樽廻船に添積みする荷物の運賃が安いことである。樽廻船においては、酒荷が下積荷物なため上積荷物を積み得る余地があり、また酒荷のみを大量に積載するとかえって船の安定性が悪くなる恐れがあった。そのため、安い運賃で輸送することができた。第三に、樽廻船の方が安全性が高いことである。菱垣廻船は多種類の荷物を嵩高く積み上げたり、また下積荷物が比較的少ないため船の重心が高くなり、海難に出遭う可能性が多い。これに対し、樽廻船は酒荷を下積荷物とし、嵩高に積み上げないため安定性があった。第四に、樽廻船の方が品痛みが少ないことである。樽廻船は、その迅速性によって商品の変質を防ぎ、嵩高に積み上げないため重圧による荷痛みや高波による荷崩・濡痛等も起こりにくかった。第五に、酒造統制の影響である。幕府による規制によって酒荷が少なくなった場合、酒荷に代わって下積荷物として砂糖・水油等に目を向けるようになる。ところが、これらの下積荷物は菱垣廻船にとっても重要な積荷であった。第六に、酒造家の手船化による樽廻船運賃の抑制である。運賃が抑えられたためにこれまでの利益額を維持しようとすれば、それを補うために菱垣廻船の荷物までも積み込むことになった。以上のうち一～四までの要因は、菱垣廻船との比較の上に立った樽廻船の優位性に基づくものであり、五・六の要因は樽廻船自体の事情によるものであった。したがって、五・六の要因は樽廻船の輸送状況が改善されれば取り除かれる問題であったが、それ以外の要因は菱垣廻船の性格そのものに根ざした問題であり、容易に解決されるものではなかった。そのため、菱垣廻船の再興策が実施されることとなったのである。

文化五年（一八〇八）には、杉本茂十郎が十組問屋が砂糖の樽廻船への洩積に対し起こした訴訟の調停に乗り出し、紛争をうまく処理したのを機に十組問屋頭取となり、仲間の再編強化と菱垣廻船再興策に着手した。当時菱垣廻船はわずか三八艘にまで減少し、その上これらの船はすべて修理されないままの悪船となっており、そのため船具等も十分でなく海難を繰り返していった。そこで茂十郎は、これから菱垣廻船に荷積みを行なおうとする荷主は、十組問屋以外のものでも菱垣廻船積仲間に加入し、海損を分担することとした。そして、各問屋が共同出資して菱垣廻船の修復と新造船の建設にあたる計画を立て、翌六年には幕府を背景にした海事金融機関として三橋会所を設立した。このような茂十郎の再興策も実って、文化七年には八〇艘にまで回復し、ほぼその計画を成し遂げたのであるが、同八年以降は新造・修復等もほとんど行なわれず、また減艘の一途をたどった。同一二年には早くも半減して四〇艘となり、文政二年（一八一九）には菱垣廻船再興の立役者であった杉本茂十郎が失脚し、同三年にはついに二七艘にまで激減してしまったのである。

杉本茂十郎の失脚後の菱垣廻船再興策は、彼の甥にあたる白子屋佐兵衛によって受け継がれ、次のような方策がとられた。一つは、紀州藩から天目船印を拝借しようとするものであった。それは、菱垣廻船の航路にあたる大坂—江戸間の半分ほどの海上を持ち場とする紀州藩から天目船印を借り受けることによって海難の事後処理を円滑にして損金を最小限に食い止めようとする試みであった(9)。

もう一つは樽廻船として活躍していた紀州廻船を菱垣廻船へ合体させようとする試みであった。紀州廻船とは、大型帆船によって構成された日高・比井・富田の紀州三か浦廻船を指し、それは前述した元和五年に堺の商人が紀州富田浦の廻船を借り受け、大坂から江戸へ荷物を運んだとされるのに始まる。紀州廻船は、明和八年（一七七一）には日高廻船は四八艘、翌九年には比井廻船は二七艘が存在し、樽廻船の過半数を占めるものであった。ところが、天保期には日高廻船と比井廻船とを合わせて三〇艘前後にまで衰退してしまった。それは、酒造家の手船化・廻船加入化によって運賃が低く抑えられ、酒輸送の有利性が低下したことや同じ樽廻船である灘廻船との競争などによって引き起こされたのであった。そこで、菱垣廻船側から文化一二年（一八一五）以来執拗に説得を続け、天保四年（一八三三）にようやく紀州廻船三〇艘の樽廻船から菱垣廻船への合体が決定されると同時に、前述した七品の両積商品の他に新たに鰹節・塩干肴・乾物および幕府御用砂糖を加えて、積荷規定の改定が行なわれたのである。このように紀州廻船の樽廻船から菱垣廻船への転換が容易に行ない得たのは、両者の廻船構造上の差異はほとんどなく、それは樽廻船問屋に付船されるか、菱垣廻船問屋に付船されるかの違いによるものであった(10)。

そして、天保一二年（一八四一）の株仲間の解散によって、菱垣廻船問屋および樽廻船問屋も解散させられることとなり、そのため従来の両廻船の積荷仕法も撤廃され、経済的優位性をもつ樽廻船は本格的な積荷獲得競争によって、菱垣廻船を圧倒していったのである。嘉永四年（一八五一）には株仲間は再興されたものの、樽廻船は荒荷建・仮菱垣として酒荷以外の商品等も多く積み込んだ。このように商品流通機構が崩壊するにつれて、従来の菱垣廻船積仲間は、その輸送体制を確保するために弘化三年（一八四六）には難船処理に対応する組織として九店仲間を結成し、樽廻船と菱垣廻船の区別をなくした形で樽廻船による菱垣廻船問屋仕建が行なわれるようになった。大坂の九店仲間は、旧廿四組江戸積仲間のうち綿店・油店・紙店・木綿店・薬種店・砂糖店・鉄店・蠟店・鰹節店の重積荷物（下荷）を取り扱う九店とこれに付属する荒荷（上荷）を取り扱う一三店からなり、江戸でも糸問屋・油紙問屋・木綿問屋・薬種問屋・砂糖問屋・鉄問屋・蠟問屋・鰹節問屋・乾物問屋からなる九店仲間が結成された。そして、これら江戸―大坂間の九店商品の輸送にあたる専用廻船は、九店差配廻船とし、その運営にあたる九店廻船問屋は、従来の大坂菱垣廻船問屋八軒・大坂樽廻船問屋八軒・西宮樽廻船問屋六軒であった。その後は樽廻船問屋が菱垣廻船問屋も兼ねることとなり、樽廻船が菱垣廻船問屋の差配のもとで、九店荷物の輸送にあたった。そして、この時樽廻船として活躍したのは、酒造家の手船あるいは廻船加入によって支配された灘目・西宮・鳴尾・今津等の廻船であり、廻船規模も大型化し、一九〇〇石積の廻船も見られるようになった。(11)

四　北前船と地方廻船の発展

日本海沿岸を結ぶ近世初期の海運は、敦賀・小浜を中心とした初期豪商によって担われ、彼らは自らの廻船を所有する船持商人として松前との交易も行なっていた。そこでは松前の昆布・鮭・獣皮類と米・味噌等の食料品や上方の手工業製品とが交易の対象となり、上方市場と強く結びついた敦賀・小浜の船持商人の活躍が見られた。ところが、慶長～寛永年間（一五九六～一六四三）には、八幡・柳川・薩摩の近江商人が数多く松前に進出し、また西廻り航路の開発にともない敦賀・小浜の船持商人の地位が低下していった。松前に進出した近江商人の多くは、まず呉服・太物・小間物・荒物などの生活必需物資の行商をはじめ、それから松前に支店を設け、のちに場所請負を行ない鰊・鮭・昆布・煎海鼠等の海産物も取り扱うようになる。このような近江商人の進出は、敦賀・小浜の船持商人による集荷地である松前・江差・函館の三港での単なる商取引とは異なり、松前に支店を設け、諸商品の売買・仕込を通じて集荷過程にまで商権を及ぼす交易形態であり、上方市場との恒常的でより安定した交易を目指す松前藩にとっても好ましいものであった。それゆえ、藩との結びつきも強く、特権的地位も確保された。これらの松前交易に従事した近江商人は、両浜組と呼ばれる仲間組織を結成し、松前藩から通行税の免除

など特別な恩典が与えられていた。(12)

このような近江商人の活躍が盛んになったのは、享保期（一七一六～一七三五）以降における鰊の移出量が急激に増加したことによる。それは、近江や畿内先進地域での商業的農業の展開による魚肥需要の増大に起因した。畿内先進地域では、すでに金肥としての干鰯使用が見られたが、その後干鰯の全国的普及にともない大坂での干鰯集荷高は需要に追いつかず、金肥価格は上昇した。そこで、干鰯不足を補う金肥として鰊が注目され、その急激な需要に対応すべく、旧来の松前藩士による商場知行制度からより経済性の高い商人による漁業経営と結びついた場所請負制度へと転換していったのである。その商人の中核として近江商人がおり、運営を円滑にするために両浜組が存在した。そして、荷所荷は荷主である両浜組商人によって共同雇用された荷所船によって運ばれた。荷所船は、主として加賀橋立、越前河野・敦賀等の船主によって構成され、彼らは敦賀を拠点に荷所船仲間を形成し、荷主である両浜組との関係を維持していた。たとえば、雇用期間内は原則として両浜組の荷物だけを廻送し、それ以外の荷物の取り扱いは禁止され、荷積みの船数や順番なども荷主から指図を受けていた。すなわち、荷所船は積荷数・船数・廻送方法において荷主から厳しい統制を受けた近江商人団の共同雇用船であり、彼らの指示により松前より胴鰊・身欠鰊・数の子・長崎俵物などを敦賀まで廻送し、敦賀の問屋に売却していた。

ところが、このような近江商人による荷所船支配の海運形態は、宝暦～天明期に大きな転換を迎える。宝暦八年（一七五八）には三一名いた両浜組の構成員がしだいに減少し、天明六年（一七八六）には一一名となり、近江商人の地位が崩れ始めた。その原因は、第一に近江商人以外の新たな商人が進出し、近江商人の手を経ずに直接一般漁民への仕込・集荷が行なわれ、従来の流通構造に変化が生じたこと。第二に近江商人の請負場所が存在した松前・江差周辺における鰊の不漁であった。そのため荷主である近江商人による恒常的な集荷体制によって初めて運賃積である荷所船の経営が安定したのであるが、それが崩壊すると荷所船は衰退し、新たな対応に迫られた。そこで、荷所船に雇用されていた加賀・越前の船主は、近江商人団の雇用船から独立し、あるいは従来の関係を保ちつつ、一方で買積船に転化し始めたのである。このように彼らが、買積船へ転化できたのも当時買積船として経営が成り立つほどの広範な商品流通が展開しつつあったからであり、大坂の問屋商人と結びついて大坂市場に松前産の鰊粕などが本格的に入荷しだすのもこの時期であった。これらの買積船の成立が、北前船の台頭でもあった。そして、寛政一一年（一七九九）の幕府による東蝦夷地の直轄地化、文化四年（一八〇七）の蝦夷地の全面的直轄地化は、松前藩と密接に結びついていた近江商人団のいっそうの没落を招き、一方新たな商人による奥蝦夷の開拓が行なわれ、化政期（一八〇四〜一八二九）以降買積船としての北前船の全盛期を迎えるのであった。また、近江商人も従来の荷所船支配から脱却して、西川伝右衛門のような資金力のある有力商人は自ら手船を所有して買積を行ない、そうでないものは、しだいに北前船に依存するようになっていった(13)。

それでは、このような北前船を中心とする一八世紀後半から明治期にかけての日本海海運の発展を石見国浜田外浦の廻船問屋清水屋の「諸国御客船帳」によって見てみよう。この史料には、延享元〜明治三四年（一七四四〜一九〇一）に同所へ入津した廻船が記されており、入津船は合計八九〇六艘に及び、松前から薩摩に至る全国各地の廻船が出入りしている。この史料によれば、化政期を画期として廻船数の増加が著しいことと日本海を支配していた廻船の主力が上方・瀬戸内地方の廻船から山陰・北陸地方の廻船へと推移していったことがわかる。そして、この山陰・北陸地方の廻船の台頭の中に、前述した北前船の船持層の広汎な輩出が見て取れるのである。その船には、上り荷として米や魚肥・昆布・鰊・鮭などの海産物、下り荷として木綿・古着・塩・米・砂糖・酒・紙などの生活必需品が積み込まれた(14)。

このように化政期から明治期にかけて全国的に地方廻船の台頭が、日本海を航行し石見国浜田外浦に入津する廻船を通して見られたのであるが、次に讃岐国直島周辺で海難に遭った廻船を通して地方廻船の発展を見てみよう。そこでは貞享四～明治三年（一六八八～一八七〇）の三三四艘に及ぶ難船史料が得られ、その船籍と廻船形態を分析することによって各地の地方廻船の発展状況がわかる。ただ瀬戸内を中心としたもので史料的にはやや制約されるが、積荷としては米・木材・薪・海産物・炭・干鰯・紙・大豆・小豆・塩・鉄・綿・苧・繩・石炭など数多くの商品が輸送されていた。廻船の船籍をみると、最も多いのは安芸の五九艘であり、伊予四七艘、讃岐二六艘、周防二三艘、豊後二一艘、大坂二〇艘、備中一六艘、備前一四艘、長門一一艘、摂津（大坂を除く）一〇艘と続いている。

そこで、詳しい分析は第三章で行なうが、各地の地方廻船の発展段階を第一に廻船数の増加があったのか、第二に他国船依存から自国船の育成、さらに他国稼への進出という変化があったのか、第三に直乗船頭から沖船頭へという多数廻船所有者の出現があったのか、第四に小規模廻船から中規模廻船・大規模廻船へという廻船の大規模化があったのかの四つの指標によって検討すると次のようになる。第一に、最も古くから廻船の発達した地域には、大坂・摂津・紀伊・讃岐などの瀬戸内東部を中心とした地域があげられ、そこでは主として他国稼・沖船頭・大規模廻船という廻船の進んだ形態が比較的早い時期に見られた。第二に、文化期以降に廻船が発展してくる地域には、周防・安芸・伊予・豊後などの瀬戸内西部を中心とした地域があげられ、そこでは廻船数の増加・自国船の充実・沖船頭の出現・廻船の大規模化が見られた。第三に、幕末期に至ってある程度の廻船の発展が見られた地域には、北国・出雲・石見・長門・日向・薩摩などの北陸・山陰・九州を中心とした地域があげられ、そこでは他国船依存からの脱却・自国船の育成が行なわれ、沖船頭・中規模廻船もみられるようになった。第四に、幕末に至ってもまだ廻船の発展が顕著でない地域には、松前・肥前・肥後・土佐の遠隔地があげられ、小規模廻船の発展は見られたが、まだ他国船にかなり依存していたようである。このように地域的には、多少偏りがあるものの、化政期以降かなりの地方で地域経済の発展と全国的な商品流通の拡大にともない地方廻船の発展が見られるようになったのである。

（1）山口徹『日本近世商業史の研究』（東京大学出版会、一九九一年）。
（2）中野等「幕藩制成立期における領主的商品流通の展開――豊前小倉細川藩の場合――」（交通史研究会編『日本近世交通史論集』吉川弘文館、一九八六年）。福岡藩においても同様な状況が存在した。すなわち、福岡藩の廻米機構は、手船の建造および地船の掌握さらには蔵屋敷の設置など領主主導の下に整備され、相当量の大坂廻米も見られたが、領外市場は決して大坂にのみ一元化されたものではなく、堺・江戸なども米相場の状況に応じて対応できる状況にあった。また、領内市場の存在も大きく、領主もある種の商人的性格を保持していた（同「幕藩制成立期の領主米流通――福岡藩の上方・江戸廻米について――」『交通史研究』一二号、一九八四年）。
（3）見瀬和雄「加賀藩における大坂登米の成立」（『日本史研究』三〇三号、一九八七年）。
（4）渡辺信夫「河村瑞賢と海運」（『歴史教育』一五巻一一号、一九六七年）。
（5）見瀬和雄前掲論文。
（6）古田良一『河村瑞賢』（吉川弘文館、一九六六年）。
（7）石井謙治『図説和船史話』（至誠堂、一九八三年）。
（8）柚木学『近世灘酒経済史』（ミネルヴァ書房、一九六五年）二〇一～二〇七頁、同「交通の展開」（山崎隆三・岡光夫・脇田修編『日本経済史』ミネルヴァ書房、一九八三年）七二～八一頁。
（9）沢田章「十組仲間の天目船印借受問題」（『国史学』三号、一九三〇年）。その特権は、第一に紀勢領分でこの印を立てた船が難破しているのを見かけたら直ちに救助に向かい役所に連絡する義務を浦々が負っていること、第二にこの印を立てた船に限り歩一の取扱いをしないで替わりに人足賃相当のみを支払えばよいことであった。もちろん、紀州の天目船印を立てることで、紀勢領外でも入船出船の順番・衝突事故・通報なども優遇されたであろう。そして、文政一〇年には紀州藩から天目船印の幟六三本と別に雇船用に一〇本が三年の期限で菱垣廻船に貸し渡され、文政一二年にはそれが永年拝借となり、結局天保一二年の株仲間の解散に伴い紀州藩に返却されるまで貸与が継続した。

（10）紀州廻船については、本書第四章参照。
（11）柚木学『近世海運史の研究』（法政大学出版局、一九七九年）。
（12）拙稿「近江商人の在村形態——近江国愛知郡柳川村の場合——」（滋賀大学経済学部附属史料館『研究紀要』二〇号、一九八七年）。
（13）榎森進『北海道近世史の研究』（北海道出版文化センター、一九八二年）二四五〜二五二頁。
（14）柚木学『諸国御客船帳』上巻・下巻（清文堂出版、一九七七年）。

第二章　近世の米穀流通と廻船の展開

近世社会は周知のように石高制をその経済的基盤とする社会であり、領主は米納年貢を財政の支柱としてきた。したがって、領主はこの米納年貢を換金する必要があり、そのためには米穀市場が不可欠の存在となる。また領主にとって米納年貢の市場での販売のためには、年貢米の大量輸送手段である廻船の確保が必要となってくるのであり、幕藩制の成立と全国市場向けの廻米体制の成立とは不可分の関係となる。それゆえ幕藩制の崩壊も廻米体制の変質の問題と深く結びつくことになるわけである。

そこで本章では、幕藩制の変質過程のなかで、米穀市場の問題と廻船の問題について考えてみることにする。(1)

一　各港での米穀取扱状況

ここでは、米穀が近世の商品流通において占める比重、米穀流通の重要性について他商品と比較しながら考えてみよう。そこで、以下その量的な把握を試みよう。

まず、正徳四年（一七一四）の大坂への商品移入額(2)では、米穀が金額で四九・〇%を占め、二位の菜種六・一%を大きく引き離し、他の商品を圧倒している。秋田藩の移出品交換額(3)を見ても、享和三年（一八〇三）・文化二年（一八〇五）・同七年の三か年平均額で、米は六八・〇%を占め、さらに大豆・小豆が三・五%であり、鉱山物の二〇・〇%をはるかに上回る額である。元禄一〇年（一六九七）と宝永七年（一七一〇）の新潟湊での移出入取扱い商品額でも、元禄一〇年では、蔵米と町米を合わせると四六・二%となり、雑穀の一四・八%を加えると六一・〇%に及ぶ。宝永七年では、蔵米と町米だけで五五・九%となり、雑穀の一六・〇%を含めると七一・〇%にものぼる。(4)

出雲国鷺浦における花屋と大前屋の積荷別入港廻船数を見ると、安永八年(一七七九)〜天保八年(一八三七)の花屋の入港廻船では、延二三〇艘のうち米は幕領米である城米を含め五三艘(二三%)となる。また、空船五四艘(二三・五%)の中には、米積受に向かっての空船の可能性があり、米輸送船の比率はさらに高まる。同じく花屋の安永九年〜天保八年における一〇人乗以上の大型廻船の積荷別入港艘数によると、米は城米と合わせると六六・六%となり、大型廻船では米が積荷となる比率が高くなるため、商品量の絶対額では米の比重をさらに高く見積もらねばならないであろう。同じく出雲国鷺浦の天保七年(一八三六)〜嘉永五年(一八五二)の大前屋の入港廻船でも、延二二一艘のうち米は城米を合わせると七九艘(三五・八%)となる。空船は一六艘(七・二%)である。延享元年(一七四四)〜明治三四年の石見国浜田外ノ浦清水家の客船揚荷物(買荷)のうち積荷が判明した廻船を見ると。延二八七四艘のうち米は八八一艘(三〇・七%)であり、大豆一一九艘(四・一%)・大麦六五艘(二・三%)・小豆五二艘(一・八%)を含めると三八・九%に達する。(5)(6)

文政九年(一八二六)の安芸国御手洗港の他国商品取扱高においては、総額一四五四貫五〇一匁三四のうち、米は一一三二貫八一二匁四三(七七・八%)であり、大豆・小豆・空豆の九・四%、麦の〇・五%を含めると八七・七%にも及ぶ。第一二章で見る天保一三年(一八四二)〜明治六年の阿波国撫養湊に出入りする廻船の積荷においても、延一九五一艘のうち、米穀は七五四艘(三八・六%)である。(7)

以上大坂・秋田・出雲・石見・安芸・阿波の港での取扱商品額や入港廻船積荷のうち米の占める比率を見てきたが、各地において米穀取扱高はいずれも他の商品を圧倒して過半近くに達しており、近世の商品流通における米の重要性が確認できる。

二　大坂・江戸への廻米

米は城米である幕府米、蔵米である藩米、商人米である納屋米の三種類に分けることができる。

そこで、まず大坂への登米について見てみよう。元禄から天保期にいたる大坂への登米高[8]を見ると、毎年蔵米が一〇〇～一五〇万石、納屋米が二〇～三〇万石登せられていたことがわかる。さらに城米については、寛永一八年（一六一四）～正保二年（一六四五）には一〇～一四万石が、大坂へ登せられていたようである[9]。すなわち、大坂への登米は蔵米が中心となっていた。

それではこれらの蔵米は、どの地域から大坂へ登せられたのであろうか。元禄末から文政年間にいたる地域別の大坂登米高[10]を見ると、九州・四国・中国が全供給量の約七〇％、そして北陸・東北が約二五％を占め、西日本（九州）を含めた西廻り航路地域がその供給地であったことがわかる。

次に、江戸への廻米について見てみよう。江戸への廻米高[11]は、文久二年（一八六二）～元治元年（一八六四）の年平均で合計八四万四九六八石である。そして、江戸廻米の特徴として商人米の比重が高く、蔵米は少ないこと、城米は大坂を上回り大坂の二～三倍ぐらいであること、大坂からの下り米の量は極端に少ないことがあげられる。そして供給地は、関八州を中心に東北（太平洋側）・東海・東山道であった[12]。

三　城米輸送

幕府直轄領は、元禄・宝永期（一六八八〜一七一〇）には石高で四〇〇万石に及ぶ[13]。そして、元禄期の幕府直轄領の分布を見れば[14]、全国総村数のうち一万一九七一か村（一九％）が幕府領であり、全国にわたって分布しているものの、関東（二八％）・中部（三八％）・近畿（一八％）の中央地帯に集中して見られる。

それでは、これらの直轄地からの年貢米すなわち城米が、どこへ廻送されたのであろうか。天保一二年（一八四一）における幕府領物成米の御蔵納量を見ると[15]、総計五六万七五九四石のうち、江戸御蔵に四二万六四六五石（七五・一％）が納められており、大坂御蔵は六・七％に過ぎない。しかも上方諸国からの納米も六八・四％が江戸御蔵へ収納されている。これらのことから、城米の大部分が江戸の御蔵へ納められ、大坂は上方諸国からのごく一部分しか納められていなかったことがわかる。

それでは、どのような廻船によって城米輸送が担われていたのか、年代を追って見て行こう。まず、第一四章で詳述する塩飽廻船の貞享二年（一六八五）〜元禄一五年（一七〇二）における延二四一艘のうち積荷の判明する三九艘分を見ると、一件の越中への材木買積を除き、すべて城米輸送に従事しており、城米も出羽・越中などの北国だけでなく、九州・瀬戸内の城米輸送にも従事している。すなわち、この時期における塩飽廻船の重要な活躍の舞台が、城米輸送であったことがわかる。

享保四年（一七一九）〜同一一年の但馬国今子浦に寄港した城米積廻船でも[16]、一八艘のうち越後城米八艘、丹後城米六艘、越前城米四艘であり、船籍は塩飽一二艘、播州魚崎三艘、大坂・備中・豊後各一艘である。また、この時期には塩飽廻船の活躍が確認され、乗組人数は一二〜一七人乗で、ほとんどが一五〜一六人乗の大規模な廻船であった。

宝暦一〇年（一七六〇）の越前三国湊における東長田陣屋の城米輸送船[17]では、米は八八五三石のうち七三・一％が江戸へ、二六・四％が大坂へ廻送されている。籾は八五七二石余のすべてが大坂送りである。[18]船籍は、大坂八艘、阿波三艘、讃岐三艘、周防二艘、豊後二艘、豊前一艘、肥前一艘であり、讃岐は三艘あるものの塩飽廻船は含まれておらず、大坂が多数を占める。行先は江戸七仕建、大坂一三仕建であり、廻船規模は江戸廻送が二〇〇〇俵以上で、大坂廻送は二〇〇〇俵以下となっており、江戸と大坂とでは廻船規模に差がみられる。同じく宝暦一〇年の越前三国湊における本保陣屋の城米廻送[19]でも、廻送先は江戸か大坂か不明であるが、船籍は、大坂一〇艘、讃岐四艘、周防三艘、豊前二艘、肥前一艘、阿波一艘、筑前一艘であり、讃岐の塩飽廻船はわずか一艘に過ぎず、大坂がかなりの比重を占めている。他には、瀬戸内・九州の廻船が見られる。積高は、平均九〇〇～一〇〇〇石である。船頭は、直乗船頭一〇、沖船頭一二で、沖船頭を雇用する廻船の船籍は大坂が一〇となっており、大坂での多数廻船所有者の存在が注目される。

天保六年（一八三五）～弘化四年（一八四七）の出羽国酒田湊より江戸へ廻送された城米輸送船[20]の船籍は、一六艘のうち摂津一〇艘、紀伊・阿波・安芸・周防・讃岐・加賀各一艘であり、摂津の御影・今津の進出が確認される。乗組人数は、平均一六～一九人であり、積高は平均一四〇〇石余と大規模な廻船であった。文化元年（一八〇四）～文久三年（一八六三）の能登国輪島港寄港の城米廻送船の船籍[21]を見ると、文化・文政期（一八〇四～一八二九）には近畿のみで七七～八八％と圧倒的であったのが、嘉永期（一八四八～一八五三）には近畿が三三・八％と半減し、安政期（一八五四～一八五九）以降は一八％と極端に低下して行き、代わって中国筋・北陸筋の比重が増している。

万延元年（一八六〇）の新潟湊出帆の江戸城米廻送船[22]では、船籍は、七艘のうち摂津二艘、伊豆・周防・安芸・

筑前・伊予各一艘であり、大坂が見られず、瀬戸内・九州各地の廻船が存在するようになる。文久元年（一八六一）、御の同じく新潟湊出帆の江戸城米廻送船[23]では、一一艘のうち周防六艘、伊予三艘、大坂一艘、御影一艘であり、御影および瀬戸内特に周防・伊予の進出が注目される。

さらに、第一六章で詳述する文化六年（一八〇九）～文久四年（一八六四）の石見国大浦湊出帆の城米輸送船においては、次のようであった。大浦湊では、江戸と大坂への廻米が行なわれ、廻米高での両者の比率は江戸九に対し大坂一の割合であり、また廻米船数では江戸廻米船四に対し大坂廻米船一の割合で城米輸送が行なわれていた。船籍は、江戸廻送では摂津（大坂を除く）と大坂の廻船が圧倒的であるが、その推移を見ると天保一一年（一八四〇）までは大坂が中心となり、それ以降は摂津特に御影の廻船が中心となっている。一方大坂廻送では、伊予・安芸を中心とした瀬戸内地域と北陸・山陰および九州の廻船で占められ、大坂が四艘で江戸廻送と比べ意外と少ない。船頭は、江戸廻送では沖船頭が多く、大坂廻送では直乗船頭が多かった。廻船規模を見ると、江戸廻送船は一六～一九人乗が中心で、一三〇〇石積程度であるのに対し、大坂廻送船は九～一〇人乗が中心で、七〇〇石積程度の廻船であり、その差異が顕著である。(24)

以上年代を追って見てきたように、城米輸送の担い手となった廻船は次のように要約できるであろう。元禄・享保期（一六八八～一七八五）頃までは、讃岐の塩飽廻船を中心としたものであったが、それ以降宝暦期（一七五一～一七六三）には、塩飽廻船が後退し、大坂が中心となり、一部瀬戸内地域の廻船の進出が見られるようになる。天保期（一八三〇～一八四三）には、大坂の廻船が後退し、摂津特に御影などの灘廻船や瀬戸内特に周防・伊予などの廻船が主体となってくる。しかし、同じ城米輸送でも、江戸廻送と大坂廻送とでは異なっており、江戸廻送では摂津・大坂・瀬戸内の廻船が中心となるのに対し、大坂廻送では瀬戸内・北陸・山陰・九州の廻船が中心となっている。これは、両者の廻船規模による相違であり、江戸廻送では一〇〇〇石積の大規模廻船を必要とするのに対し、大坂廻送ではその航行距離も短いため、七〇〇石積程度の中・大規模廻船でもその機能が十分果たせることによる相違であった。

四　大坂登米輸送

大坂へは文政期（一八一八～一八二九）には一〇〇近い藩から一五〇万石の蔵米が登せられていたが、ここではそのうち加賀藩・鳥取藩・長州藩をとりあげ、蔵米輸送の担い手について見て行こう。(25) この三藩の大坂登米高(26)を見ると、毎年加賀藩は一〇～二〇万石、鳥取藩は五万石程度、長州藩は七万石程度大坂へ蔵米を登せていた。そして、三藩の海運状況について大雑把に述べると、長州藩は海運の比較的進んだ地域、鳥取藩は海運の発展が比較的遅れた地域、加賀藩は両者の中間にあたる地域であると考えられる。以下、各藩の廻米・海運政策について簡単に見ておこう。

加賀藩(27)は、寛永一五年（一六三八）に米一〇〇石を西廻りで大坂へ廻送したのをはじめ、寛文期（一六六一～一六七二）頃まで地船が大坂登米船の中心であった。しかし、元禄四年（一六九一）には、大坂廻米二〇万四八七三石のうち上方船が一三万六五八二石、地船が六万八二九一石、江戸廻米二万五〇〇〇石のうち上方船が一万六七〇〇石、地船が八三〇〇石その輸送に従事し、上方船との比率は二対一となった。そして元禄一一年（一六九八）には、地船の破損が続出したため、大坂登米は上方船三分の二、地船三分の一の割合で、江戸廻米は上方船六分、地船四分の割合で蔵米を輸送する触書を出し、上方船依存策の強化をはかった。そのため元禄期以降、上方船による廻米が増加し、地船が圧倒されてくるのである。このような状況に対応して、文化一一年（一八一四）には上方船の管理を強化したり、文政五年（一八二二）には大船建造を奨励したりして地船の育成に力を入れるようになる。その結果、嘉永～安政期（一八四八～一八五九）にはようやく大規模廻船所有者も見られるようになってくるのである。

鳥取藩[28]は、寛永～享保期（一六二四～一七三五）頃には、他国船による廻米と一部因幡・伯耆国の自国船による廻米とが行なわれていた。そして、享保末～寛政期頃には、藩が積極的に大型船の建造を奨励するようになる。しかし、これも少し効果が見られたものの、まだ中小規模の廻船が中心であった。そのため寛政～明治期には、藩が手船を持ち、主として御手船による廻米輸送を行なうようになり、弘化末～嘉永初年には六〇〇～一四八〇石積の手船が一二艘確認できる。そして、天保二年（一八三一）には、大坂への廻米輸送のほかに備後国の鞆・尾道への廻米が盛んになり、天保一四年には御手船青柳丸が尾道御廻米として御蔵米一一六〇石を積んで出帆し、弘化四年（一八四七）には藩倉から尾道への廻米一二四〇石を積んだ御手船一葉丸・永住丸が確認される。さらに慶応三年（一八六七）には、越前の敦賀や近江の大津などでの払米を試みており、天保期以降大坂以外の廻米先の開拓を行なっている。

長州藩[29]は、寛永期（一六二四～一六四三）以来、自国船による大坂廻米が原則とされ、早急で自国船の差配が困難な場合のみ他国船を雇用することになっていた。しかも、延宝六年（一六七八）には宰判単位で船を確保し、不足のときに他宰判の廻船を雇用している。この場合、小規模・中規模廻船でも大坂廻米は十分可能であった。そして享保期（一七一六～一七三五）には、大型廻船の一部が城米を廻送するまで成長していた。さらに寛政期（一七八九～一八〇〇）以降、廻船数の増加と大規模化が見られるようになる。

これら各藩の廻米における大きな変化は、次の二点にある。第一は、各藩による新しい市場の開拓、すなわち大坂登米一辺倒から新しい米穀市場の開拓が試みられるようになってきたことである。詳しくは後述するが、たとえば越後高田藩では天明期（一七八一～一七八八）頃から大坂登米量が減少しはじめ、化政期（一八〇四～一八二九）を画期にして上方廻米が著しく減少し、代わって地払米が急増する現象が見られ、その地払米は新たな市場である蝦夷地市場・佐渡金山の飯米市場へと流出したようである。[30] 同様に佐賀藩においても明和期（一七六四～一七七七）頃に、大坂登米至上主義から領内でも販売を促進する動きが見られる。[31] また、長州藩では、同じく明和期に長州藩の瀬戸内沿岸に位置する伊崎・中関・室積の港に独自の瀬戸内米穀市場を創設するようになる。[32]

そして松江藩についても、文政七年（一八二四）に一〇〇〇石積規模の御手船二～三艘および商人運賃船を用いて蔵米一万三〇〇〇～一万四〇〇〇石を尾道へ廻送しており、また尾道への蔵米廻送は、松江藩に限ったことではなく、鳥取藩・西条藩・吉田藩・宇和島藩・今治藩・秋月藩・高松藩・久留米藩という山陰・四国・九州の諸藩からも廻送されていたのである。[33] 実際、鳥取藩でも前述したように幕末期に御手船による蔵米の尾道廻送が盛んに行なわれていたことがわかる。[34]

第二の変化としてあげられるのは、繰り返し見てきたように各藩の利用廻船が上方船から瀬戸内船・地船へと移行が見られたことである。

次に、新しい市場の開拓、特に西廻り航路の通過地点である瀬戸内市場と、上方船から瀬戸内・地船への移行特に瀬戸内廻船の発展について見て行こう。

五　地方米穀市場と廻船の発展

まず安芸国御手洗港の状況を御手洗・沖友・大長からなる大長村の廻船[35]によってみて見ると、文化期（一八〇四～一八一七）以降特に廻船数の増加が顕著であり、小規模廻船の増加とともに一〇反帆以上の中規模以上の廻船数の増加が確認される。

そして、尾道で見たような動きが御手洗港でも認められる。たとえば、文政一一年（一八二八）八月の「御蔵米他国船江売捌仕度ニ付御売下ケ之儀御願書」[36]によれば、「当湊之義者御他領へ隣り殊ニ灘中ニ而第一他国米入津仕諸色商事方其外諸取引等至迄一切御他領ヲ引受正金銀融通方之弁利至極之場所ニ而、従来下も筋土佐日向阿波淡路讃州辺之商船入津米不絶買積米仕候儀ニ御座候、尤夏向者北国ゟ米船不絶入津仕、別而当時者売買景気付候得共、冬春之間者九州筋与州辺ゟ之入津米ヲ以買船并町内小売屋之間ヲ合候得共、（中略）先達而御願奉申上候上方御登米当湊ニおゐて御売米捌キ方被為仰付、（中略）米相庭之義者従来大坂兵庫相庭受来是迄商事取組来り候得者、御売米被為仰付候共大坂相庭ニ引合入実之見込御座候ニ付、大坂相庭ゟ者御直段少々引上ケ御売下ケ御願可申上候」とあり、御手洗港が北国・山陰・九州・瀬戸内の蔵米市場化しているようすがわかる。さらに、大坂相場よりも少々高く売買するとあり、蔵米市場の中核である大坂市場に対抗する動きが生じてくる。そして天保一〇年（一八三九）の御手洗港での米穀の買入先と売払先を見ると[37]、買入先は北国・九州・瀬戸内であり、土佐・日向・讃岐・大洲・宇和島・上ノ関の各地と御手洗周辺の漁民および町内の飯米用に売却されているのがわかる。

次に阿波国撫養の弘化元年（一八四四）の山西家の廻船（ほとんどが買積と思われる）による米の移入先を見ても[38]、九州・北国・瀬戸内の西廻り航路圏が中心となっている。また、第一一〜一三章で詳述する山西家の手船である観音丸および徳悦丸の弘化二年〜嘉永六年（一八五三）の活動を見ても、たとえば筑前米を筑前の商人から、豊前米を豊前の商人から、肥後米を肥後の商人から、秋田米・越後小豆・能代大豆を下関の商人からそれぞれ買積み、山西家へ仕切ったり、肥前の商人から肥後米・空豆・小麦を買い、下関の商人へ売り払っていたようである。そして、移入米の大多数は、撫養の塩田地帯や藍作地帯・甘蔗地帯での商品生産の米不足を補うのに用いられた。

さらに、泉州貝塚の広海家の万延元年（一八六〇）と文久三年（一八六三）の米の移入先においても、陸奥・出羽・越後の北国が八〇〜八五％を占めているのがわかる。そして、その米の販売先は、貝塚とその周辺・泉南地

域が中心となっている。(39)

このように大坂への登米と競合する形で文政期以降瀬戸内各地に九州および西廻り航路圏と大坂との結び付きを遮断して、新たな地方米穀市場が成立して行ったのである。(40)そして、それには瀬戸内各地の地方廻船の発展が大きく貢献したであろうことは容易に理解できるところである。

六　讃岐国直島の海難史料に見る米穀流通と廻船

讃岐国直島は、瀬戸内海に浮かぶ直島本島・柏島・尾高島・向島などからなる群島であり、幕府の御料として倉敷代官の支配下にあった。直島群島周辺の海域は、群小の磯場が多く潮流の変化が激しく、瀬戸内海を航行する廻船にとって難所の一つであった。

ここでは、この讃岐国直島群島の件数にして四〇〇件にのぼる海難史料(41)のうち、貞享四

よび輸送船籍

				船籍																						
大隅	薩摩	伊予	讃岐	大坂	摂津	播磨	紀伊	越後	加賀	出雲	長門	周防	安芸	備後	備中	筑前	肥前	肥後	豊前	豊後	日向	大隅	薩摩	伊予	讃岐	尾張
				1	1									1												
				1	1		1				1					1		1		1						
				4		1	1					2								1						
															1	1										
1	1	1		1			1			2							1				1	1		1		
									1	1		1														
				1																						
					1							1							1							1
												1	1							1						
	1																			2			1			
								1			1									2						
												1												1		
		1	3	1						1	1		1							1				1	3	
			1									2					1		1	1					1	
		1			1							1	1							1				1		
			1									1			1	1									1	
		1			1						1	1	2											1		
1	2	4	5	10	4	1	3	1	1	4	4	11	5	1	2	3	2	1	2	10	1	1	1	5	5	1

年（一六八七）～明治三年（一八七〇）の米を積荷とする廻船一〇三件[42]について分析を行ない、前述してきた米の市場と廻船の問題における変化を確認したい。米以外の商品についての分析は次章において行ない、ここでは米の問題に限定する。そこで、一〇三件の米輸送について見ると、輸送米の種類は、城米六件（五・八％）、蔵米七九件（七六・七％）、商人米一八件（一七・五％）であり、蔵米が大部分を占めている。

城米は、六例あり、元文二年（一七三七）以前に集中している[43]。積地は、備前二件、石見・出羽・越前・讃岐各一件であり、日本海側と瀬戸内の西廻り航路圏にある。行先は、江戸二件・大坂二件・伊予二件であり、伊予の二件は讃岐・備中の幕府領の年貢米を伊予へ輸送したものである。他の商品との積合はすべてなく、城米輸送の規定[44]がよく守られていた。船籍は、大坂二艘、塩飽・備中・駿河

表1　蔵米積地お

年代	積																			地
	陸奥	出羽	越後	越中	加賀	越前	北国	伯耆	出雲	長門	周防	安芸	備後	備中	筑前	筑後	肥前	肥後	豊前	豊後
貞享元～元禄13（1684～1700）	1				1								1							
元禄14～宝永7（1701～1710）		1			1					1					1	1		1		1
正徳元～享保5（1711～1720）		3			1	1					1					1	1			
享保6～享保15（1721～1730）														1	1					
享保16～元文5（1731～1740）							1	1	1				1				1			
寛保元～寛延3（1741～1750）					1				1		1									
宝暦元～宝暦10（1751～1760）				1																
宝暦11～明和7（1761～1770）	1										1								2	
明和8～安永9（1771～1780）																				
天明元～寛政2（1781～1790）											1	1								1
寛政3～寛政12（1791～1800）																				2
享和元～文化7（1801～1810）			1							1										2
文化8～文政3（1811～1820）											1							1		
文政4～天保元（1821～1830）									1	1		1						1		1
天保2～天保11（1831～1840）											2						1		1	1
天保12～嘉永3（1841～1850）											1				1			2		
嘉永4～万延元（1851～1860）											1			1	1					
文久元～明治3（1861～1870）										1	1	1					1	1		
計	2	4	1	1	4	1	1	1	3	4	10	3	2	2	4	2	4	6	3	8

（註）　瀬戸内海歴史民俗資料館所蔵三宅家文書の各「浦手形」より作成。

各一艘であり、この時期にはまだ塩飽廻船が健在であった。廻船は、備中の廻船が備中の年貢米を伊予へ廻送した以外は、すべて他国船であり、船頭は直乗船頭四人、沖船頭一人となっている。廻船規模は、判明している分では一六人乗一艘、一四人乗一艘であり、大規模な廻船によって城米輸送が行なわれていたことがわかる。

蔵米は七九例あり、全時期に及んでいる。積地は、表1のように東北・北陸・山陰・山陽・九州・北四国である。特に宝暦期（一七五一〜一七六三）頃までは、東北・北陸・山陰が見られたが、それ以降ほとんど見られなくなるのに対し、代わって長門・周防・安芸・肥後・豊前・豊後・伊予・讃岐の瀬戸内・九州の増加が目立つようになってくる。これは、それまで大坂周辺へ直送されていた東北・北陸・山陰の蔵米が、途中の瀬戸内米穀市場でも積極的に売買されるようになってきたことによ

表2　蔵米輸送船の動向

年代	行先		積合			所属			船頭			規模			
	大坂	その他	無	合	添	手船	自国船	他国船	直乗	沖船頭	不明	小	中	大	不明
貞享元〜元禄13	3		2		1	1		2		2	1				3
元禄14〜宝永7	7		7				4	3	3	1	3			2	5
正徳元〜享保5	8		9				1	7	2	3	4		2		7
享保6〜享保15	2		1		1	1	1		1	1			1		1
享保16〜元文5	8		5	3			4	4	3	1	5		4	2	2
寛保元〜寛延3	3		3				3		3				1		2
宝暦元〜宝暦10	1		1					1		1				1	
宝暦11〜明和7	3		3		1		2	2	3	1			2		2
明和8〜安永9															
天明元〜寛政2	3		3			1	2		2	1			2	1	
寛政3〜寛政12	3		2	1		1	2		1	2			2	1	
享和元〜文化7	3		2	2			4		2	1			4		
文化8〜文政3	2		2				1	1	2				1	1	
文政4〜天保元	7	江戸1　堺1	6	3			8	1	5	4		3	4	2	
天保2〜天保11	4	兵庫1	4	2			6		5	1		2	3	1	
天保12〜嘉永3	5		4	1			2	3	1	4			4	1	
嘉永4〜万延元	2	岡山1　高松1	4				4		3	1		4			
文久元〜明治3	5	兵庫1	4	2			4	2	1	5		1	4	1	
計	69	6	62	14	3	4	48	26	37	29	13	10	34	13	22

（註）　瀬戸内海歴史民俗資料館所蔵三宅家文書の各「浦手形」より作成。
規模は、便宜上小（1〜3人乗）、中（4〜9人乗）、大（10人乗以上）と区分した。

るものと思われる。行先は、大坂が六九件で九二%を占め他を圧倒しており、他に兵庫二件、江戸・堺・岡山・高松各一件が見られる。岡山・高松はいずれも城下への年貢米集荷によるものである。そして、大坂以外の行先が見られるようになるのは、文政四年(一八二一)の堺以降である。(45) 積合荷物は、蔵米であったため蔵屋敷への他商品との合荷も見られた。

船籍は、周防一一艘、大坂・豊後各一〇艘、安芸・伊予・讃岐各五艘、摂津・出雲・長門各四艘、紀伊・筑前各三艘などと続き、大坂・摂津・瀬戸内・九州・山陰・北陸が中心であった。しかし内容を詳しく見ると、宝暦期以前は大坂・摂津と瀬戸内・九州が中心であったのが、それ以降には大坂・北陸・山陰の廻船が少なくなり、瀬戸内・九州の廻船が中心となる。

自国船か他国船かについて、同じく表2の所属の欄で見ると、まず領主の手船はすべて寛政四年(一七九二)以前である。そして延享二年(一七四五)以降藩経済の自立化にあわせて自国船の比重が高まり、他国船がやや減少するようになり、地船の発展が見られる。自国船の船籍を見ると、瀬戸内・九州、特に周防・長門・豊後の廻船の進出が著しいのがわかる。一方、他国船の雇主の所在地は、肥後五件、出羽四件、加賀三件、陸奥・筑後・肥前各二件、越後・越中・北国・伯耆・備後・筑前・豊前・薩摩各一件であり、北陸・東北・肥後が多いが、北陸・東北は前述したように宝暦以降見られなくなるため、明和二年(一七六五)以降姿を消しており、特に他国廻船がよく用いられたのは明和五年以前であった。雇船は、大坂一〇艘、摂津四艘、紀伊三艘、安芸・豊後各二艘、出雲・周防・日向・伊予・尾張各一艘であり、大坂・摂津が中心で、他に瀬戸内の廻船もわずかに見られる。船頭は、寛政期(一七八九〜一八〇〇)頃から沖船頭が増加してくる。特に自国船の沖船頭が増加しており、地方における多数廻船所有者の出現がうかがわれる。廻船規模は、中・大規模廻船が中心であるが、文政期(一八一八〜一八二九)以降は特に地方の中・小規模廻船の活躍が注目される。大規模廻船の船籍は、大坂四艘、摂津・紀伊・

出雲・安芸・肥前・肥後・大隅・薩摩・伊予各一艘であった。

商人米は一八例あり、文化四年（一八〇七）以降盛んに見られるようになってくる。積地は、出羽・筑前・伊予各三件、周防・備前各二件、石見・長門・備後・肥前各一件であり、瀬戸内地域を中心に増加している。行先は、判明分では大坂四件、兵庫六件であり、納屋米市場としての兵庫[46]へ多く廻送されている。積合荷物は、商人荷物であるため蔵米の場合よりもさらに多くなる。船籍は、筑前四艘、伊予三艘、摂津・播磨・紀伊・佐渡・越中・加賀・石見・長門・周防・備後・備前各一艘であり、大坂・摂津・播磨・紀伊の大坂周辺地域より、むしろ北陸・瀬戸内・北九州・山陰など少数であるが、広範囲な地方廻船の台頭が見られる。廻船の所属は、自国船一一艘、他国船六艘であり、自国船が中心となっている。船頭は、直乗船頭七人、沖船頭一一人であり、自国船の沖船頭が増加しており、蔵米の場合と同様地方廻船における多数廻船所有者の出現が見られる。廻船規模は、比較的小さく、中・小規模の廻船によって輸送されていた。

なお商人米としてとりあげた中には、むしろ蔵米として取り扱った方がよいと思われる次に示すような史料が三点見られる。

　　口書一札之事[47]

一私共儀、与州松山領和気郡新浜村之内高浜浦治兵衛船沖船頭善蔵水主合三人乗ニ而、此度国元殿様御払米松山城下茶屋五郎蔵御引請米弐百弐拾俵但四斗入積請、当月六日国元出帆仕、同十二日摂州兵庫迄罷登、右米同所網屋作左衛門方ニ而売渡、代銀者不残網屋作左衛門方ゟ大坂御蔵屋敷江相納、蔵屋敷御請取書作左衛門封印いたし、国元茶屋五郎蔵当ニ仕、則私江相渡請取罷下候処（下略）

これは、文化四年（一八〇七）四月に、伊予松山領の廻船が、松山城下での蔵米の払米を兵庫の商人へ売渡している例である。

口書一札之事(48)

一私共儀者、摂州兵庫魚棚町米屋利兵衛手代宇八并同所柴屋儀八船沖船頭甚三郎水主合五人乗ニ而、於長州赤間関ニ買取之荷物越後米三百弐拾壱俵但四斗入庄内米百七拾七俵干鰯五拾俵積請之、当月朔日夜四つ時同所出帆仕（下略）

これは、文化一〇年（一八一三）七月に、兵庫の廻船が、赤間関で買取の越後米三二一俵・庄内米一七七俵・干鰯五〇俵を買積み、兵庫へ廻送しようとした例である。

口書一札之事(49)

一此度私共儀者、与州宇和嶋領長浜高橋屋森右衛門船水主合五人乗且上乗都合六人乗ニ而、国元御蔵米五百八拾弐俵積請之、尤御売下ケ米ニ相成、国元岩松小西荘三良野村紡方与治兵衛両人買受、摂州大坂加嶋屋治郎三郎方へ売渡ロニ付、同所江積登候処（下略）

これは、文政一三年（一八三〇）正月に、伊予宇和島領の廻船が、地払いされた宇和島藩の蔵米五二八俵を大坂へ売渡している例である。

このように商人米化した蔵米の廻送が化政期（一八〇四～一八二九）以降瀬戸内米穀市場の発展にともない見られるようになってくる。そして、このような米が、大坂市場を回避して各地の地方廻船によって前述した下関・尾道・御手洗・撫養・貝塚・兵庫などの地方市場へ廻送され、そこで活発に取引されて行ったのである。

以上、特に一八世紀後半以降の米穀市場と廻船の問題について述べてきたが、これを要約すると次のようになる。

第一に、各地の港での取扱商品・入港廻船積荷の中に占める米穀取扱高は、他の商品を圧倒して過半近くに達すること。

第二に、大坂への登米は蔵米が中心となり、供給地は西日本・西廻り航路圏を中心とする地域であること。江戸への廻米は、商人米の比重が高く、蔵米は少なく、城米は大坂の二〜三倍に達し、供給地は関八州を中心に東北（太平洋側）・東海・東山道であること。

第三に、城米の大部分は江戸の御蔵へ納められ、ごく一部が大坂へ廻送されたこと。城米輸送の担い手は、元禄・享保期頃までは塩飽廻船が中心であったが、それ以降宝暦期には大坂の廻船が中心となり、一部瀬戸内の廻船がそれを担い、塩飽廻船は後退し、天保期頃になると摂津とくに御影などの灘廻船や瀬戸内特に周防・伊予などの廻船の進出が著しく、大坂の廻船は後退すること。同じ城米輸送でも江戸廻送は摂津・大坂・瀬戸内の大規模廻船によって、大坂廻送は瀬戸内・北陸・山陰などの中・大規模廻船によって行なわれていたこと。

第四に、大坂登米輸送では、明和期頃からすでに藩経済の自立化の方向として、従来の大坂登米至上主義から地払米や地方米穀市場への廻送という経済政策の転換が模索されはじめ、化政期以降には全国市場としての大坂市場を回避して瀬戸内各地において、塩業・商業的農業の展開や人口増加・小都市化など経済発展による新たな飯米需要の拡大にともなって、北国・山陰・九州・瀬戸内の蔵米が積極的に販売されるようになってくること。讃岐国直島の海難史料では、蔵米において、積地が宝暦期までは東北・北陸・山陰が見られたのであるが、それ以降見られなくなり、大坂直送の北国米が途中の瀬戸内米穀市場で販売されるようになったこと。蔵米の輸送が圧倒的に大坂であったのが、文政四年以降堺・兵庫が見られること。商人米の輸送が文化四年以降盛んとなり、商人米化した蔵米の存在が確認されたこと。

第五に、大坂登米輸送船においては、藩により異なるが化政期以降上方船から瀬戸内船・地船への移行が見られるようになること。それは地方廻船の発展によるものであるが、讃岐国直島の海難史料では、蔵米輸送において、宝暦期以降瀬戸内・九州の廻船が活躍し、延享二年以降には自国船の比重が高まり、他国船がやや減少したこと。寛政期頃から自国船の沖船頭が増加し、地方の多数廻船所有者が出現してきたことなどが確認されたことである。

（1）近世の米穀市場に関する研究史的整理については、本城正徳「近世米穀市場研究についての覚書」（梅溪昇教授退官記念論文集刊行会編『日本近代の成立と展開』思文閣出版、一九八四年）に詳しい。本章との関連では、鈴木直二『徳川時代の米穀配給組織』（巖松堂書店、一九三八年）、土肥鑑高『近世米穀流通史の研究』（隣人社、一九六九年）、同『近世米穀金融史の研究』（柏書房、一九七四年）、脇田修『近世封建社会の経済構造』（御茶の水書房、一九六三年）、渡辺信夫『幕藩制確立期の商品流通』（柏書房、一九六六年）、小村弌『幕藩制成立史の基礎的研究』（吉川弘文館、一九八三年）、岩橋勝『近世日本物価史の研究』（大原新生社、一九八一年）、山崎隆三『近世物価史研究』（塙書房、一九八三年）、森泰博『大名金融史論』（大原新生社、一九七〇年）、宮本又郎『近世日本の市場経済』（有斐閣、一九八八年）、本城正徳「畿内における米穀市場の構造と特質」（脇田修『近世大坂地域の史的分析』御茶の水書房、一九八〇年）、同「畿内都市における米穀市場の機能と性格」（大阪歴史学会『ヒストリア』九二号、一九八一年）、同「幕末期における米穀市場の変動について」（同九三号、一九八一年）、同「幕末期における市場政策の特質と都市経済」（『歴史評論』三九三号、一九八三年）、同「近世中後期における経済発展と米穀市場」（『日本史研究』二五九号、一九八四年）が参考となる。

（2）長野暹「幕藩体制中期の市場構造についての覚書」（宮本又次編『大阪の研究』三巻、清文堂出版、一九六九年）三七二頁。一方、大坂への商品移出額を見ると、総額は九万五七九九貫目であり、その内訳は菜種油二七・一％、縞木綿七・三％、長崎下り銅六・九％、白木綿六・五％、綿実油六・四％、古糸六・三％、繰綿四・五％、醬油四・〇％、万鉄道具三・九％、油粕三・四％、万塗物道具二・九％、小間物二・九％、胡麻油二・二％、焼物一・六％となるが、これらの移出品を含めても、米穀の卓越した地位は変わらないであろう。なお、本章では個別の表をすべて省略したので、拙稿「近世の米穀流通と廻船」（『大阪大学経済学』三五巻四号、一九八六年）参照、以下同じ。

（3）今村義孝「秋田藩と若越海運」（福井県立図書館・福井郷土誌懇談会編『日本海海運史の研究』同会、一九六七年）八一二

頁。一方、秋田藩の沖入額を文化五年～七年の三か年平均でみると、総額は七一六九貫四二六匁であり、その内訳は紙類二五％、木綿・半晒布二〇％、繰綿・篠巻綿一二％、古手・のべ継類一一％、塩九％、その他二三％となる。

（4）小林弌前掲書、六八〇～六八一頁。

（5）柚木学『近世海運史の研究』（法政大学出版局、一九七九年）三九六～四〇〇頁。

（6）柚木学編『諸国御客船帳』下巻（清文堂出版、一九七七年）五二一頁。一方、同じく清水家客船の積荷（売荷）は総計延一八五六艘であり、その内訳は扱苧四五二艘、干鰯三九八艘、銑鉄二六二艘、半紙二五一艘、塩鯖一九九艘、焼物一八六艘、生蠟一八〇艘、瓦九一艘、鯖八五艘、塩鰤七九艘、鰤三三艘、干鯖二一艘、刺鯖一九艘となる。なお積合荷物は、それぞれ重複して数えている。

（7）後藤陽一編『瀬戸内御手洗港の歴史』（御手洗史編纂委員会、一九六二年）一四七頁。同じく安芸国忠海にある江戸屋の文政～明治頃の「客船帳」における交易品目を見ても、諸国に共通して見られるのは米と干鰯類であり、米の重要性が指摘される（豊田寛三「幕末・明治初年の芸予交易」『大分大学教育学部研究紀要』五巻一号、人文・社会科学、B類、一九七六年）。

（8）宮本又郎「近世中後期の大阪における領主米流通」（『国民経済雑誌』一二五巻六号、一九七二年）五六頁、のち同『近世日本の市場経済』（有斐閣、一九八八年）所収。本城正徳前掲「幕末期における米穀市場の変動について」六四頁。

（9）大野瑞男「江戸幕府財政の成立」（北島正元編『幕藩制国家成立過程の研究』吉川弘文館、一九七八年）一四五頁。

（10）宮本又郎前掲「近世中後期の大阪における領主米流通」六六～六七頁。

（11）鈴木直二前掲書、六〇〇～六〇六頁。

（12）大石慎三郎『日本近世社会の市場構造』（岩波書店、一九七五年）一〇三頁、長野暹前掲論文三六八～三七一頁、鶴岡実枝子「享保改革期の米価政策からみた江戸の位置」（『史料館研究紀要』一〇号、一九七八年）一一七頁。なお、江戸・大坂と並んで京都を控えた大津が、近世において米穀市場として重要な役割を演じたことは言うまでもないが、本章では言及できなかった。大津の米穀市場については、鶴岡実枝子「近世米穀取引市場としての大津」（『史料館研究紀要』五号、一九七二年）や長野暹「幕藩体制中期の市場構造についての覚書」（宮本又次編『大阪の研究』三巻、清文堂出版、一九六九年）、のち同『幕藩制社会の財政構造』（大原新生社、一九八〇年）所収を参照。

（13）村上直「江戸幕府直轄領の地域的分布について」（『法政史学』二五号、一九七三年）五頁。なお、各時期の石高を示してお

くと、享保元年四〇八万八五三〇石、同一〇年四三六万六七〇石、同二〇年四五三万九三三一石（同一五頁）、延享元年四六三万四〇七六石、宝暦元年四三九万四五二五石、同七年四四八万二九〇〇石、天保九年四一九万二〇四二石、文久三年四〇七万五七四三石となる（同「江戸後期、幕府直轄領の地域的分布について」『法政史学』三四号、一九八二年、六〇～七四頁）。

(14) 村上直「江戸幕府直轄領に関する一考察」（徳川林政史研究所『研究紀要』昭和四四年度、一九七〇年）一五〇～一五二頁。

(15) 大野瑞男「元禄末期における幕府財政の一端」（『史料館研究紀要』四号、一九七一年）六七頁。

(16) 柚木学前掲『近世海運史の研究』三四三頁。

(17) 阿部善雄「城米廻送よりみたる越前三国湊」（前掲『日本海海運史の研究』）三六七頁。

(18) 鈴木直二氏は、「大阪の御蔵へ納入される米穀は江戸へ納入される御城米と其目的を異にしてゐた。即ち江戸への廻漕の御城米は浅草の御蔵へ納入されて、大部分は幕府の財政経済の支出に当てられた。然るに大阪への納入の目的は前述の理由も無いではないが、主たる目的は食糧政策の見地からの納入貯蔵であつた。従つて幕府御年貢の大阪御蔵への廻漕は米穀よりも籾穀の方が比較的に多くあつた」とされる（同「大阪御蔵への米穀廻漕の一考察」『経済史研究』一五巻三号、一九三六年、四九頁）。

(19) 阿部善雄前掲「城米廻送よりみたる越前三国湊」三六八頁。

(20) 石井謙治「西廻り航路における城米輸送について」（交通史学会『交通文化』四号、一九六四年）一〇頁。

(21) 同右、一一頁。

(22) 阿部善雄「江戸城米の廻送と蔵納」（『史学雑誌』七二編一一号、一九六三年）五七頁、のち前掲『日本海海運史の研究』所収。

(23) 同右、五八頁。

(24) たとえば、安芸国御手洗港での天保一二年二月の「江戸廻り船御用立之儀御尋有之ニ付申上書」によれば、大長村への江戸行廻船の調達依頼に対し、七〇〇石積・六五〇石積・六〇〇石積・五五〇石積の四艘の廻船を書き上げ、「右之通当村内所持仕居申候へ共与州薪積重ニ而、尤稀ニは九州辺大坂届御米積受候儀も御座候得共、何れも小船、其上船頭水主共江戸海不案内ニ而御用向相勤候儀無御座旨申出候、大坂廻しは相成申候得共年来木船仕立之儀ニ是迄出違御国方御米等積廻り候儀も無御座候、此外大船無御座候間」（後藤陽一編『瀬戸内御手洗港の歴史』御手洗史編纂委員会、一九六二年、四九三頁）とあり、瀬戸内の例ではあるが江戸送り廻船と大坂送り廻船との相違を述べている。

(25) その他の藩における廻米・海運政策については、次のような研究がある。秋田藩・津軽藩・南部藩の渡辺信夫前掲書、越後諸藩の小村弌前掲書、福岡藩・小倉藩の中野等「幕藩制成立期の領主米流通」（『交通史研究』一二号、一九八四年）、同「幕藩制成立期における領主的商品流通の展開」（交通史研究会編『日本近世交通史論集』吉川弘文館、一九八六年）、岡山藩の黒正巌「岡山藩と大阪との海運」（京都大学『経済論叢』二一巻六号、一九二五年）などがある。

(26) 宮本又郎前掲「近世中後期の大阪における領主米流通」五八～六三頁。

(27) 加賀藩の廻米・海運政策については、『富山県史』通史編Ⅳ　近世下（富山県、一九七三年）、高瀬保『加賀藩海運史の研究』（雄山閣出版、一九七九年）、同『加賀藩流通史の研究』（桂書房、一九九〇年）、若林喜三郎「加賀藩初期海運史料覚書」（同『加賀藩社会経済史の研究』名著出版、一九八〇年）、見瀬和雄「加賀藩小浜廻米制の成立について」（『日本歴史』四四二号、一九八五年）、同「加賀藩における大坂登米の成立」（『日本史研究』三〇三号、一九八七年）を参照。

(28) 鳥取藩の廻米・海運政策については、山中寿夫「鳥取藩における廻米輸送政策と海運の発達」（福尾猛市郎編『内海産業と水運の史的研究』吉川弘文館、一九六六年）、同「鳥取藩の米穀統制」（福尾教授退官記念事業会編『近世社会経済史論集』吉川弘文館、一九七二年）、『鳥取県史』四巻　近世社会経済（鳥取県、一九七一年）を参照。

(29) 長州藩の廻米・海運政策については、小林茂「西廻り航路と長州藩」（前掲『内海産業と水運の史的研究』）、のち同『長州藩明治維新史研究』（未来社、一九六八年）所収、吉本一雄「長州藩の廻船について」（『山口県文書館研究紀要』五号、一九七八年）、同「諸郡戸籍帳と廻船数」（同七号、一九八〇年）、同「吉敷郡阿知和浦の廻船経営」（同八号、一九八一年）を参照。

(30) 田上繁「近世後期高田藩における領主米商品化の構造変化」（『歴史学研究』五二六号、一九八四年）二二頁。

(31) 長野暹前掲論文三八五～三八六頁。

(32) 小川国治「宝暦・明和期長州藩経済政策と瀬戸内米穀市場の創設」（地方史研究協議会編『瀬戸内社会の形成と展開』雄山閣出版、一九八三年）二五四頁。

(33) 「橋本年誌」（『尾道市史』下、尾道市役所、一九四〇年）五五三～五五四頁。

(34) 延享五年の「売買軍談記」（泉南市史編纂委員会『泉南市史』史料編、泉南市、一九八二年、五八〇～六一二頁）によれば、尾道について「豊前新米尾之道にて年貢米ニ能売申候、筑前秋月米直段能望申候」（五八五頁）、「大坂ゟ瀬戸内へ米積出ス時ハ、備後福山米ともおのミち年貢米ニ直段能望候、酒米ニもよし、豊前米もよし」（六〇〇頁）とあり、下関についても「下ノ関三四五六月待買之時ハ豊前長門中国其外九州米買てよし、北国米ハ直積ト売場同じ事故徳すくなし、急上り之時ハ何米にても買べし、又越後干か大豆古米引合事有、下ノ関高直ならバ福岡ニ夏にても売米有」（五八八頁）とあり、北国・九州・瀬戸内の米が尾道・下関などの港を中心として盛んに取引されているようすがわかる。なおこの史料は、泉州岡田浦の商人赤路六郎兵衛が記したもので、名古屋から九州に及ぶ海域において手船で買積を行なっており、当時すでに瀬戸内・九州各地で米を中心に活発な取引が行なわれていたことがわかる。詳しくは、藤田貞一郎「売買軍談記の紹介と分析」（『泉南市史紀要』六号、一九七八年）を参照。

(35) 前掲『瀬戸内御手洗港の歴史』一五六頁、脇坂昭夫「近世後期瀬戸内海における廻船業」（『芸備地方史研究』四一・四二号、一九六二年）二二頁。

(36) 前掲『瀬戸内御手洗港の歴史』四七三〜四七五頁。

(37) 同書、五〇三頁。

(38) 泉康弘「瀬戸内海水運による阿波藍の流通」（渡辺則文編『産業の発達と地域社会』溪水社、一九八二年）三六頁。移入米を運んだのは、大坂廻船と称される二〇〇石積程度の中・小規模廻船である。なお、山西家については、他に泉康弘「吉野川平野への魚肥移入と阿波藍」（柚木学編『日本水上交通史論集』三巻、文献出版、一九八九年）、本書第一一〜一三章参照。

(39) 赤路洋子「幕末泉州における米穀市場」（前掲『近世大坂地域の史的分析』）二三二頁。赤路氏は、その担い手として仕切帳の名前から、「貝塚へ入津する船の多くは、北国に本拠をおく廻船業者の持船で、奥羽や越後の米、北海道や陸奥の干鰯を買い込み、日本海を西廻りに進み、下関から瀬戸内海を通って貝塚へ入った」（二三六頁）とされる。

(40) 「米商旧記」（大阪経済史料集成刊行会編『大阪経済史料集成』四巻、大阪商工会議所、一九七三年）によって、これらの動きを確認しておくと次のようになる。天保五年三月には「兵庫津米市場之儀ハ、（中略）大坂へ入津之米穀入込候歟、大坂相庭ニ響キニ相成候義有之ハヽ、米市場差留（中略）、既ニ大坂米仲買へ西国筋より買請米を、於兵庫大坂相庭より高直ニ売買致候者有之候ニ付、（中略）大坂へ入津之米穀又ハ諸家廻米猥ニ引請候者有之候ハヽ、早々可申出候」（二八頁）、同年一〇月には「近頃泉州兵庫津等へ多分御廻米御坐候ニ付、（中略）是迄諸蔵届米之内、道売ニ相成候儀ハ、不心得与奉存候へ共」（五二〜五三頁）、同七年一二月には「兵庫津又ハ泉州堺抔ニ而被致払米候向も有之由、風評も有之」（七九頁）、同一四年四月には「中国筋海岸之儀ハ、四国・西国・北国等より上方筋へ荷物積廻候船路ニ而、殊ニ長州赤間関ハ船附弁利之処柄ニ付、（中略）右赤間ヶ関へ出張、国々より上方筋を目当ニ積登候品を引留、某所之者馴合、高直ニ糴売糴買致、其外瀬戸内ト唱、右赤間関より大坂迄之浦々ニ而も同様致糴買、又ハ上方筋へ荷物刎越候而も、其所之相庭ニ不拘瀬戸内糴売之直段、荷主・船頭共見競不売放候ニ付、自ら相庭引上候由相聞、（中略）向後上方筋へ積登荷物之分、赤間関其外瀬戸内浦々等ニ而横取同然ニ糴買致間敷」（一六八～一六九頁）、弘化四年一〇月には「大坂米相庭之義、諸国米直段之基本ニ有之」（一七一頁）、万延元年一〇月には「兵庫米市場并諸荷物問屋穀物仲買共、商法不正路之儀無之様、天保度申渡候所、（中略）米市場之儀ハ近辺地続之不作穀物等大坂之相庭を以所限売買いたし、過米分ハ取集、大坂江差出シ候筈、（中略）大坂相場より米直段引上ヶ致売買候歟、大坂江入津之米穀、又ハ諸家廻米等猥ニ引請、一己之利欲ニ拘り買持米等いたし候族於有之ハ、厳重可及沙汰候」（二八一頁）とある。

（41）瀬戸内歴史民俗資料館所蔵三宅家文書。

（42）添荷の米も含めたため一〇三件となったようであるが、徳山久夫氏の研究によれば一〇〇件であり、米以外の積荷は雑木・薪五一件、木・板三八件、炭二三件、干鰯・ひもの二四件、大豆一六件、塩一五件、魚一三件などである（同「近世讃州直島附近の海難」『香川史学』七号、一九七八年、二一四～二一五頁）。なお、一〇三艘の個別廻米船の年月・米の種類・行先・積荷高・船籍・所属・船頭・廻船規模についての一覧は本章では省略したので、前掲拙稿を参照。

（43）例が少ないことにもよるが、城米廻送船は、大規模で堅固であったため、瀬戸内海のような比較的航行が容易な海域では海難も少なく、しかも年代が下るにつれ航海技術や造船技術が向上したため、このような結果になったのかも知れない。

（44）鈴木直二前掲書、五八七頁。

（45）堺の米穀市場については、本城正徳前掲「畿内都市における米穀市場の機能と性格」に詳しい。

（46）兵庫の米穀市場については、中部よし子「近世における兵庫商業の特質と商業資本」（秀村選三他編『近代経済の歴史的基盤』ミネルヴァ書房、一九七七年）、本城正徳前掲「幕末期における米穀市場の変動について」参照。

（47）瀬戸内海歴史民俗資料館所蔵三宅家文書。

（48）同右。

（49）同右。

第三章　近世の商品流通と廻船の発展形態

一　商品流通史料について

近世商品流通史の研究において、その基礎となる商品流通の実態を把握する史料としては、従来次のようなものが主に利用されてきた。第一には、幕府や藩が経済政策や経済統制をより効果的に実施するのに必要な商品流通の動向を把握するために行なった実態調査史料である。(1)この史料は、調査範囲が広く、その市場のあらゆる商品を網羅しており、商品流通の全体を掌握するのに良好な史料であった。しかし調査史料とはいえ、幕府・藩の役人が直接自らの手で実施したものは極めて少なく、大部分が商人の仲間組織を通じて書き上げさせたものであり、その場合領主の政策意図を反映した報告になりやすく、現実の商品流通とのずれが多少生じていることも十分注意しなければならない。第二には、商人あるいは生産者の経営史料や仲間の集荷・出荷・積出等の史料である。この史料は、ある特定の商品については非常に系統的にその商品流通経路が把握され、価格変動や経済環境・生産状況の変化に鋭敏に反応する流通量の変動や流通経路の変化を非常に詳しく生き生きと示してくれる。しかし、この史料は個々の商品の流通経路や流通量などは明らかにしてくれるが、さまざまな商品間の関係、すなわち果たしてその商品が全商品流通の中でどのような役割を担っているのか、他の商品とどのような競合関係にあるのかといった問題については、あまり多く語らない。またそのような史料によって商品流通の実態を把握したとしても結局のところ商品流通の出口と入口をとらえたに過ぎないのであり、実際それがどのようにして運ばれたのかという問題は依然として残されているのである。これまでの近世商品流通の実態を把握する史料としては、主としてこの二つの史料を基礎として研究がなされてきたと言える。

しかし、近年、近世商品流通史の研究において、廻船の研究者からさまざまな試みが行なわれるようになってきた。それは、商品流通経路の結節点である商人を通じて商品流通経路の出口と入口を掌握するだけでなく、商品輸送そのものを対象とすることによって、より実態に即した形で商品流通を把握しようとするものであった。けれども、近世において商品流通はすべて海運あるいは水運を通じて行なわれていたのではなく、陸運も重要な輸送機関の一翼を担っていたのも事実である。しかしながら、近世において大量物資の輸送手段である廻船は、量的に全商品流通量の圧倒的部分を担っていたのである。特に遠距離輸送においては、量的側面からも、費用・期間の面でも、その経済性・有効性は他の輸送手段の及ぶところではなかった。そして、商品流通量の増加にともない、輸送手段である廻船も量的にも質的にも歩調をあわせるように発展していった。

そこで、廻船研究の側から近世商品流通の実態を把握する次のような史料が提供されるようになってきた。まず第一には、廻船経営の史料である。これは個々の廻船の「勘定帳」から、その廻船によって輸送された商品の流通経路および内容を把握しようとするものであった。そして、廻船が商人や生産者の手船である場合には、商家経営の輸送部門としてとらえることになるが、その場合でも商人や生産者が完全に自己荷物のみを輸送することはあり得ず、他商品の輸送にも従事して廻船経営を行なっているのであり、単なる商家経営の分析よりも幅広く商品流通の実態をとらえることができるのである。しかし、個々の廻船の「勘定帳」は、廻船問屋や商家の輸送部門にあたるところにしか見出されず、しかも恒常的に輸送に従事していた大規模な廻船が中心を占め、小規模な廻船による単発的な輸送には、元来「勘定帳」のような史料を作成する必要はなく、むしろその時々の仕切状などの証文だけで十分であった。したがって、そこで取り扱われるのは、比較的大規模な廻船で、しかも積み込まれる商品は、その廻船に積載可能な大量輸送品に限られていたようであり、すべての商品の流通がそれで明らかになるとは言えないであろう。(2)

第二には、湊に出入りする廻船を記録した「船改帳」「入船帳」「客船帳」などの史料である。(3)「入船帳」は、元来船番所で帆別銭等の入津税・通行税を徴収するために記録された「船改帳」であり、入津順に入津日・船籍・船頭・乗組人数・粮米・反帆数・積石数・積荷等を記録した史料であり、後には廻船問屋の手を通じて税を徴収する場合も見られるようになった。「客船帳」は、廻船問屋のところへ入津した廻船を国別・地域別に分類して記録した得意先名簿で、船印・船名・船籍・船頭・乗組人数・入津出帆日・積荷等を示した史料である。これらの史料は、あらゆる商品を網羅しており、包括的な商品流通の実態を明らかにできるが、史料によって記録に精粗があり、「客船帳」の場合には廻船問屋の得意先名簿の性格をもつため記録されている商品に偏りが見られたりする。

従来、廻船研究の側から商品流通の実態を取り扱う場合には、主として以上の二つの史料によって研究が進められてきたのであるが、本章では第三の史料として海難史料を用いることにする。この史料は、従来法制史の研究(4)によって盛んに用いられ、これによって海難救助制度や共同海損などの研究が押し進められてきたのであるが、商品流通史の立場からはほとんどかえりみられなかった史料である。というのは、ある一つの海難史料からどのような商品が輸送されていたのかが判明しても、それは単なる断片的史料、すなわち商品流通の一こまに過ぎないのであって、商品流通を経常的な流れとして把握することが困難であった。そこで、本章では海難史料を単発的なものとして取り扱うのではなく、ある地域の多数の海難史料を一括して分析し、そこで輸送されている商品を直接把握することによって、商品流通の実態を明らかにしたいと考えた。しかも多量に海難史料を用いることで、商品を広範囲にとらえるだけでなく、長期間継続的に観察することができ、そのために商品流通上の変化も把握することが可能となった。本章で用いる海難史料は、いわゆる「浦手形」や「沖上り口上書」と呼ばれるもので、海難事故が真実不可抗力によって生じたことを事故現場近くの庄屋が証明する書付や事故当事者が救助に当たった村方に対し事故の模様等について記した書付などからなる。そして、後日事後報告をまとめた冊子ではなく、書付であることがかえって史料の残存に恣意性をもたせることがなかった。また海難史料であるため、きわめて自然な形で無差別に史料抽出がなされることとなり、実際の商品流通のあり方をそのまま反映し、その意味でも良好な商品流通史料であると言える。したがって、この史料を用いて、どのような商品がどのような頻度で、どこからどこへ輸送されたのか、その流通経路に時期的な変化が見られたのかなどについて明らかにしたい。

また、この史料は単に商品流通だけでなく、その輸送を担っていた廻船についても、船籍・船稼形態・船頭・廻船規模などに関する貴重な事実が得られる。そこで、この史料に基づいて、商品流通量の増大にともなう廻船の発展がどのような地域において見られるようになったのか、次に廻船発展の指標と考えられる四点に注意しながら見てみることにする。すなわち、第一に船数の増加が見られたのか、第二に他国船依存から領主の手船建造・自国船の育成、さらに他国船稼が見られるようになったのか、第三に直乗船頭だけでなく、多数廻船所有者の存在を示す沖船頭も見られるようになったのか、第四に小規模廻船から中規模廻船、さらに大規模廻船へと廻船の大規模化が見られるようになったのかの点であり、これらの点に注意を払いながら、商品流通の活発化にともなう廻船の発展、さらには地域経済の発展をあとづけて行きたい。

二　讃岐国直島と海難

直島は備讃瀬戸に位置するが、主島の直島を中心に二七の島々からなる直島諸島を形成し、男木島・女木島とともに幕府領として倉敷代官所の管轄下にあった。直島は、高五〇〇石余、家数二〇〇軒、人数一〇〇〇人前後の規模で、江戸時代を通じてあまり変動がなかった。直島の生業としては、小高の島であるため耕地も狭く、廻船業が発展した。近世初頭には、近接する塩飽諸島と同様に活躍したようであり、延宝五年（一六七七）には大規模な廻船が二〇艘前後存在していたが、元禄期（一六八八〜一七〇三）以降急激に衰退し、享保五年（一七二〇）には小規模な廻船しか存在しなくなった。そのため廻船経営よりむしろ、男は廻船水主や漁稼などに、女は耕作に従事するようになっていった。そして、享保七年には八〇石積以下の小廻船が三五艘あったが、それも天保一四年（一八四三）には二四艘、明治元年には一六艘へとしだいに減少し、廻船業よりむしろ

図1　直島諸島周辺略図

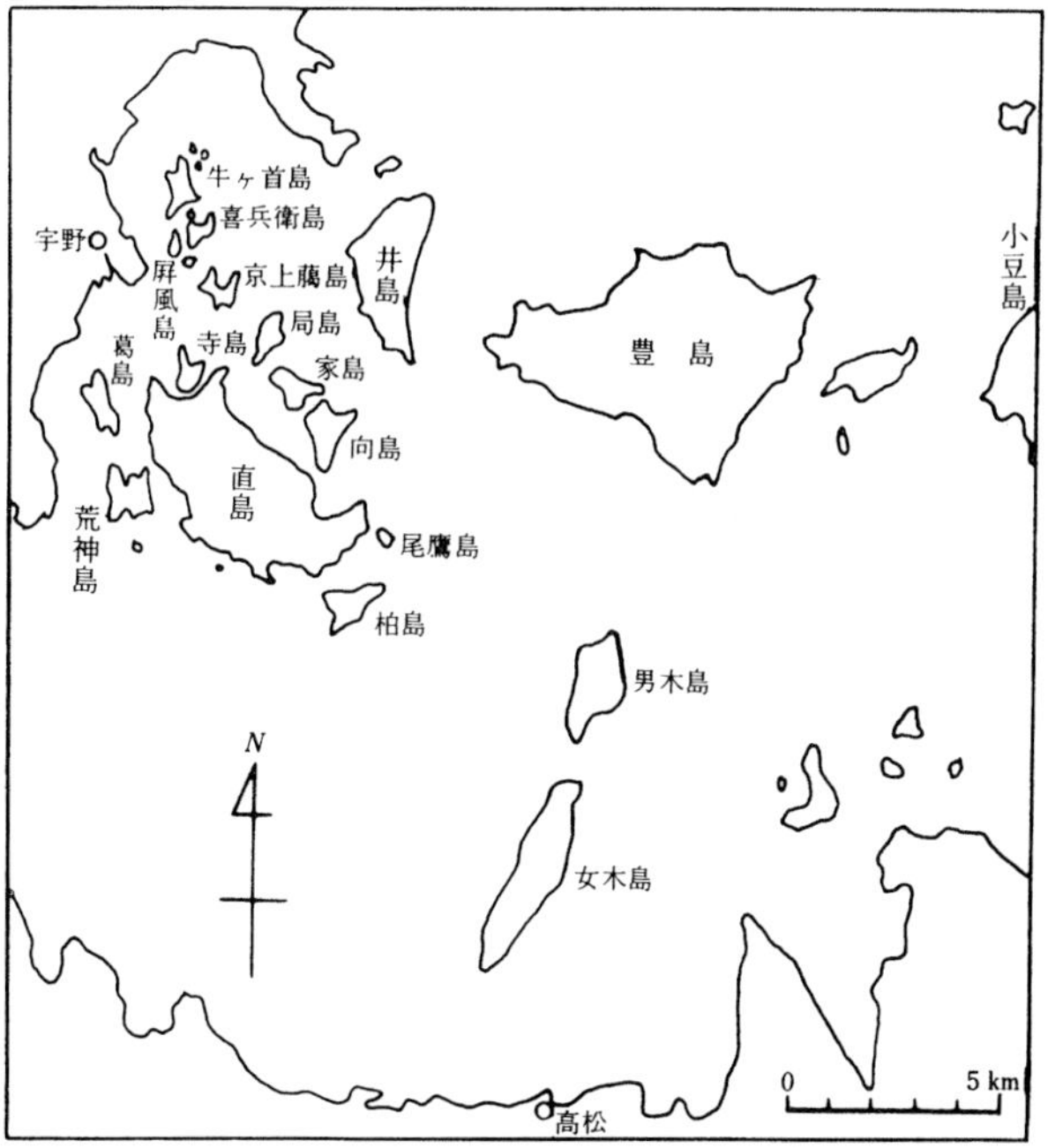

表3　時期別海難件数

時期	年　　代	件数
1	貞享4～元禄13(1688～1700)	12
2	元禄14～宝永7(1701～1710)	26
3	正徳元～享保5(1711～1720)	15
4	享保6～享保15(1721～1730)	13
5	享保16～元文5(1731～1740)	12
6	寛保元～寛延3(1741～1750)	10
7	宝暦元～宝暦10(1751～1760)	3
8	宝暦11～明和7(1761～1770)	4
9	明和8～安永9(1771～1780)	3
10	元明元～寛政2(1781～1790)	8
11	寛政3～寛政12(1791～1800)	13
12	享和元～文化7(1801～1810)	29
13	文化8～文政3(1811～1820)	20
14	文政4～天保元(1821～1830)	36
15	天保2～天保11(1831～1840)	39
16	天保12～嘉永3(1841～1850)	31
17	嘉永4～万延元(1851～1860)	33
18	文久元～明治3(1861～1870)	27
合　　計		334

(註)　各「浦手形」(瀬戸内海歴史民俗資料館所蔵三宅家文書)より作成。

塩業や漁業によって生計を立てる方向に向かっていったようである。[5]

さて、周知のように瀬戸内海は、海進によって浸食地形の高所が島として残存して成立したため、岩礁が散在し、波は比較的静かでも決して航行が容易な所とは言えない。したがって、直島周辺でも数多くの海難が発生した。徳山久夫氏の研究[6]によって海難場所・航路を簡単に見てみよう。この海域には、直島諸島と呼ばれる二七の島々が散在し、その間を数多くの廻船が東西にすり抜けて行った。それゆえ、海難が発生しない方が不思議であった。直島をめぐる航路としては、井島の北側から来て、局島と京上臈島の間を通り、直島の北側から荒神島と葛島の間を通って西側に抜ける直島の北側を通過する航路と、直島の南側から直島と柏島の間を通り、尾高島・向島の東側から井島と豊島の間を通って東側へ抜ける直島の南側を通過する航路とに分かれる。北側の航路は主として下りの船が、南側の航路は主として上りの船が通過したようである。海難の発生した場所は、判明した分のうち南側航路では直島の南沖九九件、帆掛石一四件、俎石三七件、荒神島一〇件、柏島二四件、井島一一件等、北側航路では、京上臈島一六件、局島二件、葛島四件、直島大浦一一件等となっている。

次に、次節以下で取り扱う海難史料の時期別海難件数と月別海難件数を見てみよう。まず、時期別構成を示したのが表3である。ここでの時期区分は、史料の存在する期間をほぼ一〇年ごとに機械的に一八期に分けたものである。この表によれば、全部で三三四件のうち最多は一五期の三九件、最少は七期の三件であるが、全期間にわたって史料が存在する。ただし、二期や一二期以降にやや集中する傾向が見られるが、史料残存状況からやむを得ないし、また時期が下るにつれてそれだけ商品流通が活発化したとも言える。

月別海難件数を見ると、正月二一件、二月二七件、三月三一件、四月二五件、五月一八件、六月一三件、七月一九件、八月三〇件、九月四二件、一〇月二九件、一一月三八件、一二月三九件となる。比較的多い月は九月・一二月・一一月で、少ない月は六月・五月・七月であり、台風時期から冬にかけて多くなっているが、日本海沿岸のように冬期には廻船がほとんど航行しないという状況は見られず、全季節にわたって廻船が航行し、商品流通が活発に行なわれていた。

なお、これらの海難史料を用いる場合には、次のような直島周辺の海難史料であることによる史料的制約があることに注意しなければならない。第一に、日本海・九州・西瀬戸内と大坂周辺とを結ぶ航路は把握できるが、阿波・大坂・紀州以東の航路や日本海・九州と西瀬戸内とを結ぶ航路は把握できないこと。第二に、讃岐周辺の廻船は直島まで近距離なため比較的小規模な廻船まで把握することができるが、遠距離ほど航行距離が長くなり、小規模な廻船まで把握することが困難で、遠隔地は大規模廻船、讃岐周辺は小規模廻船が中心となりやすいことである。これらの点に注意しながら、以下近世商品流通と廻船について見て行くことにしよう。

三　商品流通経路と廻船

直島の海難史料のうちで年代が明らかで、しかも廻送商品の内容がわかるものを示したのが、表4である。ただし、積合荷物は重複して数えた。この表によれば、延べ四六六件のうち最も多く流通しているのは、第二章で

件数一覧

特産物								林産物・鉱産物									その他						計
綿	紙	多葉粉	蠟	畳表	莚	苧・縄	竹	木材	炭	薪	石炭	鉄	銅	鉛	石灰	石	呉服・古手	小間物	瀬戸物	埴土	銭	馬	
1	1			1				1		1		1						1					15
1				2				6	1	3								2		1			36
	1					1																	15
2	1	1						2		1		1	1	1									20
1				1		1	1			2													18
	1		1			1		1		1		1					1						12
	1											1					1	1					8
																							4
								1															4
1	1									1													11
	2	1						1	1	1		2											17
1					1			5	2	8											1		36
1		1					1	4		8													23
	1	2	1		1		1	6	6	11													50
1	3	1	1		1	1		7	2	8	1	2			1								54
	1		1	1	1	3	2	11	6	5	2	1						1	1			1	56
	4	1			1	3	2	6	6	4	2	2				1							51
1			1	1				7	2		4					2							36
10	17	7	5	6	5	10	7	58	26	54	9	11	1	1	1	3	2	5	1	1	1	1	466
67								164									11						

述べた米の一〇三件であり、大差で木材五八件、薪五四件、海産物三九件、炭二六件、干鰯二八件、紙一七件、大豆・小豆一四件、塩一三件、鉄一一件、綿一〇件、苧・縄一〇件、石炭九件と続き、近世の商品流通における米の占める比重の大きさがうかがえる。また瀬戸内の特徴として、漁業・塩業に関係する商品の流通も多く見られ、海産物・干鰯・塩や塩田の燃料として用いられた薪・石炭等があげられる。散在的であってもほぼ全期間にわたって存在する商品は、米・大豆・小豆・海産物・干鰯・綿・紙・木材・薪等であるが、これらはいず

表4　商品別

時期	年代	農産物											加工食品・海産物								
		米	麦	大豆・小豆	菜種	糠	胡麻	茶	椎茸	山菜・葛	薩摩芋	青物	砂糖	酒	酒粕	油	油粕	醤油	塩	海産物	干鰯
1	貞享4～元禄13	3		1										1						2	1
2	元禄14～宝永7	10	1		2									1		2		1	1	1	1
3	正徳元～享保5	10		1	1																1
4	享保6～享保15	5		2																1	2
5	享保16～元文5	10		2																	
6	寛保元～寛延3	3																		2	
7	宝暦元～宝暦10	2		1																	1
8	宝暦11～明和7	4																			
9	明和8～安永9	1	1																1		
10	天明元～寛政2	3		1																1	3
11	寛政3～寛政12	3		1		1		1												2	1
12	享和元～文化7	5		1				1	1				1							5	4
13	文化8～文政3	4																		3	1
14	文政4～天保元	11	1	1															4	3	1
15	天保2～天保11	6	1	2			1		1	1		1	1	1				1	4	4	1
16	天保12～嘉永3	6	1												1	2			2	6	1
17	嘉永4～万延元	8		1	1			1	1				2				1			4	
18	文久元～明治3	9							1		1							1	1	5	
合計		103	5	14	4	1	1	3	4	1	1	1	4	3	1	4	1	3	13	39	18
		138											86								

（註）各「浦手形」（瀬戸内海歴史民俗資料館所蔵三宅家文書）より作成。

れも比較的多く流通している商品であり、必ずしも時期的関係と相関するものではないかも知れない。

それでは、これらの商品がどこからどこへどのような廻船によって輸送されたのか。各商品ごとの時期・積地・行先・積合(8)・船籍・廻船の所属・船頭・廻船規模(9)についての詳細な分析は拙稿(10)に譲ることとして、ここではそれぞれの特色をもつ商品はどのようなものがあげられるか、まとめて見ておこう。

まず時期では、比較的多く流通している商品は、当然全期間にわたって散在することになる。したがって、全期間にわたって見られるのは、米（一〇三件）・大豆・小豆（一四件）・海産物（三九件）・干鰯（一八件）・綿（一〇件）・紙（一七件）・木材（五八件）・薪（五四件）・鉄（一一件）等である。しかし、米は城米が五期以前に集中し、蔵米は全期間にわたり、商人米は一二期以降増加する傾向があった。海産物は特に一二期以降多くなっている。紙も一五期と一七期が多い。木材・薪も一二期以降増加する。これは、全商品の流通量、ここでは海難件数の増加と照応する。次に、比較的商品流通量もあるが、時期的に偏りが見られる商品について見てみよう。塩（一三件）は一一四期以降多くなる。多葉粉（七件）は一一期以降、蠟（五件）は一四期以降に集中する。莚（五件）はすべて一二期以降であり、炭（二六件）も一一期以降に偏在する。石炭（九件）は一五期以降のみで、しかも一八期に多い。要するに、海産物・紙・木材・薪を含め特産物が、一一〜一二期以降特に集中的に多く見られるようになるのである。

積地は、九州および西廻り航路圏であり、特に瀬戸内を中心とした特産地が中心となるようである。醬油は讃岐、塩は備前児島・安芸竹原・伊予滝浜、砂糖は薩摩、酒は兵庫・大坂、油は大坂・堺、干鰯は肥前・豊後・対馬・日向、紙は安芸・周防・伊予、多葉粉は豊後・備中、畳表は備中・備前・備後、莚は豊後、竹は豊後、木材は伊予・日向・豊後・安芸・出羽、炭は日向・伊予・安芸・豊後、薪は伊予・土佐・安芸、石炭は肥前・長門、鉄は安芸・石見というような地域があげられる。

行先は、大きく分けて次の三つの場合が考えられる。一つは、大坂・上方への登せ荷であり、行先はもちろん大坂である。もう一つは、大坂・上方からの下し荷であり、行先は城下町を中心とした地方都市となる。さらに、大坂・上方とは無関係な地域間の輸送がこれに加わる。大坂への輸送がこれらの中で最も多く、大部分がこの場合と考えてよい。米では、蔵米のほとんどがこれにあたり、城米・商人米も半数近くがこれに該当する。他に大豆・小豆・砂糖・海産物・紙・多葉粉・莚・苧・縄・竹・木材・炭・薪・鉄等もほとんどが大坂へ運ばれている。

これに対し、大坂・上方から地方都市などへ輸送される商品としては、量的にはわずかであるが、糠・酒・酒粕・油・呉服・古手・小間物・雑貨等の加工食品・手工業製品があげられる。大坂・上方とは無関係な形での流通商品は干鰯・石炭があり、干鰯は播磨・兵庫・和泉等の大坂周辺の商業的農業地域への肥料として、石炭は阿波・播磨・備前等の塩田地域への燃料として、産地から直接運び込まれたようであった。さらに大坂への比重が比較的低い商品として、塩・畳表等があげられよう。

積合については、単独積載される商品と合荷として他商品と積み合わされる商品とに分けられる。主に単独で積み込まれた商品は、米・砂糖・酒・塩・海産物・木材・薪・石炭等があり、いずれもかなりの重量および容量をとり、しかも単品で相当量を一時に集荷できる商品であった。ただ海産物の場合は、商品の性格および小規模廻船による輸送のため、単独積載が比較的多かったようである。主に合荷あるいは添荷として積み込まれた商品としては、麦・大豆・小豆・菜種・茶・椎茸・山菜・綿・紙・多葉粉・蠟・畳表・苧・縄・炭・小間物・雑貨等があげられる。これらはやや高価で軽量であり、一時に少量しか集荷できない商品が中心となっていた。また、積合荷物も商品相互である程度組み合わせが決まっている。麦・菜種・胡麻は米穀と、油・呉服は醬油・小間物・雑貨等と、干鰯は海産物と、紙は米穀や炭・木材等の山産物と、莚も山産物と、木材は炭との積合が多い。

船籍は、米では城米が時期的にも古く、大坂・讃岐塩飽が中心であった。蔵米は宝暦期頃までは大坂・摂津と瀬戸内・九州の廻船が中心であったのが、それ以降大坂・北陸・山陰の廻船が少なくなり、瀬戸内・九州の廻船が中心となる。商人米は時期的にも新しく、そこでは大坂周辺地域よりもむしろ北陸・瀬戸内・北九州・山陰等の広範囲な地方廻船の台頭が見られた。他の商品は件数も少なく顕著な動きは見られないが、商品によっては多少の偏りがある。塩では讃岐・備中・尾張の廻船が見られ、特に尾張の塩廻船の活躍が注目される。海産物では讃岐・安芸・備中の廻船、紙では安芸・周防・伊予の廻船、畳表では備前の廻船、莚では豊後の廻船、木材・炭・

薪では安芸・伊予の廻船、鉄では安芸・石見の廻船が中心となり、積地の廻船である自国船に依っている。

所属については、自国船依存型と他国船依存型とに分けられる。米の場合は、第二章で見たように他国船依存から自国船依存への変化を見出すことができた。しかし、他の商品では件数が少ないためか、明確な形では現れない。自国船依存型の商品は、麦・大豆・小豆・菜種・砂糖・油・醬油・綿・紙・多葉粉・蠟・畳表・莚・苧・縄・竹・鉄・小間物・雑貨等である。これに対し、多少とも他国船に依存している商品としては、椎茸・塩・海産物・干鰯・木材・炭・薪・石炭等があげられる。これらの他国船依存の商品においても、米の場合と同様一二期以降自国船の発展によって徐々に、他国船依存の比重が少し低くなっているように思われる。

船頭は直乗船頭と沖船頭に分かれるが、商品の特性とはあまり関係がない。直乗船頭の比重が高い商品は、麦・塩・竹・薪・小間物・雑貨等であり、沖船頭の比重がやや高い商品は、大豆・小豆・砂糖・海産物・干鰯・紙・多葉粉・蠟・莚・苧・縄・木材・炭・石炭・鉄であった。

廻船規模は、米では城米が大・中規模、商人米が中・小規模であったが、他の商品ではどうであったのか。城米船のような大規模廻船はほとんど見られないが、大・中規模の廻船は砂糖・木材・炭の輸送において存在する。中規模廻船によって輸送された商品は、紙・蠟・莚・石炭・鉄であった。中・小規模廻船で輸送された商品は、麦・大豆・小豆・海産物・干鰯・綿・畳表・苧・縄・竹・小間物・雑貨等で、大部分の商品が含まれる。小規模廻船によって輸送された商品としては、醬油・塩・多葉粉があげられるが、塩でもなかには中規模廻船によって輸送されるものも見られた。また、中規模廻船で輸送された商品のなかには、量的に少なく添荷・合荷として輸送されるものも多く存在した。

四　廻船市場

ここでは、特に前述した商品の輸送に携わった廻船に着目し、廻船市場の分布、その役割・構造・規模等について検討してみよう。

まず、海難史料による廻船の分布を艘数によって見ると、最も多いのが安芸の五九艘で、次いで伊予四七艘、讃岐二六艘、周防二三艘、豊後二一艘、大坂二〇艘、備中一六艘、長門一一艘、摂津（大坂を除く、以下同じ）一〇艘の順であった。海難史料が讃岐国直島のものであるため、讃岐周辺の国々が中心となる。また、これは艘数のみを比較したものであり、廻船の規模や稼働率によって積載量が異なり、これだけで廻船の発達した地域とそうでない地域を区別することはできない。

そこで個々の地域ごとに、時期的な相違、廻船稼の内容、廻船の形態、廻船の規模などについて、もう少し詳細に見て行くことにしよう。

1　大坂周辺地域

大坂は二〇件あり、時期はほぼ全期間にわたるが、特に二・三期各五件と集中する。船稼は二〇艘ともすべて他国稼であり、他国の積荷を運びに出かけている。それでは、どこからどこへ何を積みに出かけたのであろうか。表5によれば、七期以前と一二期以降とに分けられる。すなわち、七期以前では出羽（四件）・陸奥・越後・越中・越前・北国（各一件）から城米・蔵米を、出羽（四件）から木材を大坂へ輸送するのに従事した。これに対し、一二期以降では件数も六件と少なく、積地は肥後二件、土佐・伊予・日向各一件と九州・四国地域が中心となり、

表5　大坂船籍の他国稼

時期	年　月	積地	行先	積　荷	船頭	乗組人数
1	元禄8・5	陸奥	大坂	蔵　米	沖	
2	元禄15・10	出羽	大坂	木　材		人 13
2	元禄16・9	出羽	大坂	木　材	沖	13
2	元禄16・10	出羽	大坂	木　材	沖	12
2	宝永2・閏4	出羽	大坂	蔵　米		
2	宝永6・9	出羽		木　材	沖	12
3	正徳3・7	出羽	大坂	蔵　米	沖	16
3	正徳5・6	出羽	大坂	蔵　米	沖	
3	享保2・11	出羽	大坂	蔵　米	沖	
3	享保5・2	筑後	大坂	蔵　米		
3	享保5・7	越後	大坂	蔵　米	沖	
5	享保18・5	越前	大坂	城　米	直	14
5	元文元・9	北国	大坂	蔵　米		15
7	宝暦8・6	越中	大坂	蔵　米	沖	18
12	文化4・8	土佐		木　材	沖	10
14	文政8・正	伊予	大坂	炭・薪	沖	5
14	文政10・3	肥後	大坂	蔵　米	沖	17
16	天保14・正	日向		木材・炭	沖	4
17	嘉永5・9	松前	大坂	海産物	沖	11
18	文久2・4	肥後	大坂	蔵　米	沖	13

（註）　各「浦手形」（瀬戸内海歴史民俗資料館所蔵三宅家文書）より作成。直は、直乗船頭、沖は、沖船頭を示す。

積荷も米・木材だけでなく、炭・薪・海産物等も見られ、多様化する。行先は一七件とも大坂であった。船頭は直乗船頭一人、沖船頭一五人であり、ほとんどが沖船頭によるもので、大坂における多数廻船所有者の多さが注目される。廻船規模は、中規模二艘、大規模一二艘であり、小規模廻船は一艘も見られず、大規模な廻船が中心であった。しかも中規模廻船が見られるのは、一四期と一六期のみであった。

摂津は一〇件あり、時期は大坂と同様全期間に散在するが、特に一期三件、二期二件と多く、他は一件ずつのみである。船籍は神戸三艘、二ッ茶屋・脇浜・兵庫各二艘、魚崎一艘であり、古くから廻船の発達した地域であった。一期に兵庫から長崎へ酒を運んでいる一件を除き、残り九件はすべて他国稼として各地の積荷輸送に出かけている。すなわち、加賀（三件）、陸奥・肥後・長門（各一件）から蔵米・商人米を大坂へ、日向（二件）から海産物・薪等を、備中（一件）から台場用石・薪をそれぞれ行先は不明であるが、輸送するのに従事していた。船頭は直乗船頭二人、沖船頭五人で、沖船頭が多く、廻船規模も例は少ないが、小規模一艘、中規模一艘（五人乗）、大規模一艘（一五人乗・一四〇〇石積）の大坂と同様の大規模な廻船によるものであった。小規模一艘は、魚崎の廻船によって備中から台場用石を運ぶのに用いられた。

播磨は九件あり、一・二・三期各一件の三期以前と一〇期一件、一二期二件、一四期一件、一五期二件の一〇期以降に分かれる。船籍は坂越・網干各二艘、大塩・八家・明石・的形・魚崎各一艘である。船稼は自国船稼一件、他国船稼六件で、ほとんどが他国稼として各地の荷物を積みに出かけている。自国稼廻船は塩を尾道へ輸送するのに携わっており、他国稼廻船は対馬（一件）から干鰯を、出羽（一件）から商人米を、安芸（二件）から薪を、讃岐（一件）から海産物を、伊予（一件）から木材をそれぞれたぶん大坂へ運ぶのに従事していた。船頭は直乗船頭五人、沖船頭二人であり、直乗船頭が多いが、沖船頭二人はいずれも一五期になって見られるようになった。廻船規模は小規模五艘、大規模一艘で、小規模な廻船である。大規模廻船は、三期の大塩船籍の一一人乗三〇〇石積の廻船で、出羽から米を運ぶのに用いられた。

淡路は三件あり、時期は一一期一件と一二期二件である。船籍は江井浦二艘、沼島一艘で、三艘ともすべて他国へ荷物を積みに出かけている。すなわち、行先は不明であるが、肥前（二件）から海産物・干鰯を、また日向（一件）から茶・椎茸・海産物を尾道・鞆津へ運びに出かけている。船頭は直乗船頭一人、沖船頭二人であり、廻船規模は小規模二艘、中規模一艘（五人乗）で、やや小規模な廻船であった。

和泉は一件のみであり、時期は四期である。船籍は佐野浦で、他国稼として対馬から干鰯・鉛の輸送に出かけている。行先・船頭・廻船規模は不明である。

紀伊は六件あり、時期は二・三・五・一五期各一件、一七期二件で、二〜五期と一五〜一七期とに集中している。船籍は網代・若山・広浦・新宮・湯浅各一艘で、紀州沿岸全域にわたる。船稼は自国稼一艘、他国稼五艘で、ほとんどが他国稼である。自国稼は、新宮の廻船で新宮から大坂へ木材を運んだものであった。他国稼廻船は、筑後・出羽・備後・備前（各一件）から蔵米・商人米を大坂へ、肥前（一件）から干鰯・海産物を播磨へ輸送するのに従事した。船頭は直乗船頭一人、沖船頭三人で、沖船頭三人はいずれも一五期以降である。廻船規模は小規模一艘、中規模三艘（四人乗一、六人乗一、八人乗一）、大規模一艘（一一人乗）で中・大規模の廻船であった。

2　北国・山陰地域

佐渡は一件のみであり、時期は一三期である。船籍は宿根木で、他国稼として出羽へ商人米を運びに出かけた。船頭は沖船頭、廻船規模は中規模（八人乗）であった。

越後も一件であり、時期は一二期である。船籍は梶屋敷で、自国から蔵米四二〇石を運んでいる。廻船は沖船頭による七人乗の中規模廻船であった。

加賀は二件あり、時期は六・九期各一件である。船籍は向粟崎・本吉各一艘であり、船稼は加賀から蔵米を大坂へ運んだ自国稼が一件と積地不明で米・小麦・商荷物を兵庫へ運ぶのに従事したものとがある。船頭は直乗船頭一人、沖船頭一人で、廻船規模は六人乗と七人乗の中規模廻船であった。

出雲は五件あり、時期は五期二件、六・一一・一四期各一件である。船籍は雲津三艘、松江二艘で、雲津と松江に集中する。船稼は自国稼四件、他国稼一件である。自国稼廻船は、蔵米を大坂（二件）・江戸（一件）へ運んだり、同国産の鉄を大坂（一件）へ輸送していた。他国稼廻船は、伯耆国の蔵米を大坂へ輸送している場合であるが、伯耆国も同じ鳥取藩の領域であるため、これも自国稼と同じ性格をもつものである。船頭は直乗船頭二人、沖船頭二人であり、廻船規模は中規模三艘（四人乗一、七人乗一、八人乗一）、大規模一艘（一〇人乗）の中・大規模なものであった。

石見は六件あり、時期は七・一〇・一五期各一件、一七期三件で、六期以前はなく、幕末に至るほど増加の傾向が見られる。船籍は湯之津・三隅・郷田・神子路・松原各一艘で、各地に存在する。船稼は自国稼五件、他国稼一件で、自国稼が中心となる。自国稼廻船は、米・干鰯・小豆・鉄・苧・半紙を大坂等へ輸送している。他国稼廻船は、備後尾道より畳縁布等を運ぶのに従事していた。船頭は直乗船頭二人、沖船頭三人であり、廻船規模は小規模二艘、中規模三艘（四人乗二、五人乗一）で中・小規模なものであった。

3　山陽地域

長門は一一件あり、時期は二・一二・一三・一四期各一件、一六期三件、一八期四件である。二期一件を除けば一二期以降に集中し、特に幕末期に多くなっている。船籍は梶浦・下関各二艘、青野浦・粟浦・藤曲浦・宇部・本山・馬関各一艘で各地に存在する。船稼は自国稼一〇件、他国稼一件であり、自国稼廻船は自国から蔵米・商人米を中心に干鰯・炭・薪等を大坂・兵庫へ、石炭を阿波・播磨へ運んでいた。他国稼廻船は、伊予より海産物を大坂へ輸送するのに従事していた。船頭は直乗船頭七人、沖船頭三人であり、沖船頭三人は一六期と一八期で、幕末期に沖船頭が見られるようになった。廻船規模は小規模三艘、中規模七艘（五人乗四、七人乗二、九人乗一）であり、中規模廻船を中心としたものである。特に一八期には中規模廻船が三艘もあり、長門での廻船の大型化が見られる。

周防は二三件あり、安芸・伊予・讃岐に次いで多い。全期間にわたって存在するが、特に一五期四件、一六期二件、一七期三件、一八期二件と一五期以降多くなっている。船籍は小松浦・上関・伊保各二艘、岩国・三蒲・今津・室積・浅江・大畑・高泊・福川・沖神室島・平尾・三田尻・揚ケ之庄・阿知須・秋穂・徳山各一件で、広範な地域に存在する。船稼は領主の手船稼一件を含め自国稼一八件、他国稼四件であり、一五期以降特に他国稼が三件と注目される。自国稼廻船は、蔵米・紙を中心に海産物・薪等を大坂へ運んでいる。他国稼廻船は、加賀（一件）から蔵米を大坂へ、薩摩（一件）から紙・椎茸等を、また肥前（二件）から石炭を阿波等へ輸送するのに従事した。船頭は直乗船頭一五人、沖船頭五人であり、直乗船頭が多い。廻船規模は小規模四艘、中規模一五艘（四人乗六、五人乗四、六人乗二、七人乗二、八人乗一）、大規模一艘（一〇人乗）であり、中規模廻船が中心であった。大規模廻船は九期の伊保船籍で、大坂への木材輸送にあたっている。

安芸は五九件あり、最多の件数である。時期は二期二件、三・六期各一件、一〇期以降は毎期存在するが、特に一二期以降は一二期五件、一三期七件、一四期九件、一五期一一件、一六期九件、一七期五件、一八期七件と急増する。船籍は大崎島一六艘、御手洗五艘、広島・小松原浦・蒲刈島・倉橋島各三艘、廿日市・木谷・竹原・能見島各二艘、隠戸・飛渡瀬・地之御前・船越・三ツ浦・生口島・宮島・忠海・御方・斉島・大竹・野地・水戸・阿我・江田島・瀬戸島各一艘であり、いろいろな地域が見られるが、なかでも大崎島が圧倒的多数を占める。他では御手洗も多い。船稼は領主の手船稼一件を含め自国稼二九件、他国稼三〇件で、自国稼だけなく他国稼も多く見られる。自国稼廻船は、蔵米・紙・鉄・薪・炭を中心に塩・木材・綿・竹・海産物・酒粕等を大坂等へ運んでいた。他国稼廻船は、伊予（八件）・豊後（六件）・日向（五件）から薪・炭・木材等を大坂へ、播磨（一件）から干鰯を、長門（一件）から竹を、肥前（一件）から石炭をそれぞれ輸送するのに従事していた。要するに安芸の廻船の他国稼は、伊予・豊後・日向・土佐の木材・薪・炭の大坂への輸送を中心とするものであった。船頭は直乗船頭三八人、沖船頭二〇人で、沖船頭もかなり見られる。廻船規模は小規模二二艘、中規模三四艘（四人乗一三、五人乗七、六人乗六、七人乗四、八人乗一）、大規模二艘（一二人乗一、一四人乗一）で、中・小規模の廻船によるものであった。大規模廻船は、二期の竹原からの塩輸送と三期の領主の手船に見られ、時期が古いため積石数に比べ乗組人数が多かったようである。

備後は八件あり、時期は一四・一六期各一件も見られるが、一期二件、二・三・五・六期各一件で、残りはすべて六期以前に集中している。船籍は福山四艘、尾道二艘、鞆津・浦崎各一艘で、福山・尾道等古くから廻船の発達した地域が中心であった。船稼は領主の手船稼を含め自国稼六件、他国稼一件で、ほとんどが自国稼である。自国稼廻船は、自国から蔵米・畳表・苧・紙等を大坂へ、また大坂から小間物・呉服等を福山へ輸送している。他国稼廻船は、一六期に肥前伊万里から瀬戸物を輸送するのに従事した。船頭は直乗船頭四人、沖船頭一人であり、廻船規模は小規模一艘、中規模四艘（四人乗三、五人乗一）で、中・小規模廻船によるものであった。

備中は一六件あり、時期は二・三・四期各二件と一一期一件、一四期二件、一五期四件、一六期一件、一七期二件に分かれる。船籍は乙島四艘、笠岡・玉島各三艘、勇崎二艘、倉敷・宮ノ浦・早島・東大島各一艘で、乙島・笠岡・玉島が多いが、笠岡は二・三期に限られる。他国稼三件はいずれも一四期以降に見られ、備中での廻船の発達ぶりがうかがえる。自国稼廻船は、城米・蔵米を中心に畳表・菜種・綿実・麦・大豆・小豆・多葉粉・鉄・銅・海産物・炭・塩等さまざまな商品を大坂等へ運んでいる。他国稼廻船は、下関（一件）から鯛・鯖を大坂へ、備前（一件）から塩を、岩国（一件）から荒苧・茶・ちり紙を輸送するのに従事した。船頭は直乗船頭一一人、沖船頭四人で、直乗船頭がやや多い。廻船規模は小規模九艘、中規模三艘（四人乗二、五人乗一）で、小規模な廻船であった。

備前は一五件あり、時期は七〜一一期を除き、ほぼ全期間存在する。船籍は赤崎三艘、下津井・宇野各二艘、田ノ口・北方・牛窓・胸上・片上・金岡・福田新田・寒河各一艘で、児島半島地域が中心である。船稼は自国稼七件、他国稼六件で、他国稼もかなり見られる。自国稼廻船は、薪・畳表・塩・海産物・木材・米等を大坂・岡山・高松等へ運んだ。他国稼廻船は、讃岐直島（二件）から埴土・薪を、小豆島（二件）から薪を、伊予松山（一件）から舟板を、長門（一件）から雑木を輸送した。船頭は直乗船頭七人、沖船頭四人であり、廻船規模は小規模九艘、中規模一艘（四人乗）で、小規模なものであった。

4　九州地域

筑前は七件あり、時期は二期一件、四期四件、一七期二件である。船籍は博多二艘、福岡・芦屋・浜崎・若松・勝浦各一艘で、博多を中心としていた。船稼は領主の手船稼一件を含む自国稼六件、他国稼一件で、ほとんどが自国稼であり、七件とも米輸送にあたっている。自国稼廻船はすべて蔵米・商人米を大坂へ運ぶのに従事し、他国稼廻船も肥前の蔵米を大坂へ輸送するのに従事していた。船頭は直乗船頭四人、沖船頭二人であり、廻船規模は小規模二艘、中規模二艘（四人乗一、八人乗二）で、中・小規模廻船であった。

肥前は五件あり、時期は二期二件、五・一五・一八期各一件である。船籍は大堂津二艘、唐津・佐々小浦各一艘であり、船稼は五件とも自国稼であった。自国から蔵米・菜種・小麦等を大坂等へ、石炭を備前へ、また大坂から小間物を肥前へ輸送するのに従事した。船頭は直乗船頭二人（二期）、沖船頭二人であり、沖船頭は一五期と一八期に至って見られるようになった。廻船規模は中規模二艘（四人乗一、六人乗一）、大規模一艘（一五人乗）で、中・大規模廻船であり、大規模廻船は一五期に蔵米輸送を行なっている。

肥後は一件のみであり、時期は二期である。船籍は川尻で、自国から蔵米を大坂へ輸送するのに従事している。船頭は沖船頭で、一七人乗の大規模な廻船であった。

対馬も一件のみで、時期は一八期である。船籍は府中で、自国から布糊・飛魚を大坂へ輸送している。船頭は沖船頭で、三人乗三〇石積の小規模廻船であった。

豊前は二件あり、時期は八・一五期各一件である。船籍は中津・下小路各一艘で、二艘とも自国から蔵米を大坂へ輸送している。船頭は直乗船頭一人、沖船頭一人であり、六人乗と八人乗の中規模廻船であった。

豊後は二一件あり、時期は二・三期各一件も存在するが、一〇期一件、一一期二件、一二期七件、一三期一件、一四・一五・一六・一七期各二件と一〇期以降に集中する。船籍は高田四艘、臼杵三艘、府中・三佐各二艘、大浜・荒網代・柏江・木簗・日出上町・別府・浜脇・安岐・船井各一艘で、高田・臼杵がやや多い。船稼は自国稼一九件、他国稼二件であり、ほとんどが自国稼であった。自国稼廻船は、蔵米・莚を中心に大豆・海産物・干鰯・多葉粉・薪・炭・竹等を大坂等へ運んだ。他国稼廻船は、肥前・肥後から蔵米を大坂へ輸送するのに従事していた。船頭は直乗船頭一〇人、沖船頭九人で、沖船頭もかなり見られる。廻船規模は小規模三艘、中規模一七艘（四人乗四、五人乗七、六人乗三、七人乗二、八人乗一）で、中規模廻船であった。

日向は六件あり、時期は五・一一・一三期各一件、一四期二件、一八期一件と散在する。船籍は穆佐町・延岡北町・田島町・宮之浦・油津・福島合町各一艘であり、船稼は自国稼五件、他国稼一件で、ほとんどが自国稼であった。自国からは炭・木材・薪・紙・苧・茶・干鰯・海産物・菜種・木蠟等を大坂等へ運んでいる。他国稼廻船は、薩摩から蔵米・大豆・干物を大坂へ輸送するのに従事していた。船頭は直乗船頭二人、沖船頭三人であり、廻船規模は小規模一艘、中規模三艘（四人乗一、六人乗一、八人乗一）、大規模一艘で、中規模廻船であった。

薩摩は五件あり、一一・一二・一五期各一件、一七期二件で、一一期以降に集中する。船籍は鹿児島二艘、魚崎・山川・知覧各一艘であり、船稼は領主の手船稼一件を含め五件とも自国稼である。すなわち、自国から蔵米・砂糖・菜種を大坂へ輸送するのに従事していた。船頭は沖船頭四人であり、廻船規模は中規模三艘（四人乗一、八人乗二）、大規模二艘（一二人乗一、二〇人乗一）で大規模な廻船であった。

大隅は一件のみであり、時期は五期である。船籍は種子島で、自国から蔵米・薪を大坂へ輸送するのに従事していた。廻船は、直乗船頭による六人乗の中規模廻船であった。

5　四国地域

伊予は四七件あり、安芸に次いで多い。時期は一期二件、五・六期各一件もあるが、一〇期二件、一一期三件、一二・一三期各五件、一四期六件、一五期三件、一六期九件、一七期四件、一八期六件と一〇期以降著しく増加する。船籍は興居島七艘、宇和島五艘、川之石・忽那島各三艘、今治・大三島・長浜・伊方・串村各二艘、新居浜・壬生川・岩木・大津・北条・黒島・竹浜・高浜・黒崎・佐方・松山・辻町・入川・五々島・楠・御崎・吉田本町・岩松・三津が浜各一艘であり、興居島・宇和島を中心とした各地に存在する。船稼は自国稼三三件、他国稼一〇件で、他国稼も見られるが自国稼が中心となる。また他国稼は一二期以降見られるようになる。自国稼廻船は、蔵米・薪・木材を中心に大豆・小豆・縄・紙・干鰯・多葉粉・海産物・竹・炭等を大坂・兵庫へ、また大坂から酒・糠を国元へ運んでいた。他国稼廻船は、肥前（三件）から石炭を播磨・上方へ、土佐（三件）・豊後（二件）から薪・炭・木材を大坂へ、肥後（一件）から蔵米を大坂へ、堺から油を、それぞれ輸送するのに従事していた。船頭は直乗船頭二三人、沖船頭二一人であり、沖船頭もかなり見られる。廻船規模は小規模一七艘、中規模二六艘（四人乗九、五人乗一二、六人乗三、七人乗一、九人乗一）、大規模一艘（一七人乗）で、中・小規模廻船であった。大規模廻船は、一三期に肥後の蔵米を佐方の廻船が大坂まで輸送したものである。

土佐は一件のみであり、時期は一三期である。船籍は下芳浦で、自国から薪を輸送している。船頭は沖船頭であり、八人乗の中規模廻船であった。

讃岐は二九件あり、安芸・伊予に次いで多い。時期はほぼ全期間にわたる。船籍は直島七艘、塩飽五艘、高松・乃生各三艘、小豆島二艘、小田・丸亀・大薮・北坂出・引田・屋島・庵治浦各一艘であり、直島・塩飽・高松が中心となる。塩飽は一・二・四・一一・一五期各一件で、塩飽廻船の盛衰に照応するように比較的古い時期に見られる。船稼は自国稼一六件、他国稼一一件で、他国稼もかなり存在する。しかも讃岐の場合は、他国稼が六期以前に多く、自国稼は一四期以降多くなり、廻船発展の一般的傾向と逆の動きが見られる。これは、塩飽・直島等のように他国稼の運賃積船として元禄期頃まで活躍していた廻船が享保期以降衰退し、直島の廻船のように他国稼には不向きな小規模廻船として存続したためと思われる。自国稼廻船は、自国から蔵米・塩を中心に薪・海産物・青物・醬油・切石等を大坂・兵庫・高松等へ運んだ。他国稼廻船は、肥前（三件）から薪・竹・大豆・小豆・海産物・干鰯を、備前（二件）から海産物を、伊予（一件）から薪を、石見（一件）から城米を江戸へ、出羽（一件）から木材を大坂へ、安芸（一件）から生鯛を、周防（一件）から干鰯を、それぞれ輸送するのに従事した。他国稼を行なっていたのは、塩飽五艘、直島三艘、小豆島二艘、丸亀一艘であり、塩飽・小豆島の廻船はすべて他国稼を行なっていた。特に石見の城米や出羽の木材等の長距離輸送には、塩飽廻船があたった。船頭は直乗船頭二四人、沖船頭二人で、ほとんどが直乗船頭である。廻船規模は小規模一八艘、中規模五艘（四人乗一、五人乗一、六人乗二）で、小規模なものであった。しかし、古い時期の塩飽廻船等の規模が不明で計算に含まれないため、全体として小規模な廻船であったように見えるが、塩飽廻船等の規模は中・大規模であったので、六期以前の中・大規模の廻船から一二期以降の中・小規模の廻船へと変化したと推定できる。

阿波は三件あり、時期は二期二件と一〇期一件である。船籍は日和佐・明之神・中喜来各一艘であり、船稼は他国稼二件である。他国稼廻船は、日向（一件）から炭・海産物・木材・酒を、伊予（一件）から薪を輸送した。船頭は直乗船頭一人、沖船頭一人であり、廻船規模は小規模一艘と伊予から薪を輸送した一〇人乗の大規模廻船一艘とであった。

6　東海地域

尾張は四件あり、時期は八・一四・一五・一六期各一件で、一四期以降にやや集中する。船籍は常滑二艘、尾野・多屋各一艘である。四件とも他国稼であり、豊前（一件）から蔵米を大坂へ、安芸（二件）・伊予（一件）から塩を、それぞれ輸送するのに従事しており、塩廻船としての活躍が目立つ。船頭は直乗船頭三人、沖船頭一人であり、廻船規模は中規模三艘（八人乗一、九人乗二）の中・大規模廻船であった。

駿河は一件のみであり、時期は一七期である。船籍は蒲原で、備中笠岡から城米を江戸へ輸送するのに従事していた。船頭は直乗船頭であり、廻船規模は不明であるが、米を二一二六俵余積んでおり、大規模な廻船であった。

7　小　括

以上海難史料に見られた各地の廻船について、各地域ごとにその時期・船籍・船稼形態・船頭・廻船規模などの特色について見てきたのであるが、ここでは逆にそれぞれの特色をもつ地域はどこがあげられるのか、まとめて整理しておこう。

まず時期では、比較的廻船数の多い地域ほど当然全期間にわたって存在することになる。したがって、安芸・伊予・讃岐・周防・大坂・備中・備前・摂津・播磨等がほぼ全期間にわたる。しかし詳細に検討すると、五期以前にもかなり廻船が見られる地域としては、大坂・摂津・播磨・備前・備中・備後・周防・筑前・讃岐・紀伊という瀬戸内の東部地域を中心とした比較的古くから廻船の発達した地域があげられる。一方、一二期以降にかなりの比重をもつ地域としては、安芸・長門・伊予・豊後・薩摩・尾張という瀬戸内の西部地域を中心とした地域があげられる。

船籍は、ほとんどそれぞれの国の各地域に一〜二艘程度と分散しているが、国によって特定の地域にやや集中する場合も見られた。たとえば、摂津（一〇件）では神戸（三件）、出雲（五件）では雲津（三件）、安芸（五九件）では大崎島（一六件）・御手洗（四件）、備後（八件）では福山（四件）、備中（一六件）では乙島（四件）、豊後（二一件）では高田（四件）、伊予（四七件）では興居島（七件）・宇和島（五件）、讃岐（二八件）では直島（六件）・塩飽（五件）であるが、その国の廻船数によって左右される。

船稼[11]は、表6のように全体で領主の手船稼五件を含め自国稼一九二件、他国稼一二七件、不明一五件であり、自国稼の方がやや多い。時期的には、八期までは自国稼四一件、他国稼四六件とほぼ同数か、やや他国稼の方が多く見られる。これに対し、九

表6　船稼形態

時期	年代	他国船依存	領主手船	自国船稼	他国船稼	不明	合計
1	貞享4〜元禄13	6	1	2	6	3	18
2	元禄14〜宝永7	13		12	13	2	40
3	正徳元〜享保5	9	1	3	9	2	24
4	享保6〜享保15	6	1	6	6		19
5	享保16〜元文5	5		6	5		16
6	寛保元〜寛延3	3		6	3	1	13
7	宝暦元〜宝暦10	1		1	1	1	4
8	宝暦11〜明和7	2		2	2		6
9	明和8〜安永9			1		2	3
10	天明元〜寛政2		1	5		2	8
11	寛政3〜寛政12	2	1	10	2		15
12	享和元〜文化7	10		17	10	1	38
13	文化8〜文政3	6		14	6		26
14	文政4〜天保元	9		27	9		45
15	天保2〜天保11	14		24	14	1	53
16	天保12〜嘉永3	17		13	17	1	48
17	嘉永4〜万延元	14		19	14		47
18	文久元〜明治3	9		18	9		36
合計		126	5	186	126	16	459

（註）各「浦手形」（瀬戸内海歴史民俗資料館所蔵三宅家文書）より作成。5期の廻船1艘は船籍が不明なため省いた。

期以降は自国稼一五一件、他国稼八一件で、一六期を除いてすべて自国稼の方が上回っている。これは、古くから廻船が発達した他国稼の多い大坂・摂津・播磨・紀伊・讃岐等が、八期以前においてかなりの比重を占めたことによるものであろう。自国稼の比較的多い地域は、出雲・石見・長門・周防・備後・備中・筑前・豊後・薩摩・伊予等があげられる。一方、他国稼の比較的多い地域は、大坂・摂津・播磨・紀伊・安芸・備前・讃岐である。領主の手船稼はいずれも一一期以前であり、周防・安芸・備後・筑前・薩摩（各一件）において見られ、ほとんどが蔵米輸送に従事していた。それでは、逆にどのような地域が他国船に依存して商品輸送を行なっていたのかといえば、松前・陸奥・出羽・加賀等の北国地域と筑後・肥前・肥後・日向の九州地域、および土佐がこれにあたる。

次に、廻船の発展を、他国船依存から自国船育成へ、自国船充実から他国船稼進出へとしてとらえると、その発展の動きの一端が、越後・越中・加賀・越前・石見・周防・安芸・備中・対馬・日向・薩摩・伊予の各地において見られる。また幕末に至ってもなお強く他国船に依存している地域としては、松前・肥前・肥後・土佐があげられる。要するに、船稼形態から次の四つの廻船発展段階に地域を区分できる。第一に、廻船が古くから発達していた地域として大坂・摂津・播磨・紀伊・備前・讃岐・阿波等の瀬戸内東部地域。第二に、一二期（文化期）以降著しく廻船の発展がみられた地域として周防・安芸・豊後・伊予等の瀬戸内西部地域。第三に、幕末に至ってある程度の廻船の発展がみられた地域として加賀・越後・佐渡・越中・越前・出雲・石見・長門・備中・対馬・豊前・日向・薩摩等の北陸・山陰・九州地域。第四に、幕末に至っても廻船発展の比較的遅れた地域として松前・肥前・肥後・土佐等の比較的遠隔な地域があげられる。ただしこの場合、遠隔地から讃岐までくるのには比較的大規模な廻船が必要であるため、遠隔地においても小規模廻船の発展はみられたものの、中・大規模廻船の発展までは至らず、したがって中・大規模廻船は依然として他国船に依存していたためこのような結果になったのかも知れない。

船頭は、全体で直乗船頭一七一人、沖船頭一二三人、不明四〇人であり、直乗船頭の方が多い。時期的にも全期間をつうじてほとんどの時期で、ほぼ同数か直乗船頭の方がやや多い程度である。ただし五期以前は、史料の記述が簡素で形式が明確に整っていないため不明の割合が高い。(12) 沖船頭が比較的多い地域は、大坂・摂津・紀伊・豊後・日向・薩摩・伊予・讃岐である。一方、直乗船頭が比較的多い地域は、播磨・長門・周防・安芸・備後・備中・備前・筑前であった。

船頭の形態においても、廻船の発展過程を直乗船頭から沖船頭へとしてとらえることが可能である。すなわち、それは一艘のみの廻船所有者による自己船頭である直乗船頭から多数廻船所有者による雇用船頭である沖船頭の出現として理解することができる。このように考えると船頭の形態によって、地域を次のように分けることができよう。第一に廻船が古くから発達し、沖船頭が古くから存在した地域として大坂・摂津・紀伊・安芸・備中。第二に、一二期(文化期)以降に廻船の発展がみられ、直乗船頭だけでなく沖船頭もかなり出現するようになった地域として播磨・北国(加賀・越後・佐渡・越中・越前)・出雲・長門・周防・備前・肥前・豊後・伊予。第三に、近世前期には沖船頭が多少見られるものの、幕末に至っても廻船の発展が乏しく、直乗船頭が中心で沖船頭の新たな出現が見られない地域として備後・讃岐があげられる。ただし第三の場合は、廻船の発展が見られなかったと言うより、むしろ廻船の発展が近世前期にあり、それ以降には以前のような活躍が見られなくなった地域と考えた方がよいであろう。

廻船規模は、表7によれば全体で小規模一〇一艘、中規模一四六艘、大規模二九艘、不明五八艘であり、二〇人乗の大規模廻船も見られるが、二～五人乗の中・小規模廻船を中心とする廻船が過半数を占めている。時期的な変化は、全体としては明確でない。次に廻船規模を少し幅をもたせて、一～三人乗の小規模廻船、二～五人乗

表7　廻船規模別内訳

小規模				中規模							大規模								不明	合計
1	2	3	小計	4	5	6	7	8	9	小計	10	11	12	13	14	15	16～	小計		
	1	2	3		1					1									8	12
		1	1	2	1					3	1	2	2	2	1		1	9	14	27
		2	2	1				1		2			1				1	2	9	15
	1	1	2			1		1		2									9	13
	1		1	1	1	1	1	1		6					1	1	1	3	3	13
		3	3			2				2		1						1	4	10
				1						1							1	1	1	3
					1	1				2									2	4
	1		1				1			1			1					1		3
	1	2	3		2	1				3							1	1	1	8
	1	1	2	4	2		1			7			1			1		2	2	13
	2	10	12	4	6	2	2			14	1							1	1	28
	2	6	8	4	3			3	1	11							1	1		20
2	5	7	14	5	6	4	3	1		19	1						1	2	1	36
	8	9	17	9	6	2		2	1	20						1		1	1	39
	4	6	10	9	5	1	2	2	1	20						1		1		31
1	5	7	13	7	1	4	2	2		16		1					1	2	1	33
	4	5	9	4	5	4	3		1	17				1				1		27
3	36	62	101	51	40	23	15	13	4	146	3	4	5	3	2	4	8	29	58	334
30.2				43.7							8.7								17.4	100.0

海歴史民俗資料館所蔵三宅家文書）より作成。

の中・小規模廻船、四～九人乗の中規模廻船、六～一二人乗の中・大規模廻船、一〇人乗以上の大規模廻船に分け、それぞれの廻船がどのような地域に存在していたのかを見ることにしよう。第一に、小規模廻船を中心とする地域は、播磨・讃岐・備前。第二に、中・小規模廻船を中心とする地域は、石見・長門・安芸・備中・筑前・伊予。第三に、中規模廻船を中心とする地域は、紀伊・北国（加賀・越後・佐渡・越中・越前）・周防・備後・豊後・日向。第四に、中・大規模廻船を中心とする地域は、出雲・薩摩・尾張。第五に、大規模廻船を中心とする地域は、大坂があげられる。

　そして廻船規模においても、廻船の発展を小規模から中規模へ、さらに大規模へという廻船の大規模化としてと

時期	規　　模
	乗　組　人　数
1	貞享4～元禄13
2	元禄14～宝永7
3	正徳元～享保5
4	享保6～享保15
5	享保16～元文5
6	寛保元～寛延3
7	宝暦元～宝暦10
8	宝暦11～明和7
9	明和8～安永9
10	天明元～寛政2
11	寛政3～寛政12
12	享和元～文化7
13	文化8～文政3
14	文政4～天保元
15	天保2～天保11
16	天保12～嘉永3
17	嘉永4～万延元
18	文久元～明治3
合　　計	
比　　率(%)	

(註)　各「浦手形」(瀬戸内

らえることができる。しかし、それを単純に大規模廻船の多い地域の方が、小規模廻船の多い地域より廻船の発展度が高いと言い切ることはできない。というのは、前述したように海難史料が讃岐国直島のものであることと、廻船規模と航行距離とが密接な関係にあることが影響して、讃岐周辺地域の廻船は、讃岐との距離が短くなるため比較的小規模なものとなり、讃岐から遠ざかるにつれてしだいに廻船規模が大きくなる傾向が見られるからである。ところが、そのような影響も一地域を一つの単位で考えれば考慮に入れなくてもすみ、廻船の大規模化現象が見てとれる。たとえば、出雲では一一期まで中規模廻船であったのが、一四期には大規模廻船が見られるようになり、安芸では一六期以降小規模廻船よりむしろ中規模廻船の比重が高まった。伊予でも一五期以降六人乗や七人乗の中規模廻船も見られるようになり、廻船の発展がうかがえるのである。

最後に、それではこれまで述べてきた廻船の発展を表す指標のうち、船稼形態と沖船頭化と大規模化の関係について見てみよう。これら三者の関係で最も多いのは、表8によれば自国稼を行なう直乗船頭による小規模廻船五三艘であり、次に自国稼を行なう直乗船頭による中規模廻船四二艘、自国稼を行なう沖船頭による中規模廻船四二艘、他国稼を行なう直乗船頭による中規模廻船三〇艘、他国稼を行なう沖船頭による中規模廻船二三艘と続く。さらに、これらの相互関係について以下検討してみよう。

まず、自国稼船と船頭・規模との関係について見ると、船頭では直乗船頭一〇九人、沖船頭六九人、規模では小規模七四艘、中規模八七艘、大規模一二艘であり、自国稼船は直乗船頭が多く、中・小規模廻船が中心であっ

表8　船稼・船頭・廻船規模の関係

時期	1～5	6～10	11～14	15～18	合計	比率（%）
型	貞享4～元文5	寛保元～寛政2	寛政3～天保元	天保2～明治3		
自国稼・直乗船頭・小規模廻船	5		22	26	53	15.9
自国稼・沖船頭・小規模廻船		1	5	10	16	4.8
自国稼・直乗船頭・中規模廻船	4	3	17	18	42	12.6
自国稼・沖船頭・中規模廻船	3	5	18	16	42	12.6
自国稼・直乗船頭・大規模廻船	1	2			3	0.9
自国稼・沖船頭・大規模廻船	3		3	3	9	2.7
他国稼・直乗船頭・小規模廻船	2	2	5	7	16	4.8
他国稼・沖船頭・小規模廻船			3	6	9	2.7
他国稼・直乗船頭・中規模廻船	2		8	20	30	9.0
他国稼・沖船頭・中規模廻船			7	16	23	6.9
他国稼・直乗船頭・大規模廻船	2		1		3	0.9
他国稼・沖船頭・大規模廻船	5	1	2	3	11	3.3
不明	51	14	6	6	77	23.1
合計	78	28	97	131	334	100.0

（註）各「浦手形」（瀬戸内海歴史民俗資料館所蔵三宅家文書）より作成。領主の手船は、自国稼に含めた。

たことがわかる。他国稼船と船頭・規模との関係は、船頭では直乗船頭五九人、沖船頭五二人、規模では小規模二五艘、中規模五六艘、大規模一七艘であり、他国稼船は直乗船頭の方がやや多いものの沖船頭も多く見られ、規模でも中規模廻船が中心となり、大規模廻船も比較的多く存在したことがわかる。

直乗船頭と船稼・規模との関係においては、船稼では自国稼一〇九件、他国稼五九件、規模では小規模七一艘、中規模七三艘、大規模七艘であり、直乗船頭は自国稼が多く、中・小規模廻船であったことがわかる。沖船頭と船稼・規模との関係は船稼では自国稼六九件、他国稼五二件、規模では小規模二六艘、中規模六六艘、大規模二〇艘であり、沖船頭は自国稼が多いが他国稼もかなり見られ、規模も中規模廻船が中心であるが大規模廻船も比較的多く存在することがわかる。

小規模廻船と船稼・船頭の関係を見ると、船稼では自国稼七四件、他国稼二五件、船頭では直乗船頭七一人、沖船頭二六人であり、小規模廻船は自国稼が多く、直乗船頭を中心としたものであったことがわかる。中規模廻船と船稼・船頭の関係は船稼では自国稼八七件、他国稼五六件、船頭では直乗船頭七三人、沖船頭六六人であり、中規模廻船は自国稼と直乗船頭がやや多いが、明確には表れないことがわかる。大規模廻船と船稼・船頭の関係は船稼では自国稼一二件、他国稼一七件、船頭では直乗船頭七人、沖船頭二〇人であり、大規模廻船は他国稼が多く、沖船頭を中心としたものであることがわかった。

要するに、自国稼・直乗船頭・小規模廻船の強い結びつきを一つの典型とするものから、他国稼・沖船頭・大規模廻船の結びつきをもう一つの典型とするものに至る廻船の発展度に応じた組み合わせが見られたのであった。

以上讃岐国直島の海難史料を用いて、近世瀬戸内の商品流通の実態とその輸送手段であった廻船の形態について、次のような点を明らかにすることができた。

備讃瀬戸を流通した商品は、五〇種類近くにも及んだが、その中でも米が一〇三件で群を抜いて多く、木材五八件、薪五四件、海産物三九件、炭三六件、干鰯一八件、紙一七件、大豆・小豆一四件、塩一三件、鉄一一件、綿一〇件、苧・縄一〇件、石炭九件と続くが、特産物を中心に文化期以降特に集中増加する。商品の積地は特産物の生産地域で、九州・瀬戸内および西廻り航路圏が中心となる。大坂・上方への登せ荷は、米穀および各地の特産品を中心とし加工度の低い商品が中心で、量的にもこれらが商品流通量の圧倒的部分を占め、大坂・上方からの下し荷は、酒・油・呉服・小間物・雑貨等の加工度の高い商品を中心とし、量的にはきわめて少量であった。ほかに干鰯・石炭・塩等の商品は、大坂へ送られるよりは産地から直接消費地へ輸送される場合が多かった。重量で嵩高な商品は、単独で一艘の廻船を満載することが可能であったが、軽量で少量しか集荷できない商品は、主に他商品との合荷・添荷として輸送された。椎茸・塩・海産物・干鰯・木材・炭・薪・石炭等の商品輸送には他国船が比較的多く用いられた。これらの商品を輸送した廻船の規模は、主として城米が大規模廻船、蔵米・砂糖・木材・炭が大・中規模廻船、紙・蠟・莚・薪・石炭・鉄が中規模廻船、麦・大豆・小豆・海産物・干鰯・綿・畳表・苧・繩・竹・小間物・雑貨が中・小規模廻船、醬油・塩（一部）・多葉粉が小規模廻船であった。

これらの商品輸送の手段であった廻船の分布で、三三四艘のうち最も多いのは安芸の五九艘であり、伊予四七艘、讃岐二六艘、周防二三艘、豊後二一艘、大坂二〇艘、備中一六艘、備前一四艘、長門一一艘、摂津一〇艘と続く。しかし、ここで廻船の発展、ひいては地域経済の発展を考える場合、次のような点が指標として用いることが可能であった。それは、第一に廻船数の増加が見られたかどうか、第二に他国船依存から自国船の育成、さらに他国稼への進出という変化があったかどうか、第三に直乗船頭から沖船頭へという多数廻船所有者の出現が見られたどうか、第四に小規模廻船から中規模廻船・大規模廻船への変化が見られたどうかであった。

第一に廻船数の増加については、享保・元文期以前にすでにかなりの廻船が存在した地域として、大坂・摂津・播磨・備前・備中・備後・周防・筑前・讃岐・紀伊という瀬戸内の東部を中心とした比較的古くから廻船の発達した地域があげられた。これに対し、文化期以降にかなりの増加が見られるのは、安芸・長門・伊予・豊後・薩摩・尾張という瀬戸内の西部・九州を中心とした地域であった。

第二の船稼形態の変化については、他国稼が古くから見られた地域として大坂・摂津・播磨・紀伊・備前・讃岐の瀬戸内東部の古くから廻船の発達した地域であり、文化期以降自国船の充実および他国稼への進出も見られた地域として周防・安芸・豊後・伊予の瀬戸内西部があった。また幕末期にようやく他国船依存から脱却し、自国船の育成がはかられた地域として北国・出雲・石見・長門・備中・対馬・豊前・日向・薩摩の北陸・山陰・九州地域があり、幕末に至ってもなお他国船に依存していた地域として松前・肥前・肥後・土佐の比較的遠隔の地域をあげることができた。

第三の沖船頭化については、古くから沖船頭の多かった地域として大坂・摂津・紀伊・安芸・備中の地域、文化期以降沖船頭もかなり出現した地域として播磨・北国・出雲・長門・周防・備前・肥前・豊後・伊予の地域、幕末期にもなお直乗船頭が多く占める地域として備後・讃岐が存在した。

第四の廻船の大規模化については、大規模廻船を中心とする地域として大坂、中・大規模廻船を中心とする地域として出雲・薩摩・尾張、中規模廻船を中心とする地域として紀伊・北国・周防・備後・豊後・日向、中・小規模廻船を中心とする地域として石見・長門・安芸・備中・筑前・伊予、小規模廻船を中心とする地域として播磨・讃岐・備前の各地があげられた。

そして、以上の廻船発展の指標結果に讃岐の海難史料であるという史料の地域的制約を加味すると、廻船市場が次のような発展段階を示していると考えることができる。第一に、最も古くから廻船の発達した地域としては、大坂・摂津・紀伊・讃岐等の瀬戸内東部を中心とした地域があげられ、そこでは主として他国稼・沖船頭・大規模廻船という典型的な形態が比較的早い時期に見られた。第二に、文化期以降に廻船が発展してくる地域としては、周防・安芸・伊予・豊後等の瀬戸内西部を中心とした地域があげられ、そこでは廻船数の増加・自国船の充実・沖船頭の出現・廻船の大規模化が見られた。第三に、幕末期に至ってある程度の廻船の発展が見られた地域としては、北国・出雲・石見・長門・日向・薩摩等の北陸・山陰・九州を中心とした地域があげられ、そこでは他国船依存の脱却・自国船の育成が行なわれ、沖船頭・中規模廻船も見られるようになった。第四に、幕末に至ってもまだ廻船の発展が顕著でない地域としては、松前・肥前・肥後・土佐の遠隔地があげられ、まだ他国船にかなり依存しているようであった。

（1）　著名なものとして、正徳四年の「従大坂諸国江遣候諸色商売物員数并代銀寄帳」「従諸国大坂江来ル諸色商売物員数并代銀寄帳」(『大阪商業史資料』一三巻、大阪商工会議所、一九六四年)、元文元年の「従諸国大坂江諸色商売物来高并銀高寄帳」(『大阪市史』第一、大阪市役所、一九一三年)、天保一三年の「諸色取締方之儀ニ付奉伺候書付」(同書、第五、一九一一年)などの史料があり、これらの史料を用いた研究としては、安岡重明『日本封建経済政策史論』(大阪大学経済学部社会経済研究室、一九五九年)、のち同『日本封建経済政策史論〔増補版〕』(晃洋書房、一九八五年)、長野暹『幕藩制社会の財政構造』(大原新生社、一九八〇年)、大石慎三郎『日本近世社会の市場構造』(岩波書店、一九七五年)などがある。

(2) そこで取り扱われる商品の特色として、第一にある程度商品の質が一定していること、第二に一度に積載可能なだけ大量に集荷されるような商品であること、第三に長距離航行が可能な腐敗・変質しにくい商品であること、第四に大きな容積を占め比較的重量のある商品であること、第五に他商品との積合も可能な商品であることなどがあげられ、たとえば特産物商品などが中心的役割を担う商品として考えられる。

(3) 柚木学「海運史料としての入船帳と客船帳――廻船の動向と商品流通――」(『交通史研究』七号、一九八二年)。

(4) 中田薫「徳川時代の海法」(同『法制史論集』三巻、岩波書店、一九四三年)、住田正一『日本海法史』(五月書房、一九八一年)、金指正三『日本海事慣習史』(吉川弘文館、一九六七年)、同『近世海難救助制度の研究』(吉川弘文館、一九六八年)などの研究がある。詳しくは序論の研究史を参照。

(5) 直島の概況については、本章では省いたので拙稿「近世瀬戸内の商品流通」(一)(『彦根論叢』二四〇号、一九八六年)参照。

(6) 徳山久夫「近世讃州直島附近の海難」(『香川史学』七号、一九七八年)。

(7) 徳山氏は、四〇〇件近い海難史料を取り扱っておられるが、本章では商品流通の実態がよくわかる三三四件の史料を厳選して用いた。なお、米輸送分を除く讃岐国直島海難史料一覧表については、本章では省いたので拙稿「近世瀬戸内の商品流通」(二)(『彦根論叢』二四一号、一九八六年)付表参照。

(8) 積合は、単独積載荷物を無、積合荷物のうち比較的積載量の多い場合を合荷、僅少しか積載されていない場合を添荷として区分した。

(9) 廻船規模は、積石数によって区分すればよいのであるが、史料が整わないためここでは乗組人数を用いた。小規模廻船は一～三人乗、中規模廻船は四～九人乗、大規模廻船は一〇人乗以上と一応区分した。

（10）拙稿前掲「近世瀬戸内の商品流通」（一）参照。
（11）船籍別の船稼一覧は、本章では省略したので拙稿前掲「近世瀬戸内の商品流通」（二）第6～10表参照。
（12）時期別の船頭形態一覧は、本章では省略したので拙稿前掲「近世瀬戸内の商品流通」（二）第11表参照。

第四章　菱垣廻船再興策と紀州廻船

菱垣廻船は、第一章で述べたように一八世紀後半以降樽廻船との競争の中で、衰退をよぎなくされた。これに対し、文化期（一八〇四〜一八一七）には杉本茂十郎による再興策が展開したのであるが、彼の失脚後の菱垣廻船再興策は次の三つの方策によって行なわれようとした。(1) 第一の方策は、天目船印の拝借である。これは、紀州藩から天目船印という御墨付きをもらうことによって、海難事後処理を円滑にして損金を最小限に食い止めようとする方策であった。(2) 第二の方策は、洩積の防止である。これは、安永二年（一七七三）に定められた酒は樽廻船積、米・糠・藍玉・灘目素麺・酢・醤油・阿波蠟燭の七品は両積、それ以外は菱垣廻船積とする規定を守り、(4) 菱垣荷の樽廻船への洩積を防ぐことによって再興をはかろうとする方策であった。(3) 第三の方策は、紀州廻船の菱垣廻船への合体である。これは、従来樽廻船として従事していた紀州廻船を菱垣廻船に組み込むこと、つまり樽廻船積問屋仲間の支配から紀州廻船を菱垣廻船積問屋仲間の支配下へ移行させることで、再興をはかろうとする方策であった。以上の三つの菱垣廻船再興策のうち、本章では最後の切り札的な役割を担った第三の紀州廻船の合体の問題に焦点をあてて考えてみよう。

すなわち、本章では第一に従来菱垣廻船・樽廻船の問題が単なる制度史あるいは競争史としてとらえられていたのに対し、実際菱垣廻船・樽廻船に従事していた廻船の実態を少しでも明らかにすることである。つまり紀州廻船という一つ下のレベルで菱垣廻船・樽廻船の動きを考えてみることにある。第二には、紀州廻船が樽廻船から菱垣廻船へと所属を転換した事情をその衰退原因とともに考えてみることにある。

なお、あらかじめ断っておかなければならないのは、ここで取り扱う紀州廻船とは、江戸—大坂間の物資輸送に従事した日高・比井・富田の紀州三か浦廻船を指し、単に紀州沿岸に存在する廻船を総称するものではないということである。

一 紀州廻船の動向

ここでは、紀州廻船がなぜ樽廻船から離脱し菱垣廻船へ合体しなければならなかったのか。合体は紀州廻船の歴史の中でどのような位置にあったのか。その背景を考えるために、まず紀州廻船の大きな流れを見てみよう。

1 紀州廻船の登場

紀州廻船の出発点をふりかえると、紀州廻船が最も早い時期に史料に現れるのは、有名な元和五年(一六一九)に堺商人が富田浦より二五〇石積の廻船を借り受け、大坂から江戸へ荷物を運んだ[5]という菱垣廻船の濫觴を示す史料においてである。それゆえ、紀州廻船は菱垣廻船と同時に出発したとも言える。

富田廻船については、他に元禄五年(一六九二)に富田権現日神社へ一対の燈籠を寄進したのが判明するぐらいである[6]。日高廻船については、寛文七年(一六六七)に根拠地である薗浦に二九艘、御坊町に一七艘、名屋浦に一六艘の廻船が存在し、一六艘のうち二艘が二六〇〜二七〇石積・水主七人乗で、残りは五〜六人乗の一八〇〜二〇〇石積程度のものであった[7]。当時江戸—大坂間を往復していた樽廻船の前身である小早と称された廻船の規模が、二〇〇〜四〇〇石積程度であったことから[8]、紀州廻船がほぼこれに匹敵するものであったことがわかる。比井廻船については、寛永一六年(一六三九)にも、また正保年中(一六四四〜一六四七)にも廻船が一艘もな

く、石の手水鉢を神社へ奉納する際に、廻船がないため御影石が手に入らず、地石にて切ったとされている。(9)

次に延宝六年（一六七八）の日高・比井を中心とする日高郡の廻船所有状況(10)を見ると、日高郡の沿岸には広範囲にわたって廻船が存在し、その中でも日高廻船の中心地である薗村には最高の三二艘、同じく名屋浦には一六艘もの多数の廻船が存在する。(11)一方、比井廻船の拠点である比井浦にも七艘のしかも大規模な廻船が見られた。

比井廻船については、このように延宝六年にすでにその存在が確認されるのであるが、本格的に廻船業が始まるのは、「比井ニ廻船ノ始リハ、宝永六己丑年摂州西ノ宮浦へ入込、夫ゟ次第廻船相増候、夫迄ハ大坂ニ而仕立申候船ハ中ノ松次郎茂太夫ノ船西田覚太夫ノ明虎丸三艘ニて候処、宝永六年ニ西宮ニ酒屋余程出来伊丹ヲ見習酒造初申候由樽積問屋も初リ申候ニ付、此時問屋とハ不申支配と申候而掛リ物無数候、大坂ゟハ諸掛リ物無数勝手宜ニ付、入込候船ハ松次郎船也、栄太夫船と申候、夫ゟ明虎丸福寿丸、是ゟ段々廻船相増及数艘候」(12)とあるように、宝永四年（一七〇七）の西宮酒積問屋の成立に呼応して宝永六年からである。この酒積問屋の成立に呼応した形でその出発点をなしているのは、比井廻船の性格を考える上で注目される。

2　明和―弘化期における艘数動向

紀州廻船のうち日高廻船・比井廻船(13)の艘数動向を連続性(14)が認められる範囲で示したのが、図2である。この図の艘数変化に基づいて日高廻船および比井廻船の時期区分を行ない、その動向を考える上での一応の目安としてみたい。

日高廻船は、明和―天明の隆盛期、寛政前半の下降I期、寛政後半―文化の安定期、文政前半の下降II期、文政後半―天保前半の衰退I期、天保後半以降の衰退II期に分けることができる。一方、比井廻船の場合も同様に、明和―天明の隆盛期、寛政の下降期、文化―天保前半の安定期、天保後半の衰退期に分けられる。(15)

図2　紀州廻船艘数動向と時期区分

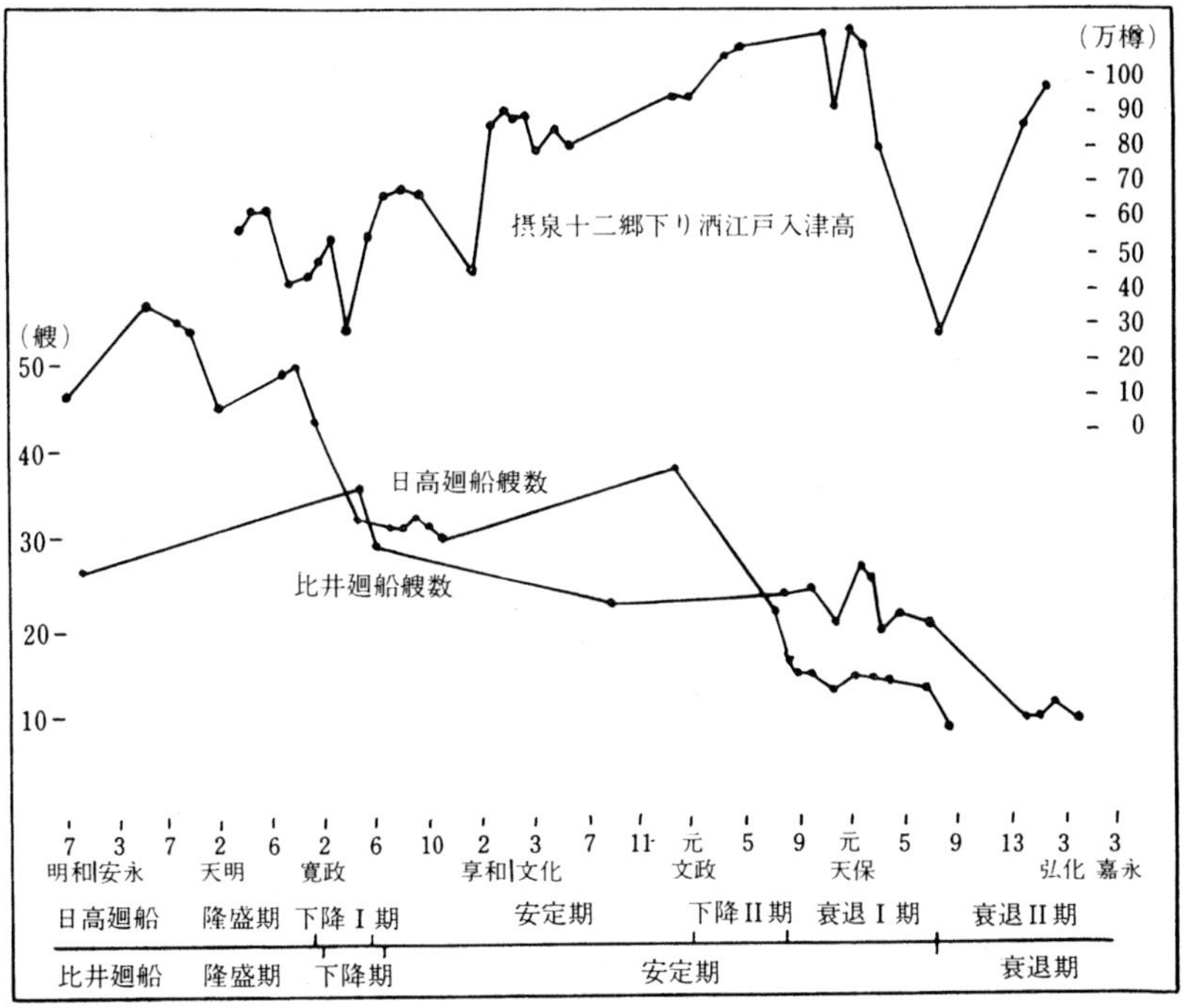

（註）摂泉十二郷下り酒江戸入津高は、柚木学『近世灘酒経済史』別表第1～3表、柚木重三『灘酒経済史研究』付録第5表、日高廻船艘数は、各年の「用留」（薗喜太夫家文書）・「四ヶ浦申合為取替一札」（薗喜太夫家文書）、比井廻船艘数は、「四ヶ浦申合為取替一札」（薗喜太夫家文書）・「神輿再興并御道具其外御本社家根繕石橋等入用扣」（比井若一王子神社文書）・「覚」（『日高郡誌』上巻578～579頁）・「棟札」（比井若一王子神社所蔵）・「廻船定書」（『日高郡誌』上巻579～594頁）・「定書印形帳」（村上正親家文書）より作成。

日高廻船と比井廻船について、明和以降の艘数動向から注目しなければならないのは次の点にある。第一に、天保四年（一八三三）に結実する紀州廻船の樽廻船からの離脱と菱垣廻船への合体は、紀州廻船の衰退過程の中に位置すること。言い換えれば、それは紀州廻船の衰退の結果として出てきたものである。第二に、日高廻船の動向と比井廻船の動向との相違である。すなわち、文政年間にその位置が逆転し、日高廻船が一歩早く衰退することである。

この相違は、文政七年（一八二四）の「用留」[16]によれば「三ヶ浦之内、日高浦之外二ヶ浦共樽船名田計ニ而、名田辺樽船多分有之候趣ニ而」とあり、灘との関係で日高と比井を区別している。また文政一二年の「用留」[17]によれば、「私共船々之儀ハ、上方酒造家幷諸問屋等之加入船之義ニ付（中略）殊此節ハ古酒積切之時節ニ付、比井廻船不残手廻次第上方江乗廻シ、荷積之手配仕罷在、日高廻船之儀者、御国産有田蜜柑輸送之時節ニ付、追々有田表へ乗廻シ、当年中来春迄も外運送難仕」とあり、同じ一〇月の時点で比井廻船は古酒積切に、一方日高廻船は有田蜜柑輸送にと、同じ樽廻船でありながら稼ぎ方の相違を見せている。さらに、文政一〇年の「条目序」[18]によれば「比井浦廻船之儀、従古上方加入取組数年来相続仕候」とあり、比井廻船が古くから上方の廻船加入を受けていたことを示している。すなわちこれらの史料では、日高廻船が紀州藩の蜜柑方の下にある有田蜜柑との結びつきが強い[19]のに対し、比井廻船が酒造家との結びつきが強いことを示しており、それが両者の相違となって表れているように思われる。

このことはまた紀州廻船加入状況[20]を見ても、比井廻船と富田廻船へは酒造家等による廻船加入は存在するのに対し、日高廻船への加入は見られず、比井廻船と酒造家との結びつきの強さが示されるし、前述したように比井廻船の出発が西宮の酒積問屋の成立に呼応していることからも、そのことは十分うかがえる。

それでは、紀州廻船は樽廻船の中でどのような位置を占めていたのか見てみよう。安永二年（一七七三）には樽廻船は一〇六艘、菱垣廻船は一六〇艘あり、前年の明和九年（一七七二）には比井廻船は二七艘、その前年の明和八年には日高廻船は四八艘が確認され[21]、隆盛期には紀州廻船は樽廻船の過半数を占めるものであった。それはまた、寛政五年（一七九三）の「四ヶ浦申合為取替一札」[22]でも、日高・比井・御影・伝法という四つの樽廻船中の二つを占めており、紀州廻船が樽廻船の中で占めていた位置の重要性がわかる。しかしながら、天保期には日高廻船と比井廻船を合わせて三〇艘前後という衰退ぶりを示すことになる。

3　廻船所有者動向

ここでは安永～天保期において、日高廻船の廻船所有者がどのような動きを示すのか見てみよう。そこで廻船所有者を所持期間と前述した時期区分との関係によって整理すると、次のようなことが明らかになる。第一に延件数にして四六八件のうち三一七件、約三分の二が一艘のみの所有者で、一度でも二艘以上を所有した者は延一〇二名のうち二八名に過ぎないこと。第二に最大の所有艘数は安永八年（一七七九）の喜太夫の六艘であり、特定の者への集中傾向は見られないこと。第三に当然のことながら、多数廻船所有者ほど存続期間が長いこと。第四に一方で廻船業を廃止する者がおれば、他方ではまた始める者がいるというように一艘所有者の浮沈が激しく、廻船の投機的性格をよく示していることである。[23]

ここで、これらの所有者と地域性との関係について述べておくと、時期によって地域的な移動は見られず、いずれも日高川の川口を中心に半径四キロメートル以内の地域に位置し、その中でも御坊・北塩屋・名屋という日高廻船の発祥地ともいうべき地域が、中心となっている。[24]

4　紀州廻船の隆盛

紀州廻船は前述したように明和―天明期に隆盛期を迎えるのであるが、ここでは比井廻船について、比井若一王子神社への奉納物を通して、隆盛の時期を跡付けてみよう。ただし、ここで見る奉納物は年代が明らかで、比井廻船と何らかの関係をもつと考えられるもののみをあげた。

そこで、年代順に奉納物をあげ、仮に奉納物は廻船の繁栄度を示すものとすれば、表9のようになる。この表から明らかなように、前述した艘数動向がほぼ裏付けられ、また明和以前にも多くの奉納物があり、比井廻船の

表9　比井若一王子神社廻船関係奉納物

時期区分	年　　代	奉納物	奉　納　者
隆盛期	元文3（1738）	石　燈	福寿丸・神宝丸・松寿丸
	元文3（1738）	石　燈	平井久右衛門
	延享4（1747）	石　燈	西下四郎兵衛
	寛延3（1750）	石　燈	外川次郎衛門
	寛延3（1750）	石　燈	外川次郎衛門
	宝暦14（1764）	石　燈	西下栄太夫
	宝暦14（1764）	石　燈	西下吉重郎
	明和3（1766）	廻船絵馬	愛宕新造丸
	明和4（1767）	石　橋	廻　船　中
	明和6（1769）	廻船絵馬	
	明和9（1772）	神輿再興	廻　船　中
	安永7（1778）	石　段	廻　船　中
下降期	寛政6（1794）	拝殿再建	一部廻船中
安定期	文化9（1812）	御宝殿	23艘廻船中
	文化9（1812）	石　燈	村上源三郎
	文政5（1822）	石　燈	上西若大夫
	文政5（1822）	石　燈	外川又五郎
	天保6（1835）	神輿再興	一部廻船中
	天保7（1836）	御屋根修覆	21艘廻船中
	天保7（1836）	神前玉垣	平井久助　上西若大夫ほか
衰退期	天保9（1838）	鳥居左脚	廻　船　中
	天保10（1839）	石　燈	上西若大夫
	天保10（1839）	石　燈	平井久右衛門
	天保10（1839）	石　燈	平井久助

隆盛期を遡らせることも可能である。

それでは、紀州廻船がいかに衰退していったのか、廻船中よりの寄進状況によって見てみよう。まず神輿再興に対する廻船中よりの寄進額を比較すると、明和九年（一七七二）には一貫三五〇匁であったのが、天保六年（一八三五）には七五〇匁に過ぎなくなっている[25]。また寄進総額に占める廻船中よりの寄進額の比率を比較する[26]と、寛政六年（一七九四）の場合には拝殿再建寄進額九貫五五五匁一厘のうち「比井船々出銀」は六四％で、寄進額の大部分が廻船中に依存しているのに対し、天保六年の場合には神輿再興・屋根・石橋等寄進額五貫五四二匁四分一厘のうち「神輿再興ニ付廻船方出銀」は一三・五％で、廻船中の占める比率は低下している。そして、衰退期に入る天保後半には鳥居の脚部と石燈の奉納があるのみで、天保一〇年以降は全く寄進も見られず、衰退が決定的になったことを示している。

二　紀州廻船の菱垣廻船への合体

1　目的と誘因

ここで菱垣廻船による紀州廻船合体のねらいについて考えてみよう。菱垣廻船側からすればこの合体は、第一に菱垣廻船の衰退を食い止める方策としての意味があった。すなわち、隆盛期には一六〇艘程度も存在した菱垣廻船が、この時期には三〇艘ほどにまで衰退し、輸送手段を確保する必要があった。第二には樽廻船への洩積を防ぐ必要があった。というのは、菱垣一方積を訴え出た時、横槍を入れたのは他でもない紀州藩であり、紀州藩がそうした行動に出たのは紀州廻船が樽廻船として従事しており、その紀州廻船が洩積の張本人とされていたからである。(27) したがって、紀州廻船の合体は洩積の首謀者を追放すると同時に、樽廻船の勢力を削いで菱垣廻船に付け加えることにあった。第三には衰えたとはいえ紀州廻船の実績・技術が考えられる。この時期には菱垣廻船の支柱となるべき十組問屋が弱体化してきたため、菱垣廻船が自ら廻船を建造するよりは、既存廻船の合体をはかる方が得策であると考えるに至ったのである。

一方、紀州廻船側からすればこの合体は、第一に前述した艘数動向から明らかなように、隆盛期には七〇艘以上も存在した紀州廻船がこの時期には三〇艘程度にまで減少し、自らの衰退を食い止める必要があった。樽廻船稼をこのまま続けて行くことに対する不安があり、何らかの新しい方向を見出されなければならなかった。第二には合体に対する見返りとしての菱垣廻船問屋株の入手も考えられよう。

また、酒造家あるいは樽廻船の側からすれば、この時期には樽廻船中に占める紀州廻船の位置はかなり低下し、酒造家による手船化も進行し、樽廻船の仲間から紀州廻船が離脱しても十分自らの力で輸送できる状態にあった。さらに、この合体は両積規定の交換条件としての意味もあった。というのは、天保四年（一八三三）一一月に、紀州廻船三〇艘の合体と安永二年（一七七三）に定められた七品目の両積の他に新たに鰹節・塩干肴・乾物および幕府御用砂糖一〇万斤は両積、他は菱垣一方積という形で両積規定が同時解決されているからである。なお、合体に当たって強く作用した力として、仲介役を演じた紀州藩の圧力も当然考慮しなければならないであろう。

要するに、この紀州廻船の合体は、合体する方される方ともに自らの衰退を食い止め、再興をはかるためになされたものであり、そこには衰退を阻止するのに必死になっている両廻船の姿を見出すことができるのである。

2　経過

ここでは、紀州廻船が菱垣廻船に合体されるに至る経過を紀州廻船の側から、特に合体拒否理由に着目しながら見てみよう。

紀州廻船合体への動きは、すでに文化一二年（一八一五）に始まる。文化一二年の「水油砂糖類積方一件和歌山表願書之写」(28)によると、大坂菱垣廻船問屋と江戸十組問屋が申し合わせ、水油・砂糖・干魚・乾物等の菱垣一方積を申し出たのに対し、紀州廻船側は近年酒荷不景気のためこれを拒否した。しかし、菱垣廻船側ではさらに紀州廻船の員数を調べ、一か年に何十艘と決めて菱垣廻船へ加え、荷物積方は江戸・大坂の菱垣廻船問屋の差配を受けるように言って来た。これに対し紀州廻船側は、第一に紀州廻船は大坂・西宮の酒積問屋一四軒や酒造家より七〜八分の加入を受けているので、彼らから離れて自分たちの出銀で廻船を新造できないし、結局廻船が減少し他に家業もないので自分たちは困窮すること。第二に菱垣廻船の荷物が少なくなっている時に、菱垣へ加わっては船数が多くなり活躍できないこと。第三に菱垣廻船は上下雇いで水主判宿に居合わせた不案内な水主を乗り組ませたり、荷物を嵩高に積むので激しく乗り廻すことができないし、日和待ちのため延引し甚だ差し支えるのに対し、紀州廻船は居所確かな者を選んで乗り組ませ、彼らのほとんどが見習いより訓練し勝手をよく知っているため、難破船も少なく江戸着が早く便利がよいこと。すなわち、菱垣廻船に対する樽廻船である紀州廻船の航海における優位性という三つの理由をあげて、これまで通りにしてほしいとこれを拒否した。

文政六年（一八二三）三月には、白子屋佐兵衛が紀州藩勘定所へ、また大坂廿四組問屋が若山評定所へ同年六月、紀州廻船を菱垣廻船へ合体するようにそれぞれ出願している(29)。

さらに文政七年には、菱垣廻船への合体について紀州廻船側は、第一に菱垣廻船は大坂へ入船した時に四人ほど船番に残し他の者は休むし、外船を仕建てる時は話し合いで乗り組ませるのに対し、紀州廻船は休船しないで稼ぐというように菱垣廻船と稼ぎ方が異なること。第二に一度樽廻船を離れると容易に酒造家は古来の通りにしてくれないこと。第三に当時菱垣廻船は五〇艘ほどあり、その上紀州廻船三〇～四〇艘が加わったのでは稼ぎに困ること。第四に紀州三か浦廻船のうち日高を除き二か浦の樽廻船の中には、灘辺りの支配をうけるものが多く含まれるため合体すれば差し支え、また十組より新造船・船修理等の世話をしてくれるといっても、当時不相続の菱垣廻船が多く存在すること。このような理由から在来の通りにしてくれるように願い出ている(30)。

文政八年三月には、菱垣廻船側から菱垣廻船が払底しているので、紀州廻船のうち五艘ほど貸してくれるように役所へ願い出たのに対し、紀州廻船側は当時一艘も居合わせないとして、とりあえず断っている(31)。同様にこの貸船の問題について、樽廻船中より紀州廻船側に対し、「両組壱艘ツヽ成共貸候船当時居合之船無之、尤江戸入着仕候得は不遠登可申候へ共、皆船之儀は兼而宜敷候引き合置、此船は当年他国御城米或は殿米等へ貸附置抔仕候故、登来候而も船ニ寄貸候義も難出来、其上御国船貸候ハヽ、彼等兼而之思召落入、一建貸付候上ハ江戸表荷主承知不仕、第一上方ニ而は酒造家共寄方抜取可申等、又ハ加入無之酒造も穢船抔と申已後之商売に相拘り候ニ付、貸方へ指向候船無之、是ニ当惑仕候」[32]とあり、酒造家の廻船加入も考慮した上で、この菱垣廻船の申し入れに従えば、結局紀州廻船の合体という菱垣廻船側の思惑に陥ってしまうことになると忠告している。

文政一一年五月には、また十組から紀州廻船三〇艘ほどを菱垣廻船へ雇い入れたい旨願い出てきた。これについて、市中を調べさせたところ一〇艘ほどととのったので、残り六〇〇～七〇〇石積以上の廻船二〇艘を紀州沿岸で調達してほしいとのことであった[33]。これに対し日高廻船は、同年六月に「近浦々相調べ申候処、四百石積ニ而熊野廻船稼之船ハ御座候へ共、七八百石積之江戸廻船ハ無御座候、依之御断申上候」とあるように、仲間の樽廻船以外に近くの浦々で七〇〇～八〇〇石積の江戸廻船を取り調べたところ、そのような廻船はなく断っている[34]。

文政一二年一〇月には、菱垣廻船積荷物が差し支えたため紀州廻船をまず一〇艘ほど雇い入れ、以後一か月に六～七艘ずつ雇い入れたいと申し出てきた。これに対し紀州廻船側は、第一に紀州廻船は上方酒造家や諸問屋等の加入を受けており、船主の一存で貸船等はできないこと。第二に今は酒積切の時節に当たっているため比井廻船は上方へ乗り廻っており、日高廻船は有田蜜柑積み送りの時節に当たり有田表へ乗り廻っているので来春まで外運送できないこと。第三に近年不景気の上難破船や古船の修理もできず船数が減少し三か浦とも難渋しており、これについて先年十組問屋等から菱垣廻船一〇艘ほど造り建て自分たちに預けてくれるはずであったが、まだ一艘も渡して貰えないことをあげ、この船を追々渡してくれるなら手配しようということで断っていたが[35]、ついに同年一〇月にはまず二艘を菱垣廻船へ貸し渡すこととなった[36]。

ところが同年一一月には、樽廻船は元来酒造家や諸問屋の加入船であるため、勝手に菱垣方へ貸船しては今後甚だ気受けが悪くなり、稼ぎ方や船造り替等の際差し支えるので、先に一度引受けたが幾重にも容赦願たいということになった。[37] しかし、あまり簡単に断ったのでは気の毒であるので、「当時古酒積切、又は日高船之儀は蜜柑抔積入時節ニ付甚上下世話敷、猶又勢州御納米積船をも指出シ御座候付、当時居合候船壱艘も無御座候付、外廻船ヲ穿鑿仕相調ヒ候得は、早速書付を以可奉申上候、依之御断可奉申上候」[38] と、樽廻船以外の廻船を穿鑿してみようということになった。

　これを受けて他の廻船を穿鑿するために事情のよく心得た者二〜三人を新宮表や尾鷲浦へ差し遣わしたところ、江戸焼失後の板・材木・炭等の積送に従事しており、調達できなかった。また、古座浦にも江戸廻船を所持している者がいるというので出かけたが、同様の理由で調わなかった。その他の浦々には江戸廻船を所持している者も居らず、結局一艘も調達できないのでしかたなく断った。[39]

　天保四年（一八三三）九月には、紀州廻船合体について紀州廻船側は、廻船一〇艘を菱垣廻船側が造り渡してくれて、それを稼ぎ試して便利がよければ合体しようとの約束であったが、いまだに造り渡してくれず疑惑をいだいていた。しかし、執拗に説得されたのでついに一同承服することにしたが、合体すれば勝手不案内であるし、樽廻船の側からとやかく言ってきても支障のないように、紀州廻船へ菱垣廻船積問屋株一軒を免許してほしいと代官所へ申し出た。[40]

　ところが、以前江戸浜町御役所掛の落合潤平が和歌山へ来た時は、菱垣廻船へ合体すれば馴染みの船二艘と菱垣廻船積問屋休株無借の分一軒を渡し、元手金も融通しようということであったが、その時樽方への義理や菱垣への疑念により断ったため、今ではとても問屋株を取得する見込みもたたないし、株を買い入れる金子もなかった。そこで、紀州藩が特別の慈悲をもって取組銀一四貫五〇〇目と仲間へ渡すべき七貫目余、他に六九貫目余の古借付きの顕屋株を買い求めてくれることとなった。[41]

　そして、天保四年一一月、ついに両積規定の改正と同時に紀州廻船三〇艘の菱垣廻船への合体が決定されたの

である。(42)

以上が紀州廻船合体に至るまでの経過を辿ったわけであるが、交渉過程で紀州廻船が合体を拒み続けて来た理由は、要するに次のような点にあった。それは、第一に酒造家等の廻船加入者に対する懸念、第二に合体による菱垣廻船の増船が引き起こす積荷不足に対する不安、第三に菱垣廻船との稼ぎ方の相違、第四に現実問題として菱垣廻船の衰退ぶり、第五に約定を守らない菱垣廻船側に対する疑惑であった。

3　合体による積荷変化

それでは、菱垣廻船への合体によって、紀州廻船の積荷の内容が実際どのように変化していったのか、比井廻船について見てみよう。(43)

そこで、表10によってその変化を見ると、天保四年（一八三三）までは樽仕建と米輸送とがほぼあい半ばしており、菱垣廻船仕建は全く見られなかったのである。ところが合体後の天保五年になると、菱垣廻船と米輸送とがあい半ばするようになり、合体を境に積荷が一転しており、合体の徹底さとその切実さがうかがえる。

また合体前後とも米輸送がかなりの比重を占めているのは、依拠した史料が樽廻船の活躍する五～一一月の

天保5年(1834)1月～6月
登り
菱垣荷物積下し
◇建
◇建新さいこう
備前御城米下り
一ッ橋米登り
登り
一橋登り
江戸登り
登り
江戸登り
江戸登り
川口積御城米
御城米下り
◇建
荒荷下り菱垣仕立
酒・あら荷仕立
登り一ッ橋御米
江戸登り
◇建
◇建
○
22

5年は「定書印形帳」（村上

表10　比井廻船積荷一覧

船名	文政8年(1825)1月〜6月	文政11年(1828)1月〜6月	天保4年(1833)1月〜5月
隼世丸	登り船		
福寿丸	御城米下り		
天徳丸	丹後行		
清運丸	江戸登り空船		
永栄丸	加賀行	登り	登り
福栄丸	樽仕立下り	酒積下り	乗下し
福神丸	播州狩野積御城米	江戸登	
福応丸	樽仕建	登り	酒下り
伊勢丸	樽仕建	加賀行乗下し	帆下り
神社丸	登り	下り	酒下り
龍神丸	播州高砂積御城米	加賀行乗下し	登り
天王丸	登り	庄内行乗下し	
大日丸	播州高砂積御城米	出羽行乗下し	
常栄丸	樽仕建	北国行乗下し	
泰養丸	酒仕建	加賀行乗下し	登り
住吉丸	下り	加賀行乗下し	網干御城米下り
権延丸	播州高砂御城米	江戸登り	
辰富丸	登り船	樽仕立下り	登り
万寿丸	樽仕建	加賀行乗下し	御城米下り
天福丸	樽仕建	御地御城米下り	帆下り
明徳(神)丸	樽仕建	酒積下り	加州ノ江戸廻り
万徳丸	○	秋田行乗下し	帆下り
天社丸	○	酒積下り	帆下り
常運丸	○	○	
龍吉丸		備前□岡御城米下り	
清養丸		加賀行乗下り	
隼鶴丸		樽積下り	御城米ニ下ケ
愛宕新造丸		御城米積下り	樽下り
瑜伽丸		○	
永豊丸			酒下り
文珠丸			酒積下り
末吉丸			登り
天運丸			豊後御城米下り
龍宮丸			
治徳丸			
真栄丸			
宝徳丸			
大乗丸			
計(艘)	24	25	20

(註)　○印は存在が確認されるもの、文政8・11年は『日高郡誌』上巻579〜594頁、天保4・正親家文書）より作成。

時期をはずれ、米輸送の盛んな時期に当たっていたことと米輸送が大型帆船にとって魅力あるものであったことによる。そして合体というのは、新しく廻船を造り立てて付け加えるのではなく、旧来の廻船をそのまま用いるという文字通りの合体であったことがわかる。[44]

次に樽廻船から菱垣廻船への移行が、船舶構造上果たして簡単に行なえたのであろうか。天保五年に最初の菱垣仕建が行なわれたのは一月二五日の栄宝丸で、合体してからあまり期間がたっておらず、改造が行なわれたとしても小規模なものであったように思われる。したがって菱垣廻船と樽廻船の区別は、この時期には船舶構造上からそれほど顕著ではなく、単にそれが菱垣廻船問屋に付船され菱垣仕建にされるか、それとも樽廻船問屋に付船され樽仕建とされるかの差異によるものであったからこそ、[45]従来樽仕建として活躍してきた紀州廻船を一気に菱垣廻船に転換することができたのであった。

三　紀州廻船の衰退

1　衰退の原因

紀州廻船衰退の一般的な原因と考えられるのは、まず海難である。これは廻船業を廃業する動機となっている。[46]そして、樽廻船であったため酒造統制・入津樽統制による積荷不足がある。これは寛政期における下降と密接なつながりがある。他に菱垣廻船への合体、幕藩制的商品流通機構の麻痺、西洋形船舶の出現などが一般的な原因としてあげられるが、菱垣廻船への合体の誘因と結びつけて強調したいのは次の二点である。

第一に、酒造家の手船化・廻船加入化によって運賃が抑えられ、[47]酒樽輸送の有利性が低下していったことであ

図3　酒値段と酒運賃との関係

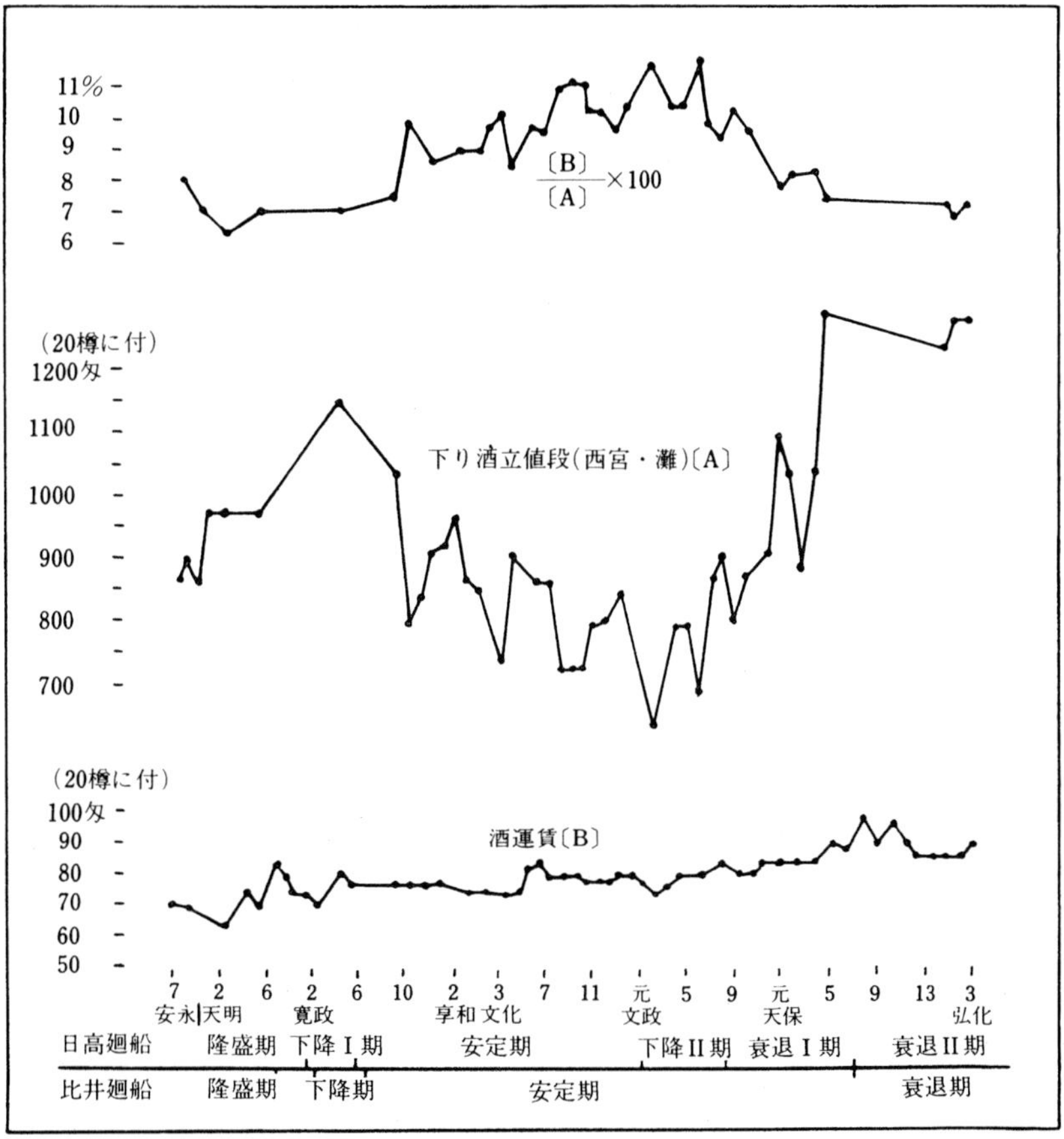

（註）『灘酒経済史料集成』下巻付表より作成。

表11　米と酒の運賃比較

年　代	米（100石）A	酒（100石）B	B/A	出　典
宝暦13（1763）	560　匁	850　匁	1.52	「運賃願之留」（薗喜太夫家文書）
天明3（1783）	457.5	762.5	1.67	天明3年「用留」（同上）
文政8（1825）	730	993.8	1.36	『日高郡誌』上巻　580頁
文政9（1826）	748	1006.3	1.35	同　上　586頁
文政10（1827）	745	1006.3	1.35	同　上
文政11（1828）	740	906.3	1.22	同　上
天保2（1831）	795	1018.8	1.28	『和歌山県誌』第2巻　382頁
天保3（1832）	760	1003.1	1.32	同　上
天保4（1833）	760	1003.1	1.32	「定書印形帳」（村上正親家文書）

（註）　運賃は江戸―大坂間。1駄＝8斗換算。

る。低下の状況を図3の下り酒立値段と酒運賃との関係によって見ると、酒値段に対する運賃の比率が文化期には一〇％前後であったのが、文政期から天保期にかけて比率が低下し七～八％になっている。すなわち、酒値段の上昇率以下に酒運賃が抑えられていることがわかる。

さらに、表11で米と酒の運賃を比較することによってそのことを確かめてみると、米に対する酒の運賃比率が隆盛期には一・五以上というかなりの有利性を示していたのが、文政期から天保期にかけて一・三前後と有利性の低下が見られる。すなわち、米に比べ酒運賃の伸び率が低く、酒運賃が抑えられていたことがわかる。このように酒運賃が抑えられることによって、酒樽輸送の有利性が低下していったのである。

第二に合体への誘因と結びつけて強調したいのは、樽廻船仲間内部での競争である。これは、「灘廻船之者共（中略）毎々願之節為取替一札之意を不用抜キ仕立ト号、登着前後ニ不拘仕立除キ候故、当浦之船々誠ニ難渋仕候付、順仕立平等積方之儀前々取締ニ付、拾四軒問屋江当組より申出候得共不相用、剰十日仕立ト号譬ハ当組壱艘灘船壱艘両艘船付致荷物相集候而、十日之内灘船は荷物相揃ひ出帆ニ相成、当組之船荷物相揃ひ罷在候内、又候跡船壱艘船附ケ致し相双らへ荷物相集候内、亦候灘船荷物相揃候時は、前々船付致居候当組之船ニ不拘出帆致候様之法を立候故、容易に船付も難相成姿ニ而、誠難渋至極先ツ退転之姿ニ相見候」(48)とか、「当浦廻船之儀者往古ゟ樽廻船ニ有之処、近頃摂州灘廻船数艘相増、段々と積荷物不自由自然衰微之姿ニ相見、既に去巳年抔数艘川囲ひ休ミ船ニ相成、右様ニ而者船主者勿論水主之者共今日之渡世ニ相離レ、諸上納者勿論妻子之養育難出来必至と難渋ニ及可申、実以歎ヶ敷事候」(49)とあるように、酒造家の手船化・廻船加入化に支えられて、同じ樽廻船でありながら灘廻船が、しだいに紀州廻船を圧迫していったことである。

要するに、紀州廻船はある程度酒造家の廻船加入を受けているものの積荷の裏付けがなく、酒造家の手船化・廻船加入化が進行した灘廻船によってしだいに圧迫され衰退し、ついに菱垣廻船への合体を決意しなければならなくなった。したがって、一般的に言われる自己運送から他人運送へという海運業の発展方向(50)とは逆に、この時期には手船化という形で他人運送からむしろ自己運送へという方向の転換によって、皮肉にも灘廻船が紀州廻船のそれとは対照的に明治期にまで生き伸びることにつながったのである。(51)

2　合体後の経過

前述したように天保四年（一八三三）一一月に、紀州藩から大坂菱垣廻船問屋顕屋株を買い求めて貰い、紀州廻船が菱垣廻船へ合体することになったわけであるが、ここではその後の紀州廻船の状況を少し見ておこう。

まず菱垣廻船問屋開店に至るまでの事情をみると、紀州廻船は紀州藩の援助で菱垣廻船問屋株を手に入れ、早々開店したかったのであるが、仕出金の備えがないためまた紀州藩へ貸し下げを願い出た。ところが勘定組頭井ノ口喜八郎から、仕出金は自分たちで工面するように、もしそうでなければ株は他へ貸し渡し、船は他問屋へ貸し仕建するように申し渡された。ここに至って他問屋仕建となってはとても益がなく、後々彼ら問屋の意のままになってしまうと危惧し、しかたなく鑑蓮社御貸附方から仕出金を借りた。天保五年二月には開店し、追々荷主の受けもよく順調であった。(52)それは、「於摂州大坂ニ菱垣積問屋顕や株御開店被為成下候ニ付、追々人気引起

出荷物数多依有之渡世無差支、寔ニ広太之御慈悲冥加至極一同難有事候間、此趣水主之者共能々相弁、殊ニ高金之物等数多有之儀ニ付御城米同様ニ被存大切ニ相守、殊ニ追々御世話振も被為在候儀ニ付、国恩之忘却不仕様大切ニ取扱候、諸事廉直ニ相勤候方向勿論之事ニ候、尚又船中取締之儀者是迄段々為申聞、年々承知印形取置候」[53]

というような状況であった。

ところが、早くも天保六年には、紀州廻船が難儀[54]となり、菱垣廻船積問屋顕屋一軒だけでは、滞船が多くなり迷惑であるので、他に積問屋大津屋新助の株を一〇年間借り受けたい、そこで顕屋株入手の時と同様に便宜をはかってほしいと申し出た。[55] その結果は明らかにできないが、このように紀州廻船は天保四年の合体後も多くの障害があり、運営も円滑に行かなかったようである。そしてこのことはまた、天保後半期以降の著しい減艘によってもうなずけるところである。

以上を要約すると、第一に紀州廻船の合体は、菱垣廻船側からすれば菱垣廻船再興策の一つとして存在し、自ら建造するよりはもっとも安易な方向へという十組問屋の弱体化の結果として出てきた。一方紀州廻船からすれば、当初抵抗したとはいえ、結局紀州廻船の衰退を食い止める方策として存在したため、その結果は自ずから明らかであった。

第二に紀州廻船の衰退をもたらしたのは、酒造家の手船化という動きであり、その動きが一方で酒運賃の低下を招き酒樽輸送の有利性を低下させ、他方で灘廻船の競争力を強化し、紀州廻船を衰退へと追い込んで行った。

第三に灘廻船のとった動きは、一般に言われる自己運送から他人運送へという海運業の発展方向と逆の動きを手船化の進行という形で示したのであり、そこには近代化の中でとらえられる海運業の動きとは異なった動きが見出された。その動きは樽廻船が元来純粋に他人運送といった形態ではなく、酒造家の支配を強く受けるという半ば自己運送的形態として存在していたことによるものであり、そこに近世海運業の限界が見出された。

（1）文政二年に杉本茂十郎が失脚した後の菱垣廻船再興策は、彼の甥にあたる白子屋佐兵衛によって受け継がれ展開される。杉本茂十郎の再興策については、伊藤弥之助「杉本茂十郎の研究」（『三田学会雑誌』四七巻九・一〇号、一九五七年）、林玲子『江戸問屋仲間の研究』（御茶の水書房、一九六七年）、中井信彦「江戸町人の結合論理について」（豊田武教授還暦記念会編『日本近世史の地方的展開』吉川弘文館、一九七三年）、「杉本茂十郎興起十組抄写」（『日本財政経済史料』巻三、財政経済学会、一九二二年、二八～九〇頁）などを参照。

（2）天目船印の拝借は文政一〇年に結実するわけであるが、その間の経過については、沢田章「十組積仲間の天目船印借受問題」（『国史学』三号、一九三〇年）参照。他に日本海事史学会編『続海事史料叢書』一巻（成山堂書店、一九六九年、一七六頁）、同二巻（五三四～五三六頁、五五四～五五八頁）、『日高郡誌』上巻（名著出版、一九七〇年、五九五～五九六頁）、『和歌山市史』六巻　近世史料II（和歌山市、一九七六年、九三七～九三八頁）がある。

（3）両積規定については、従来多くの概説書において菱垣廻船と樽廻船との競争史という形でとりあげられている。たとえば、古田良一『日本海運綱要』（経済図書、一九四三年）、同『海運の歴史』（至文堂、一九六一年）、豊田武・児玉幸多編『交通史』（山川出版社、一九七〇年）などがある。

（4）直接紀州廻船をとりあげた研究としては、本書以外には柚木学「紀州廻船と樽廻船」（『甲南経済学論集』一四巻一号、一九七三年）、のち同『近世海運史の研究』（法政大学出版局、一九七九年）所収がある。

（5）「船法御定并諸方聞書」（住田正一編『海事史料叢書』一巻、巖松堂、一九二九年、七八頁）、「菱垣廻船問屋規録」（同二巻、二九八頁）、「大阪番船ノ濫觴及慣行」（『大阪市史』第五、大阪市役所、一九一一年、三八五～三八六頁）。

（6）楠本慎平「菱垣廻船発祥地の考察」（『田辺文化財』九、一九六五年、四〇頁）。他に富田権現日神社への廻船中より奉納されているものに、天明七年の手水鉢があり、これらによってある程度富田廻船の活躍ぶりがうかがえる。

（7）「寛文七丁未年五月御浦廻衆江浦々より一札差上右写」（森彦太郎編『日高近世史料』一九三六年、四八〇～四八二頁）、寛文七年「名屋浦書上」（前掲『日高郡誌』上巻、五六五頁）。

（8）　前掲「菱垣廻船問屋規録」二九八頁、前掲「大阪番船ノ濫觴及慣行」三八六頁。
（9）「此時（寛永一六年）廻船ハ壱艘も無之百姓業計の所ニて（中略）石の手水鉢ハ、正保年中ニ法名浄永の寄進于時廻船一艘も無之、御影石遠方故地石ニて切」（「古今年代記」村上正親家文書）。
（10）　前掲『日高近世史料』一〜五六九頁。
（11）　日高廻船については、元禄六年にも名屋浦に一四艘（五端一、六端五、八端二、九端四、一〇端一、一一端一）の廻船があり、他に薗浦に四四艘、浜ノ瀬に三艘、御坊村に七艘の舟数が確認され、延宝六年とほぼ同じ状況を示している（「元禄六癸酉年四月日高郡在々家数人数等書上写」前掲『日高近世史料』四八二〜四八三頁）。
（12）「古今年代記」（村上正親家文書）。この史料は、その後『和歌山県史』近世史料五（和歌山県、一九八四年）に収録された。
（13）　富田廻船については、艘数を把握しうる史料が乏しく、わずかに寛政五年の「四ヶ浦申合為取替一札」（薗喜太夫家文書）によって、同年の一五艘が確認されるだけであるので省いた。その時の船名については、柚木学前掲書八八頁参照。
（14）　ここで連続性という場合、この時期には紀州廻船一艘当たりの規模が九〇〇〜一七〇〇石積のいわゆる千石船であり、したがって紀州廻船の動きが艘数によって示されうることを前提とする。
（15）　日高廻船・比井廻船の各時期の特色については、拙稿「紀州廻船の繁栄と衰退」（安藤精一編『和歌山の研究』三巻、清文堂出版、一九七八年）参照。
（16）　文政七年「用留」（薗喜太夫家文書）。なお、同家の各年の「用留」からの史料引用は、かなり割愛した。詳しい史料引用は、拙稿「菱垣廻船再興策と紀州廻船」（『大阪大学経済学』二七巻四号、一九七八年）参照。「用留」は、その後『御坊市史』四巻　史料編Ⅱ（御坊市、一九七九年）、日本海事史学会編『続海事史料叢書』八巻（成山堂、一九八三年）に収録された。
（17）　文政一二年「用留」（薗喜太夫家文書）。
（18）　文政一〇年「条目序」（前掲『日高郡誌』上巻、五八三〜五八六頁）。
（19）　日高廻船による有田蜜柑輸送の実態については、本書第六章参照。
（20）　紀州廻船の加入状況表は、本章では省いたので前掲拙稿「菱垣廻船再興策と紀州廻船」第2表参照。
（21）　明和八年「用留」（薗喜太夫家文書）、天保六年「神輿再興并御道具其外御本社家根繕石橋等入用扣」（比井若一王子神社文書）、柚木重三『灘酒経済史研究』（象山閣、一九四一年）五〇四頁。
(22) 寛政五年「四ヶ浦申合為取替一札」（薗喜太夫家文書）。この史料は、その後前掲『和歌山県史』近世史料五に収録された。
(23) 日高廻船の所有者動向表は、本章では省いたので前掲拙稿「菱垣廻船再興策と紀州廻船」第4表参照。比井廻船の所有者動向については、日高廻船ほど連続した史料が存在しないためとりあげなかったが、日高廻船と同様な傾向が見出される。
(24) もう少し詳しく日高廻船の所有者の分布をみると、全所有者一〇二名のうち七五名が明らかになるが、北塩屋一四、御坊一二、名屋一〇、南塩屋七、浜七、新町五、島四、下野・岩内・吉原・切戸各二、天田・浜ノ瀬・田井畑・西川・阿戸・和田・野嶋各一であった（各年の「用留」薗喜太夫家文書）。
(25) 前掲天保六年「神輿再興并御道具其外御本社家根繕石橋等入用扣」。この史料は、その後前掲『和歌山県史』近世史料五に収録された。
(26) 寛政六年「氏神拝殿再建一書」（前掲『日高郡誌』上巻、五七八頁）。前掲天保六年「神輿再興并御道具其外御本社家根繕石橋等入用扣」。
(27) 中田薫「徳川時代の海法」（同『法制史論集』三集、岩波書店、一九四三年）。
(28) 文化一二年「水油砂糖類積方一件和歌山表願書之写」（『伊丹市史』四巻、伊丹市、一九六八年、五六三～五六六頁）。
(29) 「菱垣廻船取扱写」（前掲『続海事史料叢書』二巻、五三四～五二五頁）。沢田章前掲論文、二〇頁。
(30) 文政七年「乍恐書附を以内存奉願上候」（文政七年「用留」薗喜太夫家文書）。
(31) 文政八年三月「乍恐御請奉申上候口上」（文政八年「用留」薗喜太夫家文書）。
(32) 文政八年「用留」（薗喜太夫家文書）。
(33) 文政一一年「用留」（同右）。
(34) 文政一一年六月「口上覚」（文政一一年「用留」薗喜太夫家文書）。
(35) 文政一二年一〇月「御調へニ付申上候御事」（文政一二年「用留」薗喜太夫家文書）。
(36) 文政一二年一〇月「御受奉申上候口上」（同右）。
(37) 文政一二年「用留」（薗喜太夫家文書）。
(38) 文政一二年「乍恐申上候口上」（前掲文政一二年「用留」）。

(39) 文政一二年十一月「乍恐御断奉申上候口上」(同右)。

(40) 天保四年九月「乍恐以書附奉願上候」・同「内存奉願上候口達」(天保四年「用留」薗喜太夫家文書)。

(41) 前掲天保六年「神輿再興并御道具其外御本社家根繕石橋等入用扣」。

(42) 前掲『日本財政経済史料』巻七、四四～五〇頁。「菱垣廻船一方積取締申合規定連印帳」(前掲『海事史料叢書』二巻、三〇五～三二〇頁)。「御役所一方積被為仰渡候御請証文之写」(同、二一一～二一九頁)。天保四年「定書印形帳」(村上正親家文書)には、「去巳十一月中、諸荷物菱垣廻船方江一方積ニ御改正江戸大坂町御奉行所より被仰渡候付、当仲間船々合躰致シ貸船仕候様との儀、若山御勘定御奉行所ゟ被仰付、御意難相背奉承伏候御受書差上候ニ付、以来貸船之儀可被相心得候」とある。この史料は、その後前掲『和歌山県史』近世史料五に収録された。

(43) 日高廻船の積荷については、菱垣廻船への合体後の天保七年の「用留」(薗喜太夫家文書)によって、同年一一月分が明らかになるが、そこでは菱垣仕建と有田蜜柑輸送に従事していた。

(44) 柚木学「幕末期における樽廻船経営の動態」(『経済学論究』二二巻一号、一九六八年)一一〇頁。

(45) 柚木学前掲「幕末期における樽廻船経営の動態」一一七頁。ただし両者の間には、次のような構造上の差異が存在したことは事実である。「菱垣荷物之儀は都而嵩サ高成品々積入候義ニ付、樽廻船とハ造り方相違仕、積方石数割合ニは積方難出来、大ニ積石相減申義ニ御座候(中略)一の間積之儀は一切積メ不申候、右は菱垣方船とハ造り方大ニ相違、前段一ノ間ニ積入候而は元船渡海一向相成不申候」(前掲文政一二年「用留」)。

(46) 「近年破船は過料荷打は弁米被仰付、船持船頭並水主至迄難儀仕候、当年に相成候て者別て厳重被仰付、破船荷打共弁米被仰付候に付、重々難儀至極仕候、尤破船仕候上者船持船頭家業に相離候儀故、身命限に相働申候得共、無是非破船仕候儀に御座候」(前掲『日高郡誌』上巻、五六九頁)。日高廻船の年行司を勤め、長年廻船業に携わった喜大夫が廻船業を廃業したのは、海難によるものであった(『続日高郡誌』上巻、日高郡町村会、一九七五年、一三〇二頁)。

(47) なぜ運賃が抑制されたのかといえば、酒造家の手船化は樽廻船として輸送に携わることによって利益をあげるのが目的ではなく、自分たちの荷物を確実に輸送することが目的であったから、低い運賃でもよかったのである(柚木学「近世海運業における加入形態について」『経済学論究』二〇巻一号、一九六六年、九四頁)。

(48) 前掲天保六年「神輿再興并御道具其外御本社家根繕石橋等入用扣」。

(49) 「水主取締りに付一札」(瀬戸康治家文書)。

(50) 佐波宣平『増補交通概論』(有斐閣、一九四八年)二九～三五頁、同『海運理論体系』(有斐閣、一九四九年)七章、佐々木誠治『日本海事競争史序説』(海事研究会、一九五四年)一章、同『日本海運業の近代化』(海文堂、一九六一年)一五～三四頁。

(51) 自己運送と他人運送との関係については、江戸期には自己運送が海運業の本来的形態であって、それが物資の長期的安定輸送という条件のもとでのみ他人運送形態をとるものと考えられる。したがってその条件が崩れた場合は、当然本来の自己運送形態に戻るのではないか。つまり幕末という商品流通が不安定な条件の下では、積荷の裏付けがない他人運送よりも自己の積荷を背後にもつ自己運送の方が有利に作用したように思われる。そのような動きに対し、有田蜜柑という季節変動が激しく、時期的に米輸送と重複する積荷しか持たなかったために対応できなかった紀州廻船は、他人運送という近代的な形態を有しながら、結局衰退の運命を歩むこととなった。

(52) 前掲天保六年「神輿再興并御道具其外御本社家根繕石橋等入用扣」。

(53) 前掲「水主取締りに付一札」。

(54) 「江戸日本橋菱垣廻船三問屋長々衰微の事故、仕立込下り運賃金引込候故、上方ゟ為替取組候得共不渡りと相成候付、久助罷下り種々情略仕候得共、終ニハ銀六拾八貫余取込ト相成、午十月罷下り未三月迄催促及候得とも、相渡不呉無是悲願ニも可及存候」(前掲天保六年「神輿再興并御道具其外御本社家根繕石橋等入用扣」)というような状況であった。

(55) 天保六年一一月「乍恐以書付奉願上候」(瀬戸康治家文書)。

第五章　紀州廻船業者の在村形態

近世の廻船業者については、従来個々の廻船活動や経営が論じられることはあったが、[1]廻船業者の出自の問題、廻船業者の村内で占める位置役割の問題、廻船業および土地集積等を含めた家全体の経営、廻船業廃業後の動向などについては、史料的制約のためか、あまり明らかにされていない。

そこで本章では、前章で述べた樽廻船・菱垣廻船を構成した紀州日高郡の日高廻船・比井廻船の代表的廻船業者である薗家と村上家[2]をとりあげ、以上の点について考えてみたい。また、その中で薗家と村上家の企業者活動を比較することによって、両者の共通点と相違点も明らかにしたい。

一　薗家の場合

薗家の各世代の活動、資本蓄積の動向等を見る前に、日高廻船の始まりについて少し述べておこう。日高廻船の始まりは、よく知られている元和五年（一六一九）に堺の商人が紀州富田浦より二五〇石積の廻船を借り受け、大坂から江戸へ荷物を運んだという菱垣廻船の始まりと酷似している。「薗家系図」[3]によれば、「抑モ日高廻船ノ始ヲ尋レハ、元和年中徳川氏征夷大将軍（中略）故ニ日用品ニ差間ヲ生不便大方ナラス、雖然遠州灘ノ難所タル航海ノ便未開、稍人馬ノ肩ヲシテ畿内ヨリ東海道ヲ経テ道搬スルモ不充分ヲ告、尚欠乏困難ニ不耐爰ニ当郡野島村留二郎ト申人、泉州左海ノ津ヨリ江戸航海ノ業ヲ開ク、是創起ニシテ大廻船ト唯」と元和年中（一六一五～一六二三）に、日高郡野島村の留二郎が泉州堺より江戸航海の業を開いたのが、日高廻船の始まりとされる。

薗喜太夫家の初代七右衛門が、紀州日高郡北塩屋浦に来たのは、正保年間（一六四四～一六四七）頃で、「生国ハ和泉国岸和田城主小笠原大和守時隆藩中暦々何某ノ三男ニシテ、何ノ由縁ニヤ武士道ヲ止メ、正保ノ頃当郡北塩屋ニ来テ居ヲ占ム[4]」と、岸和田藩士の三男が武士道を捨て、北塩屋の地に来た。二代目喜太夫は、同じく北塩屋浦に居住し、「江戸航海廻船ノ業ヲ創メ、資産ヲ起シ、父ノ生国ニ基キ、和泉屋ト称ス[5]」とあるように、この代になって廻船業を始めた。

表12　薗家歴代当主一覧

代	名　　前	存　命　期　間
初代	七左衛門（元祖）	～元禄5・8・25
2代	喜太夫	延宝4～宝暦5・9・23
3代	喜太夫（中興祖）	宝永3～天明7・6・27
4代	喜蔵（3代喜太夫の甥）	元文2～安永4・8・16
5代	喜太夫（幼名　仙蔵）	明和5～文政9・4・11
6代	喜太夫（幼名　豊太郎）	寛政12～文久2・3・15
7代	喜太夫（幼名　豊吉）	天保2・6・14～明治23・11・3
8代	喜太夫（幼名　清次郎）	
9代	喜太夫（幼名　豊吉）	

（註）「薗家系図」（薗喜太夫家文書）より作成。

三代目喜太夫は、薗家中興の祖と称され、「江戸航海廻船数艘ヲ所持シテ、日高喜太夫ノ名津々浦々ニ轟タリ、北塩屋浦ノ住居不便ニ付、当薗浦ニ移住セシハ寛保三癸亥年ト考ル、中齢ヲ経過シテ、大阪表へ穀物問屋ノ支店を開設シ、伊勢屋半七ト唱[6]」とあり、北塩屋浦では廻船業を営んで行くには不便なので、寛保三年（一七四三）薗浦へ住居を移し、廻船業へ本格的に乗り出して行った。また余勢をかって大坂へも進出したが、結局失敗に終わってしまった。そして薗浦への移転にともない、「旧里北塩屋浦住居ノ地江一家を造築シ、二世喜太夫譲り受候同浦領田畑及名代廻船壱艘ト金銀共悉皆、弐世喜太夫ノ実子留五郎事後改喜平次へ譲り遣、同浦へ分家為致[7]」とあるように、二代目喜太夫の子留五郎に田畑・廻船・金銀を添えて、北塩屋浦へ分家させた。四代目の喜蔵は、三代目喜太夫の甥であったが、自ら船長として船に乗り込み、安永四年（一七七五）八月一六日勢州沖で海難事故に遭遇し、三九歳で死亡した[8]。

表13　天明６年薗家財産引継目録

項　　目	金　　額
金	2055両2分2朱
銀	29貫342匁5分7厘
江戸廻船数艘	—
当家居下宅地	3貫 20匁
瀬戸川畑（1反8畝）	2貫
分家喜兵衛居下宅地	600匁
毛中田地（9畝）	1貫280匁
毛中田地（1反8畝）	1貫480匁
下野畑（1ヵ所）	800匁
合　計	170貫 82匁5分7厘

（註）「当家代々譲り渡財産ひかへ」・「中興祖ゟ五代目喜太夫へ譲りひかへ」（薗喜太夫家文書）より作成。

三代目薗喜太夫が、表12のように天明七年（一七八七）に八二歳で死去するまで、非常に長命であったのに対し、四代目喜蔵がこのように突然若くして死亡したため、薗家の財産引継は、表13のように天明六年閏一〇月に三代目喜太夫から五代目喜太夫（幼名仙蔵）へ行なわれた。この表によれば、金銀・田畑・宅地合わせて一七〇貫八二匁五分七厘と他に江戸廻船数艘と莫大な額であり、三代目喜太夫の「中興の祖」と呼ばれる所以と廻船による資本蓄積のようすがわかるであろう。この三代目から四代目・五代目にかけてが、薗家の廻船業における最盛期であったと思われる。各年の「用留」(9)によって薗家所有廻船艘数の動向を見ても、安永八年（一七七九）には薗家においても、日高廻船の廻船所有者においても、最多の艘数である六艘の廻船を所有していた。このようにこの時期には、常に四～五艘の廻船を所有し、日高廻船の中でもトップの座を占めていた。

しかし、薗家所有の廻船でも、全額薗家の出資による廻船ばかりではなく、次のように他人の廻船加入を受けている場合もあった。

預り申銀子之事(10)

一合銀壱貫五百目也

右者貴殿手船柳徳丸私方ゟ弐歩方加入仕候処、右加入之内五厘方出銀之方ニ而暫借用仕候、追々銀子返済可仕候、其節此書附ニ而引替可申候、為後日預り証文仍而如件

淡路屋弥兵衛㊞

文化五年辰三月

和泉屋喜太夫殿

すなわち、これは薗家所有廻船の柳徳丸に淡路屋弥兵衛が二歩廻船加入していたが、金子が必要となり、二歩加入のうち五厘分の一貫五〇〇目の借用を薗家に申し出ている史料である。これによって、柳徳丸の船代は三〇貫目であり、薗家においても廻船加入が行なわれていたことがわかる。

六代目喜太夫（幼名豊太郎）は、文政九年（一八二六）四月に、表14のような財産を五代目喜太夫から引き継いだ。前述した天明六年の財産と比較すると、金銀の額が少なくなり、その分土地へ、しかも屋敷地・宅地が増加している。また、分家に九〇〇石積の廻船柳徳丸と九五〇石積の廻船天神丸および銀・田畑・居宅等の財産を譲っているものの、結局日高廻船の衰退傾向にともない、財産は貸金も含め四〇貫目余と一〇〇〇石積の廻船揚力丸と益久丸[11]の二艘に減少している。そして天保一三年（一八四二）には、「損失ノ金員多ク無余儀、江戸及北国航海廻船職休業シ[12]」とあり、日高廻船の衰退がもはや決定的となるに及んで、ついに代々続いた廻船業を廃止した。

七代目喜太夫（幼名豊吉）は、嘉永二年（一八四九）七月に六代目から財産を引継いだ。「当家代々譲り渡財産ひかへ」「和泉屋六世再名善右衛門一子喜太夫江譲り渡シ帳[13]」によれば、前代同様分家に財産の一部が譲与されたが、結局銀一八貫六二二匁九分（「但シ貸借不残差引尻表、尤返金難出来筋ハ除ク」）、銀三貫目（「小居宅所々ニテ五軒所有代銀、瓦屋五軒」）、田畑宅地（「歩六尺竿ニテ三町三反弐畝歩、薗名屋二ヶ村ニ而所有〆高、尤田井村領所有田地壱反モ込ル」）が受け継がれ、代々財産が減少する傾向にあった。そこで、七代目喜太夫は、「数代継続セシ江戸北国航海廻船ノ職業不成行打続、父ノ世ニ廃業セラル時ニ十二歳ナリ、依テ拾九歳ニシテ家業ヲ採リ、若輩微力ナガラ資本金ヲ借調、江戸送紀州生蠟製造業ヲ創テ営ム、是嘉永二己酉年八月ナリ[14]」として、嘉永二年七月に財産相続を受けると翌月には廻船業に代わって即座に生蠟製造業を始めた。その後薗家の生蠟業経営は、明治一八年頃から休業状

表14　文政9年薗家財産引継目録

項　　目	金　　額	
金	638両1分	合85貫530匁1分2厘(a)
銀	8貫112匁3分8厘	
江戸廻船2艘(揚力丸・益久丸　各1000石積)	—	
先代ゟ譲り受分	9貫180匁	
御払新田一式代	7貫	
右普請入用〆	2貫	
名屋浦領(1反8畝)	1貫628匁	
中嶋田地(4畝)	400匁	
新町屋敷(1カ所)	2貫368匁	
新町屋敷(1カ所)	1貫403匁	
新町屋敷(1カ所)	2貫200匁	
新畑(2カ所)	356匁9分4厘	
茶免宅地(1カ所)	160匁	
新町宅地(2カ所)	6貫800匁	
茶免宅地(1カ所)	450匁	
新町宅地(1カ所)	700匁	
下野畑(1カ所)	250匁	
堀端畑(1カ所)	560匁8分	
下野畑(1カ所)	500匁	
毛中田地(1カ所)	610匁	
北塩屋浦分家喜平二事喜十郎ゟ買	14貫358匁6厘(b)	
銀（但し田地畑地宅地代共）	7貫919匁9分5厘	分家喜兵衛へ譲(c)
江戸廻船1艘（柳徳丸　900石積）	—	
居宅（1カ所　土蔵共）	—	
江戸廻船1艘（天神丸　950石積）	—	分家庄太郎へ譲(d)
中荷銀として正銀ニ而渡	10貫	
居宅新築費	9貫280匁	
田畑宅地代銀〆高	7貫254匁	
大普請入用	718匁	
差　引　銀	36貫　(a)−(b)−(c)−(d)	
外ニ　江戸廻船2艘（揚力丸・益久丸）		
松本屋甚五郎殿借	30両・1貫500匁	
松屋七右衛門殿貸	55両	

（註）「当家代々譲り渡財産ひかへ」・「親喜太夫より倅豊太郎江譲り物扣」（薗喜太夫家文書）より作成。

態に入り[15]、明治二四年には廃業するに至った[16]。

八代目喜太夫（幼名清次郎）は、明治二〇年に七代目より財産を引き継いだ。「当家代々譲り渡財産ひかへ[17]」によれば、その財産は「公債有価債券価格及有金貸金〆」として一万一六二二円余（「但貸金不回収之見込分ハ除ク、借家ハ代金ニ包含ス」）、田畑宅地合計一五町五反九畝歩（「六尺竿、但薗、名屋、塩屋、岩内、島、財部、吉田、土生、志賀、田井ニ而所有」）、山林一六町三反二畝歩（「但和田、伊藤川、平川、東ニテ所有、以上東ニ而所有山林弐反歩余ハ杉山ニテ其他柴山」）とあり、生蠟製造業をてこに、薗家はここで廻船業による損失を挽回し、土地所有を中心に資本を蓄積していった[18]。

このように薗家は、元来日高地方在住の家柄ではなく、正保年間（一六四四～一六四七）に岸和田から新規参入してきた者である。そして、二代目から廻船業を始めた。三代目は中興の祖と呼ばれ、寛保三年（一七四三）に北塩屋浦から廻船業に便利のよい薗浦へ移住し、本格的に廻船業を営み、数艘の廻船を所有し経営の基盤を築いた。しかし、以後徐々に廻船業も芳しくなくなり、天保一三年（一八四二）六代目喜太夫の時、代々続いた家業である廻船業を廃止した。しかもこのような薗家の動向は、日高廻船の盛衰と一致していた。一方嘉永二年（一八五二）には、七代目喜太夫が生蠟製造業を開業し、これによって薗家は再び息を吹き返し、しだいに土地所有に経営の比重を移していった。

このように見てくると、薗家はまさに時流に乗った企業者活動を行なっていたことがわかる。すなわち、日高地方において廻船業が盛んな時期には廻船業を営み、廻船業が衰退してくると即座に廃業する。そして次に日高地方で盛んに行なわれるようになってきた木蠟業が衰退に向かうと廃業し、今度は肥料商と田畑の集積を行なう。それが限界に達すると、さらに山林集積へと切り替えて行った。このような薗家における企業者的対応の柔軟性は、たとえば前述した財産引継目録において、「不回収見込分ハ除ク」というような未収金の考えを取り入れたり、「金銀貸年々歳々位ヲ出シ、田畑ノ代価時々変動スレバ代価定ガタシ、依テ何町何反ヲ以記シ置事」という現実的な財産計算を行なっていることでも十分わかるであろう。そして、このような薗家の企業者活動が、廻船経営においても遂行され、薗家が常に日高廻船の指導的地位を占め続けることにもなったのである。

二　村上家の場合

村上家の位置する比井浦は、慶長六年（一六〇一）には一一九石四斗八升[19]、延宝三年（一六七五）には一二六石七斗三升四合[20]、天保年間（一八三〇～一八四三）には一三五石六斗四升一合[21]の石高、面積も延宝三年（一六七五）には一〇町七反三畝四歩[22]で、海岸に面した小さな村であった。

比井浦は、「此時（寛永年間）比井ニ廻船ハ壱艘も無之、百姓業計の所也[23]」であり、「延宝年中（中略）比井ハ廻船も無数、他国稼も大ニ不致、百姓稼両様ノ所ニ付、金銀ヲ出不申候時節也、比井ノ家数五十四軒、唐子家数八十軒余有之候[24]」とあるように廻船業が盛んになる前は、農業と漁業を営む小さな村であった。しかも近隣の小浦・唐子浦・阿尾浦・産湯浦・津久野浦のように関東出漁を行なった浦でもなかった。したがって家数も、延宝年間（一六七三～一六八〇）には関東出漁を行なっている唐子浦が八〇軒余であったのに対し、比井浦は五四軒に過ぎなかった。

比井廻船の始まりは、「古今年代記[25]」によれば、「比井ニ廻船ノ始リハ、宝永六己丑年比摂州西ノ宮浦へ入込、夫ゟ次第廻船相増候、夫迄ハ大坂ニ而仕立申候船ハ、中ノ松次郎茂太夫ノ船西田覚太夫ノ明虎丸三艘ニて候処、宝永六年ニ西宮ニ酒屋余程出来、伊丹ヲ見習酒造初申候由、樽積問屋も初リ申候ニ付、此時問屋とハ不申支配と申候而掛リ物無数候、大坂ゟハ諸掛リ物無数勝手宜ニ付、入込候船ハ松次郎船や栄太夫船と申候、夫ゟ明虎丸福寿丸是ゟ段々廻船相増及数艘候」とあり、また「大坂ノ地日ヲ追テ繁盛ナルニ随、荷物積問屋ヲ大坂ニ移シ摂州御影地方エモ造酒積問屋ヲ設ケ、当日日高組ノ内比井組トシ酒類一方積樽船ト唱」[26]とあるように、宝永四年（一七〇七）の西宮酒積問屋の成立に呼応して、宝永六年から本格化したようである。

そして、「比井若一宮御宮居往古ハ不知、元禄年中迄ハ小分成事也、然ルを正徳弐辰ノ年ニ御宝殿一間社拝殿長床共建替候、段々廻船繁昌ニ付、船中間ゟ寄進銀ヲ以、明和年中ゟ長床御末社恵美須様御広庭の敷石段橋并御鳥井外ノ堀等新ニ仕替如今結構ニ成、是皆船手繁昌ゟ出来御神徳のあらた成所也」[27]とあるように、正徳年間（一七一一～一七一五）からしだいに比井浦において廻船業が盛んとなり、比井若一王子神社への寄進も多くなった。[28]家数においても、天保年間（一八三〇～一八四三）には唐子浦四二軒、比井浦一六〇軒と逆転している。[29]この家数の変化は、唐子浦繁栄の源泉であった関東出漁が、享保期（一七一六～一七三五）をピークとして、一八世紀末にはその痕跡を見せなくなった[30]のに対し、比井浦においては一八世紀以降ますます廻船業が盛んになったことによる相違に基づくものであろう。

次に、このような比井浦の廻船業者は、村の中でどのような階層から出現したのか。また廻船業者は、村の中でどのような地位にあったのか。比井浦の歴代庄屋を取り上げ、これらの問題に接近してみよう。そこで、このような関係を示したのが表15である。この表は、比井浦の歴代庄屋の在任期間、名前、勤務状況、各年代における所有廻船艘数、および慶長六年（一六〇一）の「検地帳」に記載されている四二軒中に含まれているか否か、さらに四二軒の内でも大株七軒と呼ばれている中に含まれているか否かを示したものである。この表によれば、二郎右衛門を境にして比井浦の庄屋の性格が、それ以前と以後とに二分されるのがわかる。すなわち、明和以前においては四郎右衛門がわずかに明和九年（一七七二）一艘廻船を所有しているのが確認されるだけであるが、慶長の「検地帳」には、孫左衛門・太郎右衛門・四郎右衛門がいずれも大株七軒として含まれている。これに対

浦歴代庄屋一覧

勤務状況	備考
村公事故退役	代々勤。比井庄屋ノ元祖。法名藤玄
不身上故退役。銚子浦へ行死去	右衛門次郎事
目出度御勤被成候	2代勤。法名浄永
村公事故退役	法名浄休。寛永19年生
上手ニ勤。短命ニて死	2代勤。
始末者。智有者。小身上の上村方不知にて退役。長命ニて死	次右衛門世悴
	兼帯
専庄やヲ望。愚昧横着ニてやくたいなしニ勤。死前ニ退役	
	兼帯
船稼身上よし。不案内ニ勤死	
	久右衛門公事ニ付休役、嘉兵衛預リ
	久右衛門公事ニ付休役、吉十良預リ
	浦里共比井ハ久右衛門へ戻ル
酒や身上よし。不案内ニて勤	

若一王子神社文書）、寛政5年は「四ヶ浦申合為取替一札」（薗喜太夫家文書）、寛政6年は「氏神拝殿所蔵）、文政10年は「廻船定書」（『日高郡誌』上巻、579～594頁）、天保7年は「御屋根奉繕修覆棟札」

し、明和以降においては、久右衛門・吉十郎・久三郎・角十郎が、明和九年から天保七年（一八三六）の間に、それぞれ一～三艘程度の廻船を所有しているが、慶長の「検地帳」には名前すら見せていない。そして二郎右衛門は廻船も継続的に所持し、かつ慶長の「検地帳」には、大株七軒ではなく四二軒に含まれており、両者の性格を兼ね備えている。

　つまり、次のようなことが言えるであろう。廻船業者は、近世初期以来の住民とは異なった者であること、明和年間以降廻船業が繁栄するにつれて、廻船業者が経済力をてこに近世初期以来の住民にとってかわり、村の上層部である村役人層に進出してきたことを示している。

　さて村上家は、「村上家系図[31]」によ

表15　比井

在任期間	名前	所有廻船艘数						慶長6年「検地帳」記載
		明和9	寛政5	寛政6	文化9	文政10	天保7	
～寛永16	孫左衛門							大株7軒之内
寛永16　～寛永20	太郎右衛門							大株7軒之内
寛永20　～	四郎右衛門	1						大株7軒之内
～元禄5	四郎右衛門							
元禄5　～	次右衛門							42軒之内
～明和2・8	二郎右衛門	2	1	1	2	3	3	
明和2・8～明和3・2	唐子浦　源十郎							
明和3・2～安永7・6	左之介							
安永7・7～安永8・11	付久野浦　吉五郎							
安永8・11～天明4・6	久右衛門	2	2	2	2	1	3	
天明4・6～寛政元・5	肝煎　嘉兵衛							
寛政元・6～寛政2・12	介役　吉十良	2	2	1	1	1	1	
寛政2・12～寛政5・1	久右衛門	2	2	2	2	1	3	
寛政5・1～	権蔵							
	柴屋久三郎	1	1	1				
	上西角十郎			1	1			

（註）所有廻船総数の内、明和9年は「神輿再興并御道具其外御本社家根繕石橋等入用扣」（比井再建一書」（比井若一王子神社文書）、文化9年は「奉造立御宝殿棟札」（比井若一王子神社（比井若一王子神社所蔵）より、その他の項目は「古今年代記」（村上正親家文書）より作成。

れば、「村上玄意京師ニ於て医業いたし候、其男玄故比井浦へ移住ス」とあり、元来京都で医者をしていた者が、玄故の時比井浦へ移って来た。この玄故の妻は、宝暦一三年（一七六三）七月に死亡しているので[32]、一八世紀前半頃に村上家は、比井浦に来住したようである。したがって慶長六年（一六〇一）の「検地帳」には、もちろん記載されておらず、近世初期から在住した住民ではない。また明和七年（一七七〇）には、村上家はまだ廻船を所有しておらず、移住してもすぐに廻船業をはじめたのかどうか不明である。しかし、寛政五年（一七九三）には二艘の廻船を所有しており、以降弘化四年（一八四七）の一艘に至るまで、この間常に一～三艘の廻船を所有していた。また村上家にとっては、文政一〇年

（一八二五）から天保一四年（一八四三）にかけてが最盛期のようであり、天保七年には廻船行司になっている。[23]

そこで、この間における廻船による村上家の繁栄およびその後の衰退ぶりを、所有地集積状況によって見てみよう。村上家の土地所有状況を示す史料は二点存在する。一つは「田畑山林所持書抜扣」[34]であり、もう一つは「所持田畑高畝并下作預ヶ年貢扣」[35]である。前者は、享和元年（一八〇一）から明治期にいたるまでの村上家の土地移動が記されており、後者は、文政一〇年（一八二七）時点における村上家の所有土地が、それぞれ一筆ごとに記載されている。これらの史料に基づいて、村上家の土地所有状況を見てみると[36]、屋敷・山林などを含め八〇筆のうち「上田」が一筆しかなく、「下田」「下畑」「下々田」「下々畑」「六田」「四畑」「三畑」「二畑」などの非常に低い等級の田畑を多く所有していることである。これは、村上家が好んで等級の低い土地を集積したとは考えられず、比井浦とその周辺の村々における一般的な状況を示しているものと思われる。そしてここに、この地域における土地集積の限界と土地集積における村上家と薗家との相違、すなわち等級の低い田畑を中心とした地形的制約からくる土地集積の限界と宅地を含む広範な土地集積の可能性との相違が、表れているように思われる。

また文政一〇年（一八二七）時点での土地所有状況を見ると、比井浦には、屋敷四筆で二畝一八歩三厘、田八筆で三反九畝二〇歩七厘、畑一九筆で一反一畝二一歩、山林二か所、合計屋敷田畑五反四畝と山林二か所を所有していた。他に下志賀には、田八筆九反二畝、中志賀には下々田畑山林六か所、産湯には田二筆五畝一六歩五厘と畑二筆一畝一〇歩九厘五毛、阿尾には田二筆九畝二七歩、丸山には田二筆一反二畝二一歩所有しており、比井浦と合わせると屋敷田畑一町七反五畝四厘五毛と八か所の山林等を所有していた。これらの土地はほとんど小作に出しており、後に屋敷となった土地も含め、八筆五畝一〇歩八厘の屋敷地には「醬油蔵」「浜蔵屋敷」「隠居屋敷」「丑納や屋敷」が建てられていた。

さらに村上家の土地集積の推移をみると、土地の購入は天明六年（一七八六）から慶応二年（一八六六）まで続くが、購入年代が判明する三九筆のうち一八筆田畑屋敷六反七畝四歩三厘と山林一か所が文政年間（一八一八～一八二九）に集中しており、廻船所有艘数で見られたのと同様に、村上家の最盛期の一端を示している。そして嘉永年間（一八四八～一八五三）にも、小坂に九筆三反八畝四歩の田畑所有の増加をみるが、同時にこの間に廻船経営によって手に入れた比井浦で三筆、下志賀で五筆、阿尾で二筆、丸山で二筆、合計一二筆八反三畝一四歩四厘五毛の土地を手放しており、さらに明治期に入ると、最後まで残っていた比井浦と小坂村の土地までも次々と売却していった。

次に村上家所有の龍神丸弥助船の経営状況を見ることによって、廻船経営からどれだけの利益をあげていたのか考えてみよう。

龍神丸は、天保一一年（一八四〇）一〇月の「龍神丸勘定帳」(37)によれば、一七〇〇石積の廻船であるが、村上家の単独出資によるものではなく、次のような人々の廻船加入を受けている。二歩加入の藤田伊兵衛、一歩加入の木綿店四人、四厘七毛八才加入の伊丹屋伊兵衛、他に加入率が不明な人々として柳屋又八・藤田源七・錫屋武兵衛がいる。

しかし龍神丸弥助船には、次のような天保一一年（一八四〇）の売渡証文がある。

　　永代売渡し証文之事(38)

一千五百石積　　龍神丸弥助船

　　　　元船諸道具合式

　代千六百五十両也

右ハ我等旧来所持之元船、今般貴殿江売渡し書面之金子不残慥受取申所実正明白也、然ル上者右元船ニ付、諸親類者勿論何方ゟも出入差構等申者一切無御座候事、但し何時成共元金不残返済仕候ハヽ、其節私方江御戻し可被下候御約定ニ御座候、尤向後如何様之六ヶ敷出入等致出来候共、我等引受少しも貴殿江御苦労掛申間敷候、為後日永代売渡申一札仍而如件

天保十一子十一月　　源三郎

親類　源太夫

証人

錫屋武兵衛殿

すなわち、ここでは龍神丸は一五〇〇石積となっており、一六五〇両で錫屋武兵衛へ質入れしているのである。錫屋武兵衛へは預かり証文を差し出し、錫屋武兵衛が龍神丸を村上家へ預けるという形をとっている。(39)そして結局は、次のように龍神丸に対して錫屋武兵衛が二歩四厘の加入率で廻船加入を行なうようになったようである。

一札之事(40)

一龍神丸弥助船加入之儀ハ、江戸錫屋武兵衛殿二分四厘方我等七分六厘方仲間船ニ有之、然ル処同人殿出金意味合有之、二分四厘持ニ而同人船元ニ相定興行仕候処、今度下拙方へ同人ゟ右船預り申候、右ニ付勢州臨時御用荷等同船江被仰付候ハヽ、源太夫弥八代船相立、弥助船ハ錫屋武兵衛殿任差図可申約定ニ付、其許殿証人御立被下候様御頼申入御聞済被成忝存候、若又右御用荷弥助船江被仰付候節者、我等罷出急度無御差支筋立、其許殿江ハ少しも御難儀相掛申間敷候、為後日仍而如件

天保十一子十二月　　藤田源三郎

十二月廿四日認　　龍神丸甚太郎

顕屋清三郎殿

したがって龍神丸は、村上家の所有廻船とはいうものの、実際には幾人もの廻船加入を受けていた。

龍神丸の新造に要した費用は、合計一〇四貫四八九匁一分七厘で、その内訳は表16の通りである。金額の高い費用項目として、三五貫七七八匁で全費用の三四%を占める材木一式、二四%の船道具、一一%の釘代、九%の大作料があげられる。また「船颪船祝肴屋酒屋江払共」に一貫七五八匁余を支出しており、祝儀宴会料にかなりの出費がなされているのがわかる。さらに「造立中水主賃」として四〇三匁支払われており、新造中でも水主に

表16　龍神丸新造費用内訳

項　　目	金　　額
材木一式	35貫778匁
釘　　代	11貫495匁1分6厘
大工2822人7分　作料	9貫314匁9分1厘
大工100増賃	721匁9分6厘
鎊 一 式	2貫　6匁　8厘
檜皮槙縄代	478匁9分6厘
たで草代	598匁3分
船道具一式	25貫
蔵式道具　上荷賃出し入共.	599匁
梶 一 羽	3貫
古柱1本　檜木角折1本　釘せめ込 鎊大工作料共	7貫428匁4分
橋船1艘	1貫
桁 1 本	900匁
船颪賃　浜堀川堀賃とも	170匁
水はづ1ッ	124匁7分
轤轆1挺	75匁
釚一式・道具物代とも	533匁4分5厘
水棹つがひ　中帆柱代とも	141匁8分5厘
釿始ゟ船颪迄　大工膳料　御酒料共	339匁4分3厘
帆柱せいろふ組賃廻船方入用共	29匁1分2厘
船颪大工祝儀	816匁5分
住吉様御初穂	15匁
船颪船祝肴屋酒屋江払共	1貫758匁8分4厘
造立中飯米8石4斗代	679匁5分9厘
左官樽屋綱折賃共	276匁7分9厘
造立中水主賃	403匁
木 挽 賃	459匁6分2厘
納屋雑用	345匁5分1厘
合　　計	104貫489匁1分7厘

（註）「龍神丸勘定帳」（村上正親家文書）より作成。

の経営状況

徳（a－b）	年　間　内　払　(c)	徳用（a－b－c）
2貫 12匁4分2厘	290匁　（造立中水主賃）	
2貫856匁7分7厘	2貫919匁4分　（道具代）	
1貫938匁2分	326匁2分7厘（仕出金利足）	
3貫118匁　1厘	135匁　（蠟燭代•正•5•9月参会入用）	合　7貫880匁5分4厘
△　1貫440匁7分7厘	459貫　7分2厘（三ッ割渡海賃）	
3貫723匁4分6厘	199匁3分6厘（出張払）	
合 12貫208匁　9厘	合　4貫327匁5分5厘	
3貫549匁9分4厘	3貫179匁1分3厘（兵庫大坂道具代）	
2貫993匁4分5厘	940匁7分4厘（四立分渡海賃）	
2貫289匁8分1厘	1貫708匁7分5厘（毛綿1箇不足代）	
3貫643匁　3厘	65匁　（正・5・9月参会入用）	合　1貫253匁　2厘
2貫730匁4分7厘	11貫700匁　（柱代）	
4貫394匁8分	746匁8分8厘（柱立入用）	
合 19貫601匁5分2厘	合 18貫348匁5分	

表17　龍神丸

仕建	積荷 (a)	仕建内払 (b)
天保11年10月建	7貫452匁8分7厘（仕切）	5貫440匁4分5厘 （諸遣賃銀・たばこ銭・瀬取諸仕入）
天保11年12月建	7貫710匁4分2厘（仕切）	4貫853匁6分5厘 （諸遣飯米・賃銀たばこ銭・瀬取諸仕入）
天保12年２月建	6貫795匁　（仕切）	4貫856匁8分 （諸遣飯米・賃銀たばこ銭・瀬取諸仕入）
天保12年４月建	7貫571匁6分7厘（仕切）	4貫453匁6分6厘 （諸遣飯米・賃銀たばこ銭・瀬取諸仕入）
天保12年６月建	4貫306匁4分9厘（仕切）	5貫747匁2分6厘 （諸遣飯米・賃銀たばこ銭・瀬取諸仕入）
天保12年９月建	9貫 88匁1分1厘（仕切）	5貫364匁8分 （諸遣飯米・賃銀たばこ銭・瀬取諸仕入）
天保12年11月建	9貫249匁3分1厘（仕切）	5貫699匁3分7厘　（諸遣飯米・賃銀仕入）
天保12年12月建	7貫632匁8分6厘（仕切）	4貫639匁4分1厘 （諸遣飯米・水主賃・たばこ銭・瀬取問料）
天保13年３月建	7貫602匁2分8厘（仕切•監玉運賃）	5貫312匁4分5厘　（諸遣飯米・水主賃・たばこ銭・瀬取仕入・監玉戻・橋屋払）
天保13年７月建	8貫796匁5分5厘 （仕切・塩3900運賃・酒運賃）	5貫 83匁5分2厘 （諸遣飯米・賃銀仕入・酒手板尻不足）
天保13年８月建	7貫784匁9分8厘（仕切・酒仕切）	5貫 54匁5分1厘 （諸遣飯米・賃銀仕入・酒手板尻不足）
天保13年11月建	8貫983匁1分4厘（仕切・酒仕切）	4貫588匁3分4厘 （諸遣飯米・賃金仕入・酒手板尻不足）

（註）「龍神丸勘定帳」（村上正親家文書）より作成。△は損失を示す。

ある程度の賃金が保障されていたことがうかがえる。要するに、龍神丸の新造費用は、大きく材木・釘を中心とした原材料、大工賃金、祝儀の三つの部分から構成されていた。

龍神丸の天保一一年（一八四〇）一〇月から同一三年一一月まで二年余の廻船経営状況を示したのが、表17である。積荷（a）は酒輸送等によって得た運賃であり、仕建内払（b）は諸遣飯米・水主賃銀・瀬取諸仕入等の一仕建に要した経費であり、徳（a−b）は一仕建における積荷（a）から仕建内払（b）を差し引いた利益である。年間内払（c）は一年間（六仕建）において龍神丸の経営上生じた経費であり、徳用（a−b−c）は一年間（六仕建）の徳（a−b）から年間内払（c）を差し引いた正味利益である。

この表によれば、年間仕建回数はほぼ六回で、二か月に一仕建のサイクルで龍神丸の経営がなされたようである。積荷は、ほとんど「仕切」としか記されておらず、内容がわかるものは藍玉・塩・酒で、いずれも運賃積を行なっていたようであり、一仕建七貫目程度の運賃収入があった。しかし一仕建当たりの経費も五貫目ほどかかり、差し引き一仕建当たり二貫目程度の利益があった。なお、天保一二年（一八四一）から翌年にかけての年間内払には、臨時経費として「柱代」一一貫七〇〇匁と「柱立入用」七四六匁八分八厘が含まれており、これがこの期間の利益を小さくしている。また柱の取り替えにより「古柱売代」七八〇匁が、さらに徳用に加わることとなる。

このように龍神丸は、一〇四貫四八九匁一分七厘で新造され、天保一一年（一八四〇）一〇月から翌年一一月まで二年余の間に一二回仕建られ、結局九貫一一三匁五分六厘と古柱売代七八〇匁が手元に残った。その後龍神丸は、「定書印形帳」(41)によって弘化四年（一八四七）まで存在が確認されるが、天保一二年以降の経営状況は不明である。

村上家の所有する他の廻船の事情についてはあまりわからないのであるが、龍神丸弥八船に関して少し明らかになるので示しておこう。龍社丸は、天保七年（一八三六）と天保一四年に存在が確認され[42]、最終的には、「村上家過去帳[43]」によれば、龍社丸弥八船は一七人乗の大廻船として、弘化元年（一八四四）一二月朔日に豆州中木浦湊口で破船している。その時の積荷は「御城米」で、死亡した乗組員の出身地は「初湯」「柏」「神田」「塩谷」「唐子」と、すべて比井浦周辺の村々となっていた。

なおこの龍社丸については、次のような廻船加入証文がある。

加入証文之事[44]

一千五百石積　新造壱艘　龍社丸弥八

但し乗り出し之儘

代銀八拾九貫百三拾匁四分七厘也

此弐厘五毛　御加入分

弐貫弐百弐十八匁弐分六厘也

右之通加入銀慥請取申候所実正ニ御座候、然ル上者年々勘定相立徳用銀急度配分可仕候、為後日之加入証文仍而如件

天保七申五月　船主　藤田源三郎㊞

問屋　顕屋清三郎㊞

桜井屋庄兵衛殿

また同じく龍社丸について、次のような廻船加入証文もある。

廻船加入証文反り一札之事[45]

一銀五貫目也　加入銀也

右者紀州日高比井浦藤田源三郎殿手船千五百石積龍社丸弥八乗、先達而此方ゟ右銀子加入致証文壱通取置候処、此度右金子相対之上ニ而請取相済申候、然ル上ハ右証文差戻し可申筈ニ候処、紛失致相見へ不申候故後日ニ何方ゟ罷出候共可為反古候、為其反り一札如件

天保十二年丑九月

福嶋屋利三郎㊞

証人　山城屋九兵衛㊞

藤田源三郎殿

顕屋清三郎殿

これらによって明らかなように、龍社丸は八九貫一三〇匁四分七厘で新造された一五〇〇石積の廻船であった。しかし龍神丸と同様龍社丸は、村上家の所有廻船とはいえ、いくらかの廻船加入を受けていた。

このように村上家の廻船経営は行なわれたのであるが、弘化四年（一八四七）までしか廻船所有が確認されず、廻船業を廃業した後は、比井浦において廻船業にかかわりうる生業もなく、明治期に入ると廻船業によって集積した土地を次々と手放し、しだいに活気を失っていった。

以上紀州日高郡の日高廻船・比井廻船の代表的廻船業者である薗家と村上家をとりあげ、その在村形態と経営を見てきたが、そこで次のようなことが明らかになった。

第一に、これらの廻船業者は、近世初期からその地方に居住していたのではなく、廻船業の発達にともない京都・岸和田という経済の発展した地域から新たに参入した者であった。

第二に、廻船業を始める前の生業も、武士や医師などであって、彼らは当時における知識層であった。それが、航海技術等にみられるような知識を必要とする廻船業者と何らかの形で結びついたように思われる。

第三に、日高地方に来住した初代が、直ちに廻船業を営んだのではなく、二代目頃からその地域の時流に乗って廻船業を始めた。

第四に、日高廻船・比井廻船の動向に合致して、薗家も村上家も廻船によって資本を蓄積した。そして廻船業の発展にともない、廻船業者がその蓄積を基盤に近世初期の旧家にとってかわって、村役人層に進出した。

第五に、廻船業によって蓄積した資本は、土地にある程度投下されたが、必ずしも土地に執着するのではなく、地目も屋敷地が多く田畑は小作に出していた。この土地所有が、財産保全と村内での地位向上に大いに寄与した。

第六に、薗家と村上家の大きな相違は、廻船業廃業後の動きに表れた。すなわち薗家は、次の時流産業をよく見極め、木蠟業・肥料商さらに土地所有へと次々と新しい事業に着手し、それによってさらに資本を蓄積していった。これに対し村上家は、廻船業にかわりうる新しい事業を見出すことなく、廻船業によって得た資産を次々と手放して行く結果となった。しかしこれは単に両者の企業者精神における相違だけでなく、所有地の地目でも見られた町としての機能を有する御坊と小さな浦に過ぎない比井という地域的な相違によるところが、非常に大きかったように思われる。

（1）個別廻船経営の研究については、本書第一二章註（3）および序論の研究史を参照。

（2）村上家については、中西捷美氏が『日高町誌』上巻（日高町、一九七七年、一五九～一六三頁）で詳しく取り上げられている。

（3）「薗家系図」（薗喜太夫家文書）。

（4）同右。

（5）同右。

（6）同右。
（7）天明六年「当家代々譲り財産ひかへ」（薗喜太夫家文書）。
（8）前掲「薗家系図」。
（9）「用留」（薗喜太夫家文書）。薗家の所有廻船艘数は、安永六年四艘・同八年六艘・天明二年五艘・同七年三艘・同八年四艘・寛政二年四艘・同五年三艘・同七年三艘・同八年四艘・同九年三艘・同一〇年四艘・同一一年四艘・文化一四年三艘・文政七年四艘・同八年三艘・同九年三艘・同一〇年三艘・同一一年三艘・同一二年三艘・天保元年二艘・同二年二艘・同四年二艘・同七年二艘であった（拙稿「菱垣廻船再興策と紀州廻船」『大阪大学経済学』二七巻四号、一九七八年、第4表）。
（10）文化五年三月「銀子預かり証文」（薗喜太夫家文書）。
（11）揚力丸と益久丸の経営については、本書第六章で明らかにする。
（12）前掲「薗家系図」。
（13）嘉永二年七月「当家代々譲り渡財産ひかへ」「和泉屋六世再名善右衛門一子喜太夫江譲り渡シ帳」（薗喜太夫家文書）。
（14）前掲「薗家系図」。
（15）上川芳実「明治前期在来産業と同業組合の形成」（『大阪大学経済学』二七巻四号、一九七八年）一七六頁、同「明治期在来産業の展開」（安藤精一編『和歌山の研究』三巻、清文堂出版、一九七八年）二五三頁。
（16）『続日高郡誌』上巻（日高郡町村会、一九七五年）一三〇二頁。
（17）「当家代々譲り渡財産ひかへ」（薗喜太夫家文書）。
（18）大正一三年九月には、八代目喜太夫から九代目喜太夫（幼名豊吉）へ財産が引き継がれた。その財産は、「公債有価証券価格及有金貸金〆」として二六万五〇〇〇円（「証券ハ時価ニ換算、借家ハ価格見積、貸金ハ不回収之見込有之分ハ除ク」）、田二九町三反一畝歩、畑九反九畝二九歩、宅地二町二反七畝五歩、山林二五一町三反八畝二七歩（「杉桧植込五拾万本以上アリ」）である（前掲「当家代々譲り渡財産ひかへ」）。
（19）「古今年代記」（村上正親家文書）。
（20）「日高鑑」（森彦太郎編『日高近世史料』一九三六年、一六五頁）。
（21）『紀伊続風土記』二輯、四八五頁。

(22) 前掲「古今年代記」。
(23) 同右。
(24) 同右。
(25) 同右。
(26) 前掲「薗家系図」。
(27) 前掲「古今年代記」。
(28) 比井若一王子神社への寄進状況については、本書第四章表9参照。
(29) 前掲『紀伊続風土記』二輯、四八五頁。
(30) 前掲『日高町誌』上巻、一五〇頁。下津町史編集委員会編『下津町史』通史編（下津町、一九七六年）、三四二頁。笠原正夫「紀州加太浦漁民の関東出漁」（前掲『和歌山の研究』三巻）、のち同『近世漁村の史的研究』（名著出版、一九九三年）所収。たとえば、有田郡広浦においては、「天明二寅年、広浦より房州其外関東筋へ罷越候網々次第ニ潰レ網と相成、水主人数之内少々ハ帰国仕候へ共、右稼場所相片附、行衛も所々不相知レ候者多出来仕候（中略）往古ハ広浦ゟ関東へ網数五六帖も関東稼仕候」（「広浦往古ヨリ成行覚」広八幡神社文書）という事情であり、これが一般的な状況であったようである。詳しくは、笠原正夫「近世紀州における他国出漁漁村の変質」（『地方史研究』一六八号、一九八〇年）参照。
(31)「村上家系図」（村上正親家文書）。
(32)「村上家過去帳」（同右）。
(33) 村上家の所有廻船は、寛政五年二艘・同六年二艘・文化九年一艘・文政八年一艘・同一〇年二艘・同一一年二艘・天保二年二艘・同四年一艘・同六年三艘・同七年三艘・同一四年二艘・同一五年一艘・弘化二年一艘・同三年一艘・同四年一艘であった（拙稿「近世廻船業者の活動と在村形態」『和歌山県史研究』八号、一九八一年、第5表）。前掲「村上家系図」。「御屋根奉繕修覆棟札」（比井若一王子神社所蔵）。
(34) 享和元年「田畑山林所持書抜扣」（村上正親家文書）。
(35) 文政一〇年「所持田畑高畝并下作預ヶ年貢扣」（同右）。
(36) 村上家の土地所有状況一覧は、本章では省いたので前掲拙稿「近世廻船業者の活動と在村形態」第6表参照。

(37) 天保一一年一〇月「龍神丸勘定帳」(村上正親家文書)。
(38) 「龍神丸弥助船勘定帳」(同右)。
(39) 天保一一年一一月「龍神丸預り一札」(「龍神丸弥助船勘定帳」村上正親家文書)。その内容は前掲拙稿「近世廻船業者の活動と在村形態」五八~五九頁参照。
(40) 「龍神丸弥助船勘定帳」(村上正親家文書)。
(41) 「定書印形帳」(同右)。
(42) 「御屋根奉繕修覆棟札」「御宝殿御屋根葺替」(比井若一王子神社所蔵)、前掲「定書印形帳」。
(43) 前掲「村上家過去帳」。
(44) 天保七年五月「廻船加入証文」(村上正親家文書)。
(45) 天保一二年九月「廻船加入証文返り一札」(村上正親家文書)。

第六章　有田蜜柑輸送と日高廻船

近世における有田蜜柑輸送については、古くからいくつかの研究がなされてきたが、それらはいずれも「紀州蜜柑伝来記」(1)を中心とした研究であったため、有田蜜柑の流通組織の沿革を示したに過ぎなかった。(2)しかもその沿革は、享保期（一七一六〜一七三五）頃までにとどまっており、二次的な史料であるため数量・出荷形態等に具体性を欠いていた。そこで、本章では新たな史料を用いて次のような点を明らかにしようとした。

第一に、「紀州蜜柑伝来記」によって残された幕末期の出荷組織を中心に、蜜柑生産者から組株・積合・江戸蜜柑問屋・有田郡全体の出荷組織に至るまでの組織的結合・集荷・流通・輸送状況を明らかにする。第二に、単に組織的な沿革・結合だけでなく、その実態を現実の蜜柑出荷籠数を通じて明らかにする。第三に、第四章において紀州廻船を構成した比井廻船と日高廻船の相違として日高廻船と有田蜜柑輸送との強い結びつきを指摘したが、この考えが妥当性をもつものなのか。蜜柑輸送における日高廻船の役割や占める位置について考える。第四に、日高廻船の経営において蜜柑輸送の果たした役割について、菱垣廻船への合体後における衰退原因とあわせて考えてみたい。

一　有田蜜柑の出荷形態

ここでは、近世における有田蜜柑の出荷組織の変遷を見てみよう。

まず「紀州蜜柑伝来記」や「紀州蜜柑根元記」(3)によって概観してみる。有田蜜柑の江戸への出荷は、寛永一一年（一六三四）滝川原村の藤兵衛が、有田蜜柑四〇〇籠と他荷物を江戸へ廻送したのに始まるとされる。この蜜柑は江戸で人気を呼び、一両で一籠半の高価な値段で売却された。この話を聞いた人々は、翌年藤兵衛に江戸へ廻送してくれるよう頼み、合わせておよそ二〇〇〇籠を送り、一籠金二分で売り払い、以後蜜柑栽培はますます盛んになっていった。村々では蜜柑栽培が盛んになるにつれ、出荷組織もしだいに整ってきた。村々に組株をたて、各組にそれぞれ頭取として荷親を置き、江戸にも蜜柑支配人を設置するようになった。明暦二年（一六五六）には組株一〇組をたて、およそ五万籠積送り、問屋七軒で売り捌いた。その後、組株も年々増加し、二〇～三〇組にも及び、また江戸蜜柑問屋も一四～一五軒たち、蜜柑値段が下がり、売代金も滞るようになった。

そこで、貞享四年（一六八七）には蜜柑仲間惣代の神保市右衛門等が江戸へ下り、九軒の問屋を定め、組株は有田郡一九組・海士郡四組とし、新規取り立てを禁止する改革案を示した。この改革により万事都合よく取引が行なわれ、この状態が長く続いたが、元禄一一年（一六九八）には組株も二三組と増え、江戸へ蜜柑を二四～三三万籠廻送した。正徳二年（一七一二）には、さらに三組が新規取り立てとなり、合計二六組が江戸送蜜柑約三四～三五万籠を出荷していた。また正徳四年には、歓喜寺組がこれに加わり二七組となり、以後新規組株の停止が行なわれた。享保期（一七一六～一七三五）には、組株は三〇組となったものの、江戸送蜜柑は一七～二七万籠に減じ、また組株を四～五組合わせて、下中島・滝・糸我・田口・船坂・石垣という六つの積合に分け、流通機構が整備された。

尾張送については、江戸送りよりの遅く寛文年中（一六六一～一六七二）に初めて蜜柑を積送り、一艘切りの現金売りで荷主代も尾張へ行かず、出荷高は享保期には江戸送籠高の一～二割であった。大坂・堺等近国へは、江戸送りよりも早く慶長・元和期（一五九六～一六二三）頃にはすでに多少廻送されていたようである。

以上は、従来の研究によって明らかにされてきたところである。そこで以下、幕末期の事例によってより具体的に蜜柑の流通組織をみることにしよう。

文政一〇年（一八二七）の「有田蜜柑初り訳之帳」(4)によれば、有田蜜柑の出荷組織は有田郡内の蜜柑栽培地帯の村を中心に三〇組の組株が組織され、各組株は特定の江戸蜜柑問屋と結びつけられ、組株は石垣・田口・船坂・糸我・滝・中島の六つの積合に五組ずつ分けられていた。そして蜜柑は、原則として積合を一つの単位として廻送され(5)、江戸に送られた積荷は各江戸蜜柑問屋別に配分された。同じく、嘉永四年（一八五一）の「蜜柑方諸用留帳」(6)によって、蜜柑出荷組織を文政一〇年の場合と比較しながらみると、組株は三〇組と同じであるが、道組が田口積合から中島積合へ移り、野田組・北道組が南村組・宮崎組にそれぞれかわっている。組株は五組ずつ六積合に分けられ、各組株には荷親が一人ずつつくが、組株と荷親の居村とは必ずしも一致するものではなく、たとえば吉原村在住の荷親は四名おり、それぞれ吉原組・湯浅組・徳田組・舟一組の荷親を勤め、組株自体譲渡可能な荷親株をなしていた(7)。

これら組株・積合・江戸蜜柑問屋については後述するが、有田蜜柑の江戸出荷高を整理しておくと次のようになる。寛永一一年（一六三四）の初出荷の時は、四〇〇〜二〇〇〇籠の小規模なものであったが、出荷組織が整備されてくるにつれ、明暦二年（一六五六）には五万籠ほども廻送された。貞享四年（一六八七）の改革によって蜜柑方が成立すると、元禄期から享保期にかけて、二〇〜四〇万籠ほど出荷していたとされている。しかしこれらの出荷籠数は、大雑把で時期的にも享保期以前に限定され、極めて不完全なものであった。そこで、有田蜜柑出荷の量的把握をより具体的に次節で述べることにしよう。

二　有田蜜柑の輸送状況

ここでは有田蜜柑の出荷状況を中心に、組株・積合および郡段階での状況、さらに嘉永四年（一八五一）における有田蜜柑出荷輸送の全体像を探ってみたい。

1　組株段階での状況

まず寛政一〇年（一七九八）六月の「巳江戸廻蜜柑勘定帳」(8)によって、寛政九年の糸我組蜜柑出荷状況をみると次のようになる。

糸我組には蜜柑生産者が六一名存在し、出荷籠数(9)は最低善吉の二籠から最高定之助の三四九籠まであり、平均五三籠となる。これらの生産者は、それぞれ数籠ずつ出荷し、その都度居合わせた廻船に積み込んでいった。たとえば久左衛門は、甚五郎船に三籠、徳蔵船に四籠、徳兵衛船に二籠、新太郎船に六籠、清次郎船に四籠、新次郎船に四籠、七十郎船に七籠、十次郎船に七籠、文右衛門船に七籠と順次出荷している。これを逆に廻船の側か

史　料
「蜜柑目録帳」
「申年蜜柑仕切之目録」
「酉年蜜柑仕切之目録」
「子ノ年蜜柑仕切目録」
「蜜柑仕切目録帳」
「寅ノ蜜柑仕切目録帳」
「蜜柑仕切目録帳」
「蜜柑仕切目録帳」
「巳蜜柑仕切目録帳」
「午ノ蜜柑仕切目録帳」
「未蜜柑仕切目録帳」
「申之蜜柑仕切目録帳」
「酉ノ蜜柑仕切目録」
「戌之蜜柑仕切帳」
「亥の糸我組蜜柑惣目録帳」
「子の蜜柑惣目録」
「寅蜜柑仕切目録」
「糸我組惣目録帳」
「糸我組惣目録帳」
「糸我組蜜柑目録」
「糸我組卯蜜柑惣目録」
「糸我組巳ノ蜜柑仕切目録」

表18　糸我組蜜柑出荷状況

年　月	総籠高	総　金　額	総　運　賃	延艘数	船　籍　内　訳
安永9．3	7,409	21貫447匁9分	6貫787匁8分7厘	26	日高(22)・阿波(3)・伊豆(1)
寛政元．4	4,977	21貫870匁3分6厘	5貫597匁1分5厘	16	日高(14)・阿波(1)・日置(1)
寛政2．3	8,662	34貫613匁5分5厘	9貫164匁4分4厘	23	日高(21)・阿波(1)・宇久井(1)
寛政5．3	9,244	35貫599匁5分	10貫 24匁2分	19	日高(16)・阿波(2)・富田(1)
寛政6．3	6,745	30貫935匁7分	6貫944匁4分2厘	22	日高(20)・大川(1)・熊野(1)
寛政7．4	10,469	41貫578匁7分4厘	10貫959匁4分4厘	25	日高(22)・阿波(2)・富田(1)
寛政8．4	6,868	34貫874匁8分2厘	7貫128匁9分5厘	21	日高(21)
寛政9．4	8,664	31貫167匁2分7厘	8貫696匁　6厘	27	日高(24)・阿波(1)・大川(1)・宇久井(1)
寛政10．3	2,980	12貫348匁4分5厘	3貫106匁2分1厘	18	日高(14)・大川(2)・阿波(1)・宇久井(1)
寛政11．3	5,886	28貫135匁5分3厘	6貫264匁1分2厘	15	日高(14)・阿波(1)
寛政12．4	4,185	17貫264匁　7厘	4貫365匁4分6厘	22	日高(21)・大川(1)
享和元．3	5,074	20貫725匁4分7厘	5貫358匁1分8厘	20	日高(18)・大川(2)
享和2．3	3,756	18貫 23匁2分2厘	3貫820匁9分	20	日高(16)・大川(4)
享和3．3	4,254	17貫212匁8分6厘	4貫283匁　5厘	22	日高(21)・大川(1)
文化元．3	5,105	17貫 36匁9分1厘	5貫130匁2分3厘	21	日高(15)・大川(4)・内海(1)・大石(1)
文化2．3	1,649	9貫228匁2分4厘	1貫750匁2分4厘	16	日高(14)・大川(2)
文化4．3	3,397	13貫870匁6分2厘	3貫361匁5分1厘	27	日高(15)・大川(11)・内海(1)
文化5．3	3,174	13貫 49匁5分5厘	3貫109匁5分1厘	21	日高(17)・大川(4)
文化6．正	4,175	15貫762匁6分	4貫402匁　6厘	26	日高(14)・大川(11)・新宮(1)
文化7．3	1,297	4貫636匁6分2厘	1貫372匁3分3厘	13	日高(11)・大川(1)・江戸(1)
文政3．2	1,980	7貫997匁4分9厘	1貫937匁4分6厘	17	日高(12)・大川(1)・内海(1)・新宮(1)・淡路(1)・下里(1)
文政5．4	1,745	6貫272匁6分4厘	1貫826匁1分6厘	20	日高(9)・内海(5)・大川(2)・淡路(2)・古座(1)
計	111,695	453貫652匁1分1厘	115貫386匁9分5厘	457	日高(371)・大川(46)・阿波(11)・内海(8)・宇久井(3)・淡路(3)・富田(2)・新宮(2)
年平均	5,077	20貫620匁5分5厘	5貫244匁8分6厘	21	日高(81%)・大川(10%)・阿波(2%)・内海(2%)・宇久井(1%)・淡路(1%)

（註）生馬駿家文書より作成。

らみれば、たとえば徳蔵船には、久左衛門四籠・専右衛門三籠・善助四籠・伊右衛門一籠・文蔵二籠・伴蔵三籠・小七四籠・忠助一籠・佐右衛門一六籠・半之右衛門四籠・利兵衛八籠・善四郎六籠・嘉右衛門四籠・市兵衛四籠・清吉四籠・秀助二籠・嘉兵衛四籠・定之助二一籠・長蔵二籠・善九郎八籠・弥兵衛四籠・善蔵四籠・庄之右衛門九籠・兵之進八籠・善右衛門六籠の合計一三六籠が積み込まれた。当然ながら多量の蜜柑を出荷している者は、一度の出荷籠数も多く、廻船の出帆ごとに何度も恒常的に出荷している。

このようにして、糸我組の蜜柑三二二六籠は、延一九艘の廻船で輸送された。[10] 船籍については後述するが、延一九艘のうち日高一五艘・大川二艘・宇久井一艘・阿波一艘によって蜜柑輸送が行なわれた。蜜柑代金は、一籠につき三・〇七匁～五・五匁、平均四・一匁で、運賃は九分八厘～一匁一分四厘、平均一匁四厘であり、固定されたものではなく、常に変動していた。

以上寛政九年（一七九七）における糸我組の蜜柑出荷状況を見たわけであるが、次に糸我組の蜜柑出荷状況の変化を安永八年（一七七九）から文政四年（一八二一）までの間について考えてみよう。

そこで、糸我組の年々の蜜柑出荷高を集計したのが、表18である。まず出荷高を見ると、この期間での最高は寛政六年（一七九四）の一万四六九籠、最低は文化六年（一八〇九）の一二九七籠、平均五〇七七籠であり、年代が下るにつれて減少傾向をもち、豊凶のためか年によって出荷高にむらがある。延艘数は一三～二七艘、平均二一艘であり、当然蜜柑出荷高が多い年は艘数も多い。運賃は、一艘当たり一匁前後で、大きな変化はない。また一艘の廻船に対して、糸我組からは一〇〇～四〇〇籠程度積み込まれたようである。船籍は、延四五七艘のうち日高が三七一艘で約八〇％を占め、大川が四六艘で約一〇％、残り一〇％を阿波・内海・宇久井・淡路・富田・新宮・熊野・日置・古座・下里・大石・伊豆・江戸が占めている。年代が下るにつれて、傾向的には日高の絶対的地位がやや崩れはじめ、代わって大川・内海・淡路等の廻船が進出してくる。そして文政四年（一八二一）には、日高が延艘数の半数を割っているのである。この点については、幕末期の湯浅組蜜柑出荷状況によって、さらに明らかになるであろう。

そこで糸我組と同様に、湯浅組の年々の蜜柑出荷状況を弘化二年（一八四五）・嘉永二年（一八四九）・同三年・安政二年（一八五五）・同五年について、(11)糸我組の場合と比較しながら、特徴をみると次のようになる。糸我組の史料より少し年代が下るが、出荷高の最高は安政二年の一万一五七三籠、最低は弘化二年の六〇二三籠、平均八九三〇籠であり、糸我組より多くの蜜柑を出荷している。安政五年はやや少なくなるが、年代が下るにつれ、糸我組とは逆に増加傾向にある。延艘数は二三〜三七艘で、平均三〇艘で輸送された。湯浅組からの一艘当たり積載高は数籠から八〇〇籠までさまざまであったが、二〇〇〜四〇〇籠が普通であった。運賃は、糸我組の一匁よりは少し高くなっているが、一籠当たり一匁〜一匁二分程度で一応安定している。

船籍は、延一四八艘のうち淡路が七三艘で四九％を占め、大川一二％、日高七％、若山五％、新宮五％となり、残り二〇％を周参見・御影・内海・野間・日置・富田・大坂・和泉・小ノ浦・松崎・伊豆・里の浦・伊勢・北湊・備中・甫母が占めている。これを安永八年〜文政四年の糸我組蜜柑輸送廻船と比較すると、日高廻船の減少傾向が一層明確となり、弘化二年には五艘と痕跡をとどめるが、嘉永二年には二艘、安政二年にはわずか一艘、そして安政五年には全く姿を消してしまうのである。これに対し、淡路がこの時期かなりの比重を占め、紀州では日高に代わって大川・若山・新宮・周参見等が、少し進出してくる。すなわち、表18と比較すると、船籍が非常に多様化してくるのである。これは、従来蜜柑輸送の中軸をなしていた日高廻船が、この時期には衰退して全くその力を失ったことを示すとともに、それに代わって他国船を含め各地でしだいに成長してきたさまざまな地方廻船が、有田蜜柑の輸送に導入されたことを示すものである。

2　積合・郡段階での状況

ここでは、糸我積合そして有田郡というさらに集約された段階における有田蜜柑の出荷状況を見てみよう。

まず明和七年（一七七〇）の「寅歳江戸廻蜜柑船積帳」(12)によって、糸我積合の出荷状況を示したのが、表19である。なおここで注意しなければならないのは、糸我積合とは前述した組株である糸我組とは異なり、荷親を代表とする組株を数組統合する組織ということである。すなわち積合とは、一艘の廻船に一度に積み込むのに必要な籠数（三〇〇〇～五〇〇〇籠）を集荷する組織であり、したがって糸我積合も四郎平・兵松・平左衛門・与三左衛門・善右衛門という五名の荷親、五つの組株を統合する組織として存在した。またこれらの組株のうち、荷親四郎平が最も多くの蜜柑を出荷し、その出荷高は最少の善右衛門の常に三倍程度に及び、同じ組株といえども集荷量はかなり異なっていた。

　この表について説明しておくと、たとえば一〇月一六日仕建を見れば、糸我積合においては各組株の荷親である四郎平・兵松・平左衛門・与三左衛門・

荷状況

滝	中島	計（籠数）	出し	1籠に付運賃	船籍	船名
649	505	3,914	石垣	9分9厘	日高	左五兵衛船
614	537	3,718	田口	1匁　4厘	日高	平七船
655	539	4,046	滝	9分7厘	日高	宗四郎船
595	535	3,846	船坂	1匁　1厘	大坂	次大夫船
676	515	4,007	糸我	9分8厘	日高	太七船
725	587	4,275	中島	9分4厘	日高	藤蔵船
		3,856	石垣	9分4厘	日高	長兵衛船
		3,805		1匁　2厘	日高	義大夫船
		3,690		1匁　5厘	日高	伝蔵船
		3,530		1匁　6厘	日高	長吉船
		3,286	糸我	1匁　1厘	日高	徳三郎船
		3,357	船坂	1匁	日高	平七船
		3,632		1匁　1厘	日高	甚五郎船
		4,296		9分4厘	日高	佐五兵衛船
		53,258				
		3,804				

表19　明和７年糸我積合出

仕建月日	糸　我	四郎平	兵　松	平左衛門	与三左衛門	善右衛門	石　垣	田　口	船　坂
10. 16	651	236	120	116	92	87	767	765	577
10. 19	637	219	153	99	84	82	703	729	503
10. 24	711	255	163	143	90	60	687	866	578
10. 26	661	245	160	96	85	75	726	752	577
10. 晦	698	275	167	128	75	53	702	848	573
11. 5	696	227	200	129	78	62	885	808	574
11. 9	1,372	427	346	286	166	157	1,374		1,110
11. 14	1,374	506	285	235	215	133	1,342		1,089
11. 21	1,343	456	381	213	153	140	1,263		1,084
11. 24	1,298	401	355	222	180	140	1,198		1,034
11. 27	1,106	376	285	183	137	125	1,212		968
12. 3	1,167	377	240	239	178	133	994		1,196
12. 8	1,788	568	435	378	226	181	770		1,074
	2,030	706	467	427	234	198	802		1,462
計	10,178	5,274	3,757	2,894	1,993	1,626			
1仕建平均	727	377	268	207	142	116			

（註）明和７年10月「寅歳江戸廻蜜柑船積帳」（生馬駿家文書）より作成。

善右衛門の五名が、それぞれ二三六籠・一二〇籠・一一六籠・九二籠・八七籠の合計六五一籠を集荷したが、これだけでは一艘の廻船を満載にすることができず、他の積合と共同して出荷を行なっている。すなわち石垣積合の七六七籠、田口積合の七六五籠、滝積合の六四九籠、船坂積合の五七七籠、中島積合の五〇五籠と糸我積合の六五一籠と合わせて三九一四籠を石垣積合出しとして、日高の左五兵衛船に積載され、一〇月一六日に江戸へ向けて出帆したことを示す。このように一一月五日以前の六仕建は、石垣積合・田口積合・滝積合・船坂積合・中島積合および糸我積合の六つの積合による共同出荷によって、ようやく四〇〇〇籠前後を船積みしており、六仕建のうち各仕建ごとに積み出し担当を順次、石垣積合・田口積合・滝積合・船坂積合・糸我積合・中島積合と平等に分けているのが注目される。

一一月九日以降は八仕建あるが、石垣積合・船坂積合そして糸我積合の三積合で共同出荷している。三積合だけで集荷できたのは、季節的に蜜柑出荷の

蜜柑出荷状況

1籠に付	船数	外に難船	外に海士郡籠高	船数	史料
1匁　5厘5毛3糸	68	3			「郡中惣平し覚」（生馬駿家文書）
	75		37,530	9	「寅郡平書覚」（同上）
9分8厘6毛5糸	44				「卯ノ年郡中組々平覚」（同上）
1匁　3厘6毛6糸	46	2			「巳郡平均し書覚」（同上）
1匁　8厘7毛4糸	72	3			「午年郡平均覚」（同上）
1匁2分5厘6毛8糸	42	5			「巳蜜柑仕切平均覚」（高垣八三家文書）

最盛期を迎えたからであろう。糸我積合においても、一〇月頃の倍以上の出荷が見られる。このように積合自体が、一度の船積みに必要な蜜柑を集荷する組織というのが原則であるが、明和七年（一七七〇）が偶然蜜柑の凶作の年に該当したのか、三～六積合による共同出荷によって船積みされたのである。[13] 船籍は、前述したように明和七年には、日高が延一四艘のうち一三艘を占め、圧倒的な強さを示した。

次に、蜜柑集荷の枠を大きく広げて、有田郡段階における蜜柑出荷状況を見てみよう。そこで、有田郡全体の年々の蜜柑出荷状況を示したのが、表20である。ただし、これらの史料は年代不明であるが、他の史料と同じく寛政期から幕末にかけての史料であろうと思われる。そこで各年ごとに一、二例をあげてその状況を見てみよう。「郡中惣平し覚」[14]によれば、全部で三〇の組株があり、五組ずつ六軒の江戸蜜柑問屋と結びつけられ、各問屋に出荷される籠数の合計は、三河屋五万七一八二籠・西村屋五万六二三六籠・池田屋四万一二九二籠・宮田屋四万四九七五籠・湯浅屋三万九五五四籠・鈴屋四万九三二五籠で、合計二八万七五六四籠である。他に一万五一四三籠が積み捨てで、積荷の五％程度が荷損となっている。その原因は、難船および腐敗によるものであろう。江戸への蜜柑輸送を担当したのは、延六八艘の廻船で、一艘当たり四二二九籠運んでいる。それ以外に三艘の廻船が、蜜柑輸送に携わって難船しているのが注目される。

また「寅郡平書覚」[15]においても同様に、三〇の組株があり、五組ずつ六軒の江

表20 有田郡年間

籠高合	外に捨り籠	丁　銀　合	1籠に付	内運賃銀合
287,564	15,143	1,160貫484匁1分2厘	4匁　3厘5毛5糸	303貫482匁3分9厘
327,127		1,018貫789匁7分1厘	3匁1分1厘4毛	331貫309匁3分3厘
182,890	17,904	815貫 34匁3分3厘	4匁4分5厘6毛4糸	180貫429匁2分6厘
200,376	8,414	827貫949匁3分3厘	4匁1分3厘1毛9糸	207貫717匁　9厘
306,061	12,180	1,219貫338匁	3匁9分8厘4毛	320貫804匁2分8厘
165,630		1,130貫　7分6厘	6匁8分2厘2毛4糸	206貫726匁8分

戸蜜柑問屋に結びつけられ、各問屋には宮田屋四万七六九〇籠・池田屋五万一九三五籠・西村屋六万二二三六籠・三河屋五万九六九四籠・湯浅屋四万五五〇七籠・鈴屋六万六五籠の合計三二万七一二七籠が出荷された。蜜柑輸送の延艘数は七五艘で、一艘当たり四三六二籠であった。ほかに海士郡からの出荷があり、鰈川・浜中・小畑・小松原・加茂・仁義から合計三万七五三〇籠出荷され、九艘の廻船で輸送している。

このように有田蜜柑は、年間二〇～三〇万籠ほど延五〇～七〇艘の廻船で江戸へ輸送され、その金額は一〇〇〇貫目程度であった(16)。他に一万籠以上の捨り籠があり、三艘程度の廻船が常に海難に遭っていた。この難船は蜜柑輸送の約五%にあたり、かなりの廻船が当時海難に遭っていたことがわかる。さらに海士郡からも三万籠程度江戸へ出荷されており、また他所廻りとして四〇〇〇～五〇〇〇籠出荷していたようである。なお「巳蜜柑仕切平均覚(17)」の総籠高は一六万五六三〇籠となっているが、実際にはこのうち一五万一〇九七が箱で、一万四五二四が籠であった。箱は長さ一尺三寸、幅九寸、深さ八寸で(18)、籠とあまりかわらず、籠高として合わせて計算しており、蜜柑の内容量はほぼ同じであったと考えられる。運賃も一単位当たり箱一匁二分五厘六毛八糸九忽、籠一匁一分五厘六毛八糸九忽で、箱の方が一分ほど高いだけである。

表21　嘉永４年蜜柑出荷状況

積合	組　株	荷　親	江戸蜜柑問屋	籠　数	積合籠数計
石垣	吉　原	徳之助	西村屋	2,620	30,341
	歓喜寺	岩　楠	伊勢屋	8,426	
	中　野	定　楠	万　屋	7,374	
	庄	三右衛門	下野屋	4,910	
	大　谷	喜兵衛	金万屋	7,011	
舟坂	舟　坂	勘兵衛	西村屋	20,120	48,874
	丹生図	恒之助	万　屋	10,263	
	須　谷	増　吉	下野屋	4,575	
	東　村	紋次郎	林　屋	3,423	
	山田原	長　平	伊勢屋	10,493	
田口	湯　浅	亀十郎	西村屋	7,447	30,261
	田　口	弥兵衛	林　屋	4,756	
	賢	喜十郎	金万屋	14,383	
	南　村	武右衛門	伊勢屋	442	
	千　田	幾三郎	万　屋	3,233	
糸我	舟　一	弥市郎	西村屋	22,639	51,342
	金　屋	新右衛門	下野屋	16,547	
	中　番	久之丞	万　屋	3,655	
	丹　生	松太郎	林　屋	6,925	
	西　村	多三郎	金万屋	1,576	
滝	元　滝	左近右衛門	下野屋	5,371	48,328
	新　滝	藤五郎	万　屋	11,293	
	北　滝	庄　蔵	伊勢屋	10,477	
	東　滝	太郎右衛門	林　屋	15,863	
	徳　田	丈之助	金万屋	5,324	
中島	中　島	伊兵衛	西村屋	11,430	36,652
	宮　崎	嘉十郎	伊勢屋	8,899	
	星　尾	善之右衛門	林　屋	1,320	
	道	万五郎	金万屋	5,453	
	糸　野	紋右衛門	下野屋	9,550	
計				245,798	

（註）　嘉永４年12月「亥畑銀割賦組々差引帳」・嘉永５年６月「亥蜜柑郡割掛り組々差引帳」（野田堅二家文書）より作成。

3　嘉永四年における状況

ここでは、これまで史料的制約から個々の段階において断片的に見てきた有田蜜柑の出荷形態を、嘉永四年（一八五一）の時点における全体像として追ってみよう。

まず組株・積合・江戸蜜柑問屋の関係と出荷高を示したのが、表21である。積合は石垣・船坂・田口・糸我・

滝・中島の六積合があり、三〇の組株が五組ずつ各積合に結びつけられている。江戸蜜柑問屋は、西村屋・伊勢屋・万屋・下野屋・金万屋・林屋の六軒があり、海難の危険を分散するためにそれぞれ積合にではなく、各積合のうちの組株、合わせて五つの組株と結びついている。たとえば江戸蜜柑問屋の西村屋から見れば、吉原組・船坂組・湯浅組・舟一組の五つの組株と取引を行なっている。このように蜜柑出荷組織は、海難の危険分散を考慮して巧みにつくられていた。

出荷高の比較的多い組株は、船坂・丹生図・山田原・賢・舟一・金屋・新滝・北滝・東滝・中島等であり、中でも船坂・舟一は二万籠を越えている。一方、出荷高の少ない組株は、吉原・東村・南村・千田・中番・西村・星尾等であり、特に南村・西村・星尾では二〇〇〇籠以下である。三〇組を合計すると二四万五七九八籠で、平均八一九三籠となる。また積合別には、糸我積合が五万一三四二籠とやや多いが、どの積合も三～五万籠程度出荷しているのがわかる。さらにこれを江戸蜜柑問屋別に見ると、西村屋六万四二五六籠・伊勢屋三万八七三七籠・万屋三万五八一八籠・下野屋四万九五三籠・金万屋三万三七四七籠・林屋三万二二八七籠で、西村屋の籠数が六万籠以上とやや多いのを除けば、他の各問屋はそれぞれ三～四万籠程度の取引を行なっていた。

次に有田蜜柑が、どのような船で、いつ、どこへ、どれだけ積み出されていったのか、日を追って具体的に見てみよう。まず蜜柑の江戸廻送について示したのが、表22である。江戸積み出しの時期をみると、一〇月一四日に始まり翌年正月一七日に終わっており、一一月から一二月が蜜柑出荷の最盛期であった。また一一月一二日に三艘が同時に出帆しているように、二～三艘が隊をなして出帆した場合が多かったようである。一艘当たりの積載量は三〇〇〇～六〇〇〇籠で、江戸へは合計二四万六九〇九籠積み出しており、表21の数値とは若干異なる。

蜜柑輸送船の船籍は、延五三艘のうち、淡路が二七艘で圧倒的位置を占め、次に大川七艘・周参見五艘・若山三艘の順で、他に日高・比井・富田・新宮・箕島・内海・伊豆・兵庫が一～二艘で廻送している。ここでも前述し

表22　嘉永４年江戸送蜜柑輸送状況

月日	籠数	積合	船籍	船名	月日	籠数	積合	船籍	船名
10. 14	5,675	舟坂	大川	甚助船	11. 29	5,513	滝	淡路	新五郎船
10. 14	4,670	糸我	淡路	新助船	11. 晦	3,880	舟坂	若山	鹿蔵船
10. 14	4,764	滝	淡路	新五郎船	11. 晦	4,367	石垣	周参見	清五郎船
10. 21	5,237	田口	淡路	清三郎船	12. 朔	4,679	滝	淡路	新五郎船
10. 22	4,625	石垣	周参見	清五郎船	12. 2	5,473	中島	淡路	与三郎船
10. 24	5,193	中島	淡路	与三郎船	12. 2	3,847	田口	淡路	平次郎船
10. 28	5,072	滝	淡路	新五郎船	12. 5	5,315	糸我	淡路	藤三郎船
10. 晦	5,125	糸我	淡路	藤三郎船	12. 6	5,366	舟坂	箕島	権三郎船
11. 朔	3,810	舟坂	若山	鹿蔵船	12. 8	3,839	滝	淡路	儀助船
11. 6	5,354	石垣	淡路	儀右衛門船	12. 9	5,255	糸我	比井	和助船
11. 6	5,451	中島	淡路	松兵衛船	12. 10	5,270	滝	淡路	儀右衛門船
11. 8	5,213	田口	大川	孫左衛門船	12. 12	5,544	中島	淡路	松兵衛船
11. 10	4,933	糸我	内海	九左衛門船	12. 13	5,203	舟坂	大川	甚助船
11. 11	4,922	滝	淡路	新五郎船	12. 13	4,000	石垣	淡路	惣右衛門船
11. 12	3,784	滝	淡路	官次郎船	12. 14	4,496	田口	大川	善七船
11. 12	4,853	石垣	周参見	清兵衛船	12. 18	5,243	糸我	内海	九左衛門船
11. 12	3,158	舟坂	淡路	幸治郎船	12. 18	5,314	舟坂	大川	甚助船
11. 14	4,348	糸我	富田	新兵衛船	12. 19	3,821	中島	淡路	長兵衛船
11. 15	4,514	舟坂	伊豆	三兵衛船	12. 20	4,086	滝	淡路	儀助船
11. 17	4,446	中島	新宮	弥兵衛船	12. 24	3,732	糸我	周参見	清兵衛船
11. 20	4,515	滝	若山	佐太郎船	12. 24	3,902	舟坂	淡路	寅之助船
11. 22	4,632	田口	大川	藤左衛門船	正. 9	4,700	舟坂 4 滝 6	大川	孫左衛門船
11. 22	5,610	糸我	日高	庄右衛船	正. 17	3,034		淡路	清三郎船
11. 24	5,293	石垣	周参見	卯右衛門船	正. 17	3,309		淡路	新五郎船
11. 24	4,536	舟坂	比井	清兵衛船	正. 17	3,089		日高	庄右衛門船
11. 26	5,359	中島	兵庫	新吉船					
11. 26	5,001	田口	淡路	清三郎船	惣合	246,909			
11. 29	4,540	糸我	淡路	新助船					

（註）　嘉永４年10月「亥蜜柑舟々積荷控帳」（野田堅二家文書）より作成。

たように嘉永四年（一八五一）になると日高が衰退し、逆に淡路がかなりの比重を占めるようになり、紀州では大川・周参見・若山等が進出してくる傾向が確認される。

さらに同じく嘉永四年における尾張・伊勢・浦賀方面への有田蜜柑出荷状況を見てみよう。[19] 出荷時期は江戸廻送と同じく一〇月二五日頃から始まり、翌年正月一七日に終わっている。一一月～一二月がやはり出荷の最盛期であり、数艘が同時に出帆している場合が多い。輸送籠数は、尾張八万二五六六籠・伊勢二万三〇一籠・浦賀一万七六三四籠の合計一二万五〇一籠で、江戸送の二四万六九〇九籠と比較すると、有田蜜柑の出荷高のうち江戸送六七・二％、尾張送二二・五％、伊勢送五・五％、浦賀送四・八％となる。[20]

また両者を比較すると、次のようなことがわかる。浦賀行廻船のすべてが、表22の江戸行廻船と出帆日まで一致するが、尾張行および伊勢行廻船は、表22の江戸行廻船の中に官次郎船・長兵衛船・寅之助船・儀助船を除いて見られない。ただし同名船舶でも比井と周参見の和助船や淡路と勝浦の儀助船のように同一船舶とは限らず、淡路の寅之助船が伊勢と浦賀と江戸送に用いられたのが唯一の例外として確認されるのみである。すなわち、浦賀行廻船のすべてが江戸行廻船と一致し、一艘当たりの積載量は一〇〇〇籠以下であり、江戸行廻船の添荷として積み込まれていた。[21] これに対して尾張行廻船は、ほとんどが一艘当たり一〇〇〇籠以上で、最高三七七四籠積み込む場合もあり、この尾張行蜜柑廻船に伊勢送蜜柑を添積させていた。ただし、浦賀送蜜柑のように伊勢送蜜柑のすべてが、尾張行廻船に添積されたわけでなく、伊勢行廻船として単独で輸送されたものもあった。

要するに、有田蜜柑はそれぞれ次のように輸送された。江戸送蜜柑は、五〇〇〇籠程度ずつ大規模[22]な江戸行廻船によって一括して輸送される場合と、四〇〇〇～五〇〇〇籠に浦賀送蜜柑五〇〇～一〇〇〇籠を添荷して輸送される場合とがあった。浦賀送蜜柑は、すべて江戸行蜜柑廻船の添荷として運ばれた。尾張送蜜柑は、江戸行廻船とは別個に二〇〇〇～三〇〇〇籠ずつ中規模な尾張行廻船によって一括して輸送される場合と、一五〇〇～二五〇〇籠に伊勢送蜜柑五〇〇籠程度を添積して輸送される場合とがあった。伊勢送蜜柑は、尾張行蜜柑廻船の添荷として輸送される場合と、尾張行廻船とは別個に一〇〇〇籠ずつやや小規模な伊勢行廻船によって輸送される場合とがあった。

積合についてみると、江戸送蜜柑の場合は正月九日の孫左衛門船のように船坂積合四、滝積合六の割合で積合が共同出荷する場合もあったが、ほとんどが一積合ずつ独立して出荷していた。ただし、浦賀送蜜柑とともに積載する場合はいくつかの積合が共同して同一船舶に積み込んでおり、尾張送蜜柑[23]や伊勢送蜜柑においてなおさらこの傾向が強かった。このことからも積合は、江戸送蜜柑を基準にした出荷組織であり、一積合によって一船舶に積載する蜜柑を集荷するのが原則であったが、集荷高の増減によりいくつかの積合が共同して出荷する場合も少なくなかったことがわかる。

このように嘉永四年には、有田蜜柑約三七万籠が三〇組株・六積合を通じて、江戸へ三分の二、尾張へ五分の一、伊勢・浦賀へ一〇分の一出荷した。出荷は一〇月中旬から始まり翌年正月まで続き、輸送船の船籍は淡路が圧倒的位置を占め、他に大川・周参見等の廻船が見られ、以前支配的であった日高は見る影もなくなっていた。江戸送蜜柑は大規模廻船、尾張送蜜柑は中規模廻船によって運ばれ、浦賀送蜜柑と伊勢送蜜柑はそれぞれ江戸・尾張行蜜柑の添荷とされ、伊勢送蜜柑が単独で運ばれる場合はやや小規模な廻船であった。積合は、一積合で一船舶に積載する蜜柑を集荷するのが原則であったが、蜜柑の集荷状況に応じていくつかの積合が共同して船積みする場合も少なくなかった。

三　廻船経営と蜜柑輸送

ここでは、蜜柑輸送にとって切り離すことのできない存在であった日高廻船を取り上げ、廻船の側から有田蜜柑輸送の実態を見てみよう。具体的には、日高廻船の年行司を務め、日高廻船最大の廻船所有者であった第五章で述べた薗喜太夫家の所有廻船である益久丸と揚力丸の経営をみることによって、廻船経営における有田蜜柑輸送の役割を考える。

1　益久丸の経営

益久丸については、天保九年（一八三八）正月の「益久丸上下勘定帳」[24]によれば、同年一〇月から記載がはじまるのであるが、後述する揚力丸とともに天保三年・同四年・同五年にまで遡ってそれぞれ存在が確認される。[25]

しかしここでは「益久丸勘定帳」によって、天保九年一〇月から同一二年一二月に至る三年余における益久丸の活動状況を見てみよう。そこで、この間における益久丸の稼働状況を示したのが、表23である。この表の説明をすると、積荷は若干の登り荷物を除きほとんどが江戸への下り荷物であり、その内容が明らかなもののみをあげた。「日方積」「土佐屋積」等とのみ記載されて、積荷内容が不明なものは、「他」と記されるかまたは空欄となっており、すべての積荷がこの表に網羅されているわけではない。「手取」は、積荷輸送によって得た運賃収入を示す。買積の場合は、売買差益から「日雇賃」「縄俵代」等積荷に付随した小額経費を差し引いた額を示す。「内払」は、各仕建において要した経費である。徳用は、各仕建ごとにほぼ「手取合」から「内払」を差し引いた額であるが、正確にはさらに「差荷物之内乗組中へたばこせん」等を差し引いた正味利益額である。

表23　益久丸稼動状況

仕建	積荷	手取	内払	徳用
天保９年10月	蜜柑4598籠 郡山米100石・彦根米80石 炭200俵・御産物・他	4貫 46匁3分 453匁3分4厘 1貫551匁9分 合 6貫 51匁5分4厘	4貫448匁6分7厘	1貫472匁8分7厘
登り荷物				40匁1分7厘
天保９年11月	蜜柑6066籠 御産物・日高砂糖・他	5貫925匁　8厘 1貫806匁3分7厘 合 7貫731匁4分5厘	3貫885匁6分2厘	3貫715匁8分3厘
天保10年正月	御用品・木綿・他 瀬戸物・日高砂糖・日高蠟燭・御産物・他	1貫144匁3分7厘 4貫459匁 合 5貫605匁6分9厘	3貫 49匁5分5厘	2貫137匁　4厘
天保10年３月	御用材木桑名積407本２分５厘	6貫480匁5分8厘	3貫253匁9分9厘	3貫226匁5分9厘
天保10年８月	御用瓦・木綿・御用荷・他	5貫732匁2分	2貫993匁7分	2貫738匁5分
天保10年10月	蜜柑5867籠 日高砂糖・御産物・他 御用瓦4389枚 御用荷 梅干40樽	5貫898匁1分2厘 1貫 41匁4分5厘 517匁2分 96匁　3厘 141匁1分6厘 合 7貫693匁9分6厘	3貫883匁5分3厘	3貫680匁4分3厘
登り荷物	〆粕176俵			66匁9分4厘
天保10年11月	蜜柑7079籠 酒50駄・御産物・他	7貫　3匁3分2厘 668匁8分4厘		

登リ荷物		合 7貫672匁1分6厘	3貫799匁5分2厘	3貫742匁6分4厘 79匁3分
天保11年正月 登リ荷物	蜜柑5472籠 日高砂糖・御産物・他 御用荷 干鰯360俵	5貫252匁　6厘 1貫932匁4分2厘 32匁7分9厘 合 7貫217匁2分7厘	3貫420匁1分6厘	3貫667匁1分1厘 76匁4分4厘
天保11年3月 登リ荷物	御勘定所30品 御産物・石・他	91匁5分4厘 4貫999匁2分3厘 合 5貫 90匁7分7厘	3貫103匁3分9厘	1貫987匁3分8厘 26匁2分9厘
天保11年5月 登リ荷物	赤穂塩3000俵（買積） 〆粕81俵	7貫402匁3分2厘 1貫525匁5分 合 8貫927匁8分2厘	3貫105匁4分6厘	5貫760匁5分6厘 42匁7分9厘
天保11年10月	蜜柑3622籠 彦根米200俵・押筑米200俵 日高蠟燭・御産物・火打石119俵・他 御用荷	3貫822匁6分1厘 693匁1分 1貫649匁9分5厘 191匁7分6厘 合 6貫361匁8分7厘	3貫659匁3分	2貫572匁5分7厘
天保12年正月 登リ荷物	蜜柑4343籠 日高砂糖・日高蠟燭・他 日方株呂皮75箇	4貫177匁4分3厘 2貫575匁1分7厘 173匁3分5厘 合 6貫925匁9分5厘	3貫684匁1分8厘	3貫117匁7分7厘 117匁3分7厘

天保12年２月 登り荷物	斎田塩3500俵（買積） 酒・砂糖・御産物・日高蠟燭8箇・他 御用荷 梅沢大豆50俵（買積）	3貫484匁5分9厘 2貫273匁6分1厘 20匁8分6厘 合 5貫779匁6分3厘	3貫 22匁8分3厘	2貫432匁6分2厘 △ 143匁 9厘
天保12年５月 登り荷物	斎田塩4000俵（買積） 酒・砂糖・木綿・御産物・折敷８箇・他 御用荷 干鰯・かん天草・大豆２石・小豆６石３斗	5貫194匁9分8厘 2貫302匁9分1厘 51匁1分5厘 合 7貫549匁 4厘	2貫974匁3分4厘	4貫355匁6分 209匁7分3厘
天保12年10月 登り荷物	蜜柑5380籠 酒200駄 木綿・御産物・他 樽物115樽 〆粕261俵	5貫158匁9分2厘 851匁9分4厘 545匁2分1厘 124匁7分5厘 合 6貫752匁3分2厘	3貫888匁2分8厘	2貫734匁 4厘 33匁4分6厘
天保12年11月 登り荷物	蜜柑6067籠 瀬戸物・青莚300束・御産物・他 松茸92樽 朱呂皮19箇半 御用荷	5貫841匁3分1厘 1貫344匁7分3厘 44匁9分6厘 60匁4分5厘 236匁7分1厘 合 7貫531匁3分2厘	3貫682匁7分4厘	3貫688匁8分1厘
天保12年12月	蜜柑5450籠 荒荷・藍玉・木綿・古手・御産物砂糖106樽	2貫484匁1分8厘 10貫398匁7分6厘 合12貫882匁9分4厘	2貫375匁9分1厘	10貫507匁 3厘

（註）　天保９年正月「益久丸上下勘定覚帳」（薗喜太夫家文書）より作成。△は損失を示す。

この表によると、天保九年（一八三八）一〇月から同一二年一二月までの三年余の間に一七仕建行なわれた。天保九年には二仕建、同一〇年には五仕建、同一一年には四仕建、同一二年には六仕建で、年平均五仕建程度であった。積荷については、蜜柑が一七仕建のうち一〇仕建を占め、他を圧倒している。蜜柑の輸送量は一仕建当たり五〇〇〇籠余で、前述した嘉永四年（一八五一）の一艘当たり三〇〇〇～六〇〇〇籠と合致し、他に添荷も積んでおり、この廻船はかなり大規模な廻船であったことがわかる。さらに蜜柑輸送には、前述したような季節性が見られた。すなわち一〇仕建のうち一〇月四仕建、一一月三仕建、一二月一仕建、正月二仕建と一〇月から翌年正月までに集中している。

そこで、この蜜柑輸送の季節性が問題となってくる。つまり、日高廻船が樽廻船として活躍していた時には、蜜柑輸送の空白期間にあたる二月から九月にかけて、酒樽輸送が行なわれていた。ところが、第四章で述べたように天保四年（一八三三）に菱垣廻船へ合体されることで酒樽輸送ができなくなり、この間の積荷を確保するためにこの表に見られるように御用荷・塩等の輸送に着手せざるを得なくなった。しかもそこで登場してくる積荷の塩は買積であり、運賃積廻船としての日高廻船の限界を打破する方向が買積だった。そしてこの買積への進出が、日高廻船の経営上の安定性を崩し、日高廻船の衰退を早めることになったのである。

蜜柑以外の注目される積荷としては、日高地方の特産物である蠟燭と砂糖があげられる。蠟燭は、幕末から明治にかけてこの地方で盛んに製造され、益久丸の所有者である薗家も嘉永二年（一八四九）に生蠟業を始めている。(26) 砂糖は、この地方の大地主である橋本太次兵衛に代表されるように、盛んに生産されていた。他に御産物・御用荷等が積載されたが、具体的な内容は不明である。これらはほとんど蜜柑の添荷であった。独立した積荷としては塩があげられる。塩は前述したようにすべて買積であり、買積は塩と天保一二年（一八四一）二月の登り荷物である梅沢大豆のみで、他はすべて運賃積である。登り荷物は、判明する限りでは〆粕・干鰯という魚肥が中心をなしていたが、下り荷物に比べると数量・金額の面からもわずかなものであり、登り荷物を搭載しない場合も見られた。

益久丸の収益をみると、一仕建当たり手取合六～七貫目、内払三貫目程度で、徳用は平均三貫目ほどであった。年に五仕建とすると一年間に一五貫目の利益があり、また船代を六〇貫目とすれば四年間で償還できる莫大な利益であった。益久丸は運賃積を主体としたため、損失としては天保一二年二月の梅沢大豆五〇俵の買積によるものが唯一である。

また天保一一年五月には、赤穂塩三〇〇〇俵が買積で一七仕建の内で最高の徳用をあげており、買積の投機的性格が見られる。一方、蜜柑は手取でみると、平均五三九四籠を輸送し、常に四～五貫目で安定している。これは、前述したように蜜柑一籠につき「一匁一分替」「一匁一分八厘替」と運賃がほぼ固定しており、かつ特定の季節には集荷組織間の調整によって、常に一定の積荷が保障されていることによるものであろう。

このように日高廻船である益久丸は、天保四年に紀州廻船が菱垣廻船に合体されたため、五～一一月に行なわれていた酒樽輸送ができず、しかもこの期間は蜜柑輸送の空白期間に当たり、積荷の確保が必要であった。そこで従来運賃積廻船として活躍していた廻船もついに、損失の危険をともなう塩等の買積にも進出しなければならなくなった。そして、かなりの運賃収入が得られるとはいえ、蜜柑という積荷の季節性が、酒樽輸送の欠落によって効率的に機能せず、かえって日高廻船の衰退を早めさせたのである。さらに付け加えておくと、この益久丸は天保一二年一二月二八日「房州久枝村ニ而破船」(27)し、前述したように蜜柑輸送においても、常に海難の危険性が高かったことを示すこととなった。

表24　揚力丸の積荷

年　月	仕　建	積　荷
天保7年2月	大崎立	御産物・他
天保7年5月		箇物・瓦・日高蠟燭・御用砂利・御用荷物・他
天保7年9月	蜜柑立	蜜柑・御産物・蠟燭・他
天保8年正月	御代組立	砂糖・蠟燭・藍玉・他
天保8年3月	大崎立	材木・他
天保8年5月	大崎立	日高砂糖・御用荷・御産物・蠟燭・〆粕・干鰯・他
天保8年8月	顕屋立	葛・荒物・他
天保8年10月	蜜柑立	蜜柑・御産物・他
天保8年12月	蜜柑立	〆粕・蜜柑・日高砂糖・御産物・御国御米・御用荷・他
天保9年3月	菱垣立	
天保9年5月	御国御材木立	御材木・砂利・杉板（買積）・小麦（買積）・他
天保9年7月	才田塩立	塩（買積）・他
天保9年10月	蜜柑立	蜜柑・御産物・他

（註）　天保7年2月「揚力丸差引覚帳」（薗喜太夫家文書）より作成。

2　揚力丸の経営

揚力丸については、益久丸とともに文政九年（一八二六）の薗家の財産相続の際に一〇〇〇石積廻船として表れているが[28]、名称は同じであっても同一船舶かどうか不明である。また文政一三年の「大廻船用留」[29]、天保二年（一八三一）の「大廻船用留」[30]、および「歳々惣寄り合出入帳」[31]によって、文政一三年から天保五年まで毎年その存在が確認される。さて、天保七年二月の「揚力丸差引覚帳」[32]に基づいて、その経営内容を見てみよう。ただし、この史料は前述した「益久丸上下勘定覚帳」に比べ、記載は簡略で不完全なものである。そのため利益・運賃等詳細な経営状況はわからない。

そこで、天保七年二月仕建から同九年一〇月仕建までの間における仕建年月と積荷を示したのが、表24である。この表によれば、二年半余の間に天保七年三仕建、同八年六仕建、同九年四仕建と年平均五仕建程度であったことがわかる。一二仕建のうち蜜柑仕建が四仕建で最も多く、しかも蜜柑仕建の月別内訳は九月一仕建、一〇月二仕建、一二月一仕建で、九月から一二月の間に仕建られた積荷はすべて蜜柑であった。また前述したように天保四年に紀州廻船が樽廻船から菱垣廻船へ合体されたため、揚力丸においても酒樽輸送が行なわれなくなり、代わって大坂菱垣廻船積問屋である顕屋清三郎仕建の「顕屋立」や「菱垣立」が見られ、合体後の状況の一端を示している。(33)

積荷は、全体として益久丸と大差はない。蜜柑以外の積荷としては、益久丸でも見られた「日高砂糖」「日高蠟燭」という日高地方の産物が注目される。しかしこれらの積荷も、蜜柑あるいは酒等に比べると大量の産出高はなく、積荷としては最良のものではなかった。むしろ蜜柑等の添荷、積合わせ荷物として機能していた。そして蜜柑仕建といえども蜜柑のみを積載したのではなく、量は少なくともさまざまなものが添荷として積み込まれていたのである。

経営形態についてみると、ほとんどすべてが運賃積であったが、天保九年五月仕建の杉板と小麦、そして同年七月仕建の塩のみが買積であった。これは、従来運賃積によって経営がなされていた揚力丸が、前述したように蜜柑の季節性によって、休閑期にも酒に代わり得るような運賃積可能な積荷が存在せず、塩のような買積を行なわざるを得ない状況を示すものであろう。そしてこの揚力丸は、天保九年一一月頃に遠州坪井村沖で海難に出遭ったようである。(34)「揚力丸差引覚帳」の記載がここまでにとどまっているのは、この難船によるものと考えられる。

このように揚力丸は、天保七年二月から同九年一一月頃に難船するまで二年半余の間に一二仕建行なわれた。積荷は益久丸と大差なく、蜜柑が最も多く四仕建あり、しかも九～一二月に集中していた。また蜜柑仕建といえども、実際は「日高砂糖」「日高蠟燭」等の添荷があった。経営形態はほとんどすべて運賃積であったが、蜜柑輸送の休閑期には塩の買積も見られたのである。

以上有田蜜柑輸送と日高廻船について述べてきたことを要約すると次のようになる。

第一に、有田蜜柑の出荷組織としては、有田郡の蜜柑栽培地帯の村を中心に三〇の組株が組織され、各組株はそれぞれ六軒の江戸蜜柑問屋と結びつけられていた。各組株には荷親が一名ずついたが、組株と荷親の居村とは必ずしも一致しなかった。三〇の組株は六つの積合にそれぞれ五組ずつ分けられ、各積合を一つの単位として廻船に積み込むのが原則であったが、蜜柑の集荷状況に応じていくつかの積合が共同して船積する場合も少なくなかった。また蜜柑出荷組織は、海難の危険分散を考慮して巧みにつくられていた。

第二に、年間の蜜柑出荷高については、組株には蜜柑生産者が六〇名ほど存在し、数籠から三五〇籠まで差異はあるが平均五〇籠程度出荷していた。組株では、多いところでは二万籠を越えるが、少ない組株では一〇〇〇籠程度のものもあり、平均八〇〇〇籠で同じ組株でも集荷高が異なっていた。有田郡の蜜柑三〇～四〇万籠のうち三分の二が、延五〇～七〇艘の廻船で江戸へ出荷されたが、三艘程度の廻船が常に海難に出遭い、一万籠以上の捨り籠があった。江戸以外にも尾張へ五分の一、伊勢・浦賀へ一〇分の一程度出荷されていた。浦賀送蜜柑は、すべて江戸送蜜柑の添荷として大規模廻船によって運ばれたが、尾張送蜜柑・伊勢送蜜柑は、江戸行廻船とは別個の中小規模廻船によって輸送された。

第三に、蜜柑輸送において、日高廻船は安永・寛政期には輸送船の八〇％近くを占めていたが、年代が下るつれて日高廻船の絶対的地位が崩れ、紀州では大川・和歌山・新宮・周参見、他に淡路・内海のような地方廻船がしだいに進出して、船籍が多様化してきた。すなわち、文政期には日高廻船が蜜柑輸送船の半数を割り、嘉永期にはほとんど姿を消し、これに代わって淡路を中心とする地方廻船が圧倒的地位を占めるようになっていった。

第四に、日高廻船は天保四年に樽廻船から菱垣廻船へ合体されたため、五～一一月にかけての酒樽輸送が行なわれなくなり、しかも蜜柑輸送が一仕建三貫目程度の利益をもたらしたものの、輸送期間が一〇月～翌年正月に偏っていた。そのためこの期間の積荷を確保するのに苦慮し、損失の危険をともなう塩等の買積にも進出せざるを得なくなって、これが日高廻船の衰退を早めることとなった。

(1)「紀州蜜柑伝来記」（和歌山県立図書館所蔵文書）。これは、中井甚兵衛が享保一九年に伝聞をもとに著した紀州蜜柑の沿革史である。
(2)『蜜柑乃紀州』（和歌山県農会、一九一二年）、中西英雄『紀州有田柑橘発達史』（一九二六年）、『たちばなの里』（箕島町誌発行会、一九五一年）、『金屋町誌』下巻（金屋町、一九七三年）、『有田市誌』（有田市、一九七四年）は、いずれも「紀州蜜柑伝来記」に依存している。なお安藤精一「近世紀州蜜柑の流通構造」（『経済理論』一二七～一三一合併号、一九七二年）、同「江戸紀州蜜柑問屋の性格」（同一三三号、一九七三年）、同「紀州蜜柑の起源」（同編『和歌山の研究』二巻、清文堂出版、一九七八年）は、「紀州蜜柑伝来記」だけでなく、新しい史料を用いた研究としてあげることができる。また、『吉備町誌』（吉備町、一九八〇年）、『和歌山県史』近世史料三（和歌山県、一九八一年）にも新しい史料が載せられている。
(3)「紀州蜜柑根元記」（平畑規家文書）。これは、前述した「紀州蜜柑伝来記」と前半部分は同一であるが、後半部分は蜜柑方の取り締まりに関する元禄一一年・安永二年・文政一〇年等の書付が付け加えられている。
(4)文政一〇年「有田蜜柑初り訳之帳」（生馬駿家文書）。
(5)「組合一組に江戸廻り船一艘宛積立申候、尤荷物無数年は二積合宛相合一艘を積立申候」（前掲「紀州蜜柑伝来記」）。
(6)嘉永四年「蜜柑方諸用留帳」（野田賢二家文書）。
(7)たとえば、累代続いた荷親株を勝手不如意につき、他へ譲るのもどうかと思うので村持にしてほしいと願い出ているのが見られる（丑八月「荷親株ニ付口上」・辰四月「荷親株に付奉願口上」生馬駿家文書）。
(8)寛政一〇年六月「巳江戸廻蜜柑勘定帳」（生馬駿家文書）。この種の史料は、たとえば「寛政十年六月」と表記されているものの、前年である寛政九年の出荷蜜柑を集計したものである。もっとも記載は翌年正月頃にまで及んでいる。以下同じ。
(9)籠の大きさは、「籠廻しひよう九枚、長三尺六寸、深六寸三分」とある（慶応三年三月「蜜柑江戸贈定法書」生馬駿家文書）。

(10) 一九艘のうち甚五郎船・新次郎船・徳兵衛船が、それぞれ二度ずつ廻送している。
(11) 湯浅組株の蜜柑出荷状況表は、本章では省いたので拙稿「有田蜜柑輸送と日高廻船」(安藤精一先生還暦記念論文集出版会編『地方史研究の諸視角』国書刊行会、一九八二年)第4表参照。
(12) 明和七年「寅歳江戸廻蜜柑船積帳」(生馬駿家文書)。
(13) 「郡中惣高合荷物多分の年柄には、六積合之内三抱合、中年には弐抱合、無少年は郡仕立に相成候事」とあり、その年の生産・集荷状況に応じていくつかの積合を合わせたり、極端な場合には六積合が一体となって共同出荷を行なったようである(前掲慶応三年三月「蜜柑江戸贈定法書」)。
(14) 「郡中惣平し覚」(生馬駿家文書)。
(15) 「寅郡平書覚」(同右)。
(16) 江戸での蜜柑売上代金のうち、元治元年には四〇〇〇両を江戸為替にしており、同二年にも一万両の江戸為替取組を願い出ている(元治元年一〇月「蜜柑方御用留」生馬駿家文書)。
(17) 「巳蜜柑仕切平均覚」(高垣八三家文書)。
(18) 前掲慶応三年三月「蜜柑江戸贈定法書」。
(19) 嘉永四年の尾張・伊勢・浦賀送蜜柑出荷状況の一覧表は、本章では省いたので前掲拙稿第9表参照。
(20) 文政一〇年九月の「蜜柑方取締元究写」によれば、「江戸送荷物平し廿七万籠と見て、(中略)尾州送りならし凡七万籠」としている(文政一〇年正月「大廻船用留」薗喜太夫家文書)。また「蜜柑方公用書類記」によれば、明治五年正月には三六万二三一四箇のうち、東京送一九万九二四六、尾州送五万四五四五、勢州送四〇三三、相州送三八四一、西京并諸方一〇万六四九であった(『和歌山県史』近現代史料五、和歌山県、一九七九年、三七六頁)。なお大坂送蜜柑については、「蜜柑方御口役改之儀ニ付口上覚」によれば、「蜜柑荷物之儀、江戸大坂尾州三ヶ所へ積送り申義第一ニ御座候、右之内江戸送り尾州送りハ先年ゟ支配仕候者共相極り御座候ニ付、先納作略ニ差支候義ハ無御座候、大坂送り之義ハ是迄急度支配人も無御座不〆りニ御座候、(中略)大坂送りも江戸尾張同様〆り方被為仰付候得共、元来大坂は近キ所と申し、小船へ班々ニ積遣し申義ニ御座候得ハ、有田川尻北湊ニ而〆り不申候而ハ〆り方調兼申候」とあり、江戸・尾張送に比べ、不取り締まりになりがちで、輸送には小規模廻船を用いたようである(明和二年一〇月「蜜柑方肝煎御用留」生馬駿家文書)。

(21)「相州浦賀送り蜜柑、近年江戸送り蜜柑船江上積ニいたし下タ積之荷物傷ニ相成、猶又浦賀ニおゐて間取、江戸着船及延引難儀之趣相聞候、右者已前之通訖度指留可申事」と記されており、これによって添荷のようすがわかる（前掲文政一〇年九月「蜜柑方取締元究写」）。
(22) 廻船規模については、ここでは一応蜜柑積載量で一艘当たり四〇〇〇～六〇〇〇籠が大規模、二〇〇〇～三〇〇〇籠が中規模、一〇〇〇～一五〇〇籠が小規模とした。
(23) 尾張送の場合については、次のような規定があった。「尾州送り蜜柑、是迄滝中嶋両積合ニ限り取計有之候へ共、已来いつれ之積合ニても勝手仕立積送らセ可申事」（前掲文政一〇年九月「蜜柑方取締元究写」）。
(24) 天保九年正月「益久丸上下勘定帳」（薗喜太夫家文書）。
(25)「歳々物寄り合出入帳」（薗喜太夫家文書）。
(26) 笠原正夫「和歌山藩の殖産政策とその発展」（安藤精一編『近世和歌山の構造』名著出版、一九七三年）、上川芳実「明治前期在来産業と同業組合の形成」（『大阪大学経済学』二七巻四号、一九七八年）、同「明治期在来産業の展開」（安藤精一編『和歌山の研究』三巻、清文堂出版、一九七八年）、『御坊市史』一巻（御坊市、一九八一年）、本書第五章参照。
(27) 前掲天保九年正月「益久丸上下勘定帳」。
(28)「当家代々譲り渡財産ひかへ」（薗喜太夫家文書）。本書第五章参照。
(29) 文政一三年「大廻船用留」（薗喜太夫家文書）。
(30) 天保二年「大廻船用留」（同右）。
(31) 前掲「歳々物寄り合出入帳」。
(32) 天保七年二月「揚力丸差引覚帳」（薗喜太夫家文書）。
(33) しかしながら、菱垣廻船に合体されたとはいえ、菱垣建は二仕建しかなく、また前述した益久丸においては全く見られず、菱垣廻船合体後も菱垣荷物の輸送があまり円滑に行かなかったようである。
(34) 前掲天保七年二月「揚力丸差引覚帳」。

第七章　新宮鵜殿廻船と炭木材輸送

熊野地方は炭・木材等の山産物が豊富で、熊野地方の中枢を流れる熊野川の河口に位置する新宮は、これら山産物の格好の集散地として栄えた。そしてそこには、新宮廻船[1]および鵜殿廻船[2]が古くから仲間を組織し、その地で産する炭・木材等の各地への輸送に従事していた。

本章では、この新宮廻船と鵜殿廻船とがどのような関係にあったのか、その実態はどうであったのか、両者の関係に注目しながら比較し、その特質を明らかにするとともに、新宮川口を中心とした熊野地方の炭・木材輸送において、新宮領主水野氏の手船を含め、新宮廻船および鵜殿廻船の果たした役割についても考えてみよう。

一　新宮廻船と鵜殿廻船

ここでは、まず新宮廻船と鵜殿廻船がどのような関係にあったのか、別々の仲間組織であったのか、それとも一体となった仲間であったのかについて考え、さらにその艘数動向・規模等についても見てみよう。

新宮廻船と鵜殿廻船とが別個の仲間であったことを際立たせる事件が、延宝五年（一六七七）八月と同七年六月に起きている。延宝五年の場合は、新宮舟町の又三郎船と鵜殿の三四郎が同時に新宮川口へ引綱で入った時、三四郎船が又三郎船の綱を切ったため又三郎船が破船する事件が起こり、今後そのようなことが生じないように川口への入船出船に際しての五か条の取り決めを新宮廻船中と鵜殿廻船中との間で行なった。[3]延宝七年の場合は、新宮の那智屋六左衛門船が阿田和浦沖で大浪のため碇を二つ切り、その碇を鵜殿の六右衛門が持ち去ったことに対し、六左衛門から訴訟が起こされそうになった。そこで、新宮廻船中と鵜殿廻船中とが仲裁にあたり、碇代金・かか麻代金および綱碇（一部免除）を六左衛門に弁済させることで合意を得た。(4) また明和三年（一七六六）五月には、乗組水主に対する雇用規定等について「右之通違乱無之筈仲間熟談之上堅相極、新改連判依而如件」とあるように、新宮廻船中と鵜殿廻船中との間で定めている。(5)

このように新宮廻船と鵜殿廻船とでは別個の仲間を組織していた。さらに文化六年（一八〇九）に、鵜殿浦に対し廻船札の所持についての問い合わせが領主よりあった時、延宝七年の角左衛門の鑑札を提出し、「当時新宮廻船之内ニ有之候者、寸法右角左衛門札ゟ者大キク、且又弥十郎殿方ニ残り有之候札も、当時新宮ニ有之候札同様之恰好ニ覚へ候由ニ候」(6)とあり、新宮廻船と鵜殿廻船とでは鑑札もやや異なっていた。そして、「九月御神事之節抔も、当浦《鵜殿浦》廻船ゟ者諸手と申船を差出し、神舟を守護いたし神役相勤申候、新宮廻船ゟ者神舟諸手船之漕舟ニ出候事ニ御座候」(7)とあり、速玉大社の船神事でも新宮廻船と鵜殿廻船は別個の船を出し、それぞれ役割が異なっていたようである。

しかし、享保一〇年（一七二五）に起きた旅人船積買口銭五歩のうち二歩を川普請料にとるという動きに対して、同年八月に「右川普請料旅人計ニ取候様ニ而者外へ之聞へも不宜候、新宮鵜殿廻船外船ゟも出し候様致候ハヽ、他之聞へも宜様存候」とか、「新宮鵜殿廻船買荷物へも旅人並ニ弐歩銀出し候様申聞候様ニと被仰聞候ニ付」(8)とあり、新宮・鵜殿廻船を一括して他の旅船と区別して取り扱っており、両者の親密な関係が存在したことがうかがえる。さらに、現在三重県南牟婁郡鵜殿村にある文化四年（一八〇七）の川口常夜燈と同一一年再建の宝篋印塔には、新宮廻船中と鵜殿廻船中とが併記して刻まれており、(9) 両者の一体的な関係がわかる。

それでは、新宮廻船と鵜殿廻船とはどのような点で異なっていたのか。この点を明らかにするために、鵜殿廻船の特色を少し見てみよう。明和八年（一七七一）一一月の「大坂廻り炭運賃増願」[10]によれば、「当所（鵜殿浦）之儀者、運賃積斗り之小船之義ニ御座候得者」とあり、また文化六年（一八〇九）九月の「加子廻船之訳等御尋ニ付書上控」[11]には、「鵜殿浦廻船之内ニ加子廻船と申有之候哉と御尋ニ付、鵜殿浦ニ者左様成差別無御座、皆加子役廻船ニ而御座候旨申上候」とか、「此段当浦（鵜殿浦）ニおゐて往古ゟ加子廻船之別ニ株立候儀無御座候、地下中何れニ而茂船持ニ相成り候得者、則加子役廻船ニ而御座候」とか、「此度成川御仕入方御物江戸行之節、割合ニ而積入候哉との御尋ニ御座候、此段当浦（鵜殿浦）船々之儀者常々大坂通ひ仕候儀に御座候得者、割合ニ而積入候儀者一円無御座、尤江戸大坂行共相対を以積入候儀も御座候」とあり、さらには「鵜殿浦廻船之儀、近年不商諸運賃銀等下直ニ罷成段々困窮仕、先年者船数余程御座候処、唯今ニ而者大坂通ひ小廻し船共漸拾艘余ニ罷成候」[12]とあるように、鵜殿廻船は江戸通いの廻船も見られるが、どちらかと言えば大坂通いや小廻し船によって構成されていたようである。それは、宝永六年（一七〇九）一二月の「船頭水主申渡一札」[13]において、鵜殿村の廻船中と小廻船中とが連印していることによってもうかがえる。これに対し新宮廻船は、明和三年（一七六六）八月の「水主賃金定」[14]には、「江戸仕立加子賃金」「大坂仕立大船加子賃金」「大坂仕立小船加子賃金」「六人乗以下大坂仕立加子賃金」「伊勢阿波若山仕立加子賃金」「大坂若山ゟ阿波江塩買ニ参候時之賃金」が取り決められているように、江戸をはじめ大坂・和歌山・伊勢・阿波各地への輸送に従事し、大坂へは大規模廻船をも使用しており、鵜殿廻船に比べ大規模な廻船が多かったように思われる。

　このように新宮廻船は、大規模で江戸通いを中心とした廻船であるのに対し、鵜殿廻船はやや規模が小さく、大坂通いを中心とした廻船であるという特徴が見られた。そして、当時熊野川を挟んで、川口の右岸の新宮町に属する廻船を新宮廻船、左岸の鵜殿浦に属する廻船を鵜殿廻船としていたようであるが、両者には判然とした区別はなく、一般に熊野川の川口で木材輸送に従事していた比較的規模の大きな新宮領の廻船を新宮廻船として取り扱われることもあったようである。[15]

次に、新宮廻船および鵜殿廻船の動向を年代を追って以下少し見てみよう。正保四年（一六四七）一一月の「新宮廻船中万改定」[16]によれば、「新宮廻船前〳〵より六与に定申うへハ、万事当番と与頭中として埒明可申候」とあり、新宮廻船は五五名の船持が六組に分かれ、それぞれに組頭を設けた仲間組織を形成し、「荷物すくなく船余多在之時ハ六人之与頭相談を以、よわき舟主に用捨をくわへ積せ可申事」とあるように、組頭による船積みの調整も行なわれた。寛文四年（一六六四）八月の「諸材木定」[17]では、鵜殿の六左衛門他六名も含め五七名の廻船中ならびに舟宿が確認され、また寛文八年（一六六八）の「廻船仲間連判状」[18]には、八一名の者が名を連ねているが、この中には「大坂」「いなみ」「江川」などの船主も含まれているようで、すべてが新宮廻船であるとは言えない。そして、元禄五年（一六九二）正月の「川口之衆議」[19]には、船主三六名と船頭四二名が連印しており、そのうち与九郎・三郎右衛門・伝左衛門・市右衛門・喜右衛門・甚兵衛は各々二艘ずつ廻船を所有していた。元禄八年（一六九五）一一月の「船番定」[20]には、船主四四名と船頭四七名が連印しており、三郎右衛門・市右衛門・甚兵衛・甚右衛門は各々二艘ずつ廻船を所有している。元禄一三年（一七〇〇）二月の「船頭親方申合せ一札」[21]には、五五艘の廻船があげられており、同じく三郎右衛門・彦太郎・市右衛門・甚兵衛・助九郎・喜右衛門・佐五右衛門が各々二艘ずつ廻船を所有し[22]、元禄一四年八月の「鵜殿廻船仲間衆議」[23]には、新宮廻船として六〇名の船主が名を連ねている。他には安永三年（一七七四）九月の「廻船仲間御心得書付覚」[24]に、三九名の船主があげられており、この時期にも元禄期とほぼ同様の規模を有していた。

一方鵜殿廻船については、前述した文化六年九月の「加子廻船之訳等御尋ニ付書上控」によれば、「廻船札之儀者、延宝年中之比凡三拾枚程茂頂戴仕候様子ニ御座候」とか、「（鵜殿浦）（延宝七年）当所廻船当時三拾艘余も有之候へ者」とあり、延宝七年（一六七九）には三〇艘余の廻船が存在したようである。[25]そして、宝永六年（一七〇九）一二月の「船頭

表25　鵜殿廻船内訳（天保２年９月）

船主	船名	積石数	反帆	乗組人数	船主	船名	積石数	反帆	乗組人数
		石	反	人			石	反	人
伊兵衛	中吉丸	450	12	6	善右衛門	富吉丸	180	4	3
同	辰恵丸	280	9	5	彦右衛門	万悦丸	150	6	4
覚兵衛	幸悦丸	450	10	6	伝蔵	万吉丸	150	8	5
同	幸富丸	120	4	3	柳兵衛	幸永丸	130	6	4
勘作	春市丸	250	6	4	幸兵衛	福寿丸	120	4	4
同		30	3	3	庄助	徳栄丸	120	4	4
庄兵衛	亀吉丸	200	8	5	平右衛門	栄寿丸	80	4	3
同		50	3	3	次助	加福丸	80	4	3
覚次	幸徳丸	500	12	6	長蔵	住福丸	80	4	3
定太郎	増寿丸	450	10	6	佐吉	栄力丸	80	4	3
亀太郎	増永丸	400	10	6	十蔵	浚吉丸	70	5	4
佐助	栄吉丸	400	10	6	義右衛門		60	3	3
六左衛門	寛永丸	350	9	5	虎蔵		50	3	3
伝八	長久丸	300	10	6	甚吉		50	3	3
仁平次	光吉丸	300	9	5	孫助		40	3	3
定次郎	亀吉丸	300	9	5	久之丈		40	3	3
伝七	亀福丸	280	9	5	儀兵衛		30	3	3
善次	為徳丸	250	8	5	平蔵		30	3	3
庄右衛門	亀久丸	200	6	5	弥左衛門		30	3	3
庄助	住栄丸	200	6	4	源右衛門		30	3	3
平五郎	栄通丸	180	8	5	留蔵		30	3	3
政右衛門	徳吉丸	180	7	5	弁吉		30	3	3

（註）　天保３年９月「就御改船数書上」（鵜殿村役場文書）より作成。

水主申渡一札[26]」には、「鵜殿村廻船中、小廻船中」として二四名の者が連印しており、また明和八年（一七七一）一一月の「大坂廻り炭運賃増願[27]」には、「鵜殿浦」として九名が名を連ねているが、しだいに減少していったようである。

なお鵜殿廻船については、他に天保二年（一八三一）九月と同三年九月の状況が、「就御改船数書上[28]」によってわかる。表25によれば、天保二年には五〇〇石積を最大に三〇石積まで四四艘の廻船があり、他に一七艘の肥買船も見られる。そして、伊兵衛・覚兵衛・勘作・庄兵衛は二艘ずつ所有しているが、残りの三六名は一艘所有者であった。積石数は、二〇〇～三〇〇石積程度で、中規模廻船を中心とするものである。反帆数は、三反から一二反まであり、平均六～一〇反帆程度の規模であった。乗組人数も三人乗から六人乗まで見られるが、五～六人乗が中心となっていた。天保三年九月にも、前年とほぼ同様の様相を呈し、合計では一艘増加して四五艘となり、他に肥買船一七艘が存在する。

そこで、天保二年九月と同三年九月とを比較し、その間の廻船の増減内容を見てみよう。この一年間に一〇艘が減少し、一一艘が増加し、差引一艘の増加となり、廻船の新陳代謝の激しさがうかがえる。移動内容を見ると、減船では破船したのが三艘あり、破船場所は成川組井田浦沖、田辺沖、日置浦沖という紀州の沿岸であり、鵜殿廻船の行動範囲が察せられる。残り七艘は売却され、売却先は大坂三艘、新宮三艘、日置一艘であり、新宮および大坂とのつながりの深さがよみとれる。増船は一一艘あったが、新宮および宇久井浦から購入した中古船が各一艘で、残り九艘はすべて新造船であった。どこで新造されたのか不明であるが、新宮周辺あるいは大坂辺りで造られたのかも知れない。

二　熊野地方の炭木材輸送

熊野地方で産する主要な山産物である炭・木材は、主として熊野川の河口にある新宮に集められ、そこから前述した新宮廻船・鵜殿廻船を中心とする廻船によって各地へ輸送されていた。また熊野地方は、紀州本藩領と新宮領とが併置し、そのため流通構造も特色のあるものであった。ここでは、最初に紀州本藩領および新宮領の炭・木材の流通構造を概観し、次に海難史料等を素材に新宮廻船・鵜殿廻船を中心とする熊野地方の炭・木材輸送の実態を明らかにしよう。

まず炭の流通について見てみよう。新宮領については『新宮市誌』(29)に詳しく、水野氏によって木炭生産が奨励され、元禄期（一六八八～一七〇三）には水野氏の手船および地方廻船によって江戸へ輸送されたようであり、江戸には炭支配役人を置き江戸での販売にあたらせた。販売量は、元禄期までは年間三～四万俵であったが、正徳～寛政期（一七一一～一八〇〇）頃には八万俵を売り捌くようになったという。享保期（一七一六～一七三五）には二五万俵、価格にして一万両近く産し、諸経費を差し引いても五〇〇〇～六〇〇〇両の利益があった。享保期以降はやや衰えて年額一五万俵程度を産した。江戸への輸送は水野氏の手船によって行なわれ、その廻船規模は五〇〇～六〇〇石積、一二～一三人乗で、一度に炭一五〇〇～二〇〇〇俵が積み込まれたようである。元禄期の初めにはこのような廻船を三艘所有し、一年に五回程度新宮と江戸とを上下（往復）した。しかし、これら三艘の手船だけでは炭の生産額からして十分ではなく、大部分は新宮および鵜殿の廻船によって輸送されたようである。

それでは、炭が実際どれだけ生産されたのか見てみよう。文化四年（一八〇七）三月の「御炭方御用控」(30)によれば、浅見組九一四〇俵、三ノ村組二万七〇六〇俵、川ノ内組一万五七三〇俵、北山組三五一〇俵、敷屋組七六二〇俵、受川組一万一九五〇俵、三里組一万四八四〇俵、尾呂志組八二〇〇俵、那智組三五一〇俵の合計一〇万二五〇〇俵と他に大山組一万五〇〇〇俵が文化三年に生産されたようであり、三ノ村組・川ノ内組・三里組・大山組が多く、北山組・那智組が少ない。月別では正月三七〇〇俵、二月一万四五〇〇俵、三月一万三五〇〇俵、四月七二〇〇俵、五月六二〇〇俵、六月一万六〇〇〇俵、七月一万六〇〇〇俵、八月五二〇〇俵、九月四六〇〇俵、一〇月九四〇〇俵、一一月一万七〇〇〇俵の合計一〇万二五〇〇俵が集荷され、季節性は少なく毎月のように生産された。文政三年（一八二〇）の「御炭方極諸事控」(31)によれば、「常式出炭大積り」として浅里組一万四〇〇〇俵、北山組一万二〇〇〇俵、三ノ村組六〇〇〇俵、敷屋組二〇〇〇俵、受川組一万二〇〇〇俵、大山組一万五〇〇〇俵、尾呂志溜兵衛一万一〇〇〇俵、三里組二万二〇〇〇俵、川ノ内組一万二〇〇〇俵、色川組八〇〇〇俵の合計一一万四〇〇〇俵と、御蔵領分・十津川領分として川内組六〇〇〇俵、三里組六〇〇〇俵、また増出分として三ノ村組一万二〇〇〇俵、尾呂志溜兵衛五〇〇〇俵の合計二万九〇〇〇俵と、「上炭焼出之分」として北山組五〇〇〇俵、受川組五〇〇〇俵、大山組八〇〇〇俵、三里組二万俵、色川組八〇〇〇俵の合計五万六〇〇〇俵があり、総計約二〇万俵を産出した。これらの炭は、水野氏の手船等のよって江戸へ輸送されたが、ここでは「丹鶴日記」[32]によって水野氏の手船について少し見てみよう。水野氏の手船は、明和四年（一七六七）二月には三艘存在し、規模はいずれも五五〇石積・一二人乗の廻船であった。享和三年（一八〇三）には、手船の若宮丸が炭の江戸輸送に従事し、一〇月七日に新宮を出帆し、同月二二日に江戸へ着船する非常な早さのため船頭・水主が水野氏から褒美を貰い、またこの年は若宮丸が新宮と江戸の間を正月・二月・五月・六月・八月・一〇月・一二月の七往復したため褒美を得ている。一度の積載量は、四〇〇〇〜五〇〇〇俵程度であり、したがって若宮丸の場合には、この年三万俵程度輸送したことになる。

紀州本藩領については『南紀徳川史』に詳しく、「熊野炭之を御仕入炭と称し、元禄年間より口奥両熊野在々へ御仕入方役所と云を設置資財を貸与、焼き出せるに始まる」[33]とあり、炭は御仕入商品の一つとして御仕入方のもとで掌握されていた[34]。奥熊野[35]には元治二年（一八五五）頃、木本組の木之本浦・新鹿村・嘉田村、尾鷲組の尾鷲浦、長島組の長島浦、本宮組の本宮村、北山組の大又村・寺谷村に御仕入方役所が設置されていた。そのうち長島御仕入方役所管轄下の文化三年（一八〇六）〜明治元年の炭産出高・越年炭高・期間炭産出高・売上高を見ると次のようになる[36]。最大の炭産出高は、天保元年（一八三〇）の八万七六三五俵であるが、その内訳は越年炭高二万九八三五俵・期間炭産出高五万七八〇〇俵・売上高六万一八三五俵であり、一方最少の炭産出高は元治元年（一八六四）の一万八三〇四俵で、その内訳は越年炭高七三一三俵・期間炭生産高一万九九一俵・売上高一万一九一五俵であった。天保七年（一八三六）以前には、産出高はすべて五万俵を越え、期間炭生産高も四万俵以上であったが、同年以降は期間炭生産高も一～三万俵に減少している。また熊野炭の輸送については、「熊野炭海運古座以東は専ら江戸に輸し、以西は和歌山大坂等に輸出す、塩御崎極南に突出し潮流の順逆により勢ひ然らさるを得す、又炭船は多く他邦の船を用ゆ、長嶋の如きは伊豆船に一任す、是往昔よりの習慣にて能く事に熟し、三四百石の小船常に江戸通ひをなして未た難船を聞かす抔いひあへり」[37]とあり、奥熊野の炭は口熊野とは異なり、専ら江戸へ輸送され、特に長島等では伊豆の三〇〇～四〇〇石積の廻船がその輸送に活躍したようである。[38]

次に、木材の流通について見てみよう。まず新宮の木材問屋についてみると、正保四年（一六四七）一一月の「新宮廻船中万改定」[39]には、材木問屋が三三名連印している。寛文四年（一六六四）八月の「諸材木定」[40]には、材木買問屋として八名の者があげられているが、この中には大坂の庄左衛門、堺の長左衛門、京都の源三郎の三名が含まれ、材木売問屋としては二一名の者が連印していた。さらに延宝九年（一六八一）七月の「材木問屋覚」[41]には、御幸町三名・神民町八名・船町七名・本町三名・横町二名・川原二名の合計二五名の材木問屋が見られる。そこでは「三代以来問屋仕候」者が三名、「弐代以来問屋仕候」者が九名、「五拾年以来問屋仕候」者が一名、「弐拾六年以来問屋仕候」者が一名、「弐拾五年以来問屋仕候」者が一名、「弐拾三年以来問屋仕候」者が一名含まれており、逆算すれば寛永八年（一六三一）以来材木問屋を続けている者もいることになり、新宮の木材問屋が近世初期から活躍していたことがわかる。そして新宮に集められた木材は、前述した新宮廻船や鵜殿廻船によって江戸を中心に輸送されたのである。[42]

新宮には、紀州本藩領や新宮領だけでなく、和州の北山材も熊野川を下って新宮へ運び出された。『下北山村史』[43]によれば、寛永一七年（一六四〇）に代官尾野宗左衛門の手代竹村市左衛門が新宮に赴き、上納材木の統制組織をととのえ、新宮池田の飛鳥社を移し、その境内に「北山御用木御蔵」を設けた。そして下市の材木商吉野屋覚右衛門が、正保元年（一六四四）から御材木問屋として池田御蔵を預かり、北山材を一手に取り扱った。

その輸送実態は、材木の船積みが一〇～一一月に行なわれ、江戸への廻船は紀州藩の新宮役人衆が指図し、一部大坂へ廻送されることもあった。無事に江戸へ着き御蔵に納まると、江戸御蔵奉行衆から請取証文が和歌山へ届き、そこから新宮役所・廻船問屋を経て、代官所へもたらされたようである。

最後に、各地に存在する新宮廻船および鵜殿廻船の積荷輸送事例と新宮地域からの木材・炭輸送に従事した個々の廻船について検討を加え、新宮廻船および鵜殿廻船の特質を明らかにしてみたい。そこで水野氏の手船・新宮廻船・鵜殿廻船と新宮から積荷を輸送した廻船について、管見する範囲で分析すると以下のようになる。(44) ただしこれらの廻船の中には、関連の深い木ノ本・三輪崎・井田村・高芝浦等の新宮周辺の廻船も一部含んでいる。時期的には、寛永二〇年（一六四三）から慶応三年（一八六七）まで延一〇九艘の廻船が見られるが、(45) ほとんどが宝暦六年（一七五六）以降のものであり、なかでも幕末期にいたるに従い史料が増加する。

まず水野氏の手船は、延一九艘見られ、最も古いのは享保一六年（一七三一）のものである。廻船規模は、三人乗一艘、一〇人乗一艘（五五〇石積）、一二人乗七艘（うち五五〇石積三艘）、一三人乗一艘、不明九艘（うち一五〇石積一艘）であり、前述したように手船は一〇～一三人乗で、五〇〇石積程度の廻船を中心としたものであることがわかる。船頭は、もちろん沖船頭によるものであった。積地は、新宮六件、三輪崎一件、江戸一件、不明一一件で、行先は、江戸六件、和歌山一件、新宮一件、不明一一件であり、江戸から新宮への航行は空船であったように思われる。積荷は、炭の単独積載四件、炭と薪や炭と木材等の積合五件、木材の単独積載二件、御物・商荷物一件（炭・木材の可能性あり）、不明六件である。したがって水野氏の手船は、新宮から江戸への炭輸送を中心に活動したようである。

新宮廻船は延四八艘あり、半数近くを占める。廻船規模は、四人乗一艘、六人乗一艘、七人乗二艘、八人乗五艘（うち一二〇〇石積一艘）、一二人乗一艘、一三人乗三艘、一四人乗三艘、一六人乗一艘、一七人乗一艘、不明一九艘であり、六〇〇～一〇〇〇石積・八～一一人乗の廻船で、水野氏の手船より規模の大きな廻船であったことがわかる。船頭は、直乗船頭一人、沖船頭二六人、不明二一人で、直乗船頭一人は四人乗の廻船であり、ほとんどが沖船頭によって航行されていたようである。(46) 積地は、新宮九件、新宮・三輪崎三件、新宮・宇久井一件、古座・三輪崎一件、三輪崎一件、木ノ本二件、陸奥三件、阿波一件、不明二七件であり、行先は、大坂五件、江戸五件、伊勢一件、不明三七件であった。積荷は、炭の単独積載四件、炭と木材の積合一三件、炭と茶の積合一件、木材の単独積載一三件、大豆二件、半紙一件、塩一件、干鰯一件、空船一件、不明一三件であり、「紀州様御材木」と「水野筑後守様御炭」とが同一廻船に積み込まれたり、「紀州様御仕入方炭」と「池田御炭」とが積み合わされたりしている。したがって、新宮廻船は基本的には、新宮・三輪崎から本藩領・新宮領にかかわらず、炭・木材を江戸あるいは大坂へ輸送するのに従事していたことがわかる。ただし炭・木材輸送だけでなく、阿波撫養から伊勢へ塩二一〇〇俵を運んだり、陸奥・越後まで買積や運賃積に出かけたりもしていた。

鵜殿廻船は、延二六艘あり、廻船規模は、三人乗一艘（一八〇石積）、四人乗二艘、五人乗三艘（うち四〇〇石積一艘）、七人乗二艘、八人乗二艘、九人乗五艘、一〇人乗一艘（一二〇〇石積）、一二人乗三艘（うち一二〇〇石積一艘）、一三〇〇石積一艘）、不明七艘で、五～九人乗を中心とし、新宮廻船の八～一一人乗に比べやや規模が小さい。船頭は、直乗船頭七人、沖船頭七人、不明一二人で、直乗船頭と沖船頭が同数であり、新宮廻船の沖船頭比率の高さが確認される。積地は、木ノ本五件、新宮四件、三輪崎五件、長島浦一件、出羽一件、不明一〇件で、行先は、大坂五件、江戸六件、日方一件、灘一件、不明一三件であり、新宮廻船と同様に新宮・三輪崎から江戸・大坂へと輸送された。ただし、積地では木ノ本・長島浦など新宮以東の地域から積み出される場合も多く見られ、鵜殿廻船の特色の一つとなっている。積荷は、木材一三件、炭・木材四件、炭二件、米一件、小間物一件、空船三件、不明二件であり、炭もかなり見られるが、新宮廻船に比べむしろ木材輸送比率の高さが注目される。このうち米の輸送は、出羽から江戸へ城米が輸送されたもので、空船も江戸で積荷をおろし、江戸から新宮へ帰る途中のものである。したがって鵜殿廻船は、炭を含め木材を中心に新宮・三輪崎から江戸・大坂へ輸送するだけでなく、新宮以東の木ノ本辺りの木材輸送にも積極的に従事していたことがわかる。

鵜殿を除く新宮周辺の廻船について見ると、三輪崎は四艘あり、廻船規模は四人乗一艘、一一人乗一艘、不明二艘（うち八〇石積一艘）で、比較的小規模なものである。船頭は、沖船頭二人、不明二人であった。積地は、衣奈一件、陸奥一件、三輪崎一件、不明一件で、行先は、讃岐一件、不明三件である。積荷は、油（衣奈から讃岐へ）・松材（三輪崎から積出）・鵜殿商人荷物等であった。上熊野地は二艘あり、一艘は三人乗の空船で、もう一艘は六人乗の直乗船頭によって木材を大坂へ輸送するのに従事した。木ノ本の廻船は、一四人乗で沖船頭により新宮から炭・木材を輸送している。井田村の廻船は、三人乗の三〇石積の直乗船頭による廻船で、板を尾張常滑にて売り、内海にて酒・醤油を積み込んだ。高芝浦の廻船は、七人乗の四〇〇石積の直乗船頭による廻船で、蜜柑三五〇四籠を箕島から、藍玉一五本を大崎からそれぞれ江戸へ輸送するのに従事していた。

新宮からの炭・木材輸送には、新宮・鵜殿周辺の廻船だけでなく、遠隔地の廻船も従事したようで、たとえば弘化二年（一八四五）には和歌山小野町の二六〇石積の野屋嘉右衛門船が新宮から大坂へ木材の運賃積を行なっており、安政二年（一八五五）には江戸北新堀の六五〇石積の岡本又十郎船が新宮から江戸へ「新宮様御用炭」や商人荷物桧角杉板等を輸送している。しかし、これらは新宮廻船・鵜殿廻船の活躍に比べ、量的には極めてわずかなものでしかなく、逆にそれは新宮廻船・鵜殿廻船が、新宮周辺を積地とする炭・木材輸送において重要な役割を担っていたことを示すものといえよう。

次に新宮から積み出された積荷と行先について見てみよう。積荷は、炭の単独積載六件、炭と木材の積合一二件、炭と茶の積合一件、木材の単独積載六件であり、行先は、江戸一四件、大坂四件、和歌山一件である。すなわち、新宮から積み出され荷物は、炭と木材であり、それは江戸を中心に大坂・和歌山へも輸送されたことを示している。

そして、その輸送の中核を担ったのが新宮廻船および鵜殿廻船であった。それでは、これらの廻船にはどのような人々が乗り組んでいたのか、水主の出身について示しておこう。宝暦一〇年（一七六〇）の新宮神民町の那智屋八右衛門船一四人乗には、沖船頭として鵜殿浦の三右衛門、水主として鵜殿浦の伝左衛門・清七・新三郎・喜平次・五兵衛・新太郎、新宮の仁兵衛・勘太郎、成川村の清吉、熊野地の半七、二木島浦の吉兵衛、大泊り浦の七郎、勝浦の善七が乗り組んでいた(47)。また天保五年（一八三四）の鵜殿浦庄助船五人乗では、直乗船頭に庄助（五〇歳）、梶取に鵜殿の七介（四五歳）、水主に鵜殿の長右衛門（二五歳）と三輪崎の忠兵衛（二四歳）、炊に三輪崎の伊兵衛（二三歳）というように鵜殿・三輪崎の者があたっていた(48)。このように新宮・鵜殿の廻船には、新宮・鵜殿とその周辺の地元の者が主に乗り組んで航行していたようである。

以上見てきたように、新宮廻船と鵜殿廻船はそれぞれ別個の仲間組織を形成していたようであるが、必ずしも両者の間には判然とした区別はなく、当時熊野川を挟んで川口の右岸の新宮町に属する廻船を新宮廻船、左岸の鵜殿浦に属する廻船を鵜殿廻船として考えていた。しかしながら、鵜殿廻船を含め一般に熊野川の川口で、炭・木材輸送に従事していた比較的規模の大きい廻船を新宮廻船として取り扱うこともあったようである。

それでは、両者の相違はどこに求められるのか。両者を比較してみると、まず第一に船数では、新宮廻船が五〇～六〇艘であったのに対し、鵜殿廻船は三〇艘程度であり、新宮廻船の半分程度の艘数であった。第二に廻船規模は、新宮廻船が八～一一人乗の六〇〇～一〇〇〇石積の廻船が中心であったのに対し、鵜殿廻船は五～九人乗の五〇〇石積程度の廻船が中心であった。第三に船頭は、新宮廻船がほとんど沖船頭であったのに対し、鵜殿廻船は直乗船頭と沖船頭が半分ずつであった。新宮廻船の沖船頭比率の異常な高さは、新宮廻船の船主が炭・木材関係の経営にも従事していたことによるものと思われる。第四に積地は、新宮廻船は新宮・三輪崎を中心としていたのに対し、鵜殿廻船は新宮・三輪崎以外に木ノ本・長島という新宮以東の地域も見られた。第五に行先は、新宮廻船が江戸・大坂を中心としていたのに対し、鵜殿廻船はやや大坂の比重が高かった。第六に積荷は、新宮廻船が炭・木材を中心としていたのに対し、鵜殿廻船は新宮廻船に比べやや炭よりも木材の比重が高かった。

そして、このような新宮廻船・鵜殿廻船は、新宮川口に集荷される熊野地方の炭・木材輸送の中核的存在をなしていたのであり、熊野地方の炭・木材生産の発展も、このような新宮廻船・鵜殿廻船の基盤の上にはじめて可能となったのである。

（1）新宮廻船については、新宮木材商同業組合『新宮木材誌』（同、一九二九年）、庄司海村『熊野川林業誌』（新宮木材協同組合、一九五三年）、『和歌山県史』近世史料二（和歌山県、一九八〇年）、『新宮市史』史料編上巻（新宮市、一九八三年）、木田泰夫『新宮木協百年史』（新宮木材協同組合、一九八四年）などがあり、新宮廻船の史料が紹介されている。

（2）鵜殿廻船については、金指正三「紀州鵜殿浦文書」（海上保安大学校『研究報告』一六巻二号一部、一九七一年）において、天明八年五月「諸廻船御定法書」が紹介されている。また、『鵜殿村史』史料編（鵜殿村、一九九一年）にも鵜殿廻船の史料が収録された。

（3）その取極書は、「此趣新宮ニ一通鵜殿一通書付置申候」とあるように、新宮木材協同組合（前掲『和歌山県史』近世史料二、三二七～三二八頁）と三重県南牟婁郡鵜殿村役場（「諸廻船御定法書」に所収）に現存する。

（4）延宝七年六月「碇出入曖済申覚」（天明八年五月「諸廻船御定法書」鵜殿村役場文書）。

（5）明和三年五月「水主札取締り定」（同右）。

（6）文化六年九月「加子廻船之訳等御尋ニ付書上控」（同右）。

（7）同右。

（8）享保八年二月「買弐分銀之帳写」（前掲『和歌山県史』近世史料二、三四一頁）。
（9）川口常夜燈には、「願主、新宮那智屋内利助、鵜殿西半三良、大坂佃屋藤兵衛、新宮屋利右衛門、若山日高屋惣市」「寄進、新宮廻船中、同船持中、鵜殿廻船中、大坂問屋中」、宝篋印塔には、新宮廻船、新宮船持、鵜殿廻船中、材木問屋中、長堀問屋中等の名前が刻まれている。
（10）明和八年一一月「大坂廻り炭運賃増願」（前掲天明八年五月「諸廻船御定法書」）。
（11）前掲文化六年九月「加子廻船之訳等御尋ニ付書上控」。
（12）「御口役并船積之儀ニ付願口上」（前掲天明八年五月「諸廻船御定法書」）。
（13）宝永六年一二月「船頭水主申渡一札」（同右）。
（14）明和三年八月「水主賃金定」（同右）。
（15）たとえば、「新宮鵜殿」と史料に見える。ただしこの場合は、新宮領鵜殿を示している可能性がある。
（16）正保四年一一月「新宮廻船中万改定」（前掲『和歌山県史』近世史料二、三一一～三一五頁）。
（17）寛文四年八月「諸材木定」（同書、三二〇～三二三頁）。
（18）寛文八年「廻船仲間連判状」（同書、三二四～三二五頁）。
（19）元禄五年正月「川口之衆議」（同書、三三〇～三三一頁）。
（20）元禄八年一一月「船番定」（同書、三三一～三三三頁）。
（21）元禄一三年二月「船頭親方申合せ一札」（同書、三三三～三三四頁）。
（22）『新宮市史』（新宮市役所、一九七二年）には、宝永八年には成川屋佐兵衛が個人で四九艘の持船を所有していた（二四九頁）とあるが、元禄年間でも最大が二艘所有者であり、小船を含めていたとしても理解できず、何かの間違いであろう。
（23）元禄一四年八月「鵜殿廻船仲間衆議」（前掲『和歌山県史』近世史料二、三三四～三三五頁）。この史料名は、いかにも鵜殿廻船中の船主が記されているように見えるが、そこであげられている船主は六〇名のうち四名が前掲元禄一三年二月の「船頭親方申合せ一札」と一致しており、これがすべて鵜殿廻船の船主とは考えがたく、新宮廻船中の船主が連署したあとに「鵜殿廻船中」と略したため、このような史料名となったものと思われる。
（24）安永三年九月「廻船仲間御心得書付覚」（同書、三四二～三四三頁）。

(25) ただし、「新宮鵜殿両所ニ而惣廻船合何拾何艘、右之内江戸廻船何艘加子廻船何艘小廻船何艘と夫々取分ヶ候得者、間違成ル儀者無之候へ共、江戸常通ひ之筋斗りを廻船と心得違等も有之候、惣而運送之船と申が惣名ニ而御座候」とあるように、さまざまな種類の廻船が含まれていたようである。
(26) 宝永六年一二月「船頭水主申渡一札」(前掲天明八年五月「諸廻船御定法書」)。
(27) 明和八年一一月「大坂廻り炭運賃増願」(同右)。
(28) 天保三年九月「就御改船数書上」(鵜殿村役場文書)。
(29) 『新宮市誌』(新宮市、一九三七年)六九三〜七一〇頁。
(30) 文化四年三月「御炭方御用控」(『和歌山県史』近世史料五、和歌山県、一九八四年、二八一〜三〇九頁)。
(31) 文政三年「御炭方極諸事控」(同書、三〇九〜三三〇頁)。
(32) 「丹鶴日記」(前掲『新宮市史』史料編上巻、三一〇〜五一二頁)。
(33) 『南紀徳川史』一一冊(名著出版、一九七一年)四八四頁。
(34) 御仕入方については、藤田貞一郎「幕藩制社会後期における紀州藩の経済政策」(宮本又次編『藩社会の研究』ミネルヴァ書房、一九六〇年)に詳しい。
(35) 笠原正夫「『口熊野』と『奥熊野』の成立」(『和歌山地理』五号、一九八五年)によれば、牟婁郡のうち田辺領・新宮領によって分断された本藩領で、和歌山に近い方が口熊野、遠い方が奥熊野とされたが、幕末には口熊野へは田辺領、奥熊野へは新宮領が含まれる場合もあったようである。
(36) 『南紀徳川史』一二冊(名著出版、一九七一年)五〇六〜五〇八頁。
(37) 前掲『南紀徳川史』一一冊、四九三〜四九四頁。
(38) 伊豆廻船の活躍は、木ノ本の木材輸送においても見られた(鳥羽正雄「文久年間に於ける紀伊木本材の移出先と運輸船」日本歴史地理学会『歴史地理』五七巻五号、一九三一年)。
(39) 正保四年一一月「新宮廻船中万改定」(前掲『和歌山県史』近世史料二、三一一〜三一五頁)。
(40) 寛文四年八月「諸材木定」(同書、三二〇〜三二三頁)。
(41) 延宝九年七月「材木問屋覚」(同書、三二九〜三三〇頁)。

（42）慶安三年三月「江戸にて上げ材木覚」（同書、三一九～三二〇頁）において、江戸への木材輸送の規制が行なわれており、すでにこの時期江戸への恒常的な取引が行なわれていたことがわかる。
（43）木村博一編『下北山村史』（奈良県吉野郡下北山村、一九七三年）。
（44）新宮鵜殿周辺廻船延一〇九艘の一覧は、本章では省いたので拙稿「新宮鵜殿廻船と炭木材輸送」（安藤精一退官記念会編『和歌山地方史の研究』宇治書店、一九八七年）参照。
（45）延べ廻船数としたが、重複は水野氏の手船の一部に見られるだけであろう。
（46）前述したように元禄五年の「川口之衆議」でも四四艘のうち直乗船頭は七艘のみで、同八年の「船番定」でも四七艘のうち六艘、同一三年の「船頭親方申合せ一札」でも五五艘のうち五艘のみで、他はすべて沖船頭であり、新宮廻船における沖船頭比率の高さが注目される。これは、廻船業者が炭・木材業者も兼ねているため、廻船の方は沖船頭に任せ、当主は炭・木材等の営業に従事したことによるものではないかと思われる。
（47）前掲「丹鶴日記」三二〇～三二五頁。
（48）天保五年一一月「浦手形」（那智勝浦町天満公民館保管宇久井浦文書）。

第八章　尾鷲入津の城米船

尾鷲地域は、木本組の一部を構成する梶賀・曽根・賀田・古江・三木里・名柄・小脇・三木・盛松の諸村と尾鷲組を構成する早田・九木・行野・向井・矢浜・大曽根・南・林・中井・野地・堀北・天満・水地・須賀利の諸村からなっていた。(1) 尾鷲組の内でも、早田浦・九木浦・須賀利浦の三か浦は、城米船をはじめ諸廻船が数多く入津する避難港・寄港地として賑わっており、難船史料はもちろんのこと城米船に関する史料も数多く残されている。(2) これらの史料を用いた城米船に関する研究としては、中田四朗氏の研究があり、(3) そこでは、「往返日帳」による宝暦七年（一七五七）～万延元年（一八六〇）の須賀利浦に寄港した城米船七四艘が紹介されており、それぞれ船籍・船主・積米高・積湊・寄港地・所要日数などを明らかにされた。本章は、須賀利浦に寄港した城米船だけでなく、新たに九木浦・早田浦に入津した廻船を含めて検討を加えようとするものである。

一　史料について

尾鷲組大庄屋記録の中には、現在城米輸送に関する史料として、①文化五年（一八〇八）一二月「御城米船上乗船頭印形帳」、②天保一一年（一八四〇）正月「御城米船入津上乗船頭印形改帳」、③同年七月「御城米船入津ニ付御達帳」、④安政七年（一八六〇）正月「御城米船入津御送状写」、⑤同年二月「御城米船入津ニ付御送状控帳」、⑥同年三月「御城米船入津ニ付御送状控」、⑦万延元年（一八六〇）八月「御城米入津ニ付御送状控帳」、⑧

安政七年「御城米船御送状写」、⑨安政七年正月「御城米船入津御日帳写」、⑩明和元年（一七六四）～安政七年の一七件に及ぶ城米船の浦手形・入用帳等難船関係史料がある。(4) なかでも多くの情報を提供してくれるのが、城米送状と往返日帳である。

これらの史料について簡単に説明を加えて置くと次のようになる。①は、九木浦に入津した城米船六艘と早田浦に入津した城米船三艘について、上乗と船頭が浦役人による城米船検査の結果を認証したものであり、②は九木浦に入津した城米船一七艘(5)の上乗・船頭から「此度印形帳江押申候私共印判、是迄入津仕候浦々ニ而印形帳へ押申候印判ニ相違無御座候」として、先の「印形帳」に用いた印判がこれまで使用してきたものと同一であることを証したものである。したがって、①からは積荷高・船籍・船頭・上乗・入津日・出帆日が、②では船籍・上乗・船頭がわかる。③は、城米船三艘が確かに早田浦に入津し、出帆したことを達したものであり、積荷内容・粮米・船籍・船頭・上乗・乗組人数・入津日・出帆日が明らかになる。④は九木浦に入津した城米船二一艘、⑤⑥⑦はそれぞれ早田浦に入津した城米船一艘ずつ合計三艘、⑧は須賀利浦に入津した城米船八艘の城米送状の写しである。④～⑧からは、積荷内容・積湊・積所出帆日・運賃・船籍・船頭・上乗・乗組人数・粮米・廻船規模・船齢等が明らかになる。⑨は空船で積湊へ出帆してから城米を積んで九木浦に入津するまでに至る寄港・滞船・出帆等の状況を日を追って記した往返日帳で、九木浦に入津した城米船二一艘が明らかになり、それは④の史料と照応する。この史料からは、積荷内容・積湊・船籍・船頭・空船出帆日・積所入津日・同出帆日・九木浦入津日・同出帆日・寄港地・滞船日数・滞船理由等がわかる。⑩はこれら三か浦に日和待ち・風待ちのために寄港した城米船とは異なり、難船など止むを得ない理由で尾鷲地域に入津したもので、これら三か浦のほか南浦・二木島浦等へ入津したものも含まれており、全部で一七艘の動向が明らかになる。これらの中には、城米送状や難船に至る経過を詳細に記したものも見られるが、総じて断片的な史料である。

以上、尾鷲組大庄屋記録の中に見られる城米輸送関係の史料について述べてきたが、これらの史料の中で尾鷲地域へ入津した城米船[6]の全体像がわかるのは、④~⑧の安政七年（万延元年）の一連の史料である。これによって、安政七年に尾鷲へ入津した城米船がすべて掌握でき、九木浦に二一艘・早田浦に三艘・須賀利浦に八艘が入津し、そのうち一艘が九木浦と早田浦の両方に入津したことがわかる。しかも、九木浦入津分については、⑨の往返日帳が残されており、併せて同年の城米船の動向が把握できる。したがって、尾鷲に地域に入津する城米船の寄港地は、難船等の突発事故を除き九木浦・早田浦・須賀利浦に限られ、特に九木浦がその中心地であった。それは、①の文化五年十二月「御城米船上乗船頭印形帳」に、「弐冊早田浦、六冊九木浦、壱冊須賀利浦、右者去卯（文化四年）正月ゟ十二月迄尾鷲組浦々江入津仕候御城米船印形帳指上申候、右之外浦々江入津無御座候以上」とあることからも明らかであろう。

このような史料の存在から、本稿の分析も④~⑨の安政七年における尾鷲入津の城米船史料を中心としながら、それを①~③の城米船史料や⑩の難船関係史料で補足し、さらに中田四朗氏による須賀利浦入津の城米船の分析も併せて参照して行くことになる。

二　城米輸送

ここでは、尾鷲に入津した城米船が、どこの城米をどこから積み出しどこへ輸送しようとしていたのか見てみよう。幕府領は、元禄期には全国総村数六万三八七六か村の内一万一九七一か村（一九％）を占め、関東・中部・近畿を中心として全国各地に散在していた[7]。それでは、尾鷲入津の城米船はどこの年貢米を輸送していたのか、安政七年（一八六〇）の場合[8]を見てみると、重複を除いて全部で三一艘の城米船の内、播磨八・美作五・越後四・

備中四・豊前二・摂津二・出羽一・豊後一・河内一であり、ほかに広島米を大坂で買い上げそれを城米として輸送している場合が一件見られた。安政七年以外の史料でも、文化五年（一八〇八）の「御城米船上乗船頭印形帳」では、出羽二・越後二・美作二・越前一・石見一・備中一である。同年「御城米船入津上乗船頭印判改帳」の上乗人の所属地を城米生産地と見なすと、越後四・丹後三・備中二・出羽二・美作二・越前一・豊前一・豊後一・播磨一・和泉一となる。明和元年（一七六四）～安政七年の難船史料でも、美作四・越前二・筑前二・豊前二・播磨二・出羽一・越後一・丹後一・肥前一・日向一・備中一・摂津一であり、いずれの場合も尾鷲へ入津あるいは尾鷲沖を通過する城米船は、日本海沿岸・九州・瀬戸内であり、九州を含んだ西廻り航路を中心とした地域からの年貢米輸送に従事していたことがわかる。さらに、中田四朗氏によって明らかにされた宝暦七年（一七五七）～万延元年（一九六〇）の須賀利浦入津の城米船の場合にも、その年貢米の出国は、摂津一六・豊前一〇・美作九・備中七・越後五・播磨五・河内五・和泉四・丹後三・筑前三・肥前三・出羽二・筑後二・豊後二であり、ほかに「御買上籾」が兵庫から積み出されているのが一件見られ、同様のことが確認される。また、安永三年正月入津の江戸大坂屋船の筑前と肥前、天保五年二月入津の筑前宮浦直蔵船の豊前と筑前のように、一艘の船に一国の城米のみを積み込むだけでなく、積荷の状況に応じて両国の城米を積み合わせて輸送する場合も見られた。(9)

これらの年貢米は、どこの湊から積み出されたのか。積湊について見てみよう。安政七年の場合は、備前八（金岡四・児島三・福島一）・播磨八（高砂三・網干二・飾万津二・刈屋一）・越後四（新潟二・今町二）・摂津四（大坂三・兵庫一）・豊前中須賀二・出羽酒田一・豊後小浦一・備中玉島一であり、ほとんどが自国内の湊を積出港としていたが、湊に恵まれない美作・備中・河内等は、それぞれ備前金岡・福島・児島・大坂等の近接した湊を利用して輸送に当たった。そして、天保五年三月に須賀利浦入津の摂津御影竹中屋文四郎船のように備中の年貢米を笠岡で四四五石余と児島で八四〇石余積み込んでいる場合も見られた。(10)積荷は、たとえば送り状に「積送中作州去卯御城米同冬江戸廻之内辰春送り状之事」[11]「越前国巳年御城米午春江戸廻船送状之事」[12]などとあることや尾鷲の位置と積出湊から考えてすべて江戸へ向けて送られたようである。

城米輸送では、積湊より江戸御蔵に納入されるまで輸送上の不正を防ぐため上乗人を乗船させることになっていた。上乗人は、年貢を納入する村から農民が選出され、自分たちが納めた城米を最終御蔵まで確実に送り届ける役目を負い、乗納人とも称された。したがって、彼らは積み込まれた城米の納入農民の代表であり、彼らに要した費用は、後述する欠米運賃や納入諸費用とともに農民の負担となり、年貢米納入村々で割賦された。[13]上乗人は、抽選で決められたようであるが、[14]単なる「百姓」だけでなく、「庄屋」「組頭」「納庄屋上乗兼帯」「庄屋見習」「年寄」[15]などと記された者も多く、村役人層を中心に任務に当たったようである。さらに、「摂州東成郡天王寺村、上乗、弥左衛門、持高五石五斗余」[16]、「丹後国熊野郡竹藤村、上乗百姓、藤八、持高弐石五斗、年五十才」[17]「丹後国竹野郡堤村、六右衛門、高拾三石、子四拾七才」[18]と記されたものや「三十才」「五十七才」[19]などと記されたものも見られ、上乗人は村方である程度責任のある者がなったことがわかる。上乗人は、廻船一艘に一人乗り込むのが普通であったが、備中国都宇郡の城米輸送には備中国都宇郡日畑村の庄屋儀市郎と百姓政五郎の二人が乗り込んでいたし、[20]摂津国大石村半十郎船には、二か所の城米を積み合わせたためか、「美作国吉野郡田広村之内広山分、百姓、上乗、彦兵衛」と「播州多可郡多田村、上乗、利兵衛」の二人が乗船する場合も見られた。[21]また、越後国頸城郡の城米輸送を行なった肥前国佐賀熊吉船や伊予国興居島久保屋文蔵船の場合には「御米船中一式廻船方引受納之儀ニ付、双方対談之通上乗無之」[22]とあり、上乗人を乗せずに、廻船方に一切委任することもあったようで、大坂よりの買上米の輸送ではもちろん上乗人はいなかった。

三城米船

ここでは、年貢米積湊から江戸まで実際の輸送に当たった城米船について見てみよう。まず安政七年の城米船の船籍をみると、全部で二九艘の内、摂津二一（大坂一〇・伝法二・池田二・青木二・今津一・深江一・魚崎一・御影一・大石二）・安芸四（因島三・大崎島二）・紀伊大川一・伊予興居島一・肥前佐賀一・江戸北新堀一であった。(23) 大坂への廻送とは異なり江戸への廻送は、幕末期に至っても依然摂津特に大坂の廻船が圧倒的位置を占めたが、その中でも今津・魚崎・御影・大石等の灘廻船の存在が注目される。文化五年（一八〇八）の場合は、大坂六・紀伊二（比井一・木本二）・讃岐浜村一であり、(24) 天保一一年（一八四〇）では、摂津一二（大坂九・西宮一・御影一・大石一）・和泉貝塚一・越後今町一・筑前残島一・伊予大三島一・三河吉田一となり、(35) 大坂が中心であるが、後者になると城米輸送においても活躍していた比井の紀州廻船が後退し、同じく灘廻船の進出が見られる。明和元年（一七六四）〜安政七年の難船の場合には、(26) 摂津一二（大坂一一・二ッ茶屋一）・伊予新浜二・筑後一・豊後三佐一・紀伊日高一であり、大坂が中心となる。さらに、中田氏による宝暦七年〜万延元年の須賀利浦入津城米船の場合では、合わせて七四艘のうち、摂津四八（うち大坂二九・御影四・二ッ茶屋四・東明三）・筑前六・紀伊四・安芸三・江戸二などであり、(27) 摂津特に大坂の廻船が中心となっているようすがわかる。これを天保五年を境にして三七艘ずつ機械的に二分すると、前半には大坂が一八艘も存在するのに対し、後半は一一艘しか存在せず、幕末期における大坂の廻船の後退ぶりがうかがえる。

次に、船頭の形態を見てみよう。安政七年の場合には、沖船頭二二・直乗船頭七であり、四分の三が沖船頭で占めている。直乗船頭による廻船の内訳は、因島三・伝法一・青木一・今津一・大石一であり、因島の廻船のすべてが直乗船頭で占められており、大坂の廻船のすべてが沖船頭で占められているのと対照的である。明和元年～安政七年の難船の場合にも、沖船頭一三・直乗船頭四であり、大坂はすべて沖船頭、直乗船頭は筑前一・豊後三佐一・伊予新浜一・紀伊日高一であった。さらに、中田氏による宝暦七年～万延元年の事例では、沖船頭五八・直乗船頭一六となる。大坂の廻船はすべて沖船頭であり、直乗船頭は筑前残島二・同宮浦二・摂津大石二・越後鬼舞一・長門藤田一・安芸内海一・同因島一・阿波中島一・摂津御影一・同二ッ茶屋一・同東明一・紀伊比井一・尾張半田一であり、直乗船頭は地方の廻船を中心に数多く見られた。このように、城米の江戸廻送船において沖船頭の比率が大坂廻送船や一般の廻船に比べ高いのは、長距離安全航行を要請される城米船の運行に当たっては、専門海運業者の存在がより重要になってくるからである。

廻船規模は、積石数が示されていないので、乗組人数・反帆数・粮米・積荷高などによって明らかにしなければならない。まず、安政七年の乗組人数を見ると、一〇人一・一一人一・一二人一・一三人二・一四人一・一五人二・一六人一六・一七人一・一八人二・一九人一・不明一であり、一六人乗が最も多く、しかもすべて一〇人乗以上の大規模な廻船である。その中でも最大の一九人乗廻船は、越後の城米一六六三石余の輸送に当たった安芸因島の廻船であった。一方、一〇人乗は伊予興居島、一一人乗は肥前佐賀、一二人乗は安芸大崎島、一三人乗は安芸因島・大坂であり、地方廻船では乗組人数にややばらつきが見られたのに対し、大坂の廻船はほとんどが一六人乗であった。このように、紀伊半島を廻り江戸まで城米を安全に輸送するには、大規模な廻船を必要とした。明和元年～安政七年の難船の場合にも、一〇人二・一四人二・一五人二・一七人二・一八人二・一九人二・不明五であり、不明を除けばすべて一〇人乗以上の大規模な廻船であった。反帆数は、安政七年の場合には、二二反二・二四反三・二六反二・二八反五・二九反一・三〇反五・三二反一〇・不明一であり、三〇反帆にも及ぶ大規模な廻船も多数見られた。明和元年～安政七年の難船の場合には、一八反一・一九反一・二二反一・二三反一・二五反一・二八反四・不明八であった。粮米は、船頭以下の乗組員の飯米であるため、廻船規模だけでなく航行距離によっても左右されるが、安政七年の場合には、二三石一・二四石一・二五石一・二九石一・三一石一・三四石二・三九石二・四〇石一・四四石三・四六石二・四七石三・五〇石二・五一石三・五二石一・五四石一・六六石一・不明二となる。

城米積高によって廻船規模をみると、安政七年の場合には、最小は米四二二石余と籾二〇三石余を越後から輸送した伊予興居島の廻船（一〇人乗）で、最大は米・籾一八二九石余を豊前から輸送した摂津魚崎の廻船（一六人乗）であり、最も多いのは一三〇〇～一五〇〇石積程度の廻船であった。一〇〇〇石以下では、肥前佐賀・安芸因島・同大崎島・伊予奥居島の合わせて四艘のみであり、ほとんどが一〇〇〇石を越す城米の輸送に当たっていた。文化五年の場合にも、最小は備中から米五九四石余を輸送した紀伊木本の廻船で、最大は石見から米一三九〇石余を輸送した大坂の廻船であった。明和元年～安政七年の難船の場合を見ると、文化五年以降は八艘ともすべて一〇〇〇石以上の城米輸送を行なっているのに対し、それ以前は七艘の内一〇三九石余の輸送が一艘存在するだけである。このように幕末期に至るにつれて、城米輸送でも廻船の大規模化が見られたのである。

城米船は、新造より七年造りまでの堅固な廻船を用いるように定められており、[28]安政七年の場合には、新造一・二年三・三年九・四年二・五年三・六年二・七年一・不明八であり、この規定が遵守されていた。

城米の運賃は、本米と欠米・米と籾米・距離・年代によって異なる。欠米の運賃は本米の運賃の一割増で、農民の負担となり、籾米の運賃は、米の運賃の約二割引であった。[29]安政七年の事例によれば、本米一〇〇石の運賃は、積湊より江戸までの距離によって次のように異なる。出羽酒田からは二七両、越後新潟からは二五両一分、越後今町からは二四両一分であり、北陸・東北は金建となっている。豊前中須賀からは一貫四五五匁、豊後小浦からは九四五匁、備中玉島・備前児島・同福島からは九二五匁、備前金岡・播磨刈屋・同網干・同餝万津・同高砂からは九〇五匁、大坂からは八八〇匁、兵庫からは八二五匁となっているが、距離間隔の割りには運賃にそれほど差がなく、運賃は距離の差と単純に比例していない。年代による運賃の動きを、明和元年～安政七年の難船の場合と合わせて見てみると、備前福島では明和九年に四五三匁三分であったのが、文化六年には六二〇目、安政七年には九二九匁となり、備前金岡では天明三年には四五三匁三分であったのが、文化五年には六〇〇目、安政七年には九〇五匁となったのが明らかになるぐらいである。

四　航路と滞船

ここでは、城米船が大坂川口から出帆し、積湊で城米を積み込み、尾鷲に入津し、再び出帆するまでの過程について明らかにしたい。城米船は、大坂川口で船改めを受け、送り状と朱ノ丸印をもらいうけ、空船で城米の積湊へ向かった。大坂を出帆して以降江戸に到着するまで、その間滞船の事情や毎日の天気などを日帳に記すことになっており、城米輸送は厳重を極めた[30]。

大坂川口出帆は、安政七年の「御城米船入津御日帳写」[31]によれば、九木浦入津分二一艘の内、正月九・二一月七・三月一・閏三月一・四月一・一二月二であり、ほとんどが正月～二月であった。大坂川口で送り状をもらい、空船で積湊まで航行し、積湊へ入津するのが一般的であるが、積湊へ向かう前に廻船の修復を行なう場合も見られた。大坂柴田屋正二郎船は安政七年正月一九～二一日兵庫で、大坂小堀屋新兵衛船は正月一〇～一四日兵庫で、大坂小堀屋庄左衛門船は二月三～七日兵庫で、摂津今津利八船は三月二八～翌月朔日兵庫で、安芸因島兵吉船は三月四～一一日倉橋島で、それぞれ数日間の「元船少々作事ニ付滞船」を行ない、城米輸送に備え万全を期した。大坂川口から積湊までの日数は、以上のような作事に数日取られたり天候などによって左右されることもあったが、播磨・備前へは五〜一〇日、豊前・豊後へは一か月程度、越後・出羽へは一か月以上要した。大坂出帆に際しても、送り状を受け取り直ちに出帆できるのではなく、安芸因島兵吉船のように安政七年二月一六日に送り状を受け取ってから、一六〜一八日は雨天で滞船、一九〜二一日は西風で滞船、二二日は雨天で滞船、二三日は「日和見合ニ付」滞船、二四日は「出帆仕候処、西風ニ相成出戻リ滞船」、二五〜二七日は西風で滞船し、二八日にようやく出帆するというように送り状を受け取ってから一二日目に出帆する場合も見られた。

廻米の時期については、元文二年（一七三七）の「廻米期月之覚」(32)によれば、関東・伊豆は九〜一一月、甲州は一〇〜翌二月、奥州は一〇〜翌正月、羽州米沢は四月中、海道筋は一〇〜翌正月、越後・越前・能登・羽州酒田は四月中、五畿内は九〜一二月、中国は一二月〜翌正月限、丹後は三月中にそれぞれ江戸・駿府・甲府・二条・大坂の御蔵へ納めることになっていた。安政七年の場合には、積湊での出帆月は、正月七・二月七・三月五・閏三月一・四月一・五月二・六月三・一一月一・一二月一であり、ほかに「大坂買上江戸廻米」は八月であった。(33)一一〜一二月の積み出しは、いずれも摂津の城米であった。中田氏による宝暦七年〜万延元年の須賀利浦入津城米船の大坂出帆月は、正月一八（うち一は「御買上籾」）・二月七・三月五・四月五・五月二・八月二（うち一は「大坂買米」）・一一月一五・一二月二一であり、一一月〜正月がピークである。一一〜一二月の年内に大坂を出帆しているのは、摂津（一五のうち八）・播磨（五のうち四）・備中（七のうち四）・豊前（一〇のうち九）などであり、翌年にのみ出帆しているのは、越後五・丹後三・出羽二である。九州・中国・近畿地方は年内から城米輸送に取り掛かっているのに対し、日本海側は冬期廻送が困難なため翌年に輸送を行なっているようすがわかる。

積湊では、城米積載や日和待ちなどのため城米船は停泊した。積湊での滞船日数は、二一艘のうち、一〜三日二、四〜六日三、七〜九日四、一〇〜一二日五、一三〜一五日二、一六〜一八日一、一九日以上四であり、一〜二週間の滞船を必要とした。早いのは摂津伝法岸田屋仁兵衛船で、正月二八日に播磨高砂へ入津し、その日のうちに城米一五四七石余を積み込み、翌二九日にはもう出帆している。遅いのは安芸大崎島善三郎船で、四月二八日に新潟へ入津し、二九日〜翌五月六日は「元船之浦所有之候ニ付作事中」で、七日は「空船改」、八〜九日は雨天、一〇日は「米籾積立」、一一〜二九日は「雨天并風筋悪敷滞船」して、六月朔日にようやく出帆しており、三三日要している。積湊での滞船理由は、一七艘分しか明らかにできないが、御米積立（御米積入・御米積渡）延四三日・風（西風・東風・南風・北風・風筋悪敷・順風無御座）延三四日・雨天延三四日・汐（徳汐・小汐・汐満無御座）延一六日・先船有之（元船之浦所有之候ニ付作事中）延一一日・空船見分（船仕舞・船拵）延六日・御注進延四日であり、城米の船積と天候の悪化による滞船が積湊での主な滞船理由となった。

積湊から九木浦までの所要日数は、安政七年の二一艘の例では、摂津から一週間、播磨・備前・豊前から半月〜一か月前後、越後から二か月前後、出羽から二か月以上であった[34]。九木浦での滞船日数は、三日一、五日五、七日一、一一日一、一二日二、一六日七、一八日二、三〇日一、三一日一であり、かなり長期の滞船が見られる。三一日間も滞船したのは安芸因島喜市船で、正月二八日に入津して以来、二九〜晦日は北風で、二月朔日〜二日は雨天で滞船し、三日には一旦出帆したが、「風模様汐行悪敷、先江難乗通」五日には出戻った。六日は北風、七〜八日は雨天、九日は曇天、一〇〜一一日は雨天、一二日は北風、一三〜一四日は雨天、一五〜一七日は北風、一八〜二〇日は雨天で滞船し、二一日は天気がよく出帆しようと「船拵仕候処、北風并ニ汐行悪敷見合滞船」となった。二二日は北風、二三日は曇天、二四〜二五日は雨天、二六日は曇天、二七日は雨天で滞船し、二八日にようやく出帆できた。ただし、これらの廻船の中には、三月二日に九木浦へ入津して同一七日に出帆した廻船が七艘、三月一三日に入津して同一七日に出帆した廻船が三艘、七月二八日に入津し八月一五日に出帆した廻船が二艘存在し、そのことが長期滞船の船数を多くすることとなったようである。また、それは天候にも左右されるが、編隊をなして慎重に行動する城米船の特徴をも示していた。さらに、中田氏による宝暦七年〜万延元年の須賀利浦入津城米船の滞船日数を見ると、ほとんどが一週間以内に同浦を離れており、九木浦に比べるとかなり短期間である。このことは、史料による偏りにもよるが、前述した九木浦の城米船寄港地としての優位性を暗示しているのかも知れない。

九木浦での滞船理由は、雨天延一二七日（うち大雨延四日）、曇天（雲行悪敷）延一八日、東風延三九日、北風延一八日、北風并ニ汐悪敷延一四日であり、著名な降雨地域である尾鷲らしく雨天が多く、また江戸へ向かうには北西に進路をとらねばならないので東風・北風は向風となり不都合なためこのような結果になったのであろう。したがって、滞船とともに一度九木浦を出帆したものの出戻る場合[35]も延二一回あり、多い場合には二回、平均一回は見られ、これが廻船の航行日数を増加させる原因ともなったのである。

最後に、九木浦での入津出帆時刻について見てみよう。入津時刻の明らかな安政七年の一九例について見ると、すべて未刻（一三〜一五時）に入津しており、一方出帆時刻の明らかな二一例でもすべて卯刻（五〜七時）に出帆していた。このように、九木浦には日没までに入津し、夜明けとともに出帆していった城米船の姿がうかがえるのであった。

以上、尾鷲地域の日和待ち港である九木浦・早田浦・須賀利浦に入津した安政七年の城米船を中心に、城米輸送の状況・城米船の形態などについて見てきたが、要約すると次のようになる。

第一に、尾鷲への城米船の入津は、非常の場合以外は九木浦・須賀利浦・早田浦の三港に限られ、特に九木浦がその中心地であった。城米は、摂津・河内・和泉・播磨・備中・美作・筑前・筑後・肥前・豊前・豊後・石見・丹後・越前・越後・出羽の幕府領から積み込まれ、日本海・九州・瀬戸内の西廻り航路を経て江戸へ輸送された。特に摂津・播磨・備中・美作・豊前・越後からの城米船の入津が多かった。積湊は、摂津の大坂・兵庫、播磨の高砂・網干、備前の金岡・児島、備中の玉島、豊前の中須賀、越後の新潟・今町、出羽の酒田などがよく見られた。上乗人は、高持や村役人など村方である程度責任のあるものがなったようであるが、上乗人を乗せずに廻船方に一切委任する場合もあった。

第二に、城米船の船籍は、江戸廻送船のため摂津・紀伊・安芸が中心であるが、特に大坂は圧倒的な位置を占めていた。しかし、幕末期になると大坂の廻船がやや後退し、灘廻船の進出が見られた。船頭の形態は、沖船頭が中心であり、大坂の廻船はすべて沖船頭であった。直乗船頭は、筑前・豊後・伊予など地方の廻船に比較的多かった。廻船規模は、ほとんどが一六人乗前後で、一三〇〇～一五〇〇石積程度の大規模な廻船であった。運賃は、東北・北陸は金建、西日本は銀建であり、距離の差と単純に比例していなかった。

第三に、大坂川口で送り状を受け取り、空船で積湊へ向け出帆するのは、一一月～翌年二月がピークとなるが、年内に出帆するのは九州・瀬戸内地方の城米であり、日本海側は冬期廻送が困難なため翌年に輸送を行なっている。積湊では、城米積載や天候悪化などのため城米船は一～二週間の滞船を必要とした。積湊から九木浦までは、およそ摂津から一週間、播磨・備前・豊前から半月～一か月前後、越後から二か月前後、出羽から二か月以上かかった。九木浦での滞船は、二週間以上の長期滞船がかなり見られた。滞船理由は、雨天が圧倒的位置を占め、東風・北風も江戸への向風となるためその理由にあげられた。九木浦への入津は、日暮れには少し早い未刻に見られ、出帆は夜明けの卯刻に行なわれた。

（1）尾鷲組の概況については、本章では省いたので拙稿「尾鷲入津の城米船について」（安藤精一編『紀州史研究』四、国書刊行会、一九八九年）参照。

（2）尾鷲組大庄屋記録や須賀利浦文書を用いた熊野灘の海運については、次のような研究がある。家令俊雄「江戸時代熊野灘を中心とした難破船」（三重大学学芸学部教育研究所『研究紀要』二六集、一九六二年）、和田勉「近世熊野灘の海運とその影響――紀州須賀利港を中心として――」（『三重史学』八号、一九六五年）、同「近世における熊野灘の海運」（柚木学編『日本水上交通史論集』四巻、文献出版、一九九一年）、中田四朗『近世に於ける熊野灘の海運――尾鷲市立中央公民館蔵大庄屋記録と須賀利浦文書による――』（大庄屋文書叢書二、尾鷲市文化財調査委員会、一九六七年）、同「奥熊野における御城米船難船処理費の分担問題について」（『海事史研究』八号、一九六七年）、同「近世における熊野灘の海運――須賀利浦文書にみえる御城米輸送について――」（三重大学教育学部『研究紀要』三七集、一九六七年）、同「尾鷲市立中央公民館蔵の御用留にみられる難船」（『海事史研究』一一号、一九六八年）、同「紀州藩の年貢米の回送」（同一三号、一九六九年）、同「御城米船乗りの病死記録」（同二六号、一九七六年）、同「御城米船難船処理費の負担について」（『三重史学』一〇号、一九六七年）、中田四朗ほか「近世における熊野灘の海運――御城米船の難船処理――」（同号）、中田四朗・渡辺勲晏「近世における熊野灘の海運――御城米船の難船処理・再積について――」（同一一号、一九六八年）、伊藤良「船中の盗難事件」（『海事史研究』一七号、一九七六年）、同「新宮廻船の遭難」（熊野地方史研究会『熊野誌』二五号、一九八〇年）、同「続新宮廻船の遭難」（同二七号、一九八一年）。なお、中田四朗氏等による海運に関する研究の成果は、『尾鷲市史』上巻（尾鷲市役所、一九六九年）にかなりの紙幅をさいて掲載されている。

（3）中田四朗前掲「近世における熊野灘の海運」。尾鷲入津の城米船に関する研究は、これ以外に註（2）で掲げた研究もあるので併せて参照されたい。

（4）明和元年一〇月「御城米船入津上乗船頭印形帳写」、同二年二月「摂州二ッ茶屋浦木屋又兵衛船遭難風入船取扱一巻」、同九年三月「摂州大坂崎浜屋市右衛門船遭難風入津取扱一巻」、安永三年九月「豊後国三佐浦忠右衛門船水主病死ニ付取扱一巻」、天明三年三月「摂州大坂池田屋新右衛門船逢難風漂着ニ付吟味口書之写」、天明五年四月「大坂伝甫屋吉右衛門船水主病死ニ付取扱始終一件」、寛政四年一二月「紀州日高久次郎船逢難風入津取扱一巻」、文化五年二月「大坂升屋十兵衛船難船ニ付取扱控」、同六年七月「摂州大坂河内屋長左衛門船逢難風入船ニ付取扱一件控」、文政五年七月「大坂錺屋九兵衛船漂着一件」、同七年二月「大坂錺屋九兵衛船新桁入替一件」、同八年「備中国御城米積船水主出奔一件」、天保三年一二月「大坂河内屋仁三郎船帆桁折入津取扱一件」、同一一年七月「大坂福嶋屋米吉船逢難風入津取扱一件帳」、嘉永五年七月「伊予国新浜村源七郎船漂着一件」、安政七年「船中日帳」（尾鷲市立中央公民館郷土室所蔵尾鷲組大庄屋記録）。以下特記しない限り本章で用いるすべ

ての史料は同室所蔵の尾鷲組大庄屋記録によるものである。
（5）表紙には「尾鷲組」とあるところから、この年は九木浦にしか入津しなかったのかも知れない。
（6）尾鷲入津の城米船七五艘の一覧は、本章では省いたので拙稿前掲「尾鷲入津の城米船について」参照。
（7）幕府領の分布等については、村上直「江戸幕府直轄領に関する一考察」（徳川林政史研究所『研究紀要』昭和四四年度、一九七〇年）、同「江戸幕府直轄領の地域的分布について」（『法政史学』二五号、一九七三年）、同「江戸後期、幕府直轄領の地域的分布について」（同三四号、一九八二年）参照。
（8）安政七年正月「御城米船入津御送状写」、同年二月「御城米船入津ニ付御送状控帳」、同年三月「御城米船入津ニ付御送状控」、万延元年八月「御城米入津ニ付御送状控帳」、安政七年「御城米船御送状写」。
（9）石見国の城米輸送の場合にも同じ国内であるが、大浦と温泉津の二大湊より積み合わせて輸送する場合も多く、丹後城米との積合も見られた（本書第一六章参照）。
（10）中田四朗前掲「近世における熊野灘の海運」一七頁。
（11）前掲明和九年三月「摂州大坂崎浜屋市右衛門船遭難風入津取扱一巻」
（12）前掲安永三年九月「豊後国三佐浦忠右衛門船水主病死ニ付取扱一巻」
（13）本書、第一六章参照。また、上乗人の飯米については、船頭以下の乗組員の粮米とは別に積み込まれたようであり、例えば安政七年の出羽国村山郡の城米輸送には乗組員一五人の粮米四四石以外に「上乗粮米三斗七升」が積湊である酒田より積み込まれた（前掲安政七年正月「御城米船入津御送状写」）。
（14）阿部善雄「江戸城米の廻送と蔵納」（『史学雑誌』七二編一一号、一九六三年）七一頁。
（15）前掲安政七年正月「御城米船入津御送状写」、安政七年「御城米船御送状写」。
（16）前掲安政七年正月「御城米船入津御送状写」。
（17）文政五年七月「大坂鋳屋九兵衛船漂着一件」。
（18）天保一一年七月「御城米船入津ニ付御達帳」。
（19）前掲安政七年正月「御城米船入津御送状写」。
（20）同右。

（21）天保一一年正月「御城米船入津上乗船頭印判改帳」。
（22）前掲安政七年「御城米船御送状写」。
（23）前掲安政七年正月「御城米船入津御送状写」、同年二月「御城米船入津ニ付御送状控帳」、同年三月「御城米船入津ニ付御送状控」、万延元年八月「御城米入津ニ付御送状控帳」、安政七年「御城米船御送状写」。
（24）文化五年一二月「御城米船上乗船頭印形帳」。
（25）前掲天保一一年正月「御城米船入津上乗船頭印判改帳」。
（26）この史料の年代は、明和四・安永一・天明二・寛政一・文化二・文政三・天保二・嘉永一・安政一であり、幕末期の変化は明確にとらえられない。
（27）中田四朗前掲「近世における熊野灘の海運」一七～一八頁。
（28）大蔵省編『日本財政経済史料』巻一（財政経済学会、一九二二年）三九五頁、四二一頁。
（29）本書第一六章参照。尾鷲組大庄屋記録の城米輸送史料においても、この原則は貫徹していた。
（30）安政七年正月「御城米船入津御日帳写」の「船中日帳」によれば、「未年御城米積空船於大坂御改之上、御送状并朱丸船印被成御渡出帆被仰渡、日和待汐掛リ津々浦々逗留之子細其所之庄屋年寄江相断、往返共此日帳ニ記印形可取之旨被仰渡候事、一大坂出帆ゟ御米積着岸迄朱丸船印立詰ニ可致、日和待津々浦々ニ而私用ニ付致滞船積湊江於遅滞余者、後日被及御聞候共可被仰付旨被仰渡候事、右之趣船頭乗組之者堅被仰渡候間、津々浦々入津出帆逗留之子細往返共此日帳ニ記御渡可給候、以上」「右空船改済出帆申付候間、入津出帆逗留之訳其浦ニ而相記致印形、於積湊ニ御米積立出帆申付候節、立会役人此日帳ニ致印形、御米着岸之間津々浦々出帆逗留之訳其所之庄屋年寄致印形可相渡候、尤御米着岸之上此日帳支配役人中ゟ大坂廻船方御役所江可相返筈ニ候条、可得其意候、但於大坂送状相渡候時ゟ積所并納所着船迄、往返共海上之内津々浦々滞船之訳毎日天気之様子左之通可相認事」「案文、一何月幾日　当浦入津、一幾日　雨歟晴歟滞船、一幾日　天気能当浦出帆仕候、右之通相違無御座候、以上、何浦役人　誰印、右案文之通浦々入津以後出帆難成天気之訳毎日相記、幾日ニ而も一日宛之所江一判宛銘々浦役人致印形、尤名印も可致候、以上」とあり、城米輸送の厳重さがうかがえる。
（31）前掲安政七年正月「御城米船入津御日帳写」。
（32）前掲『日本財政経済史料』巻一、四三六～四三七頁。

（33）前掲安政七年正月「御城米船入津御送状写」。

（34）前掲安永三年九月「豊後国三佐浦忠右衛門船水主病死ニ付入津取扱一巻」によれば、「今（安永三年五月）十五日三国湊出帆、順風日数四拾五日之積、江戸着岸申付候」とあり、越前三国湊から江戸まで順風で四五日と見積もっている。

（35）ここでは、出帆の用意をし、その後天候が不順となったため出帆を見合わせた場合も含めた。

第九章　幕末・維新期の灘酒輸送

灘酒造業は、在方酒造業として享保期（一七一六〜一七三五）にようやく頭角を現し、宝暦期（一七五一〜一七六三）には新興酒造業として成長し、その後寒造り酒特有の酒造仕込季節の厳寒期への集中と仕込日数の短縮という技術的条件の克服によって、伊丹・池田等の旧来の江戸積酒造地を圧するように酒造石高を飛躍的に伸ばしていった。しかし、幕末期になると幕府の酒造統制もあり、米価騰貴の中で停滞する事態に立ちいたった。灘酒造業の中でも江戸入津高において多様な展開が見られた。すなわち、魚崎村を中心とする上灘東組は江戸入津樽数を上昇させ、御影村を中心とする上灘中組は停滞し、大石村を中心とする上灘西組や下灘組は没落傾向を示し、今津・西宮は増加傾向を示した。しかしながら、灘酒造業全体から見れば沈滞期であり、この傾向は明治期に入っても続いた。明治四年の酒税規則の改正によって、政府は旧来の営業特権を廃止したため、全国的に地方酒造家が出現し、灘酒造業は大きな打撃を被るが、明治一一年に醸造税が従価方式から従量税方式に改められることによって、ようやく灘酒造業回復の第一歩を進めることとなったのである(1)。このように、灘酒造業は幕末・維新期には、一般的に低迷するのであるが、個々の酒造家や地域において多少差異が見られた。本章で取り上げる魚崎・今津は、灘酒造地域の中でも比較的発展を遂げた地域であった。

このような灘酒造業における一つの変革期にあたる幕末・維新期に、江戸積酒造地である灘の酒が、どのように輸送されていたのか、幕末と明治期とで大きな変化が見られたのであろうか、輸送における近代的な転換が見られたのであろうか。特に本章では、この時期比較的発展を遂げた魚崎・今津という代表的灘酒造業地の実際に輸送された江戸積樽数の動向を取り上げ、第一にそこで用いられた廻船について、どれだけの廻船が従事したのか、江戸までの航海日数はどれだけかかったのか、どれだけの廻船が難船に遭ったのか、蒸気船や西洋形帆船の導入がどのようになされたのかを明らかにし、第二に荷主である灘酒造家の出荷樽数を見る中で、船主としての灘酒造家と荷主としての酒造家の関係などについて、「一紙帳」による数量的把握を中心に検討を加えてみることにする。(2)

一　「一紙帳」と灘酒造地域

宝暦期の新興灘酒造業の発展を包摂するために、天明末〜寛政期に幕府は減醸令・永々株の設定・下り酒十一か国制度・籾買株の設定という一連の酒造統制を今津・灘目に対し集中的に実施した。その酒造統制政策の中に、一紙送り状制度が存在した。この制度は、幕府が寛政三年（一七九一）に、浦賀番所に下り酒荷改方を設置して実施した下り酒入津船改めと送り状改印仕法を改正して、翌四年二月に採用された制度である。一紙送り状とは、荷主から江戸下り問屋へ差し出す送り状を浦賀番所で一々改印する煩雑さをさけるために、各郷別に酒造行司をたて、この行司が送り状を取りまとめて一船の積荷高を一紙に書きまとめたものである。(3)本章では、この一紙送り状を控えてまとめた「一紙帳」を中心に用いて、幕末・維新期の灘酒輸送の問題について考えてみよう。

「一紙帳」は、現在魚崎酒造組合旧蔵分として安政六年（一八五九）・万延元年（一八六〇）・文久二年（一八六二）・元治元年（一八六四）・慶応元年（一八六五）・同二年・同三年・明治元年・同二年・同四年・同五年・同六年・同七年・同一一年・同一二年の一五年分、今津酒造組合旧蔵分として慶応二年分が存在する。(4)その他に関連史料として今津酒造組合旧蔵分の慶応四年「一紙船名前帳」があり、この史料から明治元年・同二年・同一五年の江戸入

津樽数と輸送に従事した廻船などが明らかになる。(5)

この「一紙帳」を用いた研究としては、すでに柚木学氏のすぐれた研究があり、そこでは魚崎村の万延元年「一紙帳」によって特定個人ないし同族への比重の大きさ、特定問屋と荷主の集中化・系列化などを指摘された。(6)元治二年「一紙帳」では、酒造家が手船を所有する意義を追究され、手船所有による有利な積荷仕建の動態を実証された。(7)また、今津村の慶応二年「一紙帳」によって長部文次郎分の販売先と銘柄を検討され、一般に特定酒問屋との結びつきが濃厚な幕末期の状況のなかで、長部家は比較的分散した形で問屋への送り荷を続けていることを明らかにされた。(8)

しかし、本章では酒造家と江戸問屋の関係や酒造家の手船による積荷仕建の問題だけでなく、実際灘酒の輸送に携わった廻船についても江戸までの航海日数・難船率・蒸気船の導入などを明らかにし、時期的にも幕末期だけでなく、明治一二年までの二〇年間を続けて観察することによって、より長期的な動向を見てみようとするものである。

なお本題に入る前に、本章の対象地域である魚崎(9)・今津(10)をとりあげ、灘酒造地域で占める位置・規模などを見ておこう。江戸期における灘五郷は、今津・上灘（東組・中組・西組）・下灘を指し、さらに上灘は、魚崎・深江・青木・住吉を中心とする東組、御影・石屋・東明を中心とする中組、大石・新在家を中心とする西組の三組からなり、下灘は、脇浜・神戸・二ッ茶屋・走水からなっていた。しかし、幕末期にはしだいに東組は魚崎が、中組は御影が中心となっていった。前述したように江戸入津高において、この時期魚崎村を中心とする上灘東組は江戸入津樽数を上昇させ、御影村を中心とする上灘中組は停滞し、大石村を中心とする上灘西組や下灘組は没落傾向を示し、今津・西宮は増加傾向を示したのである。(11)したがって、明治期における灘五郷は、これら五郷から衰退した下灘を除き、西宮を加えた今津・魚崎・御影・西郷・西宮の五郷を示すことになる。

それでは、魚崎を中心とした東組や今津の灘酒造地での位置を見るために、これら今津・東組・中組・西組・下灘の灘五郷と西宮を合わせた灘六郷の慶応四年（一八六八）の酒造稼石高を見てみると[12]、西宮二万三八九六石三九四、今津六万五三二七石五四六、東組一一万二七六三石二〇二、中組一〇万七一四四石四五四、西組六万五四〇三石四二五、下灘三万五三八石一であり、六郷のうち最大の稼石高を誇っているのは東組であり、今津も六万石以上の酒造稼石高を占める。これからは東組の中での魚崎村の位置がわからないので、次に元治元年（一八六四）の灘五郷の造稼石高と蔵数を見てみると[13]、今津郷七万四二二八石三四（六二蔵）、東組郷一〇万五二〇九石四一七（九二蔵）、うち魚崎村五万二一八八石三七七（四〇蔵）、中組郷一二万八四七九石四四九（一〇五蔵）、西組郷六万六三九四石一三（五五蔵）、下灘郷四万四二三八石五二（四二蔵）であり、五郷のうち中組が一二万石以上で最も大きく、東組・今津・西組・下灘と続き、灘五郷のうちでも中組・東組が大きな比重を占め、今津は中組・東組には及ばないが、西組・下灘より大きな規模をもっていたことがわかる。また、東組の中では魚崎村は東組の半分程度に及び、魚崎村だけでも西組や下灘に匹敵する規模をもっていた。上灘三郷の文久三年（一八六三）における村別江戸積入高を見ても[14]、東組郷の魚崎村五万八三六二樽・青木村三万九四七樽・住吉村二万一九〇九樽、中組郷の御影村西組六万九五六八樽・御影村東組一万八八一樽・石屋村四万八五三二樽・東明村と八幡村二万六四〇六樽、西組郷の新在家村二万三〇七九樽・大石村五万七六三三樽であり、三郷の中では中組一五万五三八七樽・東組一一万一二一八樽・西組八万七一二樽と中組が最も多いが、村別では御影村西組が最も多く、魚崎村がこれに続いている。このように、魚崎村は灘酒造地域では御影村と並ぶ酒造業の最も盛んな村であり、今津も灘五郷の中では中位の郷であったが、村段階で比較すると蔵数でも魚崎村を上回る規模をもつ酒造業の盛んな村であった。したがって、今津も魚崎もともに灘酒造業の指導的な役割を担った村であり、両者を比較すると今津の方が魚崎の一倍半程度の酒造規模を持っていたと言えるのである。

二　江戸積・浦賀積樽数

ここでは、魚崎・今津の江戸・浦賀への酒荷積出高を月別に示すことによって、魚崎・今津の江戸積高の動向を概観しよう。

まず、魚崎村の江戸積樽数・船数を示したのが、表26である。船数については、後で検討することにして、とりあえず魚崎村の江戸積樽数を見てみよう。この表によれば、江戸積の年間輸送量は、最低明治一二年の二万八二〇七樽から最高文久二年の六万二四三四樽までであるが、ほぼ年間三～六万樽が魚崎から江戸へ向けて輸送されていたことがわかる。年代的には、安政六年～元治元年は四万六〇〇〇～六万二〇〇〇樽の高水準を維持するが、慶応元年～明治五年は二万八〇〇〇～三万九〇〇〇樽と落ち込み、同六～七年は五万樽前後まで回復するが、同一一～一二年には三万樽前後に減少している。これは、明治期における灘酒造業の低迷や江戸以外の市場開拓などと関係しているようである。月別によれば、早い時期には正月から、一般には三月頃から新酒番船が始まり、一二月あるいは翌正月で積切となる。ただし、明治五年からは太陽暦が採用されたため、月別動向はこれ以後ずれることになる。月別では、四～五月と一〇～一一月の春と秋に山があり、八月を中心とする夏場には少なくなっている。これは、江戸での酒需要の動向にあわせて出荷しているからであろう。月別の最高は明治六年一二月の一万二八四七樽で、万延元年一〇月の一万一七七四樽、明治七年一一月の一万一二二九樽と続く。一万樽以上の輸送が見られるのは一〇月一件・一一月五件・一二月一件であり、特に一一月頃の秋に多い。

魚崎村では江戸積だけでなく浦賀積も行なわれていた。そこで同様に浦賀積樽数の月別動向を見てみよう。(15)浦賀積については、安政六年・万延元年と明治一二年の「一紙帳」には記載されておらず、これらの年には浦賀積

表26　魚崎村江戸積樽数・船数

年　代	正　月	2　月	3　月	4　月	5　月	6　月	7　月
安政6年(1859)			1881(14)	1787(18)	4653(12)	4304(29)	3378(20)
万延元年(1860)				2408(18)	4496(14)	7436(33)	4124(18)
文久2年(1862)	1290(13)	280(2)	4830(26)	4737(18)	6487(32)	1427(7)	3572(17)
元治元年(1864)		2110(15)	2948(21)	4819(20)	2987(15)	4567(14)	8374(24)
慶応元年(1865)		1950(7)	2761(9)	2527(19)	3479(15)	5032(22)	1103(5)
同　2年(1866)			1670(9)	3280(19)	2380(13)	2681(13)	6100(25)
同　3年(1867)			1434(11)	985(10)	811(7)	2249(14)	2537(15)
明治元年(1868)			2000(10)	390(2)	1972(9)	754(5)	2809(15)
同　2年(1869)			1242(8)	2269(16)	2211(9)		6884(24)
同　4年(1871)	1840(8)	2386(11)	1632(15)	1692(11)	2740(8)	4456(17)	1550(12)
同　5年(1872)		1259(7)	2220(20)	3342(22)	2670(13)	2768(17)	982(10)
同　6年(1873)		2770(12)	1133(10)	1410(12)	680(7)	4802(21)	4583(15)
同　7年(1874)				1640(8)	3701(18)	3815(17)	6591(27)
同　11年(1878)				1304(10)	2206(17)	3753(21)	4421(11)
同　12年(1879)			1041(5)	863(7)	2204(14)	3770(16)	2148(12)

年　代	8　月	9　月	10　月	11　月	12　月	翌正月	閏　月	合　計
安政6年(1859)	3975(25)	5056(26)	10899(35)	10630(37)				46563(216)
万延元年(1860)	3539(25)	4968(26)	11774(34)	8198(27)				46943(195)
文久2年(1862)	4841(20)	8978(23)	8899(19)	10213(30)	624(5)		閏8月6256(26)	62434(238)
元治元年(1864)	6761(25)	4117(17)	6436(32)	10938(28)	4114(14)			58171(225)
慶応元年(1865)	3480(25)	3108(15)	6804(37)	3391(12)	4426(20)		閏5月1513(9)	39574(195)
同　2年(1866)	2144(11)	3297(22)	3277(20)	4652(13)	2850(13)			32331(158)
同　3年(1867)	3242(15)	3085(19)	5159(24)	8070(19)	1137(6)			28709(140)
明治元年(1868)	2887(13)	2864(10)	4950(9)	5682(23)	5474(19)		閏4月2347(18)	32129(133)
同　2年(1869)	854(7)	1830(12)	4005(12)	6349(20)	3885(12)			29529(120)
同　4年(1871)	1614(13)	5219(20)	5496(13)	8884(21)	317(2)			37826(151)
同　5年(1872)	1472(15)	4326(13)	5267(17)	11193(31)	70(1)	401(4)		35970(170)
同　6年(1873)	4379(17)	3022(18)	6735(25)	5409(13)	12847(36)	2590(10)		50350(196)
同　7年(1874)	3569(15)	3541(20)	3421(17)	11229(37)	8907(34)	2930(17)		49344(236)
同　11年(1878)	611(5)	1739(5)	4713(14)	4568(13)	6164(14)	1730(4)		31114(115)
同　12年(1879)	142(2)	1663(9)	1905(12)	3706(17)	8549(27)	2260(8)		28207(129)

(註)　安政6年3月「午年造酒一紙帳」・万延元年「一紙帳」・文久2年正月「酉年造酒一紙帳」・同4年正月「一紙帳」・元治2年正月「一紙帳」・慶応2年3月「一紙帳」・同3年正月「一紙帳」・同4年3月「一紙帳」・明治2年正月「一紙帳」・同4年正月「一紙帳」・同5年正月「一紙帳」・同6年1月「一紙帳」・同7年4月「一紙帳」・同11年「一紙薄」・同12年3月「東京積一紙薄」(関西学院大学図書館所蔵魚崎酒造組合文書)より作成。単位は樽、(　)内は艘。

表27　今津村江戸積樽数・船数

年代	3月	4月	5月	6月	7月	8月	9月	10月	11月	12月	閏月	合計
慶応2年(1866)	3210(9)	9240(23)	5415(11)	6084(12)								23949(55)
明治元年(1868)	4555(10)	1131(4)	3066(9)	1402(4)	6109(15)	6455(14)	4764(10)	4142(19)	12559(19)	13953(19)	閏4月　7384(18)	65520(135)
同　2年(1869)	1528(8)	7619(16)	3647(9)		12070(24)	2936(5)	10473(17)	5984(10)	10709(22)	2184(10)		57150(121)
同　15年(1882)		3152(5)	8623(16)	10040(24)	5430(18)	9158(15)	6272(13)	9770(19)	877(1)			53322(111)

（註）慶応2年3月「一紙帳」・慶応4年3月「一紙船名前帳」（関西学院大学図書館所蔵今津酒造組合文書）より作成。慶応2年は上半期分と思われる。単位は樽、(　)内は艘。

が行なわれていなかったのではなく、別帳に記されていたのであろう。特に明治一二年の史料の表紙には「東京積一紙帳」と明記されており、区別されていたようである。ただし、ここで示す数値も「一紙帳」の江戸積高の最後に覚書程度に記されていたものであるから多少脱漏があるかも知れない。まず浦賀積の年間輸送量をみると、最低文久二年の六二八樽から最高明治七年の四四六七樽まであるが、ほぼ二〇〇〇～四〇〇〇樽が浦賀へ積出されていた。これは、江戸積の三～四%にあたる樽数であった。年代的には、元治元年と明治七年の四〇〇〇樽以外には、いずれも二〇〇〇樽前後であった。月別では、江戸積とほぼ同じ傾向を示すが、江戸積に比べ二～三月がやや少ない。これは、江戸積がこの時期新酒番船で運ばれるのに対し、浦賀積には新酒番船で輸送される分はほとんどなく、一歩遅れるからであろう。月別の最高は明治七年一二月の一四一四樽であるが、これ以外は月に一〇〇〇樽以下であり、浦賀積は江戸積の添荷として輸送されたのである。[16]

また、灘酒は江戸・浦賀だけではなく、大坂積も行なわれていたことが断片的ではあるが明らかになる。明治六年九月の三六三樽（二艘）と同一一月の二四四樽（一艘）であるが、明治期になっての江戸市場からの脱却・市場の多様化の動きとして注目される。

同じく今津村の江戸積樽数・船数を示したのが、表27である。慶応二年は六月までの半期の数値しか存在しないが、年間五～六万樽が江戸へ輸送されていたことがわかる。これは、前述した魚崎村の年間輸送量の三～六万樽に比べやや多く、前述した両者の稼石高と蔵数の差からすれば納得できる。月別動向は、魚崎とほぼ同じく三～一二月に輸送がなされており、最高は明治元年一二月の一万三九五三樽で、一万樽を越すのは七月一件・九月一件・一一月二件・一二月一件であり、秋に多く輸送されている。

酒輸送は寒造りのイメージから季節性が非常に強い商品のように考えられがちであるが、このように一二～翌二月の一部の期間を除くとほぼ一年中輸送されていたのであり、特に春・秋には需要が伸び、輸送が活発化したようである。

三　輸送廻船

ここでは、魚崎・今津から江戸への酒樽輸送に用いられた廻船について取り上げ、年間どれだけの廻船が従事したのか、江戸までの航海にはどれだけの日数がかかったのか、どれだけの廻船が難船に遭ったのか、蒸気船や西洋形帆船の導入がどのようになされたのかを明らかにしたい。

1　艘数動向

まず、前掲の表26によって、魚崎村からの江戸積酒樽輸送に従事した廻船の艘数について見てみよう。表中のかっこ内の数値がそれである。年間廻船数は、最低明治一一年の一一五艘から最高文久二年の二三八艘までであるが、ほぼ一五〇～二〇〇艘の廻船によって輸送されていた。ただし、艘数は延べ数であり、一年に同一廻船が何度も酒樽輸送に従事したし、後述するように魚崎村からの積荷だけで一廻船が満載になったのではなく、灘の他地域からの酒荷等も積み合わされて輸送されたのである。年代的には、樽数の場合と同じく安政六年～慶応元年は二〇〇艘前後の水準を維持するが、慶応二年～明治五年には一二〇～一七〇艘に落ち込み、明治六～七年にはまた二〇〇艘前後まで回復するが、明治一一～一二年には一二〇艘前後に減少している。月別の最高は、慶応元年一〇月と明治七年一一月の三七艘であり、一〇～一一月に活躍している。

魚崎村からの浦賀積酒樽輸送に従事した廻船の艘数についても同様に見ると、年間では最低明治一一年の一四艘から最高明治四年の八二艘までであるが、平均四〇～六〇艘の廻船によって輸送された。ただし、前述したように浦賀積単独で輸送されることはなく、江戸積酒樽荷物の添荷として運ばれた。したがって、江戸積が年間一五〇～二〇〇艘であるので、浦賀積は江戸積酒樽廻船のうち二〇～四〇％の廻船に添荷として積み込まれたと考えられる。浦賀積のみによる単独積載の可能性をもつ廻船も明治五年一一月・同六年一二月・同七年八月・同年一〇月に一艘ずつ存在したが、いずれも積載量は少なく、灘の他地域からの積み合わせにより輸送されているため、魚崎村からの積荷だけで判断できない。

それでは、灘地域における積合積載の状況について、魚崎と今津を例に見てみよう。両者の史料が重なるのは、慶応二年の三～六月である。[17] それによると三月には九艘とも魚崎・今津両者の酒荷を積み込んでおり、四月には今津のみが四艘、五～六月はすべて魚崎・今津両者の酒荷を積み込んでおり、ほとんどの廻船が今津・魚崎の双方の酒荷を積み合わせていたようである。このことは魚崎・今津にとどまらず、灘各地から積み合わされて江戸へ運ばれたことをうかがわせる。それは、廻船一艘につき酒荷のみでも二五〇〇樽以上積載可能であったのに対し、魚崎からの酒荷積高がほとんど一艘当たり二〇〇～六〇〇樽であることから当然のことであった。もちろん、廻船には酒荷だけでなく、他の積荷も合わせて積み込まれたことは言うまでもないであろう。[18] 次に、魚崎・今津についてどちらが先に積み込んだのか見てみると、魚崎が先一二艘・今津が先一八艘・同時九艘であり、今津がやや多いが規則性は見られなかった。ほとんどが一〜二日違いに積み込んでいるが、魚崎を四月一七日に積み今津を同二四日に、今津を四月八日に積み魚崎を同一六日にそれぞれ積み込んでいる場合もあった。このように、酒荷を一か所分のみ船積みするのではなく、灘各地の酒荷を分散して積荷を行なっているようすがよくわかる。さらに、前述したように一地域の積み込みに際しても、同一荷主の積荷だけを一手に積み込むのではなく、数多くの荷主の積荷を少しずつ多数の廻船に分散させて輸送していたのであり、これらはいずれも難船等による荷主の危険分散をはかるための仕組のようであった。(19)

今津村からの江戸積酒樽輸送に従事した廻船の艘数については、前掲の表27によって見てみよう。慶応二年の数値を除くと、年間では最低明治一五年の一一一艘から最高明治元年の一三五艘まであり、魚崎村に比べると樽数が多い割には船数は少なくなっている。月別の最高は明治一五年六月の二四艘であり、樽数の割に船数は少ない。したがって、魚崎に比べ一艘当たりの積載量が多くなっている。

2　航海日数

上方から江戸までの廻船による所要日数については、少しまとまったものとして鴻池の酒輸送の事例がある。そこでは延宝元〜七年（一六七三〜一六七九）において、早くて一〇日、平均四週間〜一か月を要している。長くかかっているのは二〜三か月で、一番長いのは約四か月であった。(20) この事例は、樽廻船が登場する以前のものであり、廻船規模も五〇〇石積程度のものであるが、ここでは幕末期の事例を紹介しよう。

今津村から江戸へ積み出した酒荷を廻船ごとに記した慶応四年三月「一紙船名前帳」(21)には、慶応四年分の一三五艘の樽廻船のうち七九艘について出帆日と江戸入津日とが記されている。それによれば、一〇日間一艘、一一

〜一五日間一二艘、一六〜二〇日間一〇艘、二一〜二五日間一六艘、二六〜三〇日間八艘、三一〜三五日間一〇艘、三六〜四〇日間一〇艘、四一〜四五日間八艘、四六〜五〇日間二艘、五一〜五五日間二艘、六一〜六五日間一艘、七六日間一艘となる。早いのは一〇日間、遅いのは七六日間であり、最も多かったのは二一〜二五日間であった。平均すれば、一一〜四〇日間（二週間〜一か月程度）であり、鴻池の事例よりは少し早くなっているが、後述する蒸気船と比べれば帆船の限界が見られる。これには魚崎・今津の積み込みにおいても一〜二日の差が存在したように、灘での積み込みに手間取り数日間ほどかかったことが予想される。新酒番船は早いもので三〜四日とされるが、この事例では三月二九日に出帆した一〇艘の新酒番船のうち三艘は難船となり、残り七艘のうち四月一四日に入津したのが一艘、同月一八日に入津したのが四艘、同月一九日に入津したのが二艘であり、二〜三週間程度かかっている。[22]

蒸気船になると、明治一二年の新潟丸の事例[23]では、四月二三日・五月五日・同二五日・六月四日・同一六日・同二七日・七月五日・同月二四日・九月二日・同一八日というように一か月に二〜三回も稼働しており、片道数日で航行していたようであり、かなりの迅速化がはかられたことがわかる。[24]西洋形帆船（風帆船）の場合、明治一二年の千足丸の事例[25]では、三月二三日・四月二九日・七月一三日・一一月一五日・一二月一一日というように一〜二か月に一往復の稼働状況で、多少迅速性は増したものの樽廻船とさほど変わらない航海日数のようであった。

3　難船率

魚崎・今津の「一紙帳」のうち難船の発生がわかる年度を表28に掲げた。したがって、この表に見られない年度には難船が発生しなかったかも知れないが、確証がないのでここでは確実に難船が発生した年度のみを取り上げ、それ以外は除外した。延べ八か年について明らかになるが、魚崎と今津のうち明治元年が重複している。こ

表28　難船艘数・樽数

3月	閏4月	5月	7月	8月	9月	10月	11月	合計	全艘数
						250(1)		250(1)	195艘
					438(1)			438(1)	238
				179(1)		400(2)		579(3)	195
						298(1)	652(1)	950(2)	140
200(1)	80(1)		88(1)		127(1)			495(4)	133
			294(1)					294(1)	120
960(3)		291(1)						1251(4)	55
2339(3)	120(1)		430(1)		758(2)			3647(7)	135

文久2年正月「酉年造酒一紙帳」・同4年正月「一紙帳」・慶応3年正月「一紙帳」・同4年3月「一紙
一紙帳」（関西学院大学図書館所蔵魚崎酒造組合文書）、慶応2年3月「一紙帳」・慶応4年3月「一紙
大学図書館所蔵今津酒造組合文書）より作成。単位は樽、（　）内は艘。積荷は浦賀積分を含む。

の重複を具体的にみると、魚崎四艘のうち三月の升屋与左衛門船・七月の毛馬屋秀五郎船・九月の毛馬屋大五郎船の三艘が、今津の七艘のうちの三艘と重複していることになる。すなわち、この三艘の廻船については魚崎と今津の双方から酒荷を積み込んで、難船したことがわかる。

難船は年間一～四艘程度見られ、一方年間一五〇～二〇〇艘の廻船によって運ばれたから一%程度の難船率となる。ただし、今津の場合には慶応二年は五五艘のうち四艘（七%）、明治元年には一三五艘のうち七艘（五%）が難船に遭ったことになり、魚崎の場合に比べ難船率が少し高い(26)。月別では、三月と九～一〇月が多い。三月は新酒番船による競争があり、無理な航行が行なわれたことによるものであろう。たとえば、前述したように慶応二年の今津村では、三月二九日に出帆した一〇艘の新酒番船のうち三艘が難船となった。九～一〇月は台風シーズンによる難船であろう。一二～翌二月に難船がないのは、前述したように酒の輸送がほとんど行なわれていないことによる。

どこで難船したのか、具体的に注記されている明治元年と同二年の魚崎の場合を見てみよう。そこには、「土佐海ニて荷打」(27)「伊勢浦ニ而荷打」(28)「伊豆沖ニ而焼船仕候」「紀州由良沖ニ而難事」「志州大湊沖難船」とあり、船火事の場合も含んでいるが、紀伊・伊勢・志摩・伊

区分	年　代
魚崎	万延元年(1860)
	文久２年(1863)
	慶応元年(1865)
	同　３年(1867)
	明治元年(1868)
	同　２年(1869)
今津	慶応２年(1866)
	明治元年(1868)

（註）　万延元年「一紙帳」・
帳」・明治２年正月「
船名前帳」（関西学院

豆と江戸―上方の航路に沿って難所が存在した。ただし、土佐とあるのは風によって流されたからであろう。

4　風帆船・蒸気船の登場

酒輸送と樽廻船は、樽廻船の創設以来密接なつながりがあるが、(29)江戸―上方間の定期航路には和船である樽廻船にいつまでも依存するより、効率のよい西洋形帆船（風帆船）・蒸気船の導入をはかるのが自然の成り行きであった。

そこで、魚崎・今津の酒輸送において風帆船・蒸気船が見られるようになった明治四年以降について示したのが、表29である。これによって灘酒輸送における風帆船・蒸気船の導入について見てみよう。これらの史料で、最初に蒸気船が見られたのは明治四年九月の千里丸である。明治三年の「一紙帳」が欠けているので、さらに遡って明治三年にも見られたかも知れない。しかし、明治二年の「一紙帳」には風帆船・蒸気船は全く見られず、魚崎の酒荷はすべて樽廻船によって輸送されており、また明治四年においても九月に一艘・一〇月に二艘・一一月に五艘見られただけで、しかも九月以降に集中していることから、明治三年に蒸気船による輸送が行なわれた可能性はやや低い。今津については、明治二年まで風帆船・蒸気船は全く見られず、今津の酒荷はすべて和船である樽廻船によって輸送されていた。明治三～一四年の史料が欠けているので、風帆船・蒸気船の動向が明らかになるのは明治一五年のみである。

和船である樽廻船については、「江戸積ニ専用セル樽船ハ明治七八年ノ交ヨリ漸ク衰微シ十三四年ノ交ニ至リ遂ニ其ノ迹ヲ絶テリ」とあり、明治七～八年頃から衰退し始め、明治一三～一四年頃にはほとんど見られなくなったという。(30)表29によってこのことを確認してみると、和船は明治四年には酒輸送船の九五％、同五年には七

表29　風帆船・蒸気船の導入

区分	年代	正月	2月	3月	4月	5月	6月	7月	8月	9月	10月	11月	12月	翌正月	合計	比率
魚崎	明治4和	8	11	15	11	8	17	12	13	19	11	15	2		142	95%
	風															
	蒸									1	2	5			8	5
	5和		7	20	22	13	15	10	15	8	13	26	1	3	153	89
	風															
	蒸						2			5	4	6		1	18	11
	6和		12	10	13	6	14	12	10	13	13	10	31	7	151	77
	風											1			1	0
	蒸						7	3	7	5	12	2	6	3	45	23
	7和				8	15	15	16	13	8	8	30	21	7	141	67
	風												1		1	0
	蒸					5	2	11	3	12	10	6	11	10	70	33
	11和				10	14	12		2			1	1		40	35
	風					1	6	6	3	1	5	7	5		34	30
	蒸					2	4	5		4	9	5	8	4	41	35
	12和															
	風			5	4	5	6	10	1	1	5	13	21	3	74	59
	蒸				3	9	9	2	1	6	7	4	6	5	52	41
今津	明治15和															
	風				3	10	17	11	9	6	16	1			73	66
	蒸				2	6	8	6	6	7	3				38	34

（註）　明治4年正月「一紙帳」・同5年正月「一紙帳」・同6年1月「一紙帳」・同7年4月「一紙帳」・同11年「一紙簿」・同12年3月「東京積一紙簿」（関西学院大学図書館所蔵魚崎酒造組合文書）、慶応4年3月「一紙船名前帳」（関西学院大学図書館所蔵今津酒造組合文書）より作成。和は和船（樽廻船）、風は風帆船（西洋形帆船）、蒸は蒸気船を示す。単位は艘。

七％、同七年には六七％を占めていたが、同一一年には三〇％に落ち込み、同一二年になると全く姿を消してしまったのである。明治一五年の今津においても全く見られない。このように、和船は酒輸送において明治一〇年以降急激に減少していったことが確認できる。

灘酒輸送における風帆船（西洋形帆船）の導入については、明治八年に西宮の浅尾市郎右衛門が購入して用いたのが最初であり、その後明治一〇年の西南戦争の際に蒸気船が不足したのを契機に明治一二年以降今津の千足利右衛門や西宮の辰馬吉左衛門などによって盛んに建造されるようになったという(31)。それでは、魚崎村の酒輸送において風帆船が実際どのように導入されたのか、表29によって見てみよう。風帆船が、最初に見られるのは明治六年一一月の致遠丸であり、蒸気船の明治四年九月に比べれば二年ほど遅れる。したがって、酒荷輸送においては和船から蒸気船、そして風帆船の順に導入されたことになり、日本には蒸気船と風帆船とが同時にもたらされたことがわかる。表29によれば、風帆船は明治四～五年には全く見られず、明治六年に最初の一艘が存在し、同七年にもわずか一艘見られるのみである。明治八～一〇年は史料がないので不明であるが、明治一一年には三四艘も存在し、酒輸送船の三〇％を占め、同一二年には七四艘で五九％も占めるようになり、風帆船は急増した。今津の明治一五年における状況は、風帆船が七三艘（六六％）存在するのに対し、一方和船は全く見られず、風帆船が和船にとってかわったことを示すものであろう。これは、従来の樽廻船が風帆船に取り替えられたことによるものと思われる。和船から風帆船への転換が、明治一〇年の西南戦争以降急激になされていったのである。

灘酒輸送における蒸気船の導入については、灘酒造地でも意見が分かれた。すなわち、明治四年に蒸気船による東京への酒輸送が問題となり、池田・伊丹・下灘・灘東組等が導入に賛成し、西宮・今津・灘中組・西組等はこれに反対した。そこでの反対理由は、樽廻船の反発・汽船の火力や石炭の臭気による変味腐敗であった。しかし、両者の決着をつけることができず、各郷による勝手積となった。そして、「西宮郷において東京積、酒荷物を断然汽船に積み込みたるは明治四年の秋の事にて」として、蒸気船による酒輸送が実施され、その後しだいに火気による酒荷への弊害という誤解もなくなり、蒸気船の積極的な導入がなされていったようである。(32)

それでは、魚崎村の酒樽輸送において蒸気船が実際どのように導入されたのか、表29によって見てみよう。蒸気船は、明治四年には八艘存在し、酒輸送船のわずか五％しか占めていなかったが、同五年には一八艘（一一％）、同六年には四五艘（二三％）、同七年には七〇艘（三三％）、同一一年には四一艘（三五％）、同一二年には五二艘（四一％）と酒輸送船の中で占める比率の上では着実に増加していった。ただし、艘数では明治七年には七〇艘もあったのが四〇～五〇艘に減少しているが、これは同一一年以降の風帆船の急増によるものであろう。今津の明治一五年の酒輸送においては、蒸気船は三八艘であり、酒輸送船の三四％を占め、蒸気船の普及状況がうかがえる。このように、灘地方から東京への酒荷輸送においては、明治四～一二年に和船から蒸気船・風帆船への急激な転換が行なわれたのである。それは、上方—江戸間の定期航路にふさわしい積荷である灘酒の輸送には、和船である樽廻船にいつまでも依存するより、風帆船・蒸気船の導入をはかる方がより経済効率が高かったからであった。

四　酒造家の手船

幕末期には、灘酒造家が積極的に廻船を所有するようになり、樽廻船の八割が灘地方の廻船によって占められていたため、(33)これまで見てきた魚崎や今津から江戸へ輸送された酒荷を運んだ樽廻船も当然数多くの酒造家による手船が含まれていた。それでは、酒造家の手船による酒樽輸送と手船以外の廻船による輸送との間にどのような相違があるのか。酒造家の手船であってもそれを樽廻船問屋に付船することで、自己荷物を勝手に積み込むこ

表30　文久２年魚崎村酒造家の所有廻船と積荷（1）

赤穂屋・山路手船以外の廻船				220艘	
赤穂要助	赤穂孝太郎	赤穂同族	山路久治郎	その他	合　計
781	4169	15069	4054	20206	44279
1.8	9.4	34.0	9.2	45.6	100%

（註）　文久２年正月「酉年造酒積一紙帳」（関西学院大学図書館所蔵魚崎酒造組合文書）より作成。赤穂同族は、赤穂要助・赤穂孝太郎を除く。単位は樽。

とを防止する仕組になっていたのに、それでも酒造家が幕末期に手船を所有する意味は何かなど、船主としての酒造家と荷主としての酒造家の関係について見てみよう。

そこで、文久二年の魚崎村から出荷された酒荷の輸送に当たった魚崎村の酒造家の樽廻船と積荷の関係について示したのが、表30～32である。文久二年の魚崎村の樽廻船所有者は、赤穂屋要助（毛馬屋半太夫船・柴田秀造船）・赤穂屋孝太郎（柴田愛蔵船）・山路重兵衛[34]（西田重造船）である。

表30によって、これら魚崎村の酒造家の手船以外の廻船二二〇艘による積荷状況をみると、次のようである。すなわち、赤穂屋・山路久治郎への出荷割合は、赤穂屋要助一・八%、赤穂屋孝太郎九・四%、赤穂屋同族（要助・孝太郎を除く）三四・〇%、山路久治郎九・二%、その他四五・六%であった。魚崎村においては赤穂屋市郎右衛門を初め赤穂屋同族が大きな勢力を有していたため、赤穂屋の占める比率は全部で四五・二%であり、山路久次郎などに比べるとはるかに高い。

次に、表31によって、赤穂屋同族の手船による積荷状況を見てみよう。文久二年魚崎村からの酒樽輸送には、赤穂屋同族の手船として孝太郎の柴田愛蔵船、要助の柴田秀造船、為助の毛馬屋半太夫船の三艘が、延一一回にわたって従事している。赤穂屋同族の手船延一一艘による赤穂屋同族の積荷割合をみると、赤穂屋要助の手船（延五艘）の場合は赤穂屋要助三・七%、赤穂屋孝太郎二八・一%、赤穂屋同族（要助・孝太郎を除く）四七・二%、その他二〇・三%であり、赤穂屋孝太郎の手船（延べ四艘）の場合は赤穂屋要助五・四%、赤穂屋孝太郎一七・八%、赤穂屋同族（要助・孝太郎を除く）四六・三%、その他二九・九%であった。赤穂屋要

表31　文久2年魚崎村酒造家の所有廻船と積荷（2）

赤穂屋同族手船（柴田秀造船・柴田愛蔵船・毛馬屋半太夫船）　11艘						
月　日	廻　船　名	赤穂要助	赤穂孝太郎	赤穂同族	その他	合　計
3．4	柴田愛蔵船　（孝太郎）	60	140	691	200	1091
3．13	柴田秀造船　（要助）	40	316	291	190	837
4．14	柴田秀造船　（要助）	40	249	467	210	966
5．11	柴田秀造船　（要助）	0	458	457	130	1075
7．	柴田秀造船　（要助）	45	84	420	210	759
8．13	柴田愛蔵船　（孝太郎）	81	234	381	377	1102
閏8.10	柴田秀造船　（要助）	47	218	588	218	1071
9．9	柴田愛蔵船　（孝太郎）	90	390	836	430	1746
10．26	毛馬屋半太夫（為助）	0	410	550	340	1300
12．7	柴田愛蔵船　（孝太郎）	0	0	79	278	357
12．8	毛馬屋半太夫（為助）	0	0	0	107	107
合　計		403	2499	4760	2690	10411
比　率		3.9	24.0	45.7	25.9	100%

（註）　表30に同じ。

表32　文久2年魚崎村酒造家の所有廻船と積荷（3）

山路重兵衛手船（西田重造船）　7艘			
月　日	山路久治郎	その他	合　計
3．13	420	504	924
4．16	334	617	951
5．27	614	676	1290
7．23	540	510	1050
閏8.15	421	402	823
10．13	660	1053	1713
11．23	769	1094	1863
合　計	3758	4856	8614
比　率	43.6	56.4	100%

（註）　表30に同じ。

助と赤穂屋孝太郎とを比べると、赤穂屋要助の手船には赤穂屋孝太郎の積荷がやや多く、赤穂屋孝太郎の手船には赤穂屋要助の積荷がやや多いという逆転現象が見られた。しかし、赤穂屋同族全体からすれば、同族の手船による出荷割合は、赤穂屋要助三・九％、赤穂屋孝太郎二四・〇％、赤穂屋同族（要助・孝太郎を除く）四五・七％、その他二五・九％であり、魚崎村からの積荷のうち四分の三が赤穂屋同族の積荷によって占められ、表30で見た手船以外の場合の二分の一弱と比べると多くなっている。このことから、自己荷物の勝手積は禁止されている

表33　慶応2年今津村酒造家の所有廻船と積荷

その他の廻船						千足同族の手船					
廻船	千足利右衛門	千足利作	千足同族	その他	合計	廻船	千足利右衛門	千足利作	千足同族	その他	合計
3艘	206樽	1128	2096	17113	20543	52艘	689樽	494	918	1362	3463
比率	1.0	5.5	10.2	83.3	100%	比率	19.9	14.3	26.5	39.3	100%

（註）　慶応2年3月「一紙帳」（関西学院大学図書館所蔵今津酒造組合文書）・元治元年3月「樽廻船名前帳」・慶応3年3月「樽廻船名前帳」（関西学院大学図書館所蔵魚崎酒造組合文書）より作成。千足同族は、千足利右衛門・千足利作を除く。

ものの、手船による同族荷物の優先的な輸送が酒造家の手船所有の大きな理由の一つとして考えられるのである。(35)また、一二月になると赤穂屋同族の手船による同族荷物の輸送がほとんど見られなくなっているのは、酒樽輸送のピークが過ぎて、もはや同族荷物の優先輸送があまり意味を持たなくなったことを示すものであろう。そして、酒造経営の規模を拡大しようとする酒造家にとって酒荷輸送の盛況期に輸送手段を確保することは、江戸における酒価の変動と入津状況に応じた酒荷販売の有利性を増すこととなったのである。(36)したがって、酒造家が手船を所有する意味はここにあったと言うことができる。

文久二年の魚崎村から積み出された酒荷のうち、山路重兵衛の手船によって輸送されたものを示したのが、表32である。この表によれば、山路重兵衛の手船である西田重造船によって七回にわたり輸送されている。山路同族の手船（延七艘）による積荷割合は、山路久治郎四三・六%、その他五六・四%であり、前掲表30で見た山路家の手船以外の廻船による積荷割合の山路久治郎九・二%、その他九〇・八%と比べれば、極端に多くなっており、手船による同族荷物の優先輸送が確認できる。

次に、慶応二年の今津村の酒造家による手船と積荷の関係を示したのが、表33である。この表によれば、慶応二年の上半期に今津からの酒荷輸送に従事した廻船五五艘のうち千足利作・利右衛門の手船(37)が、延三艘ある。千足同族の手船以外の廻船（延五二艘）による積荷割合は、千足利作一・〇%、千足利右衛門五・五%、千足同族一〇・二%であり、千足同族以外の積荷は八三・三%である。これに対し、千足同族の手船による酒樽輸送の場合には、船主である千足利作・利右衛門の積荷はそれぞれ一四・三%、一九・九%であり、さらに両者を除く千足同族の積荷は二六・五%で、千足同族以外の積荷は三九・三%であり、手船による輸送と著しい対照を見せる。すなわち、千足同族以外の廻船の場合には千足同族の積荷はわずか一六・七%しか積載されていないのに対し、千足同族の手船には同族の荷物が六〇・七%も積み込まれ、赤穂屋の場合と同様に酒造家の手船による同族荷物の優先的な輸送状況を見ることができるのである。

以上、「一紙帳」を中心に、幕末・維新期の魚崎・今津という灘酒造地において実際に輸送された江戸積樽数の動向、そこで用いられた廻船、船主と荷主との関係などを取り上げてきたが、そこでは次のようなことが明らかになった。

第一に、魚崎村は灘五郷（今津・東組・中組・西組・下灘）の東組の中心をなし、東組は五郷の中でも中組に次いで大きな比重を占め、今津は中組・東組には及ばないが、西組・下灘より大きな規模をもっていた。また、東組の中では魚崎村は西組や下灘に匹敵するくらいの規模であった。したがって、魚崎村は灘酒造地では中組の御影村と並ぶ酒造業の最も盛んな村であり、今津も灘五郷の中では中位の郷であり、魚崎村を上回る規模をもつ酒造業の盛んな村であった。

第二に、魚崎村の江戸積樽数では、ほぼ年間三～六万樽が魚崎から江戸へ向けて輸送されていた。早い時期には正月から、一般には三月頃から新酒番船が始まり、一二月あるいは翌正月で積切となる。魚崎村では江戸積だけでなく、浦賀積も行なわれており、ほぼ年間二〇〇〇～四〇〇〇樽が積み出されていた。これは、江戸積の三～四%にあたる樽数であり、江戸積の添荷として輸送された。今津村の江戸積樽数は年間五～六万樽であり、魚崎村に比べやや多い。酒輸送は季節性が非常に強い商品のように考えれがちであるが、ほぼ一年中輸送されていたのであり、特に春と秋には需要が伸び、輸送が活発化した。

第三に、魚崎村からの江戸積酒樽輸送に従事した廻船は年間ほぼ延一五〇～二〇〇艘の廻船で、灘の他地域からの酒荷等も積み合わされて輸送されていた。今津村からの江戸積に従事した廻船の艘数は、年間一一～一三五艘であり、魚崎村に比べると樽数が多い割には船数は少なく一艘当たりの積載量が多かった。慶応四年の今津村から江戸までの樽廻船による所要日数は、早いのは一〇日間、遅いのは七六日間であり、平均二週間～一か月程度かかった。蒸気船では、数日となったが、風帆船では樽廻船と大きく変わらなかったようである。魚崎の場合、難船は年間一～四艘程度見られ、一%程度の難船率であったが、今津の場合には五～七%と少し高かった。難船は三月と九～一〇月に多く、三月は新酒番船による無理な航行が行なわれ、九～一〇月は台風によるものであろう。

第四に、魚崎の酒輸送において、最初に蒸気船が見られたのは明治四年九月であった。樽廻船である和船は明治四年には酒輸送船の九五%、同七年には六七%を占めていたが、同一〇年以降急激に減少していった。風帆船が最初に見られたのは明治六年一一月であり、蒸気船に比べれば二年ほど遅れた。明治七年にもわずか一艘見られるのみであったが、同一一年には三四艘も存在し、酒輸送船の三〇%を占め、同一二年には七四艘で五九%も占めるようになり、風帆船は急増して和船にとって代わった。蒸気船は、明治四年に八艘存在し、酒輸送船のわずか五%に過ぎなかったが、同五年には一八艘（一一%）、同一二年には五二艘（四一%）と酒輸送船の中で占める比率の上では着実に増加していった。このように、灘地方から東京への酒荷輸送においては、明治四～一二年に和船から蒸気船・風帆船への急激な転換が行なわれたのである。

第五に、文久二年の魚崎村の赤穂屋同族・山路同族や慶応二年の今津村の千足同族の手船による輸送状況は、自己荷物の勝手積が禁止されている中、実際には手船による同族荷物の優先的な輸送を行なっていたことを示すものであり、それが幕末期に灘酒造家が積極的に手船を所有するようになる大きな理由の一つと考えられた。

（1）灘酒造業の発展過程については、柚木学『近世灘酒経済史』（ミネルヴァ書房、一九六五年）、同『酒造りの歴史』（雄山閣出版、一九八七年）、拙稿「灘酒造業の展開」（『社会経済史学』五五巻二号、一九八九年）などを参照。
（2）灘酒造家の出荷樽数や江戸下り酒問屋との関係などについては、本章では省いたので拙稿「幕末・維新期の灘酒輸送」（柚木学編『日本水上交通史論集』四巻（文献出版、一九九一年）参照。
（3）柚木学前掲『近世灘酒経済史』四三頁。
（4）安政六年三月「午年造酒一紙帳」・万延元年「一紙帳」・文久二年正月「酉年造酒一紙帳」・同四年正月「一紙帳」・元治二年正月「一紙帳」・慶応二年三月「一紙帳」・同三年正月「一紙帳」・同四年三月「一紙帳」・明治二年正月「一紙帳」・同四年正月「一紙帳」・同五年正月「一紙帳」・同六年一月「一紙帳」・同七年四月「一紙帳」・同一一年「一紙簿」・同一二年三月「東京積一紙簿」（関西学院大学図書館所蔵魚崎酒造組合文書）、慶応二年三月「一紙帳」（関西学院図書館所蔵今津酒造組合文書）。これらの史料は、いずれも一年分ずつ記述されているが、今津の慶応二年分は六月までの半年分となっている。
（5）慶応四年三月「一紙船名前帳」（関西学院図書館所蔵今津酒造組合文書）。
（6）柚木学前掲『近世灘酒経済史』三二三～三二六頁。
（7）同書、二三八～二四〇頁。
（8）柚木学前掲『酒造りの歴史』二九七～二九八頁。
（9）魚崎村については、魚崎町誌編纂委員会編『魚崎町誌』（一九五七年、二九七～三一七頁・九二四～一〇七五頁）、柚木学前掲『近世灘酒経済史』八三～一一六頁、李東彦「近世魚崎村における人口変動と経済発展」（新修神戸市史編集室編『神戸の歴史』一二号、一九八五年）、桑田優「近世後期における摂州菟原郡魚崎村の産業」（同一七号、一九八七年）などの研究がある。
（10）今津村の酒造業については、魚澄惣五郎編『西宮市史』二巻（西宮市役所、一九六〇年、四〇二～四八三頁）などの研究がある。
（11）柚木学前掲『近世灘酒経済史』七三～七七頁。

(12) 慶応四年二月「六郷稼石高」(慶応四年「要書録」関西学院図書館所蔵今津酒造組合文書)。
(13) 元治元年「甲子年造酒稼石高」(元治元年「諸用留」関西学院図書館所蔵魚崎酒造組合文書)。
(14) 文久三年「文久三亥年造酒江戸積入高」(同右)。
(15) 魚崎村浦賀積樽数船数一覧は、本章では省いたので前掲拙稿第5表参照。
(16) 江戸積と浦賀積のこのような関係は、紀州蜜柑輸送の場合にも見られ、江戸送蜜柑は江戸行廻船によって一括して輸送される場合と浦賀送蜜柑を添荷として輸送される場合とがあり、浦賀送蜜柑はすべて江戸行蜜柑廻船の添荷として運ばれた(本書第六章)。
(17) 慶応二年三月「一紙帳」(関西学院大学図書館所蔵魚崎酒造組合文書)、慶応二年三月「一紙帳」(関西学院大学図書館所蔵今津酒造組合文書)。
(18) たとえば、安政五年一〇月に遠州で難船に遭った魚崎の重蔵船(水主一四人乗)は、酒二五五五樽の他に青莚五〇束・陙絨五〇俵・数の子一〇〇俵・松茸九七樽・葛二五箱・砥石二五篋・渋木三〇篋・生渋一〇樽・線香二〇箱・菜種五樽・昆布四四篋・傘一〇篭・古手四篋・集荷物三四篋を積載していた(前掲『魚崎町誌』三〇一頁)。
(19) 同様な船積の方法として、蜜柑の場合がある。本書第六章参照。
(20) 柚木学『近世海運史の研究』(法政大学出版局、一九七九年)三九頁。
(21) 前掲慶応四年三月「一紙船名前帳」。この史料で、出帆日と江戸入津日とが記されているのは、慶応四年の九月を除く三月から一一月上旬まで出帆した廻船である。
(22) 新酒番船については、柚木学「新綿番船と新酒番船の起源について」(交通史研究会編『日本近世交通史論集』吉川弘文館、一九八六年)参照。
(23) 前掲明治一二年三月「東京積一紙簿」。
(24) なお、明治初年頃の蒸気船と樽廻船との速力の違いについて、「当時汽船ノ速力ハ未タ遅鈍タルヲ免レス然レトモ所謂東京積ハ大略二昼夜モシクハ三昼夜ヲ以テ達シ且海難ノ虞、殆ト絶無ナリ之ヲ樽船ノ動モスレハ十三四日ヨリ以テ二十日内外ニ及ヒ加フルニ風浪少シク起レハ輙チ覆没ヲ免レス而シテ其ノ損失ハ荷主ノ負担ニ属シ」(神戸税務監督局編『続灘酒沿革誌』同所、一九〇七年、一七八頁)とある。

(25) 前掲明治一二年三月「東京積一紙簿」。

(26) 紀州蜜柑の輸送では、年間五〇～七〇艘の廻船のうち三艘程度が難船に遭っており、約五%の難船率であった（本書第六章）。また、明治一〇～一五年の日本形船舶の遭難率は一・二～二・六%とされている（下條哲司「日本形船舶の衰退過程における日本海運業近代化の三類型」神戸大学経済経営研究所『経済経営研究年報』二八号（I）、一九七八年、一四二頁）。

(27) 前掲慶応四年三月「一紙帳」。

(28) 前掲明治二年正月「一紙帳」。

(29) 樽廻船の菱垣廻船からの分離独立については、本書第一章などを参照。

(30) 前掲『続灘酒沿革誌』一七四頁。

(31) 同書、一八一～一八二頁。

(32) 同書、一七四～一七九頁。蒸気船と樽廻船の運賃については、「今汽船ノ運賃ハ増シテ十駄、八両二歩ト為セリ而シテ樽船ハ則僅ニ四両三歩ノミ」（前掲『続灘酒沿革誌』一七八頁）「四年以来樽船ノ運賃ハ大略四円ヨリ以テ六円ニ至リ汽船ハ八円ヨリ以テ十円ノ間ヲ往来シ此ニ至テ汽船ハ十五円、樽船ハ十一円ニ騰上セリ而シテ運輸、猶ホ意ノ如クナル能ハス酒家之ヲ苦シム久シ其ノ後、西洋形帆走船起ルニ及ヒ樽船ノ用漸ク廃シ遂ニ其迹ヲ絶ツト云フ」（同、一八一頁）とあるように、蒸気船の運賃は樽廻船の倍近くもしており、そこに風帆船が導入される余地が残されていたようである。

(33) 柚木学前掲『近世海運史の研究』一二四～一二八頁。

(34) 山路重兵衛（十兵衛）はこの時期しだいに酒造家として没落していったようであり、最終的には山路久次郎家に引き継がれていったようである（柚木学前掲『近世灘酒経済史』一〇四～一〇六頁）。

(35) 酒造家の手船所有のもう一つの大きな理由は、酒造家の手船所有による運賃の抑制であった（本書第四章）。

(36) 柚木学前掲『近世灘酒経済史』二四〇頁。

(37) 元治元年三月の「樽廻船名前帳」（関西学院大学図書館所蔵魚崎酒造組合文書）には藤田伊兵衛仕建の千足利作船「三社丸権八」とあり、慶応三年三月の「樽廻船名前帳」（同）には藤田伊兵衛仕建の千足利右衛門船「三社丸権八」とある。なお「樽廻船名前帳」は、日本海事史学会編『続海事史料叢書』二巻（成山堂書店、一九七二年）に全文が掲載されている。

第一〇章　幕末・明治期の赤穂塩輸送と廻船経営

日本塩業史の研究は、これまでかなりの蓄積がなされてきたが[1]、生産部門に比べれば流通部門の立ち遅れが指摘される。その原因として、柴田一氏は、塩流通史研究における廻船関係史料利用の重要性を強調された[2]。本章は、そこで指摘されている廻船関係史料を用いて、幕末・明治期の赤穂塩の流通問題を追究しようとするものである。具体的には播州赤穂郡坂越浦の廻船業者であった奥藤家の廻船経営を中心に取り上げ、次のような点に留意して赤穂塩の流通について考える[3]。第一に、赤穂塩業の発展に対して廻船の整備充実がどのような形でなされていったのか。その場合地元廻船の果たした役割は、どうであったのか。第二に、幕末・明治期を通じて赤穂塩の仕入先・販売先にどのような変化が見られたのか。第三に、明治三八年の塩専売制の導入によって赤穂塩輸送者の積荷にどのような変化が生じたのか。第四に、塩は買積船によって輸送されたが、買積船の利益獲得システムが塩価の動向とどのように結びついていたのか。第五に、奥藤家が廻船経営によってどれだけの利益を獲得していたのか。

一　赤穂廻船の動向

赤穂廻船の動向を検討するために、塩田地域である西浜の塩屋村、同じく東浜の新浜村、赤穂藩の外港である坂越浦、そして赤穂城下の加里屋を含め、その廻船艘数をそれぞれ年代を追って拾い上げてみよう。

まず塩屋村についてみると、「古記録抜書」(4)によれば、寛文七年（一六六七）には合計一七艘存在し、規模別では三端（反）帆三艘、六端帆九艘、七端帆五艘である。所有者別では久兵衛二艘（各七端帆）、甚十郎二艘（各三端帆）、彦左衛門・三郎太夫・忠兵衛・又十郎・清左衛門・新四郎・忠右衛門・善九郎・市左衛門・宗左衛門・彦四郎・久三郎・小三郎各一艘で、船持は一五名となる。なお水主は合計五二人である。

延宝九年（一六八一）には合計二九艘存在し、三端帆八艘、四端帆一艘、五端帆四艘、六端帆二艘、七端帆一三艘、八端帆一艘である。所有者別には、新四郎三艘（八端帆・七端帆・六端帆）、久兵衛二艘（各七端帆）、甚右衛門二艘（各七端帆）、彦右衛門二艘（各七端帆）、長兵衛二艘（六端帆・三端帆）、九郎兵衛・次郎太夫・右兵衛・惣右衛門・長左衛門・甚兵衛・左兵衛・太右衛門・角右衛門・喜右衛門・与一郎・善兵衛・清右衛門・忠兵衛・二郎兵衛・四郎兵衛・久三郎・庄兵衛各一艘で、船持は二三名となっている。なお水主は六七人である。(5)寛文七年と比べると、艘数が一七艘から二九艘へ、船持も一五名から二三名へと大幅に増加し、規模もやや大きくなっており、二〜三艘の所有者も若干増加している。

宝永三年（一七〇六）には合計四〇艘あり、そのうち三端帆二六艘、五端帆二艘、六端帆一艘、七端帆九艘、八端帆二艘で、船持は三一名となっている。(6)廻船規模はあまり変わらないが三端帆廻船が多くなり、艘数・船持も一段と増加している。

正徳二年（一七一二）には「船数帆数改帳」(7)によれば三五艘の廻船があり、規模別には三端帆三〇艘、七端帆四艘、八端帆一艘である。所有者別には平七二艘（八端帆・七端帆）、善兵衛二艘（七端帆・三端帆）、甚三郎二艘（各三端帆）、源四郎二艘（各三端帆）、源兵衛二艘（各三端帆）、太郎右衛門二艘（各三端帆）、弥三郎・甚四郎・長右衛門・六右衛門・甚助・惣四郎・庄左衛門・太郎兵衛・彦右衛門・伊兵衛・孫太夫・久左衛門・新四郎・与左衛門・久三郎・助三郎・新三郎・甚右衛門・善五郎・与兵衛・清右衛門・吉太夫・善兵衛・喜一郎・与十郎各一艘となる。

規模が七～八端帆と三端帆の二つに分かれ、艘数は宝永三年の四〇艘から三五艘へと若干減少している。

さらにかなり年代は下るが、明治五年には艘数合計五五艘、船持三八名となり、(8)船数は順調に増加しているが、船数の増加に比べ船持の伸びが小さく、二～三艘所有者が増加したようである。

次に新浜村についてみると、「播州赤穂三崎新村沿革略記」(9)によれば、延宝八年（一六八〇）には艜舟三五艘、同九年には船数四八艘、そして天和二年（一六八二）には船数五三艘で、そのうち三端帆五二艘、七端帆一艘である。塩屋村よりは船数は多いが、小規模な三端帆廻船が中心であったようである。

坂越浦についてみると、元禄四年（一六九一）には六端帆以上の船が四〇艘あり、内訳は六端帆三艘、七端帆五艘、八端帆一艘、一三端帆一艘、一四端帆六艘、一五端帆一五艘、一六端帆八艘、一七端帆一艘であり、比較的大きな廻船が存在していた。所有艘数では三艘所有者二名、二艘所有者九名、一艘所有者一六名がいた。同じく宝永三年（一七〇六）には三三艘（七端帆五、八端帆五、九端帆五、一〇端帆一、一三端帆二、一五端帆六、一六端帆七、一七端帆二）、正徳五年（一七一五）には四二艘（八端帆一、九端帆五、一〇端帆六、一一端帆二、一二端帆一、一四端帆二、一五端帆八、一六端帆六、一七端帆一二）、宝暦元年（一七五一）には二九艘（一三端帆一、一四端帆二、一五端帆二、一六端帆五、一七端帆五、一八端帆四、一九端帆七、二〇端帆二、二二端帆一）存在していたが、文政七年（一八二四）には四～一二端帆七艘、一三端帆以上四艘と減船が著しく、弘化二年（一八四五）にも四～一二端帆五艘、一三端帆以上七艘であった。(10)さらに文久二年（一八六二）・元治元年（一八六四）・慶応三年（一八七〇）の各時期とも一〇端帆以上の廻船は三～四艘に過ぎず、ほとんどが四端帆以下、特に一端帆の船が多かった。(11)そして、明治一一年には、奥藤・高川・北村・高橋の諸氏が主な船持であり、(12)また明治二〇年頃にも同じく奥藤研造・高川定十郎・北村千次郎・高橋孫太郎・大西源十郎が船持として存在したようである。(13)

以上塩屋村・新浜村・坂越浦の廻船所有状況を見てきたが、次に赤穂地方の地船だけでなく、赤穂塩の輸送に

表34　赤穂塩廻船艘数

年　代	赤穂地船					他国船						合計(%)
	坂越	新浜	加里屋	塩屋	小計(%)	江戸	神奈川	堺	竜野	その他	小計(%)	
慶応元年	2	—	13	1	16(50)	10	1	1	2	2	16(50)	32(100)
明治3年	7	1	10	1	19(56)	8	2	1	2	2	15(44)	34(100)
明治10年	13	1	9	1	24(71)	8	1	—	1	—	10(29)	34(100)
明治14年	15	—	11	4	30(77)	7	1	—	1	—	9(23)	39(100)

（註）　富岡儀八『塩道と高瀬船』（古今書院、1973年）表1—11より作成。

携わった他国廻船も含めて、慶応元年（一八六五）・明治三年・同一〇年・同一四年について富岡儀八氏の研究によって示したのが、表34である。[14] さらに明治三〇年頃にはいわゆる「赤穂船」と呼ばれ、関東地方に廻航していた廻船は二七艘に及び、所有者別では奥藤七艘、高川七艘、柴原七艘、岸本三艘、小川三艘となる。[15] 赤穂地船以外に赤穂塩の関東輸送に従事した塩廻船は三二艘で、地域別にみると浦賀二三艘、東京四艘、紀州五艘であった。[16] このように塩廻船艘数もしだいに増え、赤穂塩輸送における赤穂地船の占める比率も慶応元年（一八六五）には五〇％、明治三年には五六％、同一〇年には七一％、同一四年には七七％と増加した。そして明治三〇年頃には四六％となっているものの、塩輸送の中心が他国船から地船へとしだいに移行し、また赤穂地方の中での坂越浦の占める位置が明治に入るにしたがって高くなってきたのである。なお、後述する奥藤家もこの新しく進出してきた坂越浦の中心的船主であった。[17]

次にこれらの廻船によって赤穂塩がどこへ運ばれたのか、販路について見てみよう。瀬戸内塩の販路について、富岡儀八氏は「明治初期における瀬戸内塩の廻送地をみると、（中略）全国各地に及んでいるが、松永・尾道付近と高縄半島を結ぶ南北線をもって東・西部瀬戸内に区分すると、前者は表日本と四国を主たる移送地としたのに対し、後者は裏日本・隠岐・対馬など主とし、北海道および九州は二勢力が錯綜した。」[18]として、赤穂塩を含めて東部瀬戸内塩は、表日本・四国を販売先とする。少し年代はさかのぼるが、たとえば塩屋村の赤穂塩問屋かつ廻船所有者であった柴原家の寛政三年（一七九一）から文化四年（一八〇七）に至る二一一仕建の塩輸送先をみると、大阪一三六仕建、西国二一仕建、北国一七仕建、関東一七仕建、伊勢一三仕建、九州四仕建、下関三仕建であり、なかでも大阪が圧倒的部分を占めていた[19]。

また鶴本重美氏によると、明治三八年の専売実施直前の調査による赤穂塩の仕向地と種類について、次のように示されている。東京六〇%、神奈川一〇%、浦賀五%と関東行が七五%を占め、大阪が二〇%で他に飾磨・龍野・その他が合わせてわずかに五%を占めるのみである。すなわち、赤穂塩の四分の三が関東へ、五分の一が大阪へ廻送されていたことがわかる。さらに塩の種類をみると、差塩が七八・五%、真塩二一・五%で、しかも差塩のほとんどが関東へ廻送され、大阪・飾磨・龍野へは真塩が輸送されていた[20]。

このように赤穂塩は一七世紀以降急速に発展し、それにともない輸送手段の整備充実が見られた。そして幕末・明治期に至ると、赤穂塩は赤穂地船と江戸・浦賀・紀州等の他国船によってほぼ半分ずつ輸送されるようになった。また赤穂地船は、塩屋村・新浜村・坂越浦・加里屋に船主が存在したが、明治期に入ると奥藤家も含め坂越浦の船主が塩輸送の中心をなすようになり、明治三〇年頃には三～七艘もの廻船を所有する者が出現してくるのであった。そして赤穂塩はそれらの廻船によって、明治三〇年代には四分の三が関東へ五分の一が大阪へ廻送されていた。

二　個別廻船の経営

ここでは赤穂塩が具体的にどのように輸送されたのか、赤穂坂越浦の奥藤家の所有廻船を個々に取り上げ、幕末から明治三八年に至る活動状況を見てみよう[21]。

1　利吉丸の経営

利吉丸については、天保九年（一八三八）四月の「利吉丸勘定帳」[22]、同年閏四月の「戌年壱番勘定帳」、同年九月の「戌年弐番勘定帳」、同年二月の「戌年三番勘定帳」、天保一〇年七月の「亥歳壱番勘定帳」、同年九月の「亥歳弐番勘定帳」、天保一一年四月の「子歳壱番勘定帳」が現存する。これらの勘定帳を相互補完的に継ぎ合わせると、表35のようになる。この表によれば、利吉丸は天保九年閏四月から同一四年一二月の六年間に一八仕建、年間三仕建、四か月に一仕建の割合で活動していたことがわかる。

積荷は一八仕建すべてが買積の塩仕建であるが、返り荷に干鰯・麦安・明樽等が積載されており、また塩仕建の添荷として姫路産物・米・備中表等が積み込まれている。これらの積荷のうち姫路産物・米・明樽・備中表は運賃積であるが、塩・干鰯・鰹節・麦安は買積であり、利吉丸は塩の買積を主体とする廻船であった。塩の種類は、天保一二年III[23]に「大俵塩」と記されているのが唯一であり、ほとんどが「塩」とのみ記載されているだけであるが、仕入先がすべて竹嶋屋五郎兵衛（赤穂城下）[24]であることから大俵塩のようである。一方販売先は、江戸下り塩問屋の渡辺熊次郎（江戸北新堀町）が大部分を占め、他に同じく江戸下り塩問屋の長嶋屋松之助（江戸北新堀町）、神奈川の伊勢屋孫兵衛、豆州下田の阿波屋万次郎、志州鳥羽浦の小久保太郎兵衛、熊野浦の鍵屋忠太郎等が一～二度販売先として現れる。一仕建当たりの塩積載量は二五〇〇～三〇〇〇俵であった。

利益についてみると、収入は六年間一八仕建で合計九〇貫六六八匁七分五厘、年間一五貫一一一匁四分六厘であり、一仕建当たりの利益は最高天保一四年IIの一四貫三三三匁三分三厘の利益から最低同一一年IVの四貫一二三匁二分七厘の損失に至るまでさまざまであるが、平均すると五貫三七匁一分五厘となり、膨大な利益をあげていたことがわかる。

表35　利吉丸の活動状況

仕　建	月・日	積荷数量・仕入先	販　売　先	利　　益
天保９年Ｉ	閏４	2730俵・竹嶋屋五郎兵衛 姫路御産物32箇（運賃積） 関東干鰯267俵（買積） 渡辺ゟ干鰯（運賃積）	渡辺熊次郎	△324匁9分2厘
II	9	2695俵・竹嶋屋 麦安200俵神奈川ニ而（買積） 鰹節43束1節紀州串本ニ而（買積） 江戸御屋敷送御米40石（運賃積）	神奈川 伊勢屋孫兵衛	6貫376匁9分7厘
III	10	2785俵 御勘定所御米（運賃積）	渡辺	1貫131匁4分5厘
天保10年Ｉ	7	2665俵・竹嶋屋 御勘定所御米40石（運賃積）	渡辺・小久保太郎兵衛	5貫438匁8分8厘
II	9	2625俵・竹嶋屋 御勘定所御米（運賃積）	渡辺熊次郎・ 砂子ロ	1貫160匁3分1厘
天保11年Ｉ	4	2585俵・竹嶋屋	渡辺	△1貫　6匁3分6厘
II		2555俵・竹嶋屋	渡辺	11貫630匁9分6厘
III		2685俵・竹嶋屋	伊勢屋孫兵衛	△4貫123匁2分7厘
天保12年Ｉ	閏正・7	2635俵・竹嶋屋	渡辺	12貫475匁3分7厘
II	5・3	2685俵・竹嶋屋 明樽200挺（運賃積）	渡辺・熊野浦 鍵屋忠太郎	14貫138匁7分7厘
III	9・晦	大俵塩2690俵・竹嶋屋	渡辺	13貫866匁7分7厘
天保13年Ｉ	3・5	塩2690俵・竹嶋屋	渡辺	303匁6分6厘
II	6・1	2690俵・竹嶋屋	長嶋屋松之助	4貫783匁3分
III	7・29	塩2690俵・竹嶋屋	渡辺	12貫145匁1分3厘
IV	10・晦	2515俵・竹嶋屋 備中表50丸（運賃積）	渡辺・下田 阿波屋万次郎	129匁7分1厘
天保14年Ｉ	2・21	塩1835俵・竹嶋屋 備中表235丸（運賃積）	渡辺	1貫185匁6分9厘
II	5	塩2610俵・竹嶋屋	渡辺	14貫333匁3分3厘
III	12・12	塩3205俵 畳表84丸（運賃積）	渡辺・鳥羽浦 小久保太郎兵衛	△3貫277匁
合　計				90貫668匁7分5厘

（註）天保９年閏４月「戌年壱番勘定帳」・天保９年９月「戌年弐番勘定帳」・天保９年２月「戌年三番勘定帳」・天保10年７月「亥歳壱番勘定帳」・天保10年９月「亥歳弐番勘定帳」・天保11年４月「子歳壱番勘定帳」・天保９年４月「利吉丸勘定帳」（奥藤家文書）より作成。△は損失を示す。

2　長安丸の経営

長安丸については、安政二年（一八五五）六月の「長安丸惣会計」、明治一三年八月の「長安丸惣会計」、同三二年正月の「長安丸会計録」の合計三点の勘定帳が現存する。[25]これらの勘定帳によって安政二年から明治三八年まで断続的ではあるが、五〇年間にわたる廻船経営がうかがえる。ただし同じ長安丸であっても、これらの勘定帳に記されているのが同一船舶とは限らず、少なくとも安政六年四月には新造されているのが確認される。このように長安丸の勘定帳といえども完全には存在しないため、ここでは便宜上各勘定帳ごとに分けて分析しよう。

そこでまず安政二年六月の「長安丸惣会計」によって活動状況を示したのが、表36である。この表によれば、安政二年三月二〇日から明治元年閏四月一四日の一三年間に四一仕建、年間三・一仕建、四か月に一仕建の割合で活動がなされていたことがわかる。

積荷は四一仕建のうち三八仕建が塩、三仕建が城米であり、塩廻船と呼ばれるだけに塩しかも大俵塩が大部分を占める。塩はすべて買積で、仕入先は浜野屋（＝柴原、塩屋村）が安政二年から明治元年まで大部分を占め、他に文久三年（一八六三）からは徳久屋善之助（新浜村）、川口屋（＝田淵、新浜村）、小笹屋（＝小川、尾崎村）、的形屋（新浜村）が一～二度見られるだけである。これらの仕入先はいずれも赤穂の塩問屋であり、塩は地元赤穂の塩問屋からほとんど仕入れていた。一仕建当たりの塩積載量は五〇〇〇俵であり、御城米仕建の場合は一三〇〇石余となり、長安丸の規模が察せられる。

一方塩の販売先は、江戸下り塩問屋の長嶋屋松之助が安政二年から文久三年に至るまで圧倒的部分を占めていたが、文久二年以降はこれに代わって同じく江戸下り塩問屋の喜多村富之助（江戸北新堀）が大部分を占めるようになった。他には安政二年から明治元年までの間に、伊勢屋孫兵衛（武州神奈川）が五仕建塩の販売先として現れ

表36　長安丸の活動状況　(1)

仕　建	月・日	積荷数量・仕入先	販売先	利　益
安政2年I	3・20	大俵塩4250俵・浜野屋	長嶋屋松之助	54両2朱・1匁4分
II	6・6	大俵塩4300俵	長嶋屋・清水湊吉野屋喜左衛門	53両3分1朱・4匁1分2厘
III	9・9	塩4300俵・浜野屋	長嶋屋松之助	36両3分1朱・3匁6分
安政3年I	3・21	塩4060俵・浜野屋 御材木40石（運賃積） 米（運賃積）	長嶋屋松之助	117両3分・2匁1分2厘
II	5・27	塩3740俵・ 御材木（運賃積）	長嶋屋松之助	99両2分1朱・3匁2分3厘
III	7・23	塩4300俵・浜野屋	長嶋屋	113両1分3朱・3分2厘
IV	12・22	塩4130俵・浜野屋	長嶋屋	50両1朱・12匁3分8厘
安政4年I	4・6	大俵塩4150俵・浜野屋		69両2分2朱・3分1厘
II	6・25	塩4100俵・浜野屋 御蔵米20石（運賃積）	長嶋屋	219両3朱・9分2厘
III	11・24	塩4100俵・浜野屋 米20石（運賃積）	伊勢屋孫兵衛	5両3分・2匁2厘
安政5年I	4・9	塩4200俵・浜野屋	長嶋屋	7両3分2朱・2匁1分7厘
II	7・19	塩4100俵・浜野屋	伊勢屋孫兵衛	△109両1分・12匁1分2厘
安政6年I	5・19	塩4750俵・浜野屋 御米（運賃積） 炭2俵（運賃積） 箇物（運賃積）	長嶋屋	

		木綿20箇（運賃積）		1両3分1朱・2匁5分3厘
II	9・3	塩4700俵・浜野屋 木綿20箇（運賃積） 御作事荷物（運賃積） 御米20石（運賃積）	長嶋屋	△11両2分・1匁8分3厘
III	11・28	塩4700俵・浜野屋 御米20石（運賃積） 御作事荷物（運賃積）	長嶋屋	50両2朱・8分7厘
万延元年 I		御城米1310石4斗8升2合2勺8才（運賃積）		51両2朱・332文
II		塩4800俵	豆州播磨屋勘次郎・伊勢屋孫兵衛	157両3分1朱・3匁4分1厘
III	9・22	塩4670俵・浜野屋 御米30石（運賃積）	長嶋屋	200両1分3朱・7分2厘
文久元年 I	2・15	塩4670俵・浜野屋 御米30石（運賃積） 炭20俵（運賃積）	長嶋屋	△36両2分2朱・5匁3分4厘
II	6・25	大俵4720俵・浜野屋 御米（運賃積） 炭（運賃積）	長嶋屋松之助	146両3分1朱・6匁1分5厘
III		大俵塩4680俵・浜野屋 御米（運賃積）	伊勢屋孫兵衛	89両・2匁5分5厘
文久2年 I	3・7	赤穂塩4800俵・浜野屋	長嶋屋	103両2分3朱・182文
II	5・20	赤穂塩4800俵・浜野屋	喜多村富之助	172両1朱
III	8・15	大俵塩5700俵・浜野屋	喜多村・長嶋屋	150両1分・1分9厘
IV	10・23	御廻米1300石4斗6升4合4勺6才（運賃積）		△17両3分1朱・82文

文久3年Ⅰ	5・1	大俵塩5700俵・浜野屋徳久屋	喜多村・長嶋屋	42両・4匁8分7厘
Ⅱ	9・3	大俵5700俵・浜野屋	喜多村富之助	517両3分2朱・11匁2分7厘
Ⅲ	12・17	大俵塩5700俵・徳久屋善之助		△32両3分2朱・5匁3分
元治元年Ⅰ	5・20	御城米1340石9斗6升（運賃積）		△43両3分・36文
Ⅱ	9・1	大俵塩5700俵・浜野屋	御産物会所	263両2分1朱・19匁9分5厘
Ⅲ	12・24	大俵塩5580俵・浜野屋 御米（運賃積）	江戸産物会所	201両1分・4匁3分9厘
慶応元年Ⅰ	5・24	大俵塩5600俵・浜野屋	江戸産物会所	388両3朱・6分8厘
Ⅱ	7・8	大俵塩5700俵・浜野屋	御産物方	226両2分・4貫556匁6分9厘
Ⅲ	11・4	大俵塩5580俵・浜野屋 御米（運賃積）	喜多村	10両2分1朱・8分8厘
慶応2年Ⅰ	4・17	大俵塩5700俵・浜野屋	喜多村	368両3分2朱・5分
Ⅱ	11・6	大俵塩4810俵・浜野屋	喜多村	667両3分2朱・13匁5分5厘
Ⅲ		赤穂塩4810俵・川口屋　小笹屋	喜多村	△227両1朱・2匁6分7厘
慶応3年Ⅰ		赤穂塩5700俵・浜野屋	喜多村	211両3朱・316文
Ⅱ	8・13	大俵塩5700俵・浜野屋	阿波屋甚	302両2分1朱・17匁1分7厘
Ⅲ	11・26	大俵塩5700俵・小笹屋　的形屋　浜野屋 本多様荷物（運賃積）	喜多村	494両3分2朱・2匁5分7厘
明治元年Ⅰ	閏4・14	大俵塩2300俵・浜野屋 備中御屋敷荷物（運賃積）	伊勢屋孫兵衛	407両1分3朱・8匁9分3厘
合　計				5566両3分2朱・4貫659匁2分2厘・712文

（註）安政2年6月「長安丸惣会計」（奥藤家文書）より作成。△は損失を示す。

る。元治元年（一八六四）から慶応元年（一八六五）にかけては、赤穂藩の江戸産物会所への塩販売が四仕建集中的に見られ注目される。さらに清水港の吉野屋喜左衛門、豆州の播磨屋勘次郎、浦賀の阿波屋甚右衛門がそれぞれ一仕建ずつ塩販売先として登場する。なお塩仕建といえども塩のみ輸送されたのではなく、添荷として木材・米・木綿・炭・作事荷物・御屋敷荷物等も輸送され、これらの添荷はすべて塩と異なり運賃積であった。またこれらの積荷は、大部分が関東方面へ輸送され、赤穂への返り荷はほとんどなかったようである。

利益についてみると、収入は一三年間四一仕建で五五六六両三分二朱・四貫六五九匁二分二厘・七一二文、年間四三〇両程度である。一仕建当たりの利益は、買積が主体となるため変化に富み、最高は慶応二年IIの六六七両三分二朱・一三匁五分五厘の利益から最低同年IIIの二二七両一朱・二匁六分七厘の損失に至るまでさまざまであるが、平均すると一三〇～一四〇両になる。一方主な費用をあげると、[26]安政二年正月の大作事四五四両二分一朱・一匁三分四厘、同四年の柱立替一九両三分・六六〇文、柱代四五両（うち古柱売代一五両差引）、同六年四月の新造一一六六両一分二朱・一匁五分六厘、文久二年四月の柱修復一貫七二四匁八分五厘、同三年三月の楫修復七一両一分二朱・一七四文、元治元年四月の作事二九四両三分三朱・八七四文、慶応二年六月の柱作事・碇直し六〇両一分一朱・三九九文、同三年一〇月の新柱替四一三両二分三朱・五匁九分三厘の合計二四六五両・一貫七三三匁六分八厘・二一〇七文の費用となり、結局三一〇〇両・二貫九二五匁五分四厘の純利益で、年間にすると二三八両の利益となる。

次に明治一三年八月の「長安丸惣会計」によって、長安丸の活動状況を示したのが表37である。この表によれば、明治一三年から同三二年の二〇年間に九二仕建、年間四・六仕建行なわれ、江戸期の年間三・一仕建に比べ、年間仕建回数が多くなっているのがわかる。

積荷は九二仕建すべて塩仕建である。ただし明治二三年IIの粉粕一〇〇俵（買積）が、塩仕建の添荷としてあ

表37 長安丸の活動状況 (2)

仕建	月・日	積荷数量・仕入先	販売先	利益
明治13年 I		大　俵6397俵・三木　柴原　田渕　小川	喜多村・田嶋・清水	186円20銭8厘
II		大　俵6390俵・田渕　三木　柴原　小川	久保田嘉平次	214円 1銭2厘
明治14年 I		大俵塩6390俵・田渕　柴原　三木　小川	久保田嘉平次	263円98銭1厘
III		大俵塩6390俵・三木　田渕	久保田	475円35銭
II		大俵塩6398俵・田渕　小川　三木	久保田	257円60銭3厘
IV		大俵塩6410俵・惣会所　田渕	久保田	423円25銭1厘
明治15年 I		大俵塩6340俵・田渕	久保田嘉平	△317円62銭9厘
II		大俵塩6390俵・田渕新太郎　小川伝治郎	久保田嘉平	322円23銭7厘
III		大俵塩6400俵・惣会所　田渕新太郎	久保田嘉平	1032円80銭7厘
IV		大俵塩6390俵・三木　田渕　小川	久信田	277円93銭2厘
明治16年 I		新　斎2850俵・野崎定二郎	田嶋忠二郎・吉川松太郎	
		大俵塩4390俵・田渕新太郎　小川伝治郎	田嶋忠二郎	422円70銭2厘
II		大俵塩6390俵・小川　田渕	久保田嘉平・田嶋忠二郎	161円78銭6厘
III		大俵塩6390俵・田渕　小川	久保田嘉平・田嶋忠二郎	△137円78銭6厘
IV		大俵塩6390俵・三木　小川　柴原　田渕	久保田	△311円90銭1厘
V		大俵塩6390俵・田渕	久保田・清水	166円82銭6厘
明治17年 I	1・28	大俵塩6390俵・田渕　三木	久保田	154円69銭2厘
II	6	大俵塩6390俵・惣問屋　田渕	久保嘉	5円33銭5厘
III	7・9	大俵塩6200俵・柴原　三木　田渕　小川	久保嘉	185円15銭6厘
IV	11・8	大俵塩6390俵・柴原　小川　田渕	久保嘉	142円11銭4厘
明治18年 I	2・22	大俵塩5390俵・柴原　三木	久保嘉	277円95銭7厘
II	6・29	大俵塩6590俵・大塩村共同製塩会社	久保嘉・亀安	625円84銭3厘

III	8・14	大俵塩6490俵・田渕　小川	久保嘉・亀安	414円82銭3厘
IV	10・11	大俵塩6510俵・三木　柴原	久保嘉・潤益	192円75銭1厘
V	12・13	大俵塩6508俵・大塩村共同製塩会社 田渕　小川	久保田・亀安	180円52銭9厘
明治19年 I		大俵塩7500俵・小川伝治郎	久保田・潤益	△75円45銭
II		大俵塩6500俵・小川伝治郎	久保田	269円66銭2厘
III		大俵塩6500俵ア小川伝治郎 田渕新太郎	潤益・久保田・吉川	167円69銭
IV	9・19	大俵塩6500俵・小川伝治郎	久保田嘉平・小西清兵衛・亀屋安之助	144円3銭1厘
V	12・19	大俵塩6500俵・小川伝治郎 田渕新太郎	小西清兵衛・久保田嘉平	183円17銭6厘
明治20年 I	3・20	大俵塩6500俵・柴原甚三 三木弥治郎	潤益商会・吉川・小西	148円58銭
II	6・2	改良塩7150俵・三木弥治郎	小西	392円49銭7厘
III	7・7	改良7150俵・田渕新作 小川伝治郎	小西	439円30銭
IV	9・22	改良塩7150俵・三木弥治郎 柴原甚三	小西	166円64銭7厘
V	12・24	改良塩7150俵・田渕新作 小川伝治郎	鈴木	150円13銭1厘
明治21年 I	3・11	改良塩7150俵・柴原甚三	小西・鈴木	281円51銭1厘
II	6・16	改良塩7150俵・小川伝治郎 田渕新助	小西	216円85銭1厘
III	7・28	改良塩7300俵・小川伝治郎 田渕新助	小西	389円66銭3厘
IV	9・26	改良塩7150俵・田渕新助 小川伝治郎	小西	230円60銭3厘
V	11・17	改良塩7150俵・柴原甚三 三木弥治郎	小西・吉田	228円 6銭7厘
明治22年 I	1・21	改良塩7150寡・柴原甚三 三木弥治郎	小西	100円80銭7厘
II	4・14	改良塩7112俵・柴原 三木 田渕 小川	小西	313円43銭9厘
III	5・9	改良塩7150俵, 柴原甚三 田渕新作	鈴木	374円65銭9厘
IV	6・21	改良塩7150俵・三木弥治郎 柴原甚三	小西	385円96銭8厘
V	8・31	改良塩7150俵・田渕新作 小川伝治郎	小西・鈴木	1559円48銭7厘
VI	11・11	改良塩7150俵・田渕新作 小川伝治郎	小西清兵衛・浜口仁兵衛	850円 8 銭3厘
明治23年 I	1・17	改良塩7150俵・柴原甚三	小西清兵衛	△12円94銭9厘

II	5・25	改良塩7110俵・柴原 田渕 三木 粉粕100俵（買積）	小西清兵衛	1185円30銭1厘
III	7・15	改良塩6150俵・柴原甚三 三木弥治郎	小西清兵衛・鈴木・亀安	310円19銭9厘
IV		改良塩7150俵・田渕新作 小川伝治郎	小西清兵衛	200円43銭5厘
明治24年 I	12・23	改良塩7150俵・田渕新作 柴原甚三	吉田平之助	△306円88銭
II	5・19	改良塩7028俵・田渕新作	小西清兵衛・浜口仁平・鈴木甚右衛門	119円59銭8厘
III	6	改良塩7000俵・田渕新作（運賃積）		200円79銭6厘
IV	8・11	改良塩7150俵・柴原甚三 三木弥治郎	吉田平之助	365円 4銭4厘
V	10・27	改良塩7150俵・三木 小川 田渕	小西清兵衛・浜口仁平	60円88銭1厘
VI	12・12	改良塩7150俵・三木 田渕 小川	小西清兵衛・鈴木	92円33銭
明治25年 I	4・19	改良塩7150俵・柴原 三木 田渕	吉田平之助	198円 2銭
II	8・9	改良塩7429俵・三木 田渕 柴原	宮井清左衛門	375円69銭6厘
III	10・30	改良塩7500俵・柴原甚三 三木弥治郎	小西清兵衛・浜口仁平	107円 9銭6厘
明治26年 I	2・6	改良塩7500寡・柴原甚三	浜口仁兵衛・小西清兵衛・鈴木支店	△99円78銭2厘
II	5・2	改良塩7600俵・小川 三木 柴原	鈴木・浜口・吉田	110円63銭6厘
III	7・5	改良塩7622俵・三木 田渕 小川	鈴木・宮井清左衛門	297円14銭
IV	8・19	改良塩7820俵・田渕新作 小川伝治郎	宮井清左衛門	103円94銭
V	10・17	改良塩7528俵・柴原甚三 田渕新作	吉田平之助	44円49銭6厘
VI		改良塩7800俵・小川伝治郎 田渕新作	吉田平之助	123円95銭6厘
明治27年 I	2	食塩2744石８斗２升・野崎定二郎	浜口仁兵衛	９円54銭8厘
II	5・14	鹿忍塩1944俵・望月半三郎 改良塩5856俵・柴原甚三 三木弥治郎	浜口仁兵衛 浜口仁兵衛・十州商店	 250円56銭3厘
III	7・11	改良塩7800俵・田渕新作 小川伝治郎	宮井清左衛門	84円61銭5厘
IV	9・22	改良塩7800俵・柴原甚三	鶴岡支店	327円84銭7厘
V	12・8	改良塩7800俵・柴原甚三	鶴岡支店	299円65銭4厘

明治28年 I	2・14	改良塩7740俵・柴原甚三 三木弥治郎	鶴岡支店	255円35銭1厘
II	3・31	改良塩7800俵・柴原甚三 三木弥治郎	鶴岡支店	308円8銭3厘
III	5・22	改良塩7800俵・三木弥治郎 柴原甚三	鶴岡支店	258円18銭9厘
IV	6・29	改良塩7800俵・田渕新作 小川伝治郎	鶴岡支店	635円63銭4厘
V	8・14	改良塩7800俵・柴原 三木 田渕	鶴岡支店	745円77銭3厘
VI	10・4	改良塩7800俵・三木弥治郎 柴原甚三	鶴岡支店	581円32銭9厘
VII	12・11	改良塩7800俵・小川伝治郎 三木弥治郎	鶴岡支店	492円14銭1厘
明治29年 I	2・16	改良塩6814俵・三木 柴原 田渕	鶴岡支店・宮井清左衛門	
		小俵塩4000俵（運賃積）		522円73銭
II	5・15	改良塩7800俵・柴原 田渕 三木	鶴岡・臼井・吉田	511円80銭5厘
III	7・10	改良塩7800俵・田渕 小川 三木 柴原	陸井支店	1095円25銭3厘
IV		改良塩7800俵・柴原 小川 三木	鶴岡支店	1834円54銭6厘
V		改良塩7800俵・柴原九郎	宮井清左衛門	939円93銭4厘
明治30年 I		改良塩7800俵・柴原九郎 田渕新作	宮井清左衛門	1028円88銭4厘
II		改良塩7800俵・田渕 柴原 小川 三木	広沢商店	222円69銭7厘
III		改良塩7800俵・柴原 小川 田渕	広沢商店	301円69銭6厘
IV		改良塩7800俵・三木 田渕 小川	鶴岡支店	702円99銭6厘
明治31年 I		改良塩7800俵・柴原九郎 山渕新作	宮井清左衛門	274円45銭7厘
II		改良塩7800俵・柴原 田渕 小川 三木	鶴岡支店	△1352円31銭8厘
III		改良塩7800俵・柴原九郎 三木弥治郎	鶴岡・広沢商店	△583円21銭3厘
IV		改良塩7800俵・三木弥治郎 柴原九郎	鶴岡支店	102円44銭6厘
V		改良塩7800俵・柴原九郎	鶴岡支店	△620円48銭4厘
明治32年 I		改良塩7600俵・小川伝治郎	宮井清左衛門・広沢商店	△308円86銭7厘
II		改良塩7800俵・三木弥治郎 柴原九郎	鶴岡・宮井・広沢	284円66銭7厘
合　計				25226円89銭

（註）明治13年8月「長安丸惣会計」（奥藤家文書）より作成。△は損失を示す。

るのが唯一の例外である。塩の種類は、明治二〇年Ⅰまでは同一六年Ⅰの新斎塩二八五〇俵を除いてすべて大俵塩である。明治二〇年Ⅱ以降は、同二七年Ⅰの食塩、同年Ⅱの鹿忍塩、同二九年Ⅰの小俵塩を除いてすべて改良塩である。また積荷は、明治二四年Ⅲの改良塩七〇〇〇俵と同二九年Ⅰの小俵塩四〇〇〇俵の運賃積を除いてすべて買積であった。一仕建当たりの積載量は、大俵塩六四〇〇～六五〇〇俵で、江戸期の五〇〇〇俵と比べると増えており、船舶自体の規模が増加したことによるものであろう。改良塩の一仕建当たり積載量は七一五〇～七八〇〇俵であり、大俵塩に比べ多くなっているのは、大俵塩が一俵五斗入であるのに対し、改良塩が一俵三斗五升入と俵の大きさが異なることによるものである。(27)

塩の仕入先は、大俵塩・改良塩が三木（赤穂町）、田淵（新浜村）、小川（尾崎村）、柴原（塩屋村）の赤穂四塩問屋からで、年代的変動もなく大部分を占めている。他には明治一四年Ⅳ・同一五年Ⅲの惣会所、明治一八年Ⅱ・Ⅴの大塩村協同製塩会社が存在するのみである。新斎食塩は野崎定二郎（備前児島郡東野崎浜）、備前鹿忍塩は望月半三郎がそれぞれ仕入先となっている。一方販売先をみると、明治一三～一九年は久保田嘉平（東京南新堀）、同一九～二五年は小西清兵衛（東京大川端）、同二五～二七年は浜口仁兵衛（東京北新堀）、同二七～三二年は鶴岡支店（東京小網町）がそれぞれ主体をなしている。他に販売先としては、鈴木甚右衛門（浦賀）・吉田平之助（神奈川）・宮井清左衛門（浦賀）・広沢商店等が見られる。

利益についてみると、収入は二〇年間に合計二万五二二六円八九銭、年間一二六一円三四銭で、一仕建当たりの利益は、最高明治二九年Ⅳの一八三四円五四銭六厘の利益から最低同三一年Ⅱの一三五二円三一銭八厘の損失に至るまであり、平均二七四円二一銭となる。一方費用は、明治一四年の大作事一二三五円三銭九厘、同一五年の新木檣一本六四五円七二銭、同一七年の新桁・船玉・楫修復四〇〇円四一銭九厘、同一九年の楫交換四一円三三銭八厘、同二一年の初為登修繕七九八円二一銭八厘、同二二年の楫剝ぎ替七一円二九銭一厘、同二四年の波止

表38　長安丸の活動状況 (3)

積荷数量・仕入先	販売先	利益
改良塩6700俵・製塩会社 田渕 小川	鶴岡支店	485円39銭8厘
セメント1200個（運賃積） 空　瓶1537個（運賃積） 改良塩6700俵・三木 田渕 赤八商店 塩　6700俵・三木 製塩会社　赤八 塩　6710俵・製塩会社 三木問屋 塩　6400俵・赤八 田渕 製塩会社 小川 三木	 臼井支店・宮井商店 臼井支店 臼井支店 	 76円22銭1厘 185円13銭3厘 334円70銭 327円18銭1厘 —
改良塩6400俵・製塩会社 小川 三木 赤八 田渕 改良塩6650俵・赤八 小川 三木 田渕 改良塩6650俵・赤八 小川 三木 製塩会社 改良塩6700俵・田渕 三木 製塩会社 小川 改良塩6700俵・田渕問屋 小川問屋 改良塩6600俵・赤八 田渕 三木 小川 改良塩6420俵・赤八 田渕 製塩会社 三木	臼井支店 臼井支座 臼井支店 臼井支店 臼井支店 臼井支店 臼井支店	△55円9銭5厘 96円25銭4厘 333円98銭1厘 215円47銭2厘 90円73銭 1494円63銭3厘 1円84銭1厘
改良塩6385俵・赤八 製塩会社 三木 蠟　1600石（運賃積）		— —
		3586円44銭9厘

「長安丸会計録」（奥藤家文書）より作成。△は損失を示す。

浜作事二二六円三三銭一厘、同二五年の為登作事一七五六円五銭、同三〇年の作事九二円一九銭、同三二年の船玉四五円二五銭八厘の合計五三一一円八七銭四厘で、結局一万九九一五円一銭六厘の純利益、年間にすれば九九五円七五銭一厘の利益となる。

さらに明治三二年正月の「長安丸会計録」によって、長安丸の活動状況を示したのが表38である。この史料の表紙には「明治三二年正月」と記載されているが、内容的には前述した明治一三年八月の「長安丸惣会計」と重複する部分があり、この史料によって新たに活動状況が明らかになるのは、不自然であるが明治三五年Ⅳ以降である。この表によれば、明治三五年から同三八年の三年間に一五仕建が行なわれ、年間五仕建の活動がなされていたことになる。

積荷は、一五仕建のうち一三仕建が買積の塩仕建で、残る二仕建は明治三六年Ⅰのセメント・空瓶と同三八年Ⅱの蠟の運賃積である。明

仕　　建	月・日
明治35年Ⅳ	12・27
明治36年Ⅰ	
Ⅱ	6・9
Ⅲ	
Ⅳ	9・19
Ⅴ	11・16
明治37年Ⅰ	
Ⅱ	
Ⅲ	
Ⅳ	
Ⅴ	
Ⅵ	10・19
Ⅶ	
明治38年Ⅰ	
Ⅱ	
合　　計	

（註）　明治32年正月

治三八年Ⅱにおいて塩でなく蠟の輸送がなされているのは、同三八年六月の塩専売制実施にともなうものとして注目される。塩の種類は改良塩で、単に「塩」と記されているが、前後関係から改良塩のようである。塩の仕入先は、明治一三年八月の「長安丸惣会計」と同じく、地元赤穂の三木・田淵・小川・柴原（＝製塩会社）の四塩問屋で大部分を占め、これらの問屋に奥藤家の支配下にある赤八商店(28)がさらに加わることとなった。傾向としては、一仕建につき一〜二問屋よりも三〜四問屋から塩を仕入れるようになっていったようである。塩の販売先は、鶴岡支店・宮井商店も見られるが、臼井支店（東京深川区佐賀町）が圧倒的である。

利益についてみると、収入は三年間に三仕建が不明であるが合計三五八六円四四銭一厘、一仕建平均二九八円八七銭となり、前述した明治一〇〜二〇年代の一仕建平均二七四円二一銭と大差ない。一方費用をみると、明治三六年の作事二二六四円八二銭九厘があり、結局差引一三二一円六一銭二厘の純利益となる。

3　盛新丸の経営

盛新丸については、明治一二年正月の「盛新丸惣会計」という史料が現存する。この史料によって、明治一二年から同一九年までの八年間に三六仕建、年間四・五仕建の割合で活動がなされていたことがわかる。

積荷をみると、三六仕建すべてが買積の大俵塩であり、明治一五年Ⅲのみが新斎塩七〇〇〇俵との積合となっている。塩の仕入先は、三木・田淵・小川・柴原の赤穂四塩問屋によって大部分占められ、他に大塩会所・惣会所・大塩惣問屋(29)が一〜二度見られる程度である。なお明治一五年Ⅲの新斎田塩の仕入先は、徳島屋武七郎であった。一方塩の販売先は、喜多村富之助（東京北新堀町）が中心となっているが、鈴木甚右衛門、久保田嘉平、東条与三兵衛（＝大阪屋、東京北新堀町）も恒常的な取引相手として現れる。他に清水九兵衛（東京小網町）、松本弥太郎（東京）、田嶋忠二郎（神奈川滝下町）、阿波屋文二郎、三浦屋常吉等も回数は少ないが見られる。一仕建当たりの大俵塩積載量は、六〇〇〇俵程度であった。

利益についてみると、収入は八年間三六仕建で合計五九八八円六〇銭七厘、年間七四八円五七銭六厘である。一仕建当たりの利益は、最高明治一二年IIの一一一〇円九五銭七厘の利益から最低明治一九年Vの一二一八円七一銭七厘の損失まであり、平均一六六円四六銭一厘となる。費用は、明治一二年の大作事五六四五円六五銭四厘、同一五年の船玉・楫・橋船修復五六円五九銭九厘、同一六年の伝馬船新造・柱修繕二一四円八〇銭七厘、同一七年の檣修復一二〇円三〇銭一厘、同一九年の柱修復一〇〇円九二銭二厘の合計六九五九円八三銭九厘と、毎年のように廻船の修理にかなりの費用を要していた。結局差引九七一円二三銭二厘の損失となる。これは、新造費用が五〇〇〇円以上と膨大なのに対し、盛新丸の活動年数が八年間と短いことによるものであろう。

4　彩光丸の経営

彩光丸については、明治一二年六月の「彩光丸惣会計」という史料が現存する。[30] それによれば、明治一二年から同一八年の七年間に三三仕建、年間四・七仕建の割合で活動がなされていたことがわかる。

積荷は三三仕建すべてが買積の塩仕建で、しかも大俵塩が三二仕建で、斎田塩は明治一六年IIIが唯一である。塩の仕入先は、三木・田淵・小川・柴原の四塩問屋が中心で、他に大塩惣会所（播州大塩浦）が見られるだけである。明治一六年IIIの斎田塩は野崎定二郎から仕入れている。一仕建当たりの大俵塩積載量は六〇〇〇俵弱である。一方販売先は、明治一五年頃までは東条与三兵衛（＝大阪屋与三兵衛）、同一四年以降は久保田嘉平が主体となっている。他に田嶋忠二郎、大野喜八（神奈川青木町）、潤益商会（神奈川青木町）等も見られる。

利益についてみると、収入は七年間三三仕建で合計四六六六円三二銭六厘、年間六六六円六一銭八厘である。一仕建当たりの利益は、最高明治一六年IIの九八九円二四銭八厘の利益から最低同一三年IVの三〇二円四八銭一厘の損失に至るまであるが、平均すると一四一円四〇銭四厘となる。費用は、明治一二年七月の大作事一六六七円六二銭七厘、同一四年の柱櫂修復三二五円八七銭三厘、同一六年の捲廻し付替一四七円五八銭二厘の合計二一四一円八銭二厘であり、結局差引二五二五円二四銭四厘の純利益、年間では三六〇円七四銭九厘の利益となる。

5　天祐丸の経営

天祐丸については、明治一七年五月の「天祐丸惣会計」、同二二年三月の「天祐丸潤益計算帳」、同三一年正月の「天祐丸会計録」という三点の史料が現存する。天祐丸は「天祐丸惣会計」によれば、明治一七年に旧船舶一艘を二五〇〇円で売却した後、安芸石豊田郡中野村の棟梁である松浦熊吉によって新造された。そこで、明治一七年以降これら三点の史料を接合すると、明治一七年から同三八年までの二二年間に一一一仕建、年間五仕建の割合で活動がなされおり、活動に季節性はなく二〜三か月に一仕建ずつ規則的に出帆していたことがわかる。

積荷は一一一仕建のうち一〇八仕建が塩仕建で、ほとんどが買積であり、残り三仕建のうち明治三七年Iがセメントの運賃積、同三八年II・IIIが材木・礦石等の運賃積である。ここで注目したいのは、従来から続けてきた塩の買積が、明治三八年を境に材木等の運賃積に転化していることであり、しかも同年でこの勘定帳が終了していることである。これは、明治三八年の専売制施行にともない塩の買積ができなくなった奥藤家の廻船経営上の試行錯誤の跡を示すもののように思われる。塩の種類は、明治二〇年までは大俵塩、それ以降は改良塩が主体を占める。他に斎田塩・鹿忍塩等の一部運賃積があるが、ごくわずかである。塩の添荷としては、明治二三年Iの粉粕一〇〇俵、同二五年Ⅰの同じく粉粕一一〇〇俵の買積がある。塩の仕入先は、大俵塩・改良塩ともに赤穂の三木・田淵・小川・柴原の四塩問屋が中心で、明治三六年以降はこれらに赤八商店（塩屋村）が加わる。他に斎田塩は野崎定二郎、鹿忍塩は望月半三郎が、それぞれ仕入先となっている。一方販売先をみると、明治一九年までは久保田嘉平、同一九～二四年は小西清兵衛・鈴木甚右衛門、同二四～二七年は浜口仁兵衛、同二七～三六年は鶴岡助二郎支店、同三六年以降は臼井支店がそれぞれ中心をなしている。他に吉川松太郎（神奈川）、阿波屋甚右衛門、潤益商会、吉田平之助、広沢商店、宮井清左衛門等が一～二度取引相手として現れている。

利益についてみると、収入は二二年間一〇八仕建で合計三万三七一六円四一銭である。一仕建当たりの利益は、最高明治三二年Ⅴの一九二一円二六銭六厘の利益から最低同三一年Ⅲの五七一円四銭の損失まであり、平均三一二円一八銭九厘となる。費用は、明治一七年の新造五七六二円五四銭五厘・道具二九四六円七厘・諸雑費八一五円八〇銭六厘・船卸祝費八六円六〇銭・船舶検査費二九三円二八銭・試運転顚覆三一六円二二銭、同三五年のマスト修繕等二〇八円一六銭五厘、同三六年の諸道具一六四円五二銭の合計一万六三八円五一銭三厘を要した。結局差引二万三〇七七円八九銭七厘の純利益となり、年間にすれば一〇四八円九九銭五厘の利益であった。

6　元亨丸の経営

元亨丸については、明治一九年八月の「元亨丸会計録」という史料が現存する。これによれば、元亨丸は明治一九年から三二年までの一四年間に六三仕建、年間四・五仕建稼働し、年によっては明治二一年のように七仕建も行なっている年もある。

積荷は六三仕建のすべてが塩仕建であり、ほとんどが買積である。塩の添荷としては、明治二五年Ⅰの買積糠一〇〇〇俵・粉粕一〇〇俵が存在する。塩の種類は、明治二〇年以前が大俵塩、それ以降は改良塩が中心で、明治二〇年を境にしている点は他の廻船と一致する。他に鹿忍塩・斎田塩・新斎田塩等が一～二度見られる。塩の仕入先は、他廻船と同様赤穂の四塩問屋が、大俵塩・古浜塩・改良塩についてはすべてである。鹿忍塩は備前の嘉平治・望月半三郎、新斎田塩・食塩は野崎定二郎、斎田塩は藤出安二からそれぞれ仕入れている。一仕建当たりの塩積載量は、大俵塩七三五〇俵、改良塩八六〇〇～九〇〇〇俵で、他の廻船に比べるとやや積載量が多く、廻船規模も大きかったようである。一方塩の販売先は、明治二四年までは小西清兵衛・鈴木支店、同二二～二七年は浜口仁兵衛、同二七年以降は鶴岡助二郎支店・十州商店（東京日本橋区箱崎町）を中心としている。他に久保田嘉平、吉田平之助、宮井清左衛門等が一～二度販売先として見られる。

利益についてみると、収入は一四年間に六三仕建で合計一万九九二七円二銭八厘である。一仕建当たりの利益は、最高明治三〇年Ⅰの一六九五円六四銭一厘の利益から最低同三一年Ⅲの五九一円一銭六厘の損失に至るまであり、平均すると三一六円三〇銭二厘となる。一方主な費用は、明治一九年の大作事四三八五円三六銭五厘、同一九年一一月一八～一九日には「伊豆国賀茂郡入間村字中木港於テ、大時化難事費用及作事入用」として一四一円二四銭三厘、同二一年の新楫二二九円六七銭七厘、同二四年の新造伝馬船六二円二〇銭・楫作替五五円六八銭四厘、同二五年の波止浜作事五五円一七銭五厘・柱桁中帆柱一六九円六一銭一厘、同二七年の初為登作事一二一七円三銭七厘、同三〇年一一月二九日には「三浦野南下浦港碇泊為立三十日午前九時頃、順風出帆手順中ヘ御恭風吹附タメ、破損ニ付諸入用」として一一五七円二七銭一厘の合計七四七三円二六銭三厘である。結局差引一万二四五三円七六銭五厘の純利益、年間にすれば八八九円五五銭五厘の利益となり、他廻船に比べ大作事費用が多かったためかなりの費用を要し、純利益も小さくなっている。

7　有功丸の経営

有功丸については、明治二〇年八月の「有功丸会計録」という史料が現存する。この史料によれば、明治二〇～三八年の一九年間に八七仕建、年間四・六仕建と他廻船に比べやや少ない仕建回数で活動していた。

積荷は八七仕建のうち塩が八五仕建で、残り二仕建は砥石と石炭が各一仕建である。ただし、塩仕建の中には材木と砥石の積合が二仕建含まれている。塩の種類は、ほとんどが改良塩で、しかも買積である。他に新斎塩・食塩等がある。改良塩の仕入先は、他廻船と同様赤穂の四塩問屋によって占められており、明治三六年からはこれらの問屋に赤八商店が加わる。一仕建当たりの塩積載量は、八〇〇〇～一万俵で他廻船に比べ多い。一方販売先は、明治二六までは浜口仁兵衛・小西清兵衛を中心に、鈴木甚右衛門・十州商店等が現れている。明治二七年以降は臼井支店を中心に、鶴岡支店・宮井清左衛門・十州商店・広沢商店・二上茂兵衛（横浜花咲町）等が販売先として見られる。また明治三八年Ⅰの改良塩仕建で塩の買積をやめ、Ⅲ・Ⅳと塩の運賃積に切り替えているのは、同年六月の塩専売制の実施と深いつながりがある。経営形態については、明治二八年Ⅲ、同二九年Ⅰの小俵塩二〇〇〇俵、同三六年Ⅰの砥石三四〇〇俵、同三七年Ⅱの材木、同三八年Ⅱ以降の塩・石炭・桧板を除けば、他はすべて買積であった。

利益についてみると、収入は不明な明治三八年を除き、一八年間の八三仕建で合計三万八九四八円六九銭一厘である。一仕建当たりの利益は、最高明治三二年Ⅳの二七二三円一〇銭四厘の利益から最低明治三二年Ⅰの六〇九円二四銭三厘の損失に至るまであり、平均四六九円二六銭一厘の利益となる。一方費用は、明治二〇年の作事一八六四円五六銭、同二一年の新造伝馬船・小伝馬六五円九二銭、伊豆下田での柱建損一一三円五二銭七厘、同二二年には紀州沖航海中柱が折れ、鳥羽港での修理代として五七六円三〇銭七厘、船玉作事九一四円二八銭八厘、同二三年の碇直し六九円二三銭二厘、同二四年の楫作替四七円三二銭八厘、同二六年の波止浜柱および筒立替一三八円五三銭六厘、同二七年の伊豆国波止浜での船玉・マスト大作事三五四八円三七銭七厘、同二九年の作事一五二円三一銭、同三五年の大阪木津川町での船玉修繕三二四五円四四銭の合計一万七三五円八二銭五厘である。結局差引二万八二一二円八六銭六厘の純利益で、年間では一五六七円三八銭一厘の利益となる。大作事が多かったものの活動期間が長く、他廻船に比べ利益は大であった。

8　公正丸の経営

公正丸については、明治二〇年一一月の「公正丸会計録」という史料が現存する。この史料によれば、公正丸は明治二〇年から同三三年までの一三年間で六五仕建、年間五仕建の割合で稼働しており、他廻船より若干仕建回数が多い。

積荷は六五仕建すべてが塩仕建であり、塩の大部分が改良塩である。改良塩以外には、明治二三年Ⅴの野崎斎田塩、同二七年Ⅱの高松古積塩、同二八年Ⅳの並塩、同二九年Ⅰの小俵塩があるのみである。経営形態は、小俵塩の運賃積を除いてすべて買積である。塩の仕入先は、他廻船と同じく赤穂の四塩問屋によって占められている。ただし野崎斎田塩と高松古積塩のみ、野崎定二郎と太田利平からそれぞれ仕入れている。一仕建当たりの塩積載量は、八二〇〇〜九五〇〇俵とやや多い。一方塩の販売先をみると、明治二二年までは小西清兵衛、同二二年からは浜口仁兵衛がこれに加わり、同二六年には小西清兵衛に代わって臼井支店が中心となり、同二七年からは浜口仁兵衛に代わって鶴岡助二郎支店が、同三一年以降はこれに十州商店が加わる。他に尾崎、久保田嘉平、吉田平之助、広沢商店等が数度販売先として見られる。

利益についてみると、収入は一三年間の六五仕建で合計二万五四七四円二九銭六厘である。一仕建当たりの利益は、最高明治三二年Ⅳの二三六二円二三銭三厘の利益から最低同三一年Ⅴの七三三円六銭七厘の損失に至るまであり、平均三九一円九一銭二厘となる。主な費用は、明治二〇年の伊予波止浜作事九八円八五銭、同二一年八月の新楫一九一円八四銭七厘、同年の船玉登作事・柱代・楫代二〇二六円四七銭三厘、同二二年の作事二三一円四八銭三厘、同二三年の新檣建・新造伝馬一六〇円七八銭六厘、同二五年の楫作替二二円五九銭九厘、同二七年三月の帆桁代四六円、同二八年の為登作事一九九二円七〇銭五厘、同二九年の作事二三円七三銭三厘、同三〇年の伝馬船九〇円の合計四八八四円四七銭六厘である。結局差引二万五八九円八二銭の純利益、年間一五八三円八三銭となり、作事等が小規模であったため、利益額が他廻船に比べ多くなっている。

9　凌雲丸の経営

凌雲丸については、明治二二年二月の「凌雲丸惣会計」と同二二年三月の「凌雲丸潤益計算帳」という二点の史料が現存する。この二点の史料を相互補完的に用いると、凌雲丸は明治二二年から同三八年の一七年間に九〇仕建、年間五・三仕建の割合で活動が行なわれ、同二七年の七仕建のように他廻船に比べ仕建回数が若干多いことがわかる。

積荷は九〇仕建のうち八二仕建が塩で、残りのうち七仕建が石炭で、一仕建は不明である。塩はすべて買積で、塩の種類は明治二三年Ⅱの斎田塩を除いてすべて改良塩であった。ここで注目される積荷は石炭である。石炭は製塩の燃料として塩との関連性が高いが、明治二八年Ⅱ・Ⅲの北九州の石炭を四日市の製紙会社や紡績会社へ運賃輸送しているように、単に製塩の燃料としてだけでなく、諸産業のエネルギー源として広く流通していたことがわかる。なお石炭は明治三六年Ⅰの買積を除いて、すべて運賃積であった。

塩の仕入先をみると、改良塩は他廻船と同じく赤穂の四塩問屋によって占められ、明治三六年以降は赤八商店がこれに加わる。斎田塩の仕入先は野崎定二郎である。一仕建当たりの積載量は五六〇〇〜七二八〇俵で、他廻船に比べるとやや少ない。一方販売先は、明治二六年までは浜口仁兵衛・鈴木甚右衛門・吉田平之助が中心で、同二六〜二八年は臼井商店・宮井清左衛門・十州商店が主体となる。さらに同二八〜三六年は鶴岡支店・広沢商店が、同三六年以降はまた臼井支店が中心となり、数年ごとに取引相手が目まぐるしく交代した。又明治三八年Ⅰを最後に塩の買積からⅡ以降石炭の運賃積へと転換しているのは、前述したように同年の塩専売制実施にともなうものであろう。

利益についてみると、収入は一七年間で不明なものを除き、八七仕建合計二万八〇四八円八七銭九厘である。一仕建当たりの利益は、最高明治三二年Ⅵの一四四四円七三銭の利益から最低同二七年Ⅰの四七八円九七銭二厘の損失に至るまであり、平均三二二円四〇銭一厘となる。なお明治二四年九月には、古柱売代七四円が収入としてあげられる。費用は、明治二二年の為登作事五九九円四八銭五厘、同二四年二月の新造伝馬船五七円九〇銭、同年六月の柱および船玉修繕一三五円七五銭五厘、同二七年四月二四日の「高松ニテ小船ヲ損し償金」四八円、同二九年の波止浜修復四四円九〇銭四厘、同三〇年の為登作事一六一五円七七銭二厘、同年八月の作事二九三円九二銭、同三一年の作事五七九円四九銭九厘、同三五年八月の船具二八二円九三銭、同三六年の新造伝馬船七八円九五銭六厘の合計三六八七円一二銭一厘である。結局差引二万四四三五円七五銭八厘の純利益、年間では一四三七円三九銭八厘の利益となり、公正丸と同様新造費用が含まれておらず、また作事は多いが大規模なものではなく他廻船に比べ利益が大きくなっている。

10　万全丸の経営

万全丸については、明治二二年二月の「万全丸惣会計」と同二六年正月の「万全丸惣会計」という二点の史料が現存する。この二点の史料を結合させると、万全丸は明治二二年から同三八年までの約一六年間に八五仕建、年間五・三仕建で活動していることがわかり、凌雲丸と同様若干仕建回数が多い。なお明治二六年には新造している。

積荷は八五仕建のうち八四仕建が塩で、残り一仕建は石炭である。塩の種類は、ほとんどが買積の改良塩で、他に野崎定二郎仕入の野崎斎田塩等がある。改良塩の仕入先は、他廻船同様赤穂の四塩問屋によって占められており、明治三六年からはこれらの問屋に赤八商店が加わる。一仕建当たりの塩積載量は、六八〇〇～七〇〇〇俵で他廻船に比べやや少ない。一方販売先は、明治二七年までは浜口仁兵衛を中心に、小西清兵衛・鈴木甚右衛門・吉田平之助がこれに続いている。明治二七年以降は臼井支店を中心に、他に宮井清左衛門・鶴岡助二郎・広沢商店等が見られる。なお明治二八年IIには唯一の石炭仕建があり、北九州の石炭を愛知へ運賃輸送している。

利益についてみると、収入は一六年間不明なものを除いて八四仕建、合計三万一七〇五円四六銭である。一仕建当たりの利益は、最高明治三七年Vの二一六九円八銭一厘の利益から最低同二三年IVの三九六円七〇銭八厘の損失に至るまであり、平均三七七円四四銭六厘となる。費用は、明治二三年の楫新造四九円三四銭五厘、船玉作事・伝馬船新造一四四円六五銭二厘、同二六年の造船代価・諸道具等二九八五円五三銭、同二八年の下提替八九円二〇銭七厘、同二九年の波止浜作事七〇円八一銭四厘、同三一年の新造伝馬船七七円五〇銭、伊予目波止浜船玉修繕九九七円九二銭、同三五年一〇月の錨・諸道具二三四円七銭、同三八年の大阪での為登作事一九二四円八銭五厘の合計六五七三円一二銭三厘である。結局差引二万五一三二円三三銭七厘の純利益、年間にすると一五七〇円七七銭一厘となり、作事は多かったが他廻船に比べやや多くの利益をあげている。

11　久徳丸の経営

久徳丸については、明治三三年正月の「久徳丸会計録」という史料が現存する。この史料によれば、久徳丸は明治三三年に「播磨国赤穂郡塩屋村柴原九郎殿ゟ買取」とあり、柴原家から購入したものであることがわかる。そして、この史料に基づいて活動状況を見ると、久徳丸は明治三三年から同三八年までの六年間に三五仕建、年間五・八仕建で特に明治三七年には八仕建も行なっており、かなりの仕建回数で活動していたようである。

積荷は三五仕建のうち塩が二九仕建で、残り六仕建のうち五仕建が石炭、一仕建が砥石である。塩の種類はすべて改良塩で、また明治三八年Ⅴの運賃積を除けば他はすべて買積である。石炭は逆に明治三六年Ⅰの買積を除きすべて運賃積であり、砥石も運賃積である。ここで注目したいのは、明治三八年の積荷と経営形態である。すなわち、Ⅰでは塩の買積が従来通り行なわれているが、Ⅱ・Ⅲ・Ⅳ・Ⅵは石炭の運賃積、Ⅴは塩の運賃積がなされている。これは、前述したように明治三八年六月の塩専売制実施により、塩の買積に代わる新しい積荷を求めねばならなくなったために起こった現象である。そして見出した積荷が、製塩燃料として深いつながりのあった石炭であり、それに関連する砥石であった。また塩を従来のように積荷としようとすれば、買積ではなく運賃積でしか輸送できなくなったことを示している。さらにこの年で史料が欠如しているのは、従来から続けて営んできた廻船業を廃業するかどうかの選択を迫られた奥藤家の転機を示すものであろう。

塩の仕入先は、他廻船と同じく赤穂の四塩問屋が占め、明治三六年以降はこれらの問屋に赤八商店が加わる。一仕建当たりの塩積載量は、七二〇〇〜七六〇〇俵である。一方販売先は、明治三六年までは鶴岡支店・十州商店を中心に、広沢商店・宮井清左衛門等が占め、同年以降は臼井支店が中心となり、同年には二上茂兵衛が加わった。

利益についてみると、収入は六年間で不明なものを除けば、三四仕建合計一万二六四七円九八銭六厘である。一仕建当たりの利益は、最高明治三七年Ⅶの一一八六円八二銭二厘の利益から最低同三八年Ⅲの九四円一六銭一厘の損失に至るまであり、平均三七二円となる。費用は、明治三三年には前述したように久徳丸を七七五〇円で購入しており、他に同三五年五月の船道具二五円七〇銭、同三六年の帆柱替一四一円一〇銭の合計七九一六円八〇銭である。結局差引四七三一円一八銭六厘の純利益で、年間七八八円五三銭一厘となり、廻船購入費が大きく活動期間が短いため、他廻船に比べ利益が少々低くなっている。

以上一一艘の個別廻船の経営状況を見てきたのであるが、(31) このうち江戸期の廻船経営状況がわかるのは利吉丸と長安丸で、他はすべて明治期の廻船経営状況がわかるだけである。そこでこれらの廻船経営によって、明らかになったことを要約すると次のようになる。経営状況が一艘でも明らかになる期間は、天保九〜一四年（一八三八〜一八四三）、安政二年（一八五五）〜明治元年（一八六八）、明治一二〜三八年の間である。年間仕建回数は、一艘当たり江戸期には三仕建であったが、明治期になると四〜五仕建行なわれるようになり、なかには七〜八仕建行なっている年もある。仕建回数が多くなってきたのは、商品流通量の増加と廻船の性能が向上したことによるものであろう。積荷は、江戸期には塩の買積を中心に城米仕建等も行なわれていたが、明治期になるとほとんどが塩の買積となる。ただし明治三八年には塩専売制の施行にともない石炭・砿石の運賃積等が行なわれるようになった。塩の種類は、江戸期から明治二〇年までは大俵塩で、それ以降は改良塩となる。塩の仕入先は、江戸期には竹嶋屋・浜野屋・徳久屋・川口屋・小笹屋という赤穂の塩問屋であり、明治期にもこれらの問屋の系譜を引く柴原・田淵・三木・小川の四塩問屋が大部分を占め、明治三六年からは奥藤家も塩問屋へ進出し、赤八商店としてこれらの問屋に加わるようになった。一方販売先は、江戸期には江戸下り塩問屋である長嶋屋松之助（江戸北新堀町）、渡辺熊次郎（同）、喜多村富之助（同）が中心となり、他に伊勢屋孫兵衛（神奈川）、阿波屋甚右衛門（浦賀）等が見られる。明治期になると久保田嘉平（東京南新堀）、小西清兵衛（東京大川端）、浜口仁兵衛（東京北新堀）、鶴岡支店（東京小網町）、臼井支店（東京深川区佐賀町）という東京の塩問屋が、それぞれ数年ごとに順次中心をなし、これらの問屋に鈴木甚右衛門（浦賀）、宮井清左衛門（同）、吉田平之助（神奈川）、十州商店（東京日本橋区箱崎町）等が随時加わる。明治期は江戸期に比べると、塩の仕入先はほぼ同じであるが販売先は数年ごとに変化する。利益は、一艘につき天保期には年間一五貫目余、一仕建当たり五貫目余で、安政期以降になると年間四三〇両余、一仕建当たり一三〇両余で、明治一二年以降には年間一五八五円余、一仕建当たり三三〇円となる。他に費用として新造費・修理費等が毎年のようにかかり、結局純利益は年間にすると一艘につき江戸期には二三八両余、明治期には一〇〇〇円程度となった。

三　奥藤家の廻船経営と塩取引

ここでは、赤穂坂越にある奥藤家の廻船活動の全容と廻船経営によってどういう形で、どれだけの利益を得ていたのか見てみよう(32)。ただしここで述べる利益とは、新造費・修理費等の費用を差し引く前の廻船経営から得た売買差益・運賃を示すものである。

まず奥藤家の廻船所有動向(33)について現在確認される範囲で見てみると次のようになる。奥藤家は天保八年（一八七三）から明治一〇年（一八七七）までは長安丸を中心に一～二艘の廻船を所有し、明治一一年から同一六年までは長安丸・彩光丸・来祥丸・盛新丸を中心に三～四艘、明治一七年から同二一年までは他に天祐丸・元亨丸・有功丸・公正丸が加わり合計六艘となる。明治二二年から同三三年まではさらに凌雲丸・万全丸が加わり合計七艘となり、最盛期を迎える。明治三四年から三八年まではこれらに久徳丸が加わるが、元亨丸・公正丸が姿を消し合計六艘となり一艘減少する。そして明治三八年に至ると、突如として廻船が史料から姿を消すのである。これは、前述したように明治三八年の塩専売制の施行にともなう現象として理解できる。なお、奥藤家は明治三八年以降廻船経営をやめ、土地経営を中心に銀行業・商事会社等へと積極的に経営内容の転換を押し進めていったようである。(34)

次に廻船利益動向と塩買積船の利益獲得システムを塩価動向との関連で見てみよう。そこで、これらの関係を廻船の経営内容がわかる明治一二年以降について示したのが、表39である。この表を簡単に説明すると、一仕建利益額の欄は五〇〇円以上の損失、〇～五〇〇円の損失、〇～五〇〇円の利益、五〇〇～一〇〇〇円の利益、一〇〇〇円以上の利益の五段階に分類し、その仕建回数を示した。塩価の欄は、塩一斗入二〇〇俵の大阪卸売価格、(35)一年間の月平均最高塩価と最低塩価との差額（年間変動幅）、月平均塩価が判明する月数、そして年間の塩価変動動向を↗（上昇）、↘（下降）、↷（上昇から下降へ）、⤻（下降から上昇へ）、→（変動なし）と記号化して示した。

この表によれば、塩価の変動幅と利益との関係について次のようなことがわかる。たとえば明治二九～三二年のように、塩価の変動幅が大きいときには利益の変動幅も大きく、年によって五〇〇円以上の損失から一〇〇〇円以上の利益に至るまで差があり、投機的不安定性を示している。これに対し明治一五～一九年や同二四～二七年のように、塩価の変動幅が小さいときには利益の変動幅も小さく、〇～五〇〇円の利益に固定され、着実な利益が得られたことを示している。また、塩価の変動動向と利益との関係についても次のようなことがわかる。たとえば明治二八～三〇年のように、塩価が上昇局面にあるときには利益が大きく、一〇〇〇円以上の利益も見られる。逆に明治一九年や同三一年のように下降局面にあるときには損失も大きく、五〇〇円以上の損失も見られる。このように塩価の変動が大きく、しかも上昇局面にあるときには塩価の時間差と地域差によって大きな利益を得、塩価が逆の動きをすれば損失を被ることになる買積船による利益獲得システムをここに見出すことができ

表39　廻船利益動向と塩価

年　代	1仕建利益額（円）					塩価（円）			
	～－500	－500～0	0～500	500～1000	1000～	1斗入200俵	年間変動幅	月数	変動動向
明治12		3	3		1	—	—	—	—
13		3	7			—	—	—	—
14		2	13			—	—	—	—
15		2	10	1	1	26.85	10.57	11	⤴
16		7	6	2		23.47	19.18	12	↘
17		1	15			14.33	3.03	5	→
18		1	15	2		18.47	12.00	10	⤴
19	1	2	15			16.89	7.75	5	↘
20			18			—	—	—	—
21			29			13.94	0.90	3	→
22		2	14	12	4	20.88	23.80	12	↗
23		9	10	6	5	28.20	17.90	12	⤵
24		11	22	4		—	—	—	—
25	1	3	19	6		18.48	3.55	12	↗
26		8	30			16.57	5.75	12	↘
27		3	32			14.69	2.90	11	↘
28			21	16	3	16.39	8.30	10	↗
29			5	20	10	32.86	29.80	12	↗
30			15	5	9	42.56	15.38	12	↗
31	9	13	10	3		35.56	18.20	12	↘
32	1	5	14	1	10	31.97	22.13	12	⤴
33	1	2	11	11	2	33.59	15.25	12	⤴
34		2	22	3	1	31.82	8.32	12	⤴
35		4	19	7		33.60	17.75	11	↗
36		4	23	5	1	35.88	7.45	10	⤴
37		6	24	4	6	35.53	16.83	12	⤴
38		1	5	2		45.41	1.95	5	→
計	13	94	427	110	53				
%	1.9	13.5	61.3	15.8	7.6				

（註）各廻船の「勘定帳」（奥藤家文書）、大阪大学近代物価史研究会「明治期大阪卸売物価資料（3）」（『大阪大学経済学』29巻3・4号、1980年）より作成。

廻船利益動向

有功丸	凌雲丸	万全丸	久徳丸	各年利益総額	1仕建の利益
				1479・57・5(7)	211・36・8
				88・57・3(10)	8・85・7
				3390・88・5(15)	226・05・9
				4072・83・7(14)	291・13・1
				1857・78・2(15)	123・85・2
				2392・97・3(16)	149・56・1
				5040・37・1(18)	280・02・1
				1407・20・4(18)	78・17・8
317・23・0(2)				4471・59・1(18)	248・42・2
1306・14・9(5)				7588・01・6(29)	261・65・6
1988・52・2(4)	1858・82・7(4)	2549・53・9(5)		18236・60・6(32)	569・89・4
1643・01・0(5)	829・73・7(5)	1663・98・9(4)		11472・23・2(30)	382・40・8
599・67・5(5)	447・16・5(5)	757・91・5(5)		4425・46・4(37)	119・60・7
782・52・9(4)	750・71・2(5)	1313・41・1(3)		6465・28・6(29)	222・94・1
693・57・1(5)	△ 108・44・4(3)	884・14・2(6)		3804・50・2(38)	100・11・8
506・84・6(2)	765・31・5(7)	1227・97・1(6)		5843・84・6(35)	166・96・7
3759・10・9(5)	2381・89・7(5)	2837・81・4(6)		21628・01・4(40)	540・70・0
5960・74・1(5)	2931・14・7(5)	4664・74・5(6)		30313・42・7(35)	866・09・8
3872・87・8(4)	2269・94・7(4)	2934・91・3(5)		19550・21・3(29)	674・14・5
△ 113・47・4(5)	△ 164・16・5(6)	△ 474・62・3(3)		△ 5687・44・9(35)	△ 162・49・9
4747・99・6(5)	3200・12・4(6)	2954・02・0(6)		19603・87・1(31)	632・38・3
3651・96・1(5)	2692・58・5(6)	3278・93・1(6)	1039・99・1(2)	13249・68・6(27)	490・72・9
1675・03・8(5)	1951・84・4(6)	1036・48・2(5)	963・57・9(6)	7380・17・9(28)	263・57・8
1843・11・5(5)	2313・26・7(6)	852・70・4(6)	2760・97・9(7)	9489・61・5(30)	316・32・1
2109・90・0(5)	2243・76・2(6)	1704・56・7(6)	2767・43・5(6)	10820・91・9(33)	327・90・7
3603・89・5(7)	2248・36・1(5)	3518・94・0(6)	3583・03・4(8)	18581・03・8(40)	464・52・6
	1436・79・8(3)		1532・96・8(5)	2969・76・6(8)	371・22・1
38948・69・1(83)	28048・87・9(87)	31705・46・0(84)	12647・98・6(34)	229937・02・2(697)	

るであろう。

　次に奥藤家の廻船利益動向を表40によって見てみよう。なおこの表は奥藤家の各廻船の「勘定帳」によって、経営内容が明らかなもののみを取り上げ、これが奥藤家の所有廻船の経営全容を完全に掌握するものではないことを断っておきたい。しかしながら、前述した奥藤家の廻船所有動向と比較すればわかるように、明治一二～三八年の期間に限れば、来祥丸の経営状況が不明なだけで他の廻船は欠年はあるがほぼ揃っており、この表によって奥藤家の廻船経営のほぼ全容を把握できると確信している。

　この表によってまず利益額の推移をみると、明治一四年や同二一

表40　奥藤家の

年代	長安丸	盛新丸	彩光丸	天祐丸	元亨丸	公正丸
明治12		1627•79•0(4)	△ 148•21•5(3)			
13	400•22•0(2)	△ 486•43•7(4)	174•79•0(4)			
14	1420•18•5(4)	1266•07•4(6)	704•62•6(5)			
15	1315•33•7(4)	1303•19•1(4)	1454•30•9(6)			
16	312•62•7(5)	981•47•3(5)	563•68•2(5)			
17	487•29•7(4)	798•82•3(4)	717•40•3(5)	389•45•0(3)		
18	1691•90•3(5)	1348•71•3(4)	1199•73•1(5)	800•02•4(4)		
19	689•10•9(5)	△ 851•02•0(5)		890•82•4(6)	678•29•1(2)	
20	1297•15•5(5)			1181•99•5(6)	1572•26•1(4)	102•95•0(1)
21	1346•69•5(5)			1300•77•7(6)	1991•66•5(7)	1642•73•0(6)
22	3584•44•3(6)			2731•97•3(5)	2836•40•1(5)	2686•90•1(3)
23	1682•98•6(4)			932•69•4(3)	1878•33•2(4)	2841•48•4(5)
24	531•76•9(6)			478•14•0(5)	1070•45•8(6)	540•34•2(5)
25	680•81•2(3)			1493•81•4(5)	1156•06•5(4)	287•94•3(5)
26	580•38•6(6)			206•54•2(6)	731•47•3(6)	816•83•2(6)
27	972•23•7(5)			922•01•3(5)	221•90•1(4)	1227•56•3(6)
28	3276•50•0(7)			2344•54•2(5)	3658•06•0(6)	3370•09•2(6)
29	4904•26•8(5)			3796•58•8(5)	3042•41•5(4)	5013•52•3(5)
30	2256•27•3(4)			2052•40•9(3)	2408•84•7(4)	3754•94•6(5)
31	△2179•11•2(5)			△ 354•31•3(6)	△1702•07•1(5)	△ 699•69•1(5)
32	△ 21•20•0(2)			3923•89•7(5)	382•93•0(2)	4419•10•4(5)
33				3116•64•1(6)		△ 530•42•3(2)
34				1753•23•6(6)		
35	485•39•8(1)			1234•15•2(5)		
36	923•23•5(4)			1072•02•0(6)		
37	2177•81•6(7)			3448•99•2(7)		
38						
計	28813•33•9(104)	5988•60•7(36)	4666•32•6(33)	33716•41•0(108)	19927•02•8(63)	25474•29•6(65)

（註）　各廻船の「勘定帳」（奥藤家文書）より作成。単位は円・銭・厘。△は損失を示す。（　　）は仕建回数を示す。

年のように、一〇仕建から一五仕建へ、一八仕建から二九仕建へと、奥藤家が船数を増やした時期に利益の拡大が見られた。明治一二〜二七年は、同二二年と同二三年の一〜二万円を除き、年間二〇〇〇〜五〇〇〇円の利益をあげている。明治二八〜三〇年は年間二〜三万円の利益で、特に同三〇年は最高の約三万円の利益をあげ、いかに廻船経営から巨額の利益を得ていたかがわかる。明治三一年には、前述したように塩価が急落したため五〇〇〇円の損失を被り、買積船の危険性をよく示している。明治三二〜三七年には、また年間一〜二万円の利益をあげ、明治三一年の損失を十分に補っている。明治三八年は各廻船の「勘定帳」の記載が不完全で、正確な計算がなされておらず、史料不足となっている。

またこの表によって、一仕建当たりの利益額動向をみると、明治一二～二七年には一仕建当たり二〇〇～三〇〇円と塩価が安定していたため一定額に固定されていたが、明治二八～三〇年になると五四〇～八六六円と塩価の騰貴により膨大な利益を得、特に明治三〇年には最高の利益額を示している。ところが明治三一年になると、塩価下落により一六二円の損失となった。しかし、明治三二～三八年には、再び塩価のゆるやかな上昇が見られ、二六三～六三二円と着実な利益が確保されたのである。

以上幕末・明治期の赤穂塩輸送について、奥藤家の廻船経営史料を中心に述べてきたのであるが、要約すると次のようになる。

第一に、幕末・明治期の赤穂塩業の発展とともに、他国廻船に対する地元船の進出、特に奥藤家を含めた坂越浦の廻船の著しい進出という赤穂廻船の充実が見られた。

第二に、幕末・明治期をつうじて赤穂塩の仕入先の変化はあまり見られなかったが、販売先は明治期になると数年ごとに変化していった。

第三に、赤穂塩の流通における変化で最も大きかったのは、明治三八年の塩専売制施行であった。これにより江戸期から続いた塩の買積ができなくなり、塩の運賃積や新しい積荷を見出さねばならなくなった。そしてこの時点が、廻船業を廃業するかどうかの問題を含めて、奥藤家の廻船経営上の一大転機であった。

第四に、塩買積船の利益獲得システムは、塩価の動向と深いつながりがあった。すなわち塩価の変動幅が大きく上昇局面にあるときに、膨大な利益を得た。

第五に、奥藤家は幕末期には一～二艘、明治一〇年代には三～六艘、同二〇年代から三〇年代にかけては七艘の廻船を所有し、この艘数動向と連動して奥藤家の廻船利益も、明治一二〜二七年には二〇〇〇〜五〇〇〇円、同二八〜三〇年には二〜三万円であった。すなわち、奥藤家の廻船経営活動の最盛期は、明治二〇年代から三〇年代にかけてであったと言えるのである。

（1）塩業の研究は、日本塩業研究会を中心に精力的な研究が行なわれており、その成果が研究会誌『日本塩業の研究』および『日本塩業大系』に収録されている。
（2）柴田一「幕末・明治期の塩流通史研究の問題点」（『日本塩業の研究』一一集、一九六八年）六九頁。
（3）赤穂塩については多くの研究があり、主なものをあげると次のようになる。赤穂塩田支部『赤穂塩業誌』（一八九八年）。鶴本重美『日本食塩販売史』（全国塩元売捌人組合聯合会、一九三八年）六一六〜六三六頁。廣山尭道「塩改」（『研究会結成記念論文集　日本塩業の研究』一九五八年）、同「赤穂藩における塩業政策の推移」（『日本塩業の研究』二集、一九五九年）、同「近世初期における製塩業の発展とその限界」（同四集、一九六一年）、同「製塩業赤穂流について」（同七集、一九六四年）、同『赤穂塩業史』（赤穂市役所、一九六八年）。富岡儀八「瀬戸内塩業の経済地理学的研究」（『研究会結成記念論文集　日本塩業の研究』一九五八年）、同『塩道と高瀬船』（古今書院、一九七三年）五章。河手龍海「近世赤穂塩業専売制の性格」（『日本塩業の研究』三集、一九六〇年）、同「明治塩専売の歴史的性格について」（同四集、一九六一年）、同「近世に於ける赤穂藩財政と塩田地主との封建関係（その一）」（同五集、一九六二年）、同「近世播州赤穂塩屋村における塩田地主」（同七集、一九六四年）、同『近世日本塩業の研究』（塙書房、一九七一年）。渡辺則文『日本塩業史研究』（三一書房、一九七一年）一部四章。岡光夫「入浜塩田の構造と地主の家」（同志社大学人文科学研究所『社会科学』二四、一九七八年）。『赤穂市史』二巻（赤穂市、一九八三年）。『赤穂塩業史料集』一〜五巻（赤穂市教育委員会、一九八九〜一九九二年）。
（4）『日本塩業大系』史料編近世（一）（日本塩業研究会、一九七五年）一一三頁。
（5）同書、一一九〜一二〇頁。
（6）河手龍海前掲書、一三八頁。
（7）前掲『日本塩業大系』史料編近世（一）、三四八〜三四九頁。

(8) 河手龍海前掲書、一二八頁。
(9) 前掲『日本塩業大系』史料編近世（一）、一二四〜二四七頁。
(10) 西畑俊昭「坂越廻船の動向」（『兵庫史学』七〇号、一九八四年）二七〜二八頁、四四頁。
(11) 河手龍海前掲書、一二七頁。
(12) 同右。
(13) 鶴本重美前掲書、六三三頁。
(14) 富岡儀八前掲書、一五三頁。
(15) たとえば慶応元年の所有者内訳を示すと次のようになる。坂越の奥屋孝助船一艘・高橋助太郎船一艘、加里屋の三木源次右衛門船四艘・三木弥次郎船二艘・三木幸五郎船一艘・前川覚助船一艘・山本雅七船一艘・仲田芳助船二艘・前田清九郎船一艘・松野嘉右衛門一艘、塩屋の柴原幾左衛門船一艘、江戸北新堀の喜多村富之助船八艘・喜多村惣助船一艘・松本保二郎船一艘、神奈川の伊勢屋孫兵衛一艘、堺の松屋彦兵衛一艘、龍野の新宮屋宗右衛門船一艘・新宮屋宗助船一艘、大阪の紀伊国屋只七船一艘、江州の布屋喜太郎船一艘で、いずれも九五〇〜一六〇〇石積の廻船である（元治二年三月「赤穂廻船持主扣」・慶応元年「廻船扣」大西家文書）。
(16) 鶴本重美前掲書、六二四〜六二五頁。
(17) 奥藤家は、慶長六年に酒造業を開始し、その後金融業・廻船業へと事業を拡大していったと伝えられている。元禄四年にはすでに三艘の大規模な廻船を所有していたようであるが、遅くとも延享三年に大市丸・永徳丸・本吉丸の三艘の廻船を所有していたのが確認される（西畑俊昭前掲論文、二八頁、三五頁）。したがって、幕末・明治期に至って廻船業を新たに始めたのではなく、すでに家業の一つとして存在していた廻船業をこの時期に拡大したものと理解することができる。
(18) 富岡儀八前掲書、一五六〜一五七頁。
(19) 河手龍海前掲書、一一二〜一一二頁。
(20) 鶴本重美前掲書、六二七〜六二八頁。差塩は、苦汁分を含み水によく溶け殺菌力が強いため、漬物用醸造用に用いられ、江戸俵あるいは大俵と称し、一俵三斗五升〜五斗入りで、関東地方へ大船によって運ばれた。これに対し真塩は、苦汁分の少ない精製塩で、古浜塩とも称し、一斗入りの小俵で、近海へ千石以下の小舟で輸送された（六二三〜六二九頁）。

（21）本章では、江戸期にまで及ぶ利吉丸と長安丸の活動状況の仕建月日・積荷数量・仕入先・販売先・利益の表を掲げ、盛新丸（明治一二～一九年）・彩光丸（明治一二～一八年）・天祐丸（明治一七～三八年）・元亨丸（明治一九～三二年）・有功丸（明治二〇～三八年）・公正丸（明治二〇～三三年）・淩雲丸（明治二二～三八年）・万全丸（明治二二～三八年）・久徳丸（明治三三～三八年）の活動状況の表は省いたので、拙稿「幕末・明治期の赤穂塩輸送と廻船」（『大阪大学経済学』三〇巻四号、一九八一年）参照。

（22）天保九年四月「利吉丸勘定帳」（奥藤家文書）。この史料は、その後『赤穂塩業史料集』四巻（赤穂市教育委員会、一九九一年、一二七～一五二頁）に収録された。以下用いる史料は、特記しない限り奥藤家所蔵の史料である。

（23）たとえばこの数字は、その年の第三番仕建を示す。以下同じ。

（24）塩の仕入先・販売先の所在地は、二〇〇〇通以上に及ぶ「仕切状」の印形刻字によって判断した（奥藤家文書）。

（25）安政二年六月「長安丸惣会計」（奥藤家文書）。この史料も前掲『赤穂塩業史料集』四巻、一五三～二二七頁に収録された。

（26）ここで述べる費用とは、新造・作事等の廻船経営における大規模な支出を指すのであって、各仕建に直接関係する道中遣い・瀬取賃・手数料等の費用は一仕建の利益を計算する際にすべて差し引かれている。

（27）鶴本重美氏の研究によれば、「『差塩』は江戸俵又は大俵と称し、江戸時代から容量に度々変改があったが、明治時代に入っては始め五斗入若くは四斗入として俵装した。然るに明治二十年三月十州塩田組合赤穂支部の決議により容量を三斗五升入に改め、建値は一俵を単位とすることに改めた」（鶴本重美前掲書、六二九頁）となっている。

（28）奥藤家は、明治三六年二月の赤八商店の設立によって塩問屋にまで進出することになった（『塩業組織調査』専売局、一九一三年、一一九～一二三頁）。

（29）これらはいずれも播州大塩浦惣問屋のことであろう。

（30）彩光丸の成立事情については、明治一二年六月「彩光丸惣会計」によれば、「于時吾海船平安丸草創昨明治十一年戊寅季秋九月中、維地出発豆州湖中少風涛之積荒荷等少許抛投而鳥羽港ニ走入繋泊、自後品川津入着経月滞船商事稍成、今茲明治十二載己卯歳四月還帆スト雖モ往々破壊シ、且従来得利事尠殊ニ船業不引合之時已廃船ト決定シ、此由大主君ニ窺フ聆人無之強テ改□被命縁テ医師川押庄七呼寄商量シ、六月七日兵浜為登作補シ舳艫信美七月十八日成立祥日ヲ撰ヒ、惟卸船名彩光丸ト奉大祝」とあり、明治一一年九月の平安丸の海難によって廻船の損壊が著しくなったので、同一二年七月新造して彩光丸と命名したようである。

(31) 実際には来祥丸を加えた一二艘分の勘定帳が現存するが、明治九年一一月の「来祥丸惣会計」は、経営内容が判明する記載部分がほとんど欠落しているため省略した。来祥丸についてわかるのは、わずかに一五〇〇石積の廻船であったことと新造時に四一九三円五六銭三厘九毛費やしたことである。

(32) 奥藤家の土地所有等を含めての経営全容については、現在のところ明らかではない。ただし、奥藤家の塩田については、明治初期には二八町余所有していたようである（岡光夫前掲論文、三一頁）。したがって、ここでは奥藤家の廻船経営側面の分析に限定しておきたい。

(33) 奥藤家所有廻船一覧は、本章では省いたので前掲拙稿第16表参照。なお他に断片的であるが、寛延三年の「午歳惣勘定帳」（奥藤家文書）によれば、「銀弐百五拾貫目、三艘分船元手」とあり、三艘の廻船の存在が確認される。

(34) 聞き取りによる。奥藤家の土地経営については、『赤穂市史』三巻（赤穂市、一九八五年）二四三〜二五四頁参照。

(35) 大阪大学近代物価史研究会「明治期大阪卸売物価資料」(三)（『大阪大学経済学』二九巻三・四号、一九八〇年）。塩価分析を行なった研究に、廣山謙介「大阪市場における塩取引と卸売価格についての覚書」（『日本塩業の研究』一九集、一九八〇年）がある。

第一一章　近世阿波における廻船経営と手船化

近世海運史の大きな流れを考える上で、幕藩体制の動揺とともに、幕藩体制的な性格を有する菱垣廻船・樽廻船にとって代わる動きとして考えられるのは、一つは第三章で述べた地方の中小廻船の発展であり、もう一つは商人あるいは生産者の手船化・廻船加入化である。樽廻船内部においても第四章や第九章で述べたように同様な動きが見られる。すなわち、手船化・廻船加入化が、灘廻船の競争力を強化することになり、同じ樽廻船仲間に属する紀州廻船を衰退へと追いやる重要な原因となったのである。そして、灘廻船はそれによって近代海運業へと発展する可能性が与えられたのであった。このように手船化という問題は、海運業の発展を考える上で欠くことのできない問題となってきた。

また手船化と廻船経営との関連について、柚木学氏は「酒造業＝荷主が手船を所有するということは、完全な意味での運賃収入から生ずる収益を目的とするのではなしに、それはあくまで酒荷の円滑な輸送手段を確保することにあった(1)」とされ、本書第九章の船主としての酒造家と荷主としての酒造家の分析においても、この柚木氏の考え方を踏襲してきた。しかし、酒樽輸送の場合にはそうであっても、それを一般化するのが可能なのかどうか、次のような点について検討してみよう。第一に、廻船経営によって果たしてどれだけの利益が得られたのか。すなわち、手船化は運賃収入から生じる収益を目的としていなかったのか。第二に、手船と積荷との関係はどうであったのか。すなわち、手船化が円滑な輸送手段を確保することにあったのか。さらに、廻船に対する出資形態およびその運営はどのようになされていたのか。利益配分はどのようになっていたのかについても併せて考えてみよう。具体的には阿波の廻船である伊勢丸を中心に取り上げる。

一　所有形態

まず出資形態をみると、伊勢丸は阿波国板野郡中喜来浦の三木与吉郎家と同郡斎田村山西庄五郎家との共同出資により建造された。(2) すなわち、天保一五年(一八四四)九月の伊勢丸造用一七六九両二分二朱・三匁六分九厘を三木(仝)家と山西(𠆢西)家とで折半し、八八四両三分と五匁九分三厘ずつ出資している。また弘化二年(一八四五)二月の帆柱替、同四年三月の帆柱修理、同年一〇月の大作事の時も、それぞれに要した費用を三木・山西両家で折半して出し合っている。

廻船経営によって得た利益の配分については、たとえば天保一五年(一八四四)一〇月の初上下(往復)によって得た利益三九両三分を三木家と山西家とで一九両三分二朱ずつ折半しているように、帳簿上は一年ごとでなく、ほとんど各上下ごとに利益を折半している。このような利益配分の方法は、柚木学氏の区分(3)によれば、徳用配分型と称せられるものである。損金についても、たとえば弘化四年一〇月に塩四九二二俵(代金三三六両三分・六六匁六分七厘)を海難によって流失した時や嘉永二年(一八四九)二月に肥料二〇〇〇俵(代金五〇四両二朱・九匁五分七厘)を破船によって流失した時もそれぞれ三木家と山西家との間で、五分ずつ共同で損失を補塡している。

それでは、三木家と山西家とどちらが伊勢丸の経営にあたって主導権を握っていたのであろうか。これについては、天保一五年九月の伊勢丸造用として「𠆢西ヶ通イ〆」が記載されており、後述するように積荷の内容が山西家に関連の深い塩・肥料で大半占められ、三木家に関連のある藍はわずかであり、また「山西買」「山西売」といった記載が随所に見られ、山西家による買積がなされていたと考えられることから、伊勢丸経営の主導権は山西家が握っており、三木家は単なる出資者に過ぎなかったようである。たとえば、三木家所有の観音丸についても「右ハ寅(天保一三年)八月廿四日吉次郎持参仕、右船世話人山西庄五郎殿江相渡相済候」(4)と、その運営を山西庄五郎に任せている。さらに言えば、三木家と山西家とは単なる共同出資者同士の対等な関係にあったというよりは、むしろ主人格である三木家に対し、番頭格である山西家という上下関係にあったのではないかとも考えられる。あるいは姻戚関係にあったのかも知れない。そのようなことは、以上見た実質的な所有形態とは異なる次のような名目的な所有形態によってもうかがえる。

御尋ニ付乍恐書付を以奉申上覚(5)

一元船弐艘　藍屋嘉兵衛船

但シ千百石積伊勢丸　沖船頭　文右衛門

千石積　万徳丸　沖船頭　栄太夫

右嘉兵衛儀者藍屋与吉郎支配人ニ御座候所、去ル辰(弘化元年)ノ秋御国許へ罷登り、差替私義支配相勤居申候、就而者右船之義も支配人持之事故、名前善兵衛と切替可申筈、未タ其儘ニ仕置、此度御尋ニ付奉恐入候、急々善兵衛と名前居(据)替申度奉存候、随而御国船之儀者、勢州御上米等も積入不申候様之御書付御印頂戴仕罷在候哉、御尋ニ候得共、両艘とも右様之御印御書付頂戴仕候事無御座候、既浦賀御番所ニ而も江戸本材木町嘉兵衛舟と御届可申上候、且亦御国許ゟ出店ニ而江戸船と仕候段、如何け様思召も奉恐入候得共、於当地ニ北新堀長嶋屋松之助義四歩之歩入仕有之候ニ付、右同人ゟ当地名前ヲ相望被申、私義者舟手不案内ニ仕其意ニ相任居申候、先者右之段御尋ニ付書上ヲ以奉申上処、聊相違無御座候、以上

弘化三午年十月廿四日　支配人　善兵衛

藍方御請持
御役人衆中様

この史料によれば、伊勢丸は三木与吉郎支配人持であるので、支配人が嘉兵衛から善兵衛に代わったため伊勢丸も嘉兵衛船から善兵衛船に名前を替え、江戸本材木町出店善兵衛船と届ける。また江戸店持としたのは、四歩廻船加入している北新堀長嶋屋松之助からの要望であるとされている。

ところが、また次の史料によれば、伊勢丸は「江戸本材木町四丁目善兵衛船」と改めたが、この船は江戸長嶋屋松之助から三歩加入、善兵衛から七歩加入の廻船であると述べている。

弘化三年年十月廿五日、山西庄五郎殿方ニ而相談上、左之通相極江戸表へも申遣ス

一伊勢丸名面之儀者、江戸本材木町四丁目藍屋善兵衛船と改、沖船頭文右衛門乗、但江戸長嶋屋松之介ゟ三歩持、藍屋善兵衛ゟ七歩持ニ御座候、右之趣江戸御屋敷様へ御答可申事(6)

これによれば、伊勢丸は三木家と長嶋松之助家との共同出資によるもので、山西家は何らそれに関与していないように考えられるが、この史料をよく見ると「山西庄五郎殿方ニ而相談之上」とあり、三木与吉郎出店支配人善兵衛船とすることを山西庄五郎は了承しているのである。また長嶋松之助は江戸下り塩仲買問屋であり(7)、一方山西庄五郎も塩大問屋であり、さらに長嶋松之助が伊勢丸の重要な積荷である塩の取引先であったことから、長嶋屋松之助と山西家とがかなり緊密な関係をもっていたことは十分うかがえる。

それでは、なぜ伊勢丸を三木与吉郎江戸出店支配人善兵衛船とし、江戸下り塩仲買問屋長嶋屋松之助の廻船加入としたのであろうか。これだけの史料からでは詳細は不明であるが、藍方御請役人衆中が相手であることから、藍商三木与吉郎の所有とし、江戸へ藍を運ぶのに利用したとする方が、何かと都合がよかったのではないかと考えられる。さらに江戸出店支配人船とし、また江戸下り塩仲買問屋の加入船としたことから、江戸にて所有されていたとした方が、都合のよい事情があったのではないかと察せられる。

要するに、伊勢丸は事実上三木家と山西家の共同出資という形をとって、山西家が主導権を握っていたが、名

表41　天保12年7月山西庄五郎所有廻船

船名	積石数	反数	沖船頭	居船頭	建造年代
万神丸	1,080石	25反	徳蔵	庄五郎	天保4年7月
住吉丸	900	23	久吉	庄五郎	天保5年11月
伊セよし丸	1,100	25	貞吉	庄五郎	天保11年7月
徳栄丸	1,000	24	嘉兵衛	庄五郎	天保8年5月

（註）「覚」（天保5年「諸事御用控」、国立史料館所蔵山西家文書）より作成。

表42　元治2年山西庄五郎手船及び支配船

船名	反数（実帆）	積石数（実石）	船籍	対象	沖船頭
徳栄丸	29反（28）	1,200石（1,200）	庄五郎手船	江戸廻船	重五郎
皇照丸	29（28）	1,200（1,200）	同上	同上	隼之助
伊勢宮丸	30（28）	1,250（1,200）	同上	同上	万之助
永福丸	30（28）	1,250（1,200）	同上	同上	忠之助
松栄丸	32（28）	1,400（1,200）	同上	同上	留吉
徳福丸	29（28）	1,200（1,200）	同上	同上	
常盤丸	29（28）	1,200（1,200）	庄五郎支配船 常州中之湊長四郎船	同上	庄助
徳一丸	20（18）	600（600）	同上 越前三国藤蔵船	北国船	藤蔵
乾済丸	24（20）	700（700）	同上 越前三国庄右衛門船	同上	庄右衛門
八幡丸	14（11）	180（150）	庄五郎手船	九州廻船 大坂廻船	利三郎
長福丸	14（11）	200（150）	庄五郎支配船 土佐泊庄次郎船	同上	庄次郎
長栄丸	15（12）	230（200）	同上 土佐泊庄三郎船	同上	庄三郎
幸住丸	14（11）	200（150）	同上 林崎富三郎船	同上	元太郎
喜栄丸	11（10）	100（100）	同上 土佐泊万右衛門船	同上	忠之助

（註）「書附ヲ以申上覚」・「奉申上覚」（安政2年「諸事御用控」、国立史料館所蔵山西家文書）より作成。

目的には三木家が主導する形で、三木与吉郎江戸出店支配人船とし、江戸下り塩仲買問屋の加入という形をとっていたのである。

三木家は、阿波国板野郡中喜来浦の大藍商であったが、(8)三木家所有の廻船としては伊勢丸の他に、前述したように、弘化三年（一八四六）三月には、一〇〇〇石積の万徳丸が存在しており、また天保一一年（一八四〇）八月には、二二〇〇石積の観音丸を所有しているのが確認できる。(9)一方、山西家は、阿波国板野郡斎田村の塩𡈽薪大問屋であり、(10)かつ諸肥物平問屋であるが、(11)多くの廻船を所有していた。天保一二年七月には、表41のように建造後一～八年目のいわゆる千石船を四艘も所有しており、他に中小の廻船も若干所有しているように思われる。

また元治二年（一八六五）には、表42のように山西庄五郎所持の一二〇〇石積の江戸廻船六艘と一五〇石積の九州・大坂廻船一艘、また山西庄五郎支配の一二〇〇石積の江戸廻船一艘と六〇〇～七〇〇石積の北国船二艘、さらに一〇〇～二〇〇石積級の九州・大坂廻船四艘もあり、多彩を極めている。

二　活動状況

ここでは、伊勢丸の建造から破船に至るまでの状況を年代を追って概観してみよう。

伊勢丸は「天保十五辰九月、根元住吉丸ニ而御座候処、岡崎村ニ而新造作替、伊勢丸と相改」とあるように、天保一五年（一八四四）九月に、従来住吉丸として活躍していた船を造り替えたものであった。

その時に要した費用は、住吉丸元船代八〇両、梶・桁・柱三ツ道具四五〇両、諸道具壱巻四五〇両、材木・資材他七六七両二朱・三匁一分一厘、中荷金入口三〇〇両、山西より通イ〆九二両二分・六分の合計一七六九両二分二朱・三匁六分九厘で、一一〇〇石積一三人乗の廻船を新造するのには巨額の資金力を必要としたことがわかる。この項目のうち、住吉丸元船代は老朽化していたとしても極めて安価なものであった。また中荷金入口とは、伊勢丸がほとんど買積船として活動するため、仕入金として備えていたものである。

そして天保一五年一〇月に初上下を行ない、三九両三分の初利をあげ、同年一二月には二番上下を行なった。弘化二年（一八四六）には五上下、同三年には六上下、同四年には三上下したところまでは、弘化二年二月に帆柱を替えたのと、同四年三月に同じく帆柱を修理した程度で順調に運営がなされていた。ところが、弘化四年一〇月の四番上下で、江戸へ向けて塩四九二二俵を積んで出帆したところ、粟津沖で難船して積荷の塩を流失し、三三六両三分・六六匁六分七厘の損失を被った。この難船によって伊勢丸は損壊し、「弘化四未年大作事十月廿九日ゟ両方入用撫養北ニおゐて作事、諸色入用〆高之扣、但シ明細之儀者別紙帳面ニ有之候」[12]とあるように、弘化四年一〇月に撫養で大修理を受けたのである。この大修理のために二両三分二朱・二〇貫三九〇匁四分四厘という膨大な費用を要し、その損壊の大きさがうかがえる。すなわち、この難船による積荷と船舶の損失とを合わせれば、天保一五年の初上下から伊勢丸の経営によってこの三年間に得た利益のほぼ三分の二に匹敵する金額であった。

大修理を終え、嘉永元年（一八四八）正月から四仕建し順調であったが、嘉永二年二月に江戸から〆粕一三〇〇俵・干鰯七〇〇俵を積んでの帰路、遠州沖で破船して五〇四両二朱・九匁五分七厘の損失を被った[13]。高波によって散乱した荷物・船具等を流失し、船頭水主は九死に一生を得て、ようやく上陸したのであった。そして流失した船具等を人足を使って引き上げ、難破地である遠州小笠郡佐倉村で入札を行なったのである。その結果は、船道具等の入札によって七四両二朱・一匁六分一厘の利益と「船手帳分右衛門座ゟ出し」三両二朱・一八匁九分二厘の収入を得たが、流失船具の引き上げ等に要した分一銀・人足賃の二五両一分二朱・一〇八貫三三九と道中金・謝礼の一五両二分二朱を差し引けば、結局一九両一分・二五匁二分二厘が残っただけであった。さらに積荷の損失を考慮に入れれば、難船時に船舶そのものの崩壊をともなう破船は、廻船経営にとって一瞬にして全投資を失ってしまうという非常な脅威であった。事実伊勢丸もこの破船によって、天保一五年九月以来四年数か月の短い生涯を閉じた。この間伊勢丸の経営によって果たしてどれだけの利益をもたらしたのであろうか。あるいはどれだけ損失を被ったのであろうか。伊勢丸の収支状況について、次に見てみよう。

三　収支状況

「伊勢丸勘定帳」は、大きく分けて諸仕入座・勘定座・船徳座の三つの項目に分けて記されている。まず最初に諸仕入座があるが、この項目は伊勢丸の出資に始まり、その経営にあたって要した費用を記している。具体的には以下のようになる。

天保一五年（一八四四）九月に従来住吉丸として活動していた廻船を新たに造り替え、伊勢丸とするのに要した費用の内訳を材木・釘代に至るまで克明に記し、その合計額一七六九両二分二朱・三匁六分九厘を三木家と山西家とで八八四両三分二朱・五匁九分三厘ずつ片棚持にしている。また内訳には「六月ゟ十月迄大工作料」とあるので、廻船の改造には五か月程度かかったのではないかと思われる。

次の出費は弘化二年（一八四五）二月五日の「伊勢鳥羽ニ而柱替入用高一三一両三分ト拾匁六分五厘」であり、古柱を五拾両で売却し、差額費用八五両三分・一〇匁六分五厘を三木家と山西家によって、四二両三分二朱・五匁三分二厘ずつ折半で負担している。弘化四年三月八日には、志州鳥羽浦で柱作事に三四両一分・五分二厘と釘その他諸色入用二〇両三分・五匁七分六厘の合計五五両・六匁二分八厘を、三木家と山西家とで二七両二分・三匁一分四厘ずつ折半で負担し、また同年一〇月の大作事の費用三七九両二分二朱・二〇貫四五七匁一分一厘も、一八九両三分一朱・一〇貫二二八匁五分五厘ずつ折半した。

勘定座は、天保一五年（一八四四）一〇月の初上下出帆から嘉永二年（一八四九）二月の破船に至るまでの各年の廻船上下ごとに収支計算がなされ、その利益を算出している。(14) 買積が主たるもので、そこではまず商品を安く仕入れ、それを輸送して目的地で高く売却し、ついでに運賃積もするといった経営であった。そしてその売買差益からその上下に要した費用を差し引いて、純利益を出し、それを三木家と山西家とで折半している。ただし、各商品に対する瀬取賃・差配料等はすでに商品の価格に上乗せしている。

船徳座は、諸仕入座における諸費用と勘定座によって得られた各上下ごとの利益を記し、収支決算を行なおうとしているが、途中までしか計算されておらず、その結果は出ていない。したがって、そこに出てきた数字は、勘定座の利益に照合するものもあれば、そうでないものもあり、すべてが網羅されているわけではない。

またここで断って置かなければならないのは、「伊勢丸勘定帳」というのは、現在三木文庫に二冊所蔵されており、どちらもほとんど同じ記載がなされているということである。これは、三木家の分と山西家の分とが、両方とも何らかの理由で三木文庫に所蔵されることになったのか、それとも三木家に控をもう一冊作成したのかどうかわからないが、ともかく二冊存在し、それらはいずれも不完全なものであった。したがって、以下に述べる収支計算は、一方を他方で補いながら理解しやすいように多少手を加えたものである。

ここで述べる支出とは、瀬取賃や船頭・水主への賃金等ではなく、伊勢丸への出資金・修理代・積荷流失損金という比較的大きな支出、前述した諸仕入座に照応する項目を意味する。主要な支出項目を見ると、天保一五年九月の造船元金一七六九両二分二朱・三匁六分九厘、弘化二年二月の帆柱替一三一両三分・一〇匁六分五厘、同四年の帆柱修理五五両・六匁二分八厘、同年一〇月の塩流失損金三三六両三分・六六匁六分七厘と大作事二両三分二朱・二〇貫三九〇匁四分四厘、嘉永二年二月の肥料流失損金五〇四両二朱・九匁五分七厘の合計二八〇〇両

利益構成

肥　料	他	経　費　等	利
		50両1分2朱 6匁2分1厘	39両3分
13両2分2朱 2匁4厘　（168俵）		54両2朱 3匁4分8厘	36両2朱 2匁6厘
13両2分 2匁1分1厘　（255俵）		66両1分 64匁5分5厘	62両2分 22匁5分
25両2朱 6匁8分3厘　（180俵）	3両1分 1匁4分　（人形・木綿）	59両2朱 7匁1分9厘	51両1分2朱 14匁5分2厘
80両2分 2匁6分7厘　（1,083俵）		41両2朱 15匁4分1厘	189両3分2朱 6匁3分
3分2朱 1匁　（201俵）		34両2分2朱 4匁8分5厘	84両2分 7匁1厘
11両1分2朱 5匁4厘　（100俵）		61両2朱 3匁1分3厘	120両2朱 17匁6分3厘
11両1分2朱 6匁5厘　（203俵）		53両2分2朱 3匁4分7厘	81両2分2朱 11匁7分9厘
2両1分2朱 2匁1分9厘　（106俵）		79両 3匁8分3厘	2朱 1匁2分6厘
		56両1分2朱 14匁8分9厘	35両3分2朱 2匁6厘
6匁2分6厘　（727俵）		39両 3厘	59両2分 14匁4分3厘
	19両2分 3匁　（217樽）	48両2分 5匁7分6厘	42両3分 6匁2分1厘
3両 8分　（197俵）	2分 77匁6分8厘　（塩弁金他）	62両1分 6匁8分8厘	10両 6匁1分4厘
		43両 3匁4分1厘	43両3分 8匁4分9
	6匁2分　（小麦100俵損金）	36両2分 6分	47両3分 8匁8分
（230俵）		55両1分2朱 54匁3分7厘	51両1分 6匁4分3厘
84両2朱 9匁7分1厘　（1,450俵）		60両2朱 2匁6分6厘	102両2分2朱 15匁1分8厘
15両3分 4匁4分2厘　（372俵）	35両2分2朱 16匁　（砂糖168丁他）	49両1分2朱 3匁5分6厘	70両1分 10匁6分3厘
		58両2分 8匁1厘	95両 21匁2分1厘
30両2分2朱 4匁7分5厘　（1,571俵）		52両2朱 19匁6分6厘	50両3分2朱 8匁5分3厘
	18両3分2朱 5匁2分3厘　（砂糖148丁他）	47両2分 10匁3分4厘	34両3分2朱 9匁2分6厘
292両1分 53匁8分7厘　（6,843俵）	77両3分 103匁4分1厘	1,108両 242匁2分9厘	1,310両2分 200匁4分4厘
22両2分 4匁1分4厘　（526俵）	15両2分1朱 20匁6分3厘	52両3分 11匁5分4厘	56両2朱 9匁5分4厘
12.5%	3.4%		100%

表43　伊勢丸の

上　　　下	塩	藍　　玉	米
弘化元年10月Ｉ	82両2朱 5匁5分6厘 （5,530俵）	8両 4分7厘 （150本）	
弘化元年12月II	69両3分2朱 6分1厘 （5,790俵）	6両3分 2匁8分9厘 （115本）	
弘化２年４月Ｉ	93両3分 17匁2分1厘 （5,152俵）		22両2分 2匁3分3厘 （500俵）
弘化２年６月II	70両2分 2匁7分5厘 （4,680俵）		11両2分 2匁3分 （635俵）
弘化２年８月III	144両2分 7匁1分4厘 （5,740俵）	6両2朱 3匁5分6厘 （103本）	
弘化２年９月IV	107両 6匁2分4厘 （5,870俵）	11両2分 4匁6分2厘 （217本）	
弘化２年11月Ｖ	77両2朱 8匁3分 （4,880俵）		16両2分 2匁4分3厘 （300俵）
弘化３年２月Ｉ	60両3分2朱 4分3厘 （3,860俵）		63両2朱 6匁6厘 （1,000俵）
弘化３年５月II	59両1分2朱 82匁3分 （4,900俵）	2両2分2朱 9分 （66本）	13両1分2朱 11匁4分2厘 （425俵）
弘化３年６月III	88両1分 11匁2分 （5,850俵）	4両 5匁7分5厘 （75本）	
弘化３年７月IV	98両2分2朱 2厘 （5,980俵）		
弘化３年10月Ｖ	25両2分 4匁5分6厘 （2,473俵）	46両1分 4匁3分1厘 （850本）	
弘化３年12月VI	43両2分 6匁7分5厘 （4,443俵）	24両3分 5分 （505本）	
弘化４年４月Ｉ	80両2朱 5匁7分9厘 （5,680俵）	6両2分2朱 6匁1分5厘 （116本）	
弘化４年５月II	84両1分 9匁4分 （6,030俵）		
弘化４年７月III	107両1分2朱 10匁7分7厘 （6,030俵）		
嘉永元年正月Ｉ	55両2分2朱 7匁1厘 （4,891俵）	22両2分 1匁1分2厘 （390本半）	
嘉永元年３月II	103両3分2朱 9匁7分7厘 （5,830俵）		
嘉永元年６月III	104両 6厘 （4,930俵）	9両3分2朱 6匁 （171本）	
嘉永元年10月IV	70両2朱 3匁8厘 （5,880俵）	2両2分 3匁5分5厘 （50本）	
嘉永元年12月Ｖ	44両2分 4匁6分 （4,550俵）	19両 10匁2分4厘 （301本）	
合　　　計	1,670両3分2朱 203匁5分5厘 （108,969俵）	170両2分 50匁6厘 （3,109本半）	127両1分 24匁5分4厘 （2,860俵）
１仕建平均	79両2分1朱 9匁6分9厘 （5,189俵）	13両2朱 3匁8分5厘 （239本）	25両1分3朱 4匁9分1厘 （572俵）
総利益に占める割合	71.3％	7.3％	5.5％

（註）「伊勢丸勘定帳」（三木文庫所蔵文書）より作成。

表44　伊勢丸5か年損益計算

造船元金（天保15．9）	1,769両2分2朱 3匁6分9厘	総利益（5か年・21上下）	1,310両2分 194匁8厘
帆柱替（弘化2．2）	131両3分 10匁6分5厘	古帆柱売却金（弘化2．2）	50両
帆柱修理（弘化4．3）	55両 6匁2分8厘	破船入札差益（嘉永2．2）	19両1分 25匁2分2厘
塩（4922俵）流失損金（弘化4.10）	336両3分 66匁6分7厘	損失	1,420両1分2朱 20貫268匁
大作事（弘化4.10）	2両3分2朱 20貫390匁4分4厘		
肥料（2000俵）流失損金（嘉永2．2）	504両2朱 9匁5分7厘		
合計	2,800両2朱 20貫487匁3分	合計	2,800両2朱 20貫487匁3分

（註）「伊勢丸勘定張」（三木文庫所蔵文書）より作成。

二朱・二〇貫四八七匁三分となり、廻船経営にかなりの費用がかかっている。また廻船への投資は、最初の建造時だけではなく、以降修理のためにかなりの追加投資が必要であったことがわかる。そして伊勢丸は買積船であったため、積荷の流失損金が大きな比重を占めており、これらの項目のすべてが前述したように三木家と山西家によって折半して負担されていたのである。

伊勢丸の収入は、藍玉の輸送を除いてほとんどが買積収入であるが、四年数か月の間にどれだけの利益をあげたのか、表43によって見てみよう。この表によれば、二一上下の総利益は一三一〇両二分・二〇〇匁四分四厘で、一上下平均利益は五六両二朱・九匁五分四厘となり、買積の場合は樽廻船のような運賃積の一上下平均二貫目の利益と比べ、かなりの有利性を示している。これに対し経費、すなわち船頭水主賃金・飯代・道中遣い等の費用は、二一上下で総計一一〇八両・二四二匁二分九厘で、一上下平均五二両三分・一一匁五分四厘となり、ほぼ利益に匹敵するほどの経費が、廻船経営にかかっていた。他に収入としては、弘化二年二月の帆柱修理の時に売却した古帆柱売代金五〇両と、嘉永二年二月の破船で流失した伊勢丸の船道具等の入札差益金一九両一分・二五匁二分二厘があげられるだけである。

損益について、天保一五年九月の造船から嘉永二年二月の破船に至るまで四年数か月間の伊勢丸の損益を集計したのが、表44である。この表からわかるように、利益は総計一三一〇両二分・一九四匁八厘で、一年平均約三〇〇両の利益があり、その額は膨大なものであった。また伊勢丸も弘化二年の難船や嘉永二年の破船がもしなかったなら、伊勢丸自体諸道具ともで一〇〇〇両以上で売却できたはずであり、減価償却分を考慮したとしても五か年間に一〇〇〇両近い利益が得られたように思われる。しかし実際には、難船・破船に遭い積荷も流失したため、結局伊勢丸は四年数か月の廻船経営によって、一四二〇両一分二朱・二〇貫二六八匁という膨大な損金をもって終わる結果となったのである。

四　積荷と手船化

まず積荷の動き、すなわち何をどこへどれだけ運んだのか見てみよう。航路は阿波と江戸との往復がすべてのようである。阿波から江戸への積荷としては、斎田塩・藍玉・米を中心とし、逆に江戸から阿波への積荷としては、肥料を主とし他に小麦等がある。

どれだけの量を運んだのか、前掲の表43によれば、塩は二一仕建で一万八六九俵、藍玉は一三仕建で三一〇九本半、米は五仕建で二八六〇俵、肥料は一三仕建で六八四三俵であり、一仕建平均積載量は塩五一八九俵、藍玉二三九本、米五七二俵、肥料五二六俵となる。しかし、伊勢丸の基本的な行動は、買積船として阿波から江戸へ塩を運び、江戸から阿波への返り荷として肥料を運んだものと考えられる。その合間に藍・米・小麦・砂糖等を輸送した。そして藍玉等一部を除いて、ほとんどが山西家による買積であった。

どの積荷からどれだけの収入をあげていたのか。塩は二一仕建で一六七〇両三分二朱・二〇三匁五分五厘、藍玉は一三仕建で一七〇両二分・五〇匁六厘、米は五仕建で一二七両一分・二四匁五分四厘、肥料は一三仕建で二九二両一分・五三匁八分七厘の利益があった。一仕建平均利益は、塩七九両二分一朱・九匁六分九厘、藍玉一三両二朱・三匁八分五厘、米二五両一分三朱・四匁九分一厘、肥料二二両二分・四匁一分四厘となる。ただしここでの利益には、廻船経営の経費は考慮に入れていない。

またどの積荷から最も利益を上げていたのかを同じく表43によると、総利益に占める割合は、塩七一・三%、肥料一二・五%、藍玉七・三%、米五・五%、その他三・四%となり、伊勢丸の利益の源泉は塩が大部分を占め、残りを肥料が、そしてわずかな部分を藍玉と米とが占めるようになっていた。

以上伊勢丸の積荷の実態を述べてきたが、伊勢丸の経営の主導権が山西家にあり、いわば山西家の手船として経営されていたことがこれによってわかる。すなわち前述したように、塩大問屋でありかつ諸肥物平問屋である山西家が、伊勢丸を手船として運用することによって、自己荷物である塩・肥料の輸送を伊勢丸経営の中心に据えることになったのである。そして伊勢丸を自己の買積船として活躍させることによって、山西家は単なる商業利潤だけでなく、運賃収入をもそれに付け加えることになった。ここに山西家が手船をもつに至った理由の一つがあった。しかし実際には、四年数か月の活動の末、伊勢丸は破船によって利益どころか、一四二〇両一分二朱・二〇貫二六八匁という膨大な損失を被ってしまったのである。

それでは、なぜ利益も上がらないのに手船を所有したのであろうか。それは、酒樽輸送の場合のように自己荷物である塩・肥料の安定輸送に重点があったというよりは、むしろ買積によって商業利潤プラス運賃収入というより大きな利益を上げることにあったと考えられるからである。というのは、伊勢丸の場合には偶然にも破船によって膨大な損失となったものの、難船もなく順調に運営がなされていたとすれば、年々二〇〇〜三〇〇両もの利益がもたらされていたからである。それは、同じ手船でも運賃積として運用されるのか、買積として運用されるのかという相違によるものであった。

すなわち、伊勢丸を手船とすることによって、山西家は塩大問屋でありかつ諸肥物平問屋であるという自己の地位を活用し、塩・肥料を有利に手に入れ、それを輸送してまた有利に売捌くという利権を手に入れようとした。一方の出資者である三木家は、時々自己荷物である藍玉を運賃積させることで満足しており、積載状況から考えて自己荷物の安定輸送というよりはむしろ伊勢丸へ廻船加入することによって、資金的に山西家を援助し、一方で徳用配分にあずかると同時に、海損の危険分散をはかろうとするものであった。

以上伊勢丸について、所有形態・活動状況・収支状況・積荷の問題と述べてきたが、要約すると次のようになる。第一に、名目的にはともかく伊勢丸は、三木家と山西家による五分ずつの共同出資によって経営され、運営には山西家があたり、利益は両者によって折半されており、損失においても同様であった。

第二に、天保一五年一〇月から四年数か月の間に二一上下行なわれ、阿波から江戸へは塩・藍玉を中心に、逆に江戸から阿波へは肥料を積み込み、一上下平均の利益は五六両二朱・九匁五分四厘で、その経費もまた五二両三分・一一匁五分四厘と利益に匹敵するくらいであった。利益総額は一三一〇両二分・二〇〇匁四分四厘もあり、海難がなければ年平均二〇〇～三〇〇両の利益があった。

第三に、しかしながら造船に一七六九両二分二朱・三匁六分九厘、大作事には二両三分二朱・二〇貫三九〇匁四分四厘という膨大な費用がかかった。さらに海難による積荷の流失損金が、弘化四年一〇月には三三六両三分・六六匁六分七厘、嘉永二年二月には五〇四両二朱・九匁五分七厘もあり、伊勢丸の経営を一四二〇両一分二朱・二〇貫二六八匁の損失という結果に終わらせた。このように海難が廻船経営を大きく左右したのであり、一方そこに損金を分散させる廻船加入の意義もあった。

第四に、このように利益も上がらないのに手船化したのは、伊勢丸の場合には偶然にも海難によって損金が膨大なものとなったが、順調に運営すれば商人の地位を利用し買積によって商業利潤プラス運賃収入というより大きな利益を上げ得たからであった。

(1) 柚木学「近世海運業における加入形態について」(『経済論究』二〇巻一号、一九六六年)九四頁。のち同『近世海運史の研究』(法政大学出版局、一九七九年)所収。
(2) 天保一五年「伊勢丸勘定帳」(三木文庫所蔵文書)。伊勢丸について以下特記しない限り、この史料によるものとする。
(3) 柚木氏は、廻船加入の形態を徳用配分型と年賦償還型とに区分され論じられている(柚木学前掲論文)。
(4) 天保一三年「観音丸勘定帳」(三木文庫所蔵文書)。
(5) 天保一五年「伊勢丸勘定帳」(同右)。
(6) 同右。
(7) 「下り塩仲買株譲渡証文」(国立史料館所蔵下総屋茂七家文書)。
(8) 三木家の研究としては、高橋啓「江戸積藍商の研究」(三好昭一編『徳島藩の史的構造』名著出版、一九七五年)、天野雅敏『阿波藍経済史研究』(吉川弘文館、一九八六年)などがある。
(9) 天保一三年「観音丸勘定帳」・「観音丸勘定金銀取遣之通」・「観音丸造用扣帳」(三木文庫所蔵文書)。
(10) 安政二年「諸事御用控」国立史料館所蔵山西家文書。
(11) 同右。
(12) 前掲天保一五年「伊勢丸勘定帳」。
(13) 同右。この時の「浦手形」については、拙稿「近世阿波における廻船経営と手船化の一例」(『大阪大学経済学』二八巻一号、一九七八年)一〇二～一〇三頁参照。
(14) 収支計算記載例については、本章では省いたので前掲拙稿一〇四～一〇五頁参照。

第一二章　阿波国撫養における山西家の廻船経営

海運業の近代化過程は、一般に自己運送形態（買積）から他人運送形態（運賃積）への移行にあると考えられ、江戸時代における自己運送形態として北前船、他人運送形態として菱垣廻船・樽廻船が取り上げられ、なかでも後者の先進性が強調されてきた(1)。

幕末に至ると、大坂を中心とする流通機構が崩壊するにつれ、大坂—江戸間を航行し先進性をもつとされてきた菱垣廻船・樽廻船も、その機能が低下してくる。そして、菱垣廻船と樽廻船との間に実質的な区別はなくなり、荷主の廻船支配が強まり、他人運送形態から自己運送形態へといわゆる海運業の近代化過程とは逆行する変化が現れてくる(2)。

すなわち海運業の近代化過程は、むしろ明治期以降の和船から西洋形帆船・蒸気船へという移行の過程でとらえるべき問題であり、幕末期の廻船経営を考える場合には、当面次のような点が問題となる。第一に、市場構造の問題。貨物輸送の前提となる積荷需給を呼び起こす地域的分業関係とは、どのようなものか。市場構造の変化に廻船経営をどのように対応させるのかという問題である。第二に、所有（出資）形態の問題。廻船出資がどのような形態でなされたのか。単独出資か共同出資か。廻船加入が行なわれているなら、加入率や利益配分はどうであったのか。廻船出資者間および船主と船頭との関係はどうであったのかという問題である。第三に、経営形態の問題。積荷の全部または一部について、買積であったのか運賃積であったのかという問題である。第四に、廻船支配の問題。廻船業に進出するに至る経済的基盤は、どのようにして形成されたのか。どのような形で廻船支配を行なっていたのか。手船という直接的形態か、それとも廻船加入という間接的形態か。他事業と積荷の関係はどうであったのか。自己荷物の輸送を行なっていたのかどうかという問題である。第五に、経営内容の問題。廻船の稼働状況についての具体的な内容（船代・航路・利益・水主賃金・積荷等）の問題である。

しかし従来の廻船経営についての研究(3)は、どちらかといえば経営内容の問題に重点が置かれ、それ以外の問題は史料的な制約もあって、あまり取り上げられなかった。そこで、これらの問題を含めて、以上の諸点を前章でも述べた阿波国板野郡斎田村にある山西家の廻船経営の一端を通して、できるだけ明らかにしてみよう。

一　阿波をとりまく廻船

ここでは山西家の「入船出船通(4)」の分析を通じて、天保一三年（一八四二）から明治六年（一八七三）までの間に阿波に出入りする廻船の状況を明らかにしたい。

まず依拠した史料「入船出船通」について説明しよう。現在山西家文書として六冊の「入船出船通」が存在し、それを示すと表45のようになる。年代は冊子に記載されている入船日の期間を、表題は冊子の側面にある文字表記をそれぞれ示したものであり、主たる内容とは冊子の内容から筆者が判断したものである。

この表から、冊子Ｉの段階には米穀・肥料・塩の区別がなく、一冊の冊子にまとめられていたが、冊子IIの段階さらに明確には冊子III・冊子IVの段階には、肥料・塩と米穀とが別冊子に分類されるようになってきたのがわかる。これは、幕末期の地方廻船の発展にともなって廻船の出入りが激しくなり商取引が活発化し、従来一冊の冊子で十分であったものが、弘化元年（一八四四）から嘉永四年（一八五一）の間に米穀部門と肥料・塩部門とが分化し、それぞれ別帳に記載されるようになったことによるものであろう。このことは、後述するようにこの間に

表45 「入船出船通」の内容

冊子番号	年代	表題	主たる内容
I	天保13年(1842)10月～天保14年(1843)11月	—	米穀・肥料・塩
II	嘉永5年(1852)5月～安政元年(1854)9月	肥入船	肥料・塩
III	安政3年(1856)4月～安政5年(1858)5月	肥・塩	肥料・塩
IV	安政3年(1856)3月～万延元年(1860)12月	米穀	米穀
V	慶応元年(1865)10月～明治4年(1871)3月	米穀	米穀・雑
VI	明治4年(1871)3月～明治6年(1873)3月	米穀	米穀・雑

(註) 「入船出船通」(国立史料館所蔵山西家文書)より作成。

おける山西家の所有廻船の増加によっても明らかである。

さらに断っておくと、「入船出船通」は天保一三年から明治六年までのすべてが現存しているのではなく、断片的で全期間の四〇%を復元できる程度である。しかもこれには阿波国に入津する全船舶が網羅されているわけではなく、山西家の関係のある撫養湊に出入りする船舶が記載されているに過ぎない。そして、「入船出船通」は、入船した廻船ごとに日を追って入船日・船籍・廻船規模・粮米・積荷・出船日を順次記している。(5)

それでは、「入船出船通」の具体的内容の分析に入ってみよう。まず六冊の冊子ごとに積荷の内容をみると、冊子Iでは一年間に米六万二一七四俵、白米二六三五俵、糯米二〇〇五俵、小麦一五九八俵、麦安七五一俵、大豆八七六俵、からし(6)四七〇〇俵、塩四六万一六七八俵、魚肥九万九三一俵・一九四六束、油粕五五三三玉、綿三八八本、藍二九一八本五分、他に素麺・小豆・蕎麦・生蠟・白砂糖・莚・板などがある。

冊子IIでは、二年半の間に米一〇〇〇俵、塩一一二万八六三六俵、魚肥六万七一二五俵・八八二八束、油粕二二八四玉、綿一〇七本、藍七三一九本、石炭一〇万五四九七貫目、明樽一九四一挺、他に麦・芋・樽丸・煙草などがあげられる。

冊子IIIでは、二年間に米九〇俵、小麦三九四俵、塩七一万九五九一俵、魚肥三万七五一四俵・七六九〇束、油粕四一五八玉、綿三三五本、藍二〇四〇本、石炭一万一〇六〇貫目、明樽六八〇挺、煙草三六五箱、他に麦安・樽丸・杉板・鰹節などが見られる。

冊子Ⅳでは、四年半の間に米四万八五〇〇俵、白米二一七俵、糯米一〇六六俵、麦五三〇七俵、小麦一二四五俵、麦安六一三俵、からし三三八二俵、大豆一四三四俵、空豆三五八俵、塩九九四四俵、魚肥二二六俵、綿二四一本、明樽三〇挺、他にさつま芋・小豆・樽丸・焼物・蠟燭・鰹節などがある。

冊子Ⅴでは、五年半の間に米三万八二〇四俵、糯米八七二俵、麦二七六一俵、小麦五三四俵、麦安六六五〇俵、魚肥二五五一俵、油粕七四三玉、藍玉二七三本、綿一八三四本、明樽二一二七挺、人参一一七五俵、菜種三二六〇俵、荒物二四七一箇、他に蕎麦・切芋・鰹節・数之子・蠟燭・あめ・砂糖・油・酒・醬油・莚・簞笥・長持・仏壇・炭・風呂・障子・戸棚・瀬戸物・畳・金物などがあげられる。

冊子Ⅵでは、二年間に米一万七七三五俵、麦九二〇俵、小麦三一九〇俵、大豆二〇六三俵、菜種六〇二二俵、人参四四五俵、綿五六七本半、砂糖二〇二挺、荒物八六三品、莚二三九五枚、明樽四四四挺、他に麦安・空豆・昆布・油・釣柿・鉄・傘・金物・鎌・蠟燭・紙・仏壇・簞笥・瀬戸物・醬油・屛風などが記載されている。

主な積荷の年平均積載量は、米六〇〇〇〜六万俵、麦一〇〇〜五〇〇俵、小麦一〇〇〜一五〇〇俵、大豆三〇〇〜八〇〇俵、小豆一〇〇〜二〇〇俵、からし一〇〇〇〜四〇〇〇俵、塩三五万〜四七万俵、魚肥二万〜九万俵、油粕一〇〇〇〜五〇〇〇玉、藍一〇〇〇〜三〇〇〇本、綿五〇〜三〇〇本である。(7) 当然ながら、米穀・肥料・塩が積荷の中心をなしている。

船籍は、北は松前から南は薩摩まで全国にわたっている。延二〇回以上寄港したものをあげると、越前・加賀・江戸・尾張・紀伊・大坂・兵庫・播磨・淡路・小豆島・讃岐・備前・周防・長門となる。阿波に近い地域がやはり中心である。阿波では、斎田村・笹木野・林崎浦・大浦・堂ノ浦があげられる。

廻船規模については、便宜上大規模・中規模・小規模に分類した。大規模は一〇〜一六反帆・水主一〇人乗程度の廻船、中規模は四〜八反帆・水主四〜七人乗程度の廻船、小規模は二〜三反帆・水主二〜三人乗程度の廻船に一応区別したが、なるべく大規模と小規模とに分類し、両者に入りにくいものを中規模とした。すると延艘数にして一六四五艘のうち大規模四二〇艘、中規模七六艘、小規模一一四三艘を数え、入津船の三分の二を小規模廻船、四分の一を大規模廻船、残りのわずかな部分を中規模廻船が占めていた。

次に船籍と廻船規模との関係について見てみよう。結論から言えば、特定の船籍と特定の廻船規模とが結びついていたということである。すなわち伊勢・加賀以東では、二一七艘のうち大規模廻船が一五〇艘、中規模廻船が四六艘、小規模廻船が二一艘となり、大・中規模廻船が九割を占める。これに対し、斎田村を除く瀬戸内沿岸地域および山陰・九州方面では、この構成比率が逆転し、一二八七艘のうち大規模廻船一三三艘、中規模廻船三〇艘、小規模廻船一一二四艘となる。これは後述するように、積荷によって取引範囲と輸送規模が異なることによるものである。

積荷と船舶規模との関係について、まず冊子Ⅰによって各積荷がどのような規模の廻船で輸送されていたかを表46で見てみよう。この表によれば、積荷

表46　積荷と規模との関係

積荷	大規模	中規模	小規模	計
塩	83(92%)	5(6%)	2(2%)	90(100%)
魚肥	66(49%)	15(11%)	53(40%)	134(100%)
油粕	—	—	26(100%)	26(100%)
藍	7(47%)	—	8(53%)	15(100%)
米穀	1(1%)	2(1%)	152(98%)	155(100%)
その他	5(18%)	—	23(82%)	28(100%)

(註)　天保13年「入船出船通」(国立史料館所蔵山西家文書)より作成。

表47　冊子による規模別構成

冊子番号	主たる内容	大規模	中規模	小規模	計
II	肥料・塩	190 (50%)	32 (8%)	159 (42%)	381(100%)
III	肥料・塩	124 (59%)	19 (9%)	68 (32%)	211(100%)
IV	米穀	4 (2%)	6 (2%)	236 (96%)	246(100%)
V	米穀・雑	5 (1%)	—	332 (99%)	337(100%)
VI	米穀・雑	4 (3%)	1 (1%)	115 (96%)	120(100%)

(註)「入船出船通」(国立史料館所蔵山西家文書)より作成。

模と積荷の推移

船籍	大規模	中規模	小規模	計	塩	魚肥	油粕	藍	米穀	その他
周　防		3	18	21		9	3		10	
長　門	18	1	21	40	18	5		2	11	2
筑　前			1	1					1	
筑　後			4	4					3	3
豊　後			4	4		2	1		1	
肥　前			2	2					1	1
薩　摩			2	2			1		1	
他国船計	238	76	961	1275	298	299	38	20	629	170
斎田村	137		4	141	124	47	1	38	2	11
笹木野	21		2	23	20	10	1	2		3
答島浦	10			10	9	4				
中　島	10		2	12	9	3			1	
林崎浦	3		42	45	3	5	1	3	13	34
中林村	1			1	1					
大　浦			34	34		12		2	22	3
北泊り			14	14					11	3
堂ノ浦			36	36					33	7
鶴　島			16	16		1			13	3
宮島浦			10	10					10	1
高　島			3	3			1	1	2	
桑　島			4	4			1		3	
土佐泊り			4	4				1	3	2
別宮浦			2	2		1			1	
鳥ヶ丸			1	1					1	
大　岡			1	1					1	
福　村			4	4					4	
折　野			3	3					2	1
津　田			1	1					1	
岡　崎			2	2					1	1
長　原			3	3					1	2
内国船計	182		183	370	166	83	5	47	125	71
合　計	420	76	1143	1645	464	382	43	67	754	241

表48 船籍と規

船籍	大規模	中規模	小規模	計	塩	魚肥	油粕	藍	米穀	その他
松　前	1	1		2		2				
庄　内		3		3	2	2				
佐　渡			1	1		1				
越　前	41	17	7	65	21	42		3	10	1
越　中	1	5		6		5			1	
越　後	2	1	1	4		4			1	
能　登	1	3	1	5		5				
加　賀	15	5	5	25	3	18			4	
常　陸	6	1		7	7	2				1
江　戸	50	2		52	49	30		2	2	3
相　模	14	3		17	15	4			1	
伊　豆	3			3	3					
遠　江		1		1	1					
尾　張	13	4	6	23	3	6			12	
伊　勢	3			3	3			1		
紀　伊	23	5	38	66	34	4	2	4	21	7
和　泉	1	3	15	19	2	10			6	3
摂　津		2	5	7	2	3			2	1
大　坂	5	1	34	40	1	9	2		14	22
兵　庫	21	3	160	184	24	76	9	5	79	44
鳴　尾	2			2	2					
播　磨		1	41	42		11			33	3
淡　路	13	9	212	234	101	14	3	1	112	29
小豆島			27	27					9	19
讃　岐	3	1	83	87	3	14	4		64	5
伊　予	1		16	17	1	6	1		7	5
土　佐			1	1						1
備　前	1	1	226	228	3	6	11	2	207	14
備　中			17	17		3			10	6
備　後			4	4					4	
安　芸			3	3		2			1	
石　見			1	1		1				
因　幡			3	3		2	1			
出　雲			2	2		1			1	

（註）「入船出船通」（国立史料館所蔵山西家文書）より作成。

によって廻船の規模が異なることがわかる。塩・魚肥は遠隔地市場向けであるため大規模廻船によって輸送され、一方米穀・油粕・その他は比較的近接した市場向けのため小規模廻船によって運ばれたのであろう。(8)

さらに肥料・塩と大規模廻船、米穀・その他と小規模廻船との結びつきを確かめるために、冊子II・IIIと冊子IV・V・VIにおける大規模廻船と小規模廻船の占める比率を示したのが、表47である。この表によれば、冊子II・IIIでは大規模廻船が五〇％以上を占めているのに対し、冊子IV・V・VIでは大規模廻船はわずか三％以下で、小規模廻船が九六％以上を占めている。このように廻船規模は、積荷および取引範囲によって異なっていた。

次に積荷と船籍との関係についてみると、米穀輸送の比重が高い廻船の船籍は、尾張・播磨・淡路・讃岐・伊予・備前・備中・備後および阿波の林崎浦・大浦・北泊り・堂ノ浦・鶴島・宮島浦である。肥料輸送の比重が高いのは、松前・越前・越中・越後・能登・加賀・和泉・兵庫・周防および阿波の斎田・笹木野である。塩輸送の比重が高いのは、常陸・江戸・相模・伊豆・伊勢・紀伊・長門および阿波の斎田・笹木野・答島浦・中島である。藍は添積程度しか存在しないが、肥料・塩の比重が高い廻船と結びつき、特に斎田がその過半数を占めている。その他の雑品は、米穀の比重が高い廻船と結びついており、船籍は大坂・兵庫・淡路・小豆島・備前・林崎浦が中心となる。

最後に、船籍と規模・積荷との関係を見ておこう。そこで、この三者の関係を示したのが表48である。この表および「入船出船通」から、次のようなことが明らかになる。北陸方面の廻船は大・中規模廻船がほとんどで、米穀・塩も運ぶが魚肥を中心に輸送している。その典型的なものがいわゆる北前船で、阿波から塩・藍を運び、魚肥・米穀を阿波へもたらすという経路をたどる。関東方面の廻船も大・中規模廻船を中心とするが、積荷は魚肥よりも塩の比重が高くなっている。遠江・伊勢も同様である。尾張はいわゆる野間廻船を中心とする大規模廻船が魚肥・塩、他の小規模廻船が米穀を中心に輸送する形をとる。いわゆる紀州廻船が活躍した紀伊は大規模廻船が塩、小規模廻船が米穀を中心に輸送している。大坂・兵庫は大規模廻船もあるが小規模廻船の比重が高く、肥料・米穀と並んでその他の手工業製品を中心とする雑品も多い。播磨は小規模廻船がほとんどで、積荷も米穀・魚肥が中心となる。淡路は相川には大規模廻船もあるが、小規模廻船が主で、米穀・塩を輸送する。小豆島は小規模廻船ばかりで、積荷は米穀のほか小豆島石炭・醬油が注目される。讃岐・伊予・備前・備中・備後は小規模廻船を主とし、米穀輸送が中心となる。山陰方面は数少ないが小規模廻船が主で、積荷は米穀・肥料である。周防は中・小規模廻船が主で、米穀・肥料を輸送している。長門は下関の大規模廻船が塩、他の小規模廻船が米穀と結びついている。九州方面はすべて小規模廻船で、積荷は米穀を主とする。阿波国内では、斎田村・笹木野・答島浦・中島浦が大規模廻船の比重が高く、魚肥・塩・藍を中心に輸送しており、林崎浦・堂ノ浦・鶴島等ほとんどの地域は小規模廻船が主で、米穀・その他雑品の輸送が中心となる。

要するに、塩田地域および藍作を中心とした商業的農業地域を背景とした阿波は、一方では北陸・関東方面から商業的農業に必要な魚肥、瀬戸内・九州方面から米穀、大坂・兵庫から手工業製品を中心とした雑品を入手し、他方ではその返り荷として特産物である塩・藍を全国各地へ積み出していった。そして、その手足となったのが各地の地方廻船であり、ここに幕末期における地方廻船の発展と地域的分業の一端が見出される。

二　山西家の廻船活動

山西家の廻船の動きを述べる前に、前章で明らかになった山西家の廻船所有状況を確認しておこう。天保一二年（一八四一）七月には、いわゆる千石船として万神丸・住吉丸・伊勢吉丸・徳栄丸の四艘を所有していた。また元治二年（一八六五）には、江戸廻船として徳栄丸・皇照丸・伊勢宮丸・永福丸・松栄丸・徳福丸の六艘と九州・

大坂廻船として八幡丸の合わせて七艘の廻船を所有し、さらに山西家支配船として江戸廻船の常盤丸、北国船の徳一丸・乾済丸、九州・大坂廻船の長福丸・長栄丸・幸住丸・喜栄丸が存在した。

これらの内「入船出船通」に一度でも登場するのは、万神丸・住吉丸・伊勢吉丸・徳栄丸・皇照丸・徳福丸・常盤丸である。しかし多少年代がずれるため同名船が同一船舶であるとは限らないし、山西家の廻船がすべて網羅されているわけではない。

さて斎田村の廻船は表48で見たように延一四一艘存在するが、そのほとんどが山西家の廻船であり、特にここで取り扱う冊子Ⅱ・Ⅲに記載されている廻船はすべて山西庄五郎船である(9)。以上のことを念頭に置いて、山西家の廻船の動きを廻船ごとに示したのが表49である。ただし、船名が記されずに単に庄五郎船とのみ記されたものについては、最後に一括して掲げたが、これらは同一船舶ではなく数艘の船舶が含まれている。

この表から明らかなように、廻船はほとんど一二反帆・一〇人乗の大規模廻船で、魚肥・塩・藍玉の輸送に従事している。特に藍玉輸送が他地域の廻船と比べて多いのが注目される。また藍玉は必ず塩とともに積み込まれており、塩の添荷となっている。積荷の輸送経路としては、阿波から塩・藍玉を積み出し、返り荷として魚肥を持ち帰る場合が多かった。積荷の季節変動をみると、冬から春にかけては魚肥が主となり、夏から秋にかけては塩・藍玉が中心となっている。年平均航海数は三～五回程度で、三～四か月に一往復していたことになる。撫養での滞船期間は一〇日から一か月程度であった。

次に船舶による積荷の差異をみると、塩・藍を主として運んでいるのが代起丸・住吉丸・西勢丸・神恵丸・徳善丸・皇照丸であるが、これらの廻船も多少は魚肥を輸送しており、明確な塩・藍の専用船ではなく、ほとんどの場合塩・藍・魚肥を特定の季節に一時に大量輸送しなければならないため、都合のついた廻船から順次輸送にあたっていたようである。したがって、特定積荷に限らず同一船舶によって塩・藍玉・魚肥を積荷の状況に応じ

表49　山西庄五郎船の動き

船名（規模）	入船年月日	出船年月日	塩	魚肥	藍玉	その他
相生丸	嘉永5・5・12	嘉永5・5・晦	7000俵			
（12反・10人乗	7・14	7・20	5000俵			
粮米10俵）	12・6	12・29	6810俵	464俵	150本	
	6・3・5	6・4・晦	2818俵		200本	
	6・5	6・13	4800俵			
	7・21	8・22	7700俵		100本	明樽400丁
	9・2	9・20	7000俵	235俵	300本	
	12・11	安政元・4・10		290俵		
	安政元・3・15	3・晦	7200俵	240俵		
	7・14		6800俵			
	3・4・2			650俵		
	6・20	3・6・晦	7000俵			
	8	8・晦	7500俵			
徳栄丸	嘉永5・5・29	嘉永5・5・晦	8400俵			
（12反・10人乗	7・21	8・10	5089俵			
粮米10俵）	12・8	12・29	7200俵	260俵	100本	
	6・2・27	6・3・24	7700俵	194俵	270本	
	5・7	5・晦	7800俵		270本	
	7・20	7・晦	8100俵			
	9・11	9・晦	7450俵	130俵	100本	明樽200丁
	12・24	12・晦	7000俵	96俵	250本	
	安政元・3・5	安政元・3・晦	8500俵	305俵		
	4・21	4・23	7700俵			
	4・23	5・12	7000俵			
	6・15		8500俵			
	7・14		7400俵			明樗400丁
	閏7・7	8・19	8500俵			
	8・7	9・18	6500俵		200本	
	3・4・15	3・4・22	8000俵	500俵		
	8		8300俵			
皇照丸	嘉永5・7・6	嘉永5・7	8800俵			
（12反・10人乗	8・29	9・28	8500俵	108俵		
粮米10俵）	11・28	12・29	7430俵		150本	
	6・2・15	6・2・晦	6400俵		200本	
	5・7	5・16	7500俵		150本	
	7・20	7・晦	8200俵			
	10・5	10・22	7500俵		150本	
	安政元・1・7	安政元・4・10		482俵		
	4・8	3・23	8100俵	271俵		
	6・19		8000俵			

	閏7・7	8・晦	8000俵			
	3・5・11			250俵		
	8	3・8・晦	8000俵			
	4・3・20	4・4・24	7700俵	380俵	200本	
	7		8000俵			
	11・18	12	7300俵			
	5・1・27	5・2・晦	2500俵			
徳福丸	嘉永5・10・28	嘉永5・10・晦	8500俵			
(12反・10人乗	6・1・22	6・1・29	7373俵		270本	
粮米10俵)	6・4	6・晦	8200俵			
	8・20	8・23	8300俵		50本	
	10・19		6700俵	360俵	500本	
	安政元・1・5	安政元・1・晦	7700俵	715俵		
	3・6	3・晦	8300俵	154俵		
	4・25	5・15	8000俵	100俵		
	7・18		6300俵			
	閏7・18	閏7・晦	7500俵			
	9・15	10・晦	3200俵		300本	
	3・6・29	3・6・晦	7700俵			
	8	8・晦	8000俵			
	11・18			250俵		
	4・2・14	4・3・20	7400俵	226俵	250本	
	3・20	4・24	8000俵	858俵		
	5・27		8000俵			
徳寿丸	嘉永6・8・29	嘉永6・9・20	7200俵		250本	
(12反・10人乗	11・21	11・晦	8300俵	1647俵		
粮米10俵)	安政元・3・晦	安政元・3・晦	8200俵			
	5・15		7488俵			
	7・19	8・19	8000俵			
	3・4・18	3・4・晦	7700俵	520俵		
	10・25	10・晦	1922俵			
	4・1・25	4・2・20	7300俵	212俵	250本	
	3・16			392俵		
	7		7800俵			
	12・17	12	7500俵			
	5・3	5・3・晦	8000俵			
代起丸	嘉永5・6・17	嘉永5・6・19	6700俵			
(12反・10人乗	6・5・7	6・5・16	6300俵		100本	
粮米10俵)	7・11	7・18	6500俵			
	10・15	10・22	6250俵		50本	
	安政元・3	安政元・4・23	6500俵			
	6・19		6500俵			

住吉丸	嘉永5・7・21	嘉永5・7・晦	8300俵			
（12反・10人乗	12・15	12・29	8500俵	600俵		
粮米10俵）	6・3・5	6・5・16	3979俵		200本	
	6・20	7・18	8500俵			
	9・11	9・20	7860俵	190俵	150本	
伊勢吉丸	嘉永5・7・21	嘉永5・8・19	7610俵			
（12反・10人乗	10・11	2・29	7500俵		100本	
粮米10俵）	6・1・28	6・2・晦	6900俵		100本	
	4・20	5・16	7000俵		200本	
	6・19		7700俵			
	12・16	安政元・4・10		250俵		
	安政元・6・15		7000俵			
	7・19	閏7・晦	7700俵			
神恵丸	嘉永6・12・17	嘉永6・12・晦	6500俵		150本	
（10反・10人乗	安政元・3	安政元・4・23	8200俵			
粮米10俵）	5・15		7000俵			
西勢丸	嘉永6・12・17	嘉永6・12・晦	5200俵		150本	
（12反・10人乗	4・8	5・15	6700俵			
粮米10俵）	7・14		6300俵			
	8・27	9・晦	6500俵			
神恵丸	嘉永6・12・17	嘉永6・12・晦	6500俵		150本	
（10反・10人乗	安政元・3・	安政元・4・23	8200俵			
粮米10俵）	5・15		7000俵			
徳善丸	安政元・4・21	安政元・4・23	7400俵			
（12反・10人乗	7・19	閏7・晦	7000俵			
粮米10俵）		9・晦	3500俵			
常盤丸	安政3・4・2	安政3・4・22	8300俵	607俵		
（12反・10人乗	6・24	6・晦	8000俵			
粮米10俵）	8	8・晦	8200俵			
庄五郎船	嘉永5・10・8	嘉永5・10・17	7500俵		100本	
（12反・10人乗	6・1・8	6・1・15	6502俵			
粮米10俵）	8・23	9・20	7700俵		130本	
	安政元・5・7	安政元・5・16	7200俵			
	3・4	3・5・14	7500俵			
	6・晦	7・晦	8000俵			
	4・3・23			500俵		
	6・6	4・6・晦	8000俵			明樽300丁
	10・14		6500俵		500本	胡麻粕474玉
	5・5	5・5・晦	7900俵			

（註）　嘉永5年「入船出船通」・安政元年「入船出船通」（国立史料館所蔵山西家文書）より作成。

て運ぶこととなったのである。

　以上山西家の廻船の動きを述べてきたが、山西家は幕末期には廻船業だけでなく、前章で見たように塩問屋と肥物問屋も営んでおり、北前船の船主の一部に見られるように(10)、山西家も元来塩および肥料商を営む商人であったものが、廻船加入や手船を所有することによって、輸送部門にも進出するに至ったと考えられる。いずれにしても廻船活動に限って言えば、山西家は幕末期には四〜一〇艘程度の大規模な廻船を所有し、自己荷物である塩・肥料を中心とする輸送に従事していたのである。

三　徳一丸の経営

　ここでは前述した廻船のうち、山西家の廻船である徳一丸を取り上げ、その活動状況・収支状況・利益構成・経営形態などについて具体的に明らかにしてみよう。

　徳一丸は、嘉永四年（一八五一）の「徳一丸勘定帳」(11)によれば、嘉永四正月に建造され、規模は航四丈四尺、幅二丈三尺二寸五分、深さ七尺一寸であった。この大きさは積石数に換算すると(12)、七〇〇〜八〇〇石積の廻船に匹敵するものであり(13)、建造には六〇貫三三七匁三分八厘を要した。そして嘉永四年正月に建造されて以来、安政

賃金

安政2年（1855）			安政3年（1856）			安政4年（1857）		
船頭	彦次郎	200目	船頭	彦次郎	200目	船頭	彦次郎	200目
	与吉	115		岡崎与吉	175	陸廻	与吉	120
親事	四郎兵衛	120	親事	四郎兵衛	150	親事	四郎兵衛	120
表	五郎吉	120	表	五郎吉	120	表	市三郎	110
片表	岩次郎	110	片表	市三郎	100	片表	太蔵	100
	太蔵	100		太蔵	95		与三郎	95
	吉次郎	100		吉次郎	83		長次郎	95
	辰五郎	95		久蔵	90		四郎三郎	90
	岩蔵	95		太左衛門	90		与三吉	90
	与吉郎	93		百三郎	85		仁太郎	85
	多左衛門	90		新吉	75		新吉	80
	作蔵	90					仁三郎	87
炊		65	炊	仁三郎	45	炊		50
計		1貫393匁 (21両1分2朱と3匁6分3厘)	計		1貫313匁 (19両1分と3匁6分9厘)	計		1貫322匁 (18両3分2朱と75文)

四年（一八五一）に至るまで七か年間、海難や作事など一度もなく順調に活動した。

この間に徳一丸は、所有形態を変化させた。嘉永四年から安政元年までの四か年間は、山西家の所有廻船として活躍したが、安政二年には所有形態が変化した。すなわち、徳一丸の船代を五〇〇両と定め、山西家と中屋彦次郎(14)との二五〇両ずつの共同出資形態をとった。これにともない徳一丸から得られた利益も、一年ごとに両者で折半することとなった(15)。さらに安政五年になると、安政二年以来の共同出資者である中屋彦次郎が、山西家と相談の上共同出資から退くこととなり、出資金二五〇両の返還を受けたのである。ここで徳一丸は、再度山西家の単独出資による廻船となった。以上安政四年までしか活動状況はわからない。しかし、前述したように同一船舶かどうか不明であるが、元治二年（一八六五）には山西庄五郎支配船三国藤蔵船としてその存在が確認される(16)。

なおここで徳一丸の乗組員と賃金について述べておこう。そこで嘉永四年から安政四年までの七か年間の乗組員と職務および賃金を示したのが、表50である。この表

表50　徳一丸の乗組員と

嘉永4年（1851）	嘉永5年（1852）	嘉永6年（1853）	安政元年（1854）
船頭　1両2朱	船頭　庄右衛門200目	船頭　庄右衛門200目	船頭　庄右衛門200目
	知工　仁太郎120	知工　仁太郎120	知工　仁太郎120
	親事　又兵衛120	親事　仁右衛門120	親事　仁右衛門120
	表　市右衛門120	表　市右衛門120	表　市右衛門120
	片表　米吉110	同　米吉110	米吉110
水主10人　7両2分	重蔵110	同　重蔵100	重蔵100
	与三右衛門 85	吉兵衛 85	吉兵衛 85
	又右衛門 85	又右衛門 85	又右衛門 85
	与吉 80	与吉 80	与吉 80
	幸吉 80	伝四郎 83	伝四郎 83
	与四郎 80	六右衛門 70	六右衛門 75
	文右衛門 77	八兵衛 70	佐ノ吉 70
炊　1分2朱	炊　40	炊　伝太郎 40	炊　伝太郎 40
計　9両	計　1貫307匁（2両と7匁）	計　1貫283匁（19両2分2朱と7匁3分8厘）	計　1貫283匁（19両3分と4匁2分5厘）

（註）「徳一丸勘定帳」（国立史料館所蔵山西家文書）より作成。

によれば、乗組員は船頭を含めて一二～一三人であり、内訳は船の最高責任者である船頭が一人、船内の会計事務を担当する知工（陸廻り）が一人、船内取締と船務一切の監督指揮を担当する親事が一人、水路および航海に関する任務担当者である表（表仕）が一人、表の指揮に従って航海を担当したり、荷役や船内雑務を担当する若衆が七～八人、そして見習水主で炊事掃除等雑務一切を担当した炊が一人である。(17)

賃金は船頭が一番高く、水主の二倍程度も支払われており、次に知工・親事・表の船方三役が高く、その次が若衆であるが、若衆の中でも経験や職務内容によって格差がある。最低の賃金は炊で、若衆の半分である。年間賃金は全部で二〇両程度であり、廻船から得られる利益に比べればわずかな額であった。(18)

さらに乗組員の名前をみると、安政二年の時点で大幅に入れ替わっているのがわかる。これは前述したように、この年から徳一丸が山西家の単独出資から中屋彦次郎と山西家の共同出資形態に変化したことによる。具体的には、船頭は庄右衛門から共同出資者である彦次郎に、知工は仁太郎から与吉に、親事は仁右衛門から四郎兵衛に、表は市右衛門から五郎吉に、それぞれ交替しており、若衆・炊においても安政二年以降見られるのは与吉のみで、他の乗組員はすべて入れ替わっている。このように所有（出資）形態の変化が船頭の交替を生み、船頭の交替が今度は水主の顔ぶれを一変させたのである。しかし、依然として山西家の支配下にあったようである。

徳一丸の七か年間の収支状況を取り上げる前に、「徳一丸勘定帳」の記載方法について見てみよう。(19)まず「船代」という項目があり、嘉永四年の徳一丸の建造に要した費用の細目が記してある。次に「売買」という項目があり、一年ごとに損益計算を行なっている。このようにして得られた利益（損失）を合計し、船中造用・賃金等一年間の経費を差し引き、年間の利益を求めている。

次に七か年間の収支状況をみると、支出は嘉永四年の建造費六〇貫目三三七匁三分八厘だけで、他に作事などの支出は見出されない。収入は七か年間で、一四八六両三分三朱・五三匁六分四厘となり、年平均二一二両・三匁二分八厘である。ただし、この収入は徳一丸の航海に要した経費、すなわち船頭賃金・道中遣い等を差し引いた残額であり、また前述した所有形態の変化にともない、安政二年以降は山西家と中屋彦次郎の両者によって折半されている。さらに安政五年の時点で徳一丸の時価が五〇〇両とされているので、結局七か年間の廻船経営の結果として、九八一両三分三朱・一五匁二分六厘の収益があったことになる。すなわち、約一〇〇〇両の徳一丸への投資が、廻船が順調に運営されたため五年後にはすべて回収され、それ以後は毎年二〇〇両程度の収入と船舶自体が手元に残ることになる。経費[20]については、七か年間で一八六五両一分一朱・五貫五八五匁五厘もかかり、年平均二七九両・四匁六分八厘で、かなりの出費であった。

徳一丸がどのような積荷から利益をあげていたのか、表51によって利益構成を見てみよう。この表から徳一丸の利益の源泉を探ると、魚肥が二九六三両三分一朱・六七匁一厘・二一七貫九九六文七分で、全利益三五三〇両余の八割以上を占め、残りのわずかな部分を塩・昆布・大豆・菜種・砂糖等が占めている。このことから徳一丸は魚肥と昆布に象徴されるように松前交易を行なう、いわゆる北国船であったことがわかる。

徳一丸の経営形態をみると、四八件中三三件が買積一五件が運賃積で、買積が七割を占める。買積と運賃積の大きな相違は次の点に表れている。すなわち、輸送によって損失が出た五件ともすべてが買積であり、一方一仕建で一〇〇両以上の利益をあげている場合一四件とも買積であり、買積の投機的性格をよく示す。これに対し、運賃積は一両二分二朱・五匁一分四厘から七三両三分・四二〇文までであるが、買積に比べ一仕建当たりの輸送量が少ないことにもよるが、小額ながらも安定性を示している。ここに買積の投機的性格と運賃積の安定的性格の相違が見出される。なお買積資金である中荷金は借り入れに依っていたようで、利子の支払いを行なっている。

積荷別の相違をみると、塩・砂糖・菜種はすべて買積、肥料は三分の二が買積、昆布・大豆は買積と運賃積の両方を行ない、煙草は運賃積とはいえ買積に付随する形で運賃積がなされていた。したがって利益の大部分は、

他	経　　費	利
	306両2分2朱・14匁4分3厘	41両2朱・4匁4分5厘
運5両1分・300文　（佐渡荷80駄）	303両・42匁5分8厘	208両2分・7匁9分6厘
	469両3分・38匁6分4厘	163両2分・11匁9分
運15両・33貫8分　（空船） 運14両2分・778文　（空船）	238両3分2朱・5貫358匁6分7厘	109両2朱
買58両2朱・7匁5分1厘　（菜種1566俵） 運7両・4匁7分　（材木） 買△56両・10匁4分7厘　（1371俵）	128両・19匁9分5厘	111両2分2朱・6匁4分1厘 △56両・10匁4分7厘
	126両1朱・29匁9分8厘	248両1分・3分4厘 91両3分・11匁5分9厘
買△3分・6匁1分1厘　（大豆200俵） 運73両3分・420文　（大豆1028俵） 運5両2朱・163文　（煙草84箱）	173両2分3朱・17匁9分2厘 103両2分1朱・66匁8分8厘 15両3分	353両1分2朱・7匁3分9厘 86両・9匁9分1厘 129両2分3朱・4匁1分6厘
121両3分2朱・3匁1分3厘・34貫661文8分	1865両1分1朱・5貫589匁5厘	1486両3分3朱・53匁6分4厘

表51　徳一丸利益構成

塩	米	砂　　糖
買14両・6匁5分6厘（4270俵）		
買6両1分2朱・3匁9分5厘（2300俵） 買29両2分・14匁1分8厘（1130俵）		
買△10両2分2朱・4匁2分6厘（1700俵）	買3両1分2朱・4匁8分4厘（400俵）	
	買△3分・3匁8厘　（300俵）	買5両1分・33匁9分3厘　（92挺）
買14両3分・2匁7分（3000俵）		
買9両2朱・7匁9分4厘　（3000俵） 買91両3分・11匁5分9厘（3815俵）		買1両2分2朱・5匁9分6厘（12挺）
買128両2朱・6匁5分　（3820俵）		買7両3分2朱・3匁9分6厘（21挺）
283両・49匁1分6厘	2両2分2朱・1匁7分6厘	14両3分・43匁8分5厘

年　代	魚　　肥	昆　　布
嘉永４年（1851）	買８両１分２朱・１貫719文（125本） 運42両３分２朱・43文（39石５斗） 運12両３分・255文（20本・30束） 運３両３分・584文（391本） 買139両２分・８分５厘（699俵） 買△１両２朱・９匁７分７厘（959俵）	買143両3分2朱・9匁4分7厘（2413駄）
嘉永５年（1852）	買176両3分2朱・15匁7分1厘（1158俵 1272束） 運71両・１貫28文（67石４升） 買222両２分・３匁４分２厘（1380本）	
嘉永６年（1853）	運20両３分・３匁９分（1526本） 買300両（1539俵） 買46両２分２朱・２貫811文（246俵） 運71両3分・1貫556文（69石4斗9升） 買20両1分2朱・2匁3分8厘（29687本 134箇）	
安政元年（1854）	買126両1分2朱・4匁3分8厘（9440束） 運18両１分・210貫７分（306本） 買354両１分・４匁９分２厘（1443俵）	運3両2分・62貫5分（50石）
安政２年（1855）	買118両２分・３匁７分７厘（703本） 買16両３分・５匁７分６厘（8769束）	
安政３年（1856）	買362両・６匁６分６厘（1403本） 運１両２分２朱・５匁１分４厘（30俵）	
安政４年（1857）	買379両・４匁２分２厘（1439俵） 買140両1分2朱・11匁5分1厘（989本） 買129両2分3朱・4匁1分6厘（729俵）	
計	2963両3分1朱・67匁1厘・217貫996文7分	147両1分2朱・9匁4分7厘・62貫5分

（註）「徳一丸勘定張」（国立史料館所蔵山西家文書）より作成。
買は買積、運は運賃積、△は損失を示す。

損失が時折見られるものの買積によって得られたのである。すなわち、運賃積による利益は総計三六八両三分二朱余で、全利益三五三〇両余の一割に過ぎなかった。それゆえ徳一丸は、一部で運賃積を行なっていたものの、買積船として規定することができる。

それでは、なぜ山西家が徳一丸を運賃積ではなく、買積船として経営したのか。それは、表51からも明らかなように、一方ではこの時期すでに運賃積だけでは、経費を上回る利益をあげることができず、買積に頼らざるを得ない状況があり、他方では山西家が塩・肥料問屋という商人の地位を生かし、自己荷物を積むことで商業利潤プラス運賃収入[21]をあげると同時に、自己荷物の安定的輸送をはかろうとしたことによるものであろう。

このように徳一丸は、嘉永四年に七〇〇石積程度の廻船として一〇〇〇両余で建造されてから安政四年まで、所有（出資）形態上の変化は見られたが、作事もなく順調に自己荷物である塩・魚肥を主として輸送する北国船として運営され、七か年間で一五〇〇両近い利益をあげ、その利益の主体は買積船としての機能からくるものであった。

四　幸福丸の経営

ここでは、山西家の廻船の中で比較的小規模な廻船である幸福丸を取り上げ、徳一丸と比較しながら、活動状況・収支状況・利益構成・経営形態などについて見てみよう。

幸福丸は、嘉永四年（一八五一）の「幸福丸勘定帳」[22]によれば、一六反帆・三二〇石積の廻船である。乗組員は、船頭一人・親事一人・若衆三人・炊一人の計六人であり、小規模なため知工・表仕などの職務区分もない。賃金は徳一丸に比べて高く、嘉永六年には年間船頭五五〇匁、親事三六〇匁、若衆三人で九〇〇匁、炊一八〇匁の合計三三両余であった。

幸福丸は、嘉永四年正月に六四二両二分・銀一四分二厘で新造され、その船代を山西家と岡崎十軒家の忠三郎が三二一両一分・銀七分一厘ずつ折半しており、両者の共同出資という形で出発した。この共同出資関係は嘉永六年まで確認できる。その後嘉永七年四月には作事を行ない、二四両三分・銀二分六厘を要している。そして翌安政二年（一八五五）六月には、山西家が幸福丸を一四八両で備中玉島の万吉丸実右衛門へ売却する譲渡契約を結んでいる。その後の経過は明らかではないが、ともかく嘉永四年に建造されてから同七年までの四年間の幸福丸の経営内容について以下見てみよう。

嘉永四年の「幸福丸勘定帳」の記載方法であるが、徳一丸と同様に一年ごとに損益計算を行ない、そこで出た利益（損失）は共同出資者である山西家と忠三郎との間で折半している。四か年間における支出は、嘉永四年正月の船代六四二両二分・銀一四分二厘、嘉永七年四月の作事代二四両三分・銀二分六厘の合計六六七両一分・銀一六分八厘である。一方収入は、廻船からの利益一五両一分・七九匁四分六厘、安政二年の幸福丸売却代一四八両の合計一六三両一分・七九匁四分六厘であり、結局五〇二両三分三朱・一匁二分六厘の損失となる。

このように廻船からの年平均四両一朱・三分三厘の低収益によって、六四二両余の初期投資も回収できず、逆に廻船の売却を決意させるに至ったのであろう。しかも、四年間に水主賃金・道中遣い・船中造用等に要した経費は、四六七両・一貫三一三匁三分にまでのぼり、年平均一二二両一分・二匁八分三厘に及んだ。しかしこの経費は、徳一丸の二七九両・四匁六分八厘の半分以下に過ぎず、大規模廻船と中小規模廻船との相違を見せる。

要するに、六四二両二分・銀一四分二厘で建造した幸福丸は、一度作事を行なったものの、四年間の順調な航海によってもわずか一五両一分・七九匁四分六厘の利益しかあげることができず、ついに売却を決意せざるを得なくなり、結局五〇二両三分三朱・一匁二分六厘の損失をもって幕を閉じたのであった。

繰綿他	経費	利
買△２分・3匁6分8厘 （30本） 買△22両2分・4匁9分5厘 （60本） 買5両3分・7匁9分 （125本）	163両2分・202匁6分2厘	△18両1分2朱・21匁1分2厘
買6両2朱・5匁9分2厘 （100本） 買△5両2分2朱・6匁8分5厘 （150本）	１貫89匁６厘 137両3分・16匁7分6厘	△52両2朱・3匁3分1厘 56両2分2朱・22匁8分8厘
運16両3分2朱・6分5厘（砂糖172本） 買15両1分・5匁3厘 （100本）	165両3分・4匁8分6厘	108両2朱・83匁2分4厘
		79両・5匁2分3厘
15両１分２朱・４匁２厘	467両・１貫313匁３分	15両1分・79匁4分6厘

わずかであったが幸福丸の利益の源泉を明らかにするために、利益構成を示したのが表52である。この表によると、総利益四六三両三分二朱・二一四匁九分八厘のうち、藍玉が二二一両二分・八九匁九分一厘で利益の半分近く、米が三割、穀物が一割余であり、これら藍玉・米穀で総利益の九割近くを占める。積荷としては、他に肥料・塩・繰綿・砂糖があるものの、輸送量では藍玉・米穀が中心となっている。

このように米穀を主体とする積荷の構成は、前述した阿波をとりまく中小廻船の動きと合致するものであり、幸福丸もまた三二〇石積の中小廻船であった。したがって、幸福丸も阿波へ米穀を運び込み、返り荷として藍玉・塩等を運び出すというように瀬戸内を活動の舞台としたようである。

経営形態については、四一件のうち二八件が買積、一三件が運賃積で、買積が七割、運賃積が三割となり、この比率は徳一丸と同じで買積を主体とするものであった。また損失が出たのは九件とも買積で、買積は一仕建当たり八一両三分・八匁一分七厘の損失から六五両二分・六匁八分四厘の利益まで振幅が大きく、投機的性格を示している。これに対し運賃積は、一仕建当たりの積

表52　幸福丸利益構成

塩	米	穀　　物
買10両・5匁1分6厘　(1000俵)	買10両3分2朱・3匁3分5厘(225俵)	買17両2朱・4匁9分6厘　(750俵) 買15両2分・5匁8分4厘　(576俵)
	運5両1分2朱・7匁6分7厘 (500俵) 買53両２分　(950俵)	買△35両3分2朱・8匁2分 (563俵) 買65両2分・6匁8分4厘　(770俵) 買24両2分・8匁　(860俵)
買3分・2匁7分8厘　(500俵) 買2両3分・1匁4分3厘 (650俵)	買8両3分・5匁7分4厘　(1000俵) 買29両3分2朱・7匁2分2厘 (1300俵) 買51両1分・3匁1分9厘　(900俵)	買47両1分2朱・5匁4分7厘(901俵) 買8両2分2朱・7匁5分1厘 (550俵)
	買△43両3分・2匁2分3厘 (871俵) 買51両3分2朱・4匁2厘　(900俵) 買△22両2朱・3匁2分1厘 (910俵)	買△81両3分・8匁1分7厘 (700俵)
13両２分・９匁３分７厘	145両２分・25匁７分５厘	61両・22匁2分5厘

運賃積、△は損失を示す。

載量が買積に比べ小さいが、一両足らずの利益から最高六七両三分・二三匁三分六厘の利益まであり、振幅が買積に比べ小さく安定している。このように幸福丸の損失は、買積の投機的性格の表れと考えられる。なお、買積資金である中荷金は徳一丸と同様借り入れに依ったようで、利足支払いを行なっている。

積荷別の相違をみると、藍玉は運賃積、米・塩が買積主体、魚肥が両者となり、徳一丸の状況と類似する。そして買積が主体である米・穀物・繰綿・魚肥の損失を運賃積の藍玉が補塡しているようすがわかる。すなわち、運賃積の利益は合計二七四両二朱・一六三匁一分五厘で、件数では三割に過ぎない運賃積が、総利益の過半を占めているのである。

このように幸福丸は伊勢丸・徳一丸の場合とは異なり、山西家の自己荷物である塩・魚肥の輸送よりはむしろ藍玉・米穀の輸送に比重が置かれており、同じ買積船であっても伊勢丸・徳一丸のように山西家の自己荷物を主体とする場合には、比較的損失が少なくて済んだのに対し、幸福丸のように自己荷物を主体としない場合には、

年　代	魚　　肥	藍　　玉
嘉永4年 (1851)	買△1両2分・5匁5分(500俵) 運52匁2分5厘　(9俵半) 買△4両1分・2匁9分7厘(200俵) 運6両2朱・7匁6分7厘　(600俵)	運28両3分2朱・14匁9分5厘(380本) 運45両1分2朱・2匁1厘　(581本半)
嘉永5年 (1852)		運45両・31匁7分4厘　(533本半)
嘉永6年 (1853)	運5両2分・5匁　(460俵) 買1両2朱・7匁2分3厘　(540俵)	運3両2分・1匁7分　(57本) 運6両・4匁8分9厘　(70本) 運8両2分・6匁8分 運67両3分・23匁3分6厘(740本半)
安政元年 (1854)		運16両3分・4匁3分6厘　(195本)
計	7両・63匁6分8厘	221両2分・89匁9分1厘

(註)「幸福丸勘定張」(国立史料館所蔵山西家文書)より作成。買は買積、運は

むしろ損失が多くなる危険性を含むものであった。

さらに安政元年には、五件のうち三件が比較的高額の損失を出し、その年は結局七九両・五匁二分三厘の損失で[23]、廻船経営を悪化させており、同年六月の作事を考慮に入れれば、翌安政二年に幸福丸を売却した動機がうかがえる。

このように幸福丸は、嘉永四年に三二〇石積の廻船として共同出資によって六四二両余で建造されて以来同七年まで、順調に米穀・藍玉を主に輸送したが、買積を主としたため欠損が多く、四年間でわずか一六両余しか利益を得ることができなかった。そして、安政二年にはついに売却という方法で、山西家の廻船経営から姿を消したのである。

最後に、山西家が幸福丸を所有した意味について考えてみたい。幸福丸の場合は、山西家の自己荷物である塩・魚肥の輸送が比較的少なく、藍玉・米穀の輸送に比重が置かれ、自己荷物輸送主体の徳一丸とは異なる。これは、幸福丸の廻船規模が小さくて、大規模廻船を必要とする北陸・関東を往来する塩・魚肥の輸送には不向きであったからである。それでは、山西家が自己荷物の輸送に直接寄与しない小規模廻船である幸福丸を所有したのは、何を意味するのであろうか。それは、塩・肥料問屋である山西家が自己荷物の運搬のため輸送部門にまで

進出したのを契機に、廻船経営による膨大な利益を独占するために、幸福丸のような中小廻船をも所有して、本格的に廻船経営に乗り出したことを示すものであろう。そして、自己荷物である塩・魚肥の遠距離輸送には徳一丸のような大規模廻船を、瀬戸内を中心とした地域での米穀・藍玉・繰綿等の輸送には幸福丸のような中小規模廻船をというように、大小廻船を巧みに配船することによって、山西家は阿波を包括する全国的な商品流通網に乗るとともに、地域的な商品流通網をも併存して、廻船経営を充実させようとしたのである。

以上阿波をとりまく廻船・山西家廻船の動き・徳一丸の経営・幸福丸の経営などについて述べてきたが、これを要約すると次のようになる。

第一に、阿波をとりまく廻船の役割を明らかにすることによって、阿波の塩田および商業的農業地域を背景とする塩・藍・肥料・米穀を中心とした流通を見た。そしてそこに、阿波の塩・藍、北陸・関東の魚肥、大坂・兵庫の手工業製品を中心とする雑品、瀬戸内・九州の米穀というように特産物を核にした地域的分業関係と同時に、阿波という一地方において全国的な商品流通網の一端を見出すことができた。

第二に、徳一丸の場合は、はじめは山西家の単独出資であったが、途中から共同出資を行ない、再度それを解除するというように、共同出資といえども比較的容易に切り替えが行なわれていた。また共同出資という形態は、伊勢丸・徳一丸・幸福丸すべてに見られ、廻船の大小を問わず、幕末期にはかなり広範囲に存在した出資形態であった。

第三に、伊勢丸・徳一丸・幸福丸はともに運賃積も多少行なわれたものの、買積を主体とした経営がなされた。ところが、同じ買積船であっても、伊勢丸・徳一丸のように山西家の自己荷物である塩・魚肥を主体とする場合には、比較的損失が少なくて済んだのに対し、幸福丸のように自己荷物を主体としない場合には、むしろ損失が多くなる危険性を含むものであった。

第四に、山西家は自己荷物である塩・魚肥の遠距離輸送には伊勢丸・徳一丸という大規模廻船を、米穀・藍玉・繰綿・雑品等の近距離輸送には幸福丸というように大小廻船を巧みに配船して廻船経営を行なっていた。それは、元来塩および肥料商を営んでいた山西家が、自己荷物の輸送のため廻船業へ進出したのを契機に、本格的に廻船経営を行なったことにともなうものであった。

(1) 佐波宣平「日本海運経営形態小史」(『経済論叢』六二巻三号、一九四八年)、同『海運理論体系』(有斐閣、一九四九年)七章、同『増補交通史概論』(有斐閣、一九四八年)四章、佐々木誠治『日本海運競争史序説』(海事研究会、一九五四年)、同『日本海運業の近代化』(海文堂、一九六一年)一五〜三四頁。

(2) 元来その成立過程からみて、菱垣廻船・樽廻船の両者ともそれぞれ荷主である十組問屋・酒造家の支配を受けており、純粋な形での他人運送形態ではなかった。むしろ、近世においては買積形態が本来の廻船経営の在り方で、それが大量で安定的な積荷の存在という特殊な条件のもとでのみ運賃積形態が存在したと考える。

(3) 個別の廻船経営については、柚木学・津川正幸・牧野隆信・村瀬正章・末永国紀・泉康弘・新井健一・斎藤裕之氏などの研究、経営形態・廻船支配の問題については柚木学氏の研究がある。本書序論の研究史を参照。

(4) 天保一三年「入船出船通」・嘉永五年「入船出船通」・安政三年「入船出船通」・同「入船出船通」・慶応元年「入船出船通」・明治四年「入船出船通」(国立史料館所蔵山西家文書)。

(5) 記載例は本章では省いたので、拙稿「幕末期における廻船経営の一断面」(『大阪大学経済学』二九巻一号、一九七九年)一一四〜一一五頁を参照。

(6) これは、泉康弘氏によれば、「からし菜の菜種であり、油を搾ったあと油粕として使用される肥料と考えるべきものである」(同「瀬戸内水運による阿波藍の流通」渡辺則文編『産業の発達と地域社会』溪水社、一九八二年、五九頁)とされ、これらはこの地方の藍・甘蔗などの商業的農業に肥料として用いられたようである。実際の史料でも、「種子」と混合して記述されているのが見受けられる。

(7)　阿波国では、文化以降毎年一三〇～一五〇万俵の塩を産出し、天保年間には約一〇〇万俵を江戸へ移出している（徳島県史編さん委員会編『徳島県史』四巻、一九六五年）。

(8)　藍は表46によれば、大規模廻船と小規模廻船の両者によって運ばれているが、六冊の冊子を通算すると延六七艘のうち、大規模廻船五六艘、小規模廻船一一艘となり、塩・魚肥と同様大規模廻船によって主として輸送されたようである。

(9)　この二冊を取り上げたのは、山西家が主として塩・肥料の輸送に携わったため、米穀の冊子よりも塩・肥料の冊子の方が山西家の廻船経営を把握するのに有効であり、また山西家の廻船であることが明確で、量的にも個別廻船の動きが比較的わかりやすいという理由による。

(10)　高瀬保『加賀藩海運史の研究』（雄山閣出版、一九七九年）五四二～五七五頁。

(11)　嘉永四年「徳一丸勘定帳」（国立史料館所蔵山西家文書）。徳一丸については、以下特記しない限りこの史料による。

(12)　石井謙治氏の換算表（豊田武・児玉幸多編『交通史』山川出版社、一九七〇年、四二三頁）による。

(13)　この数値は、元治二年の山西庄五郎支配船徳一丸の六〇〇石積・一八反帆とほぼ合致する（本書第一一章、表42）。

(14)　中屋彦次郎については、この所有形態の変化によって徳一丸の船頭が庄右衛門から彦次郎に替わっているところをみると、有力船頭層であったように思われる。

(15)　これに対し、前章で述べた弘化年間に活躍した伊勢丸は、利益を一年ごとにではなく一上下（往復）ごとに折半しており、徳一丸・幸福丸とは異なっている。これは、山西家における廻船経営が本格化するにつれ、一上下ごとから一年ごとへと廻船経営の継続性をより強く出す経営上の進展を示すものと言える。

(16)　本書第一一章、表46。

(17)　金指正三『日本海事慣習史』（吉川弘文館、一九六七年）六九～七〇頁。

(18)　船頭はこの賃金以外に利益の一割を取得しており、他の水主も粮米・煙草代等を支給されており、賃金のみが水主の処遇を決定するものではない。

(19)　記載例は本章では省いたので、拙稿前掲「幕末期における廻船経営の一断面」一二二～一二三頁を参照。

(20)　瀬取賃など各商品ごとに付随して要する費用は、商品価格に上乗せしている。

（21）運賃積の場合には、天保一一年に斎田塩の江戸廻送賃は一俵につき銀八分であるのに対し、買積の場合には、弘化年間に一俵につき五分～一匁五分の利益で、順調に行けば運賃以上の利益が得られた（柚木学「近世海運業における廻船経営の特質」『海事史研究』一八号、一九七二年、三六頁、および本書第一一章、表47）。
（22）嘉永四年「幸福丸勘定帳」（国立史料館所蔵山西家文書）。幸福丸については、以下特記しない限りこの史料による。
（23）この損失には経費が計上されておらず、実際にはさらに経費一五〇～一六〇両が加わり、損金がより大きくなる。

第一三章　阿波国撫養をめぐる商品流通と廻船

商品流通と廻船の問題については、第三章において讃岐国直島の難船史料をもとにそこを航行する廻船とその積荷を分析することで瀬戸内をめぐる商品流通の一端と廻船市場の推移を明らかにしてきたが、そこでは直島の地理的制約から阿波の廻船および阿波を出入りする廻船の動向はほとんど明らかにできなかった。そこで、本章では阿波の塩田地帯を背後にもち、阿波国有数の湊をかかえる撫養地方に出入りする商品とその輸送を担った廻船について見てみることにした。

近世阿波の商品流通に関しては、阿波藍を中心に研究が進められ[1]、ここで取り上げる塩および肥料・石炭・米穀・海産物・小間物等については、あまり研究がなされていない[2]。しかしながら、これまで全く研究蓄積がなかったわけではなく、すでに前章で述べてきたし、阿波国板野郡斎田村の山西庄五郎家の史料を用いた泉康弘氏[3]の研究もある。

本章では、これらの研究を補足するとともに、特にこの時期の重要な問題の一つとして次のような点に留意しながら検討を加える。第一に、阿波の撫養地方が単に特産物である塩・藍の移出地域であっただけでなく、他方で米穀・石炭・魚肥・雑品等の重要な移入地域であったこと。すなわち撫養地方の背後には塩田や藍作・甘蔗作の商業的農業地帯が控えており、その中で撫養地方は特産物の移出品市場だけでなく、米穀・肥料をはじめとする移入品市場の性格をもっており、この両側面が相挨って一つの地方市場を形成していたこと。第二に、そのことと関連してそれらの物資の輸送を担った廻船がどのようなものであったのか。山西家等の商人による手船化と地方廻船の展開について考えてみよう。

一 「入船帳」の分析

ここでは、山西家と同じく阿波国板野郡北浜村の塩問屋である田淵清右衛門家[4]の寛政一一年（一七九九）～万延二年（一八六一）の「入船帳」[5]を分析することで、撫養地方に出入りする商品および廻船について見てみよう。ただし同じ「入船帳」でも、年代によって記載内容にかなり精粗があり、また表題には「入船帳」とあるが、実際の記載は前章で見た山西家の「入船出船通」とほぼ同じで、最も詳細なものでは入船日・船籍・反帆数・水主人数・飯米俵数・積荷・出帆日が記され、積荷も撫養への移入品と撫養からの移出品とが明らかになる。山西家の「入船出船通」と異なるのは、山西家が肥物問屋を兼ねていたため、阿波への重要な移入品であった魚肥の流通をも把握できたのに対し、田淵家の場合には肥物問屋を兼業していなかったようであり、魚肥の移入はこの史料では把握できないことである。これらのことを念頭において、次にその内容を見てみよう。

「入船帳」は、寛政一一年（一七九九）・文化六年（一八〇九）・同一五年・文政二年（一八一九）・同三年・同五年・天保一四年（一八四三）・弘化三年（一八四六）・安政六年（一八五九）・万延二年（一八六一）の一〇か年分があり、そのうち記載内容が詳細なのは天保一四年以降の分だけである。したがって、文政五年以前の分については積荷などもほとんど記載されておらず、廻船の状況がわかるだけである。

そこで、まず天保一四年以降における積荷の内容を示したのが、表53である。史料では、移入品と移出品とを明確に区別していないが、記載内容から塩と藍以外の商品はほとんどが撫養への移入品であると考えられる。また、単独積載だけでなく数種類の商品による合荷や同じ廻船による移入品と移出品というように一艘の廻船でも

表53 「入船帳」の積荷内容

積　　荷	天保14年(1843)	弘化3年(1846)	安政6年(1859)	万延2年(1861)	合計
塩	件 47 (123,252俵)	件 46 (53,254俵)	件 50 (52,071俵)	件 53 (26,342俵)	件 196
藍	2 (333本)	2 (991本)			4
米	31 (8,499俵)	28 (6,201俵)	4 (1,370俵)	10 (2,341俵)	73
麦				2 (273俵)	2
小　　麦	2 (1,075俵)	3 (304俵)	2 (258俵)	3 (148俵)	10
麦　　安		4 (257俵)	6 (910俵)	3 (241俵)	13
大　　豆	2 (380俵)		1 (300俵)	4 (738俵)	7
小　　豆	4 (295俵)	5 (220俵)		1 (10俵)	10
空　　豆			1 (100俵)		1
蕎　　麦		2 (111俵)			2
か ら し	3 (1,150俵)	9 (2,109俵)			12
蠟	4 (42丸・7箱)				4
油　　粕	1 (350玉)				1
木　　材	2 (260本他)	2 (275本他)	18 (2,712本他)	27 (4,279本他)	49
瓦		1 (3,000枚)			1
刻 煙 草		1 (15箱)		3 (519箱)	4
木　　綿		1 (41箱)			1
飴		1 (10丁)			1
あらめ袋			1 (20袋)		1
合　　計	98	105	83	106	392
船　　数	66艘	67艘	57艘	69艘	259艘

(註)　天保14年正月「入船帳」・弘化3年正月「入船帳」・安政6年正月「入船帳」(国立史料館所蔵田淵家文書)、万延2年正月「入船帳」(東京都立中央図書館所蔵田淵家文書)より作成。

複数の商品が延件数として数えられている。山西家の「入船出船通」の中で最も内容が豊富な前章で述べた天保一三年一〇月～同一四年一一月の「入船出船通」と比較すると、そこでは一五か月の間に、延三五五艘の廻船が出入りし、それらの廻船によって米六万六八一四俵、小麦一五九八俵、麦安七五一俵、大豆八七六俵、からし四七〇〇俵、塩四六万一六七八俵、魚肥九万九三一俵・一九四六束、油粕五五三三玉、綿三八八本、藍二九一八本五分と他に素麵・小豆・蕎麦・生蠟・白砂糖・莚・板等が運ばれており、塩の輸送量だけ比べても、天保一四年の「入船帳」は、その三分の一足らずの量である。さらに、入船出船艘数においても延六七艘ほどで、「入船出船通」の五分の一程度の規模であり、しかも撫養地方への重要な移入商品である魚肥が欠落していることに注意しなければならない。

さて、この表によれば、毎年船数では延六七艘程度、延件数にして一〇〇件前後の積荷が出入りしていたようである。積荷の種類では、塩がいずれの年においても件数で半数近くを占めており、しかも塩の場合は単独積載が比較的多く、件数以上に比重が高い。件数ではあまり変化はないが、俵数では弘化三年と安政六年には五万二〇〇〇〜五万三〇〇〇俵余、万延二年には二万六三四二俵となっている。これは、一艘当たりの塩積載量が低下していること、すなわち大規模な廻船による塩輸送よりむしろ小規模な廻船による場合が増加していることを示している。

また、この表からわかるように、弘化三年以前と安政六年以降とでは積荷の種類に多少変化が見られる。弘化三年以前には藍は二件存在していたが、それが全く見られなくなり、米は三〇件程度あったのが、安政六年以降には一〇件以下となった。小豆・からし・蠟等も件数としてはわずかであったが、安政六年以降はほとんど見られなくなる。これに対し、木材は弘化三年以前にはわずか二件しかなかったが、安政六年には一八件、万延二年には二七件も見られるようになり、移入商品の中でもかなりの比重をもつようになったことがわかる。それでは、どうしてこのような変化が見られるようになったのか、それらの商品の輸送に従事した廻船に目を転じて考えてみよう。

そこで、寛政一一年〜万延二年の「入船帳」の廻船規模(6)を見てみると、弘化三年以前には水主八人乗以上の比較的大規模な廻船がかなり存在するのに対し、安政六年以降では八人乗以上の廻船はほとんど見られず、逆に五人乗以下のやや小規模な廻船が中心となる。しかも、そのような傾向は、文政五年頃から徐々に見られる。この廻船規模の変化とさきほどの積荷の変化とがどのように結びついているのか、その関係を明らかにするため、次

「入船帳」の積荷と廻船規模の関係

大豆	空豆	蕎麦	からし	蠟	油粕	木材	瓦	刻煙草	木綿	飴	あらめ袋
件	件	件	件	件	件	件	件	件	件	件	件
3		2	2			9	1	1	1	1	1
2				1		29		3			
1			8	2	1	4					
2	1		2	1		6					
1											
1						1					
10	1	2	12	4	1	49	1	4	1	1	1

にどのような積荷がどのような規模の廻船に積載されていたのか見てみよう。

　積荷内容が明らかな天保一四年~万延二年分の「入船帳」によってそれを示したのが、表54である。これによれば、商品により廻船の規模がやや異なることがわかる。すなわち、塩は水主八人乗以上の廻船によって輸送されたものも多く見られるのに対し、塩以外の米穀・木材をはじめとする商品はすべて水主七人乗以下の廻船、特に二~四人乗の比較的小規模な廻船によって輸送されている。このような積荷と廻船規模との結びつきは、前章の山西家の「入船出船通」「入船帳」においても、塩・藍・魚肥と遠距離航行を行なう江戸廻船、米穀・その他と瀬戸内をかけめぐる大坂廻船という関係が見出された。

　次に船籍(7)について見てみよう。田淵家の「入船帳」に記載された廻船数は延四二六艘で、そのうち他国船は二八六艘、自国船は一三九艘である。他国船では、淡路の二二八艘が他を圧し、大きく離れて

表54

水主人数	塩	藍	米	麦	小麦	麦安	大豆
1人乗	件	件	件	件	件	件	件
2	39		17	1	2	4	
3	71	1	22	1	2	3	3
4	30	2	23				
5	24		8		4	5	2
6	3	1	1			1	1
7	3		1		1		1
8	7						
9	1						
10	6						
11	3						
12	1						
13							
14	5		1		1		
15	3						
合　計	196	4	73	2	10	13	7

（註）　表53に同じ。

紀伊二六艘・摂津一三艘・江戸五艘・相模四艘・尾張三艘等と続く。自国船では、黒津地の五二艘が最も多く、答島三六艘・原ヶ崎二六艘・鶴島九艘・北浜八艘等となる。それでは、これらの地域の廻船はどのようなものなのか、表55により廻船規模について見てみよう。水主八人乗以上の比較的大規模な廻船の比重が高いのは、他国船では摂津・尾張・相模・伊豆・江戸であり、阿波国内では黒津地・答島・原ヶ崎・鶴島となる。また、八人乗以上の廻船が一艘でも見られるのは、これ以外に紀伊・淡路・讃岐である。一方、四人乗以下の比較的小規模な廻船の比重が高いのは、他国船では紀伊・淡路、阿波国内では黒津地・答島・原ヶ崎・鶴島を除くすべての地域が該当する。ただし、紀伊と淡路は、五人乗以上の規模をもつ廻船もかなり見受けられ、必ずしも小規模な廻船であったとはいえない。さらに、文政五年以前と天保一四年以降とでは少し史料的に性格が異なるので単純に比較できないが、船籍ごとにその変化をみると、淡路はしだいに廻船数を増加させていったのに対し、紀伊・摂津・尾張・江戸等は艘数を減少させ、阿波国内においては弘化三年以降黒津地・北浜等ほとんどの地域が姿を消してしまっていることがわかる。ただし、阿波国内においては変化が極端であるので、むしろ史料的制約によるものと思われる。

このように田淵家の「入船帳」によって、撫養地方からの移出商品として塩・藍、移入商品として米・麦・豆・

表55　「入船帳」の船籍と廻船規模の関係

6人乗	7人乗	8人乗	9人乗	10人乗	11人乗	12人乗	13人乗	14人乗	15人乗
3件	1件	件	1件	1件	件	件	件	件	件
4	4	1		1					
			1						
		5		2		1		3	1
									1
								1	2
			2		1				
				1					
		2	3						
		2	14	17	17				
	1	3	14	11	7				
				8	15				
		1	8						
7	6	14	43	41	40	1	0	5	3

船帳」・同15年正月「入船帳」(国立史料館所蔵田淵家文書)、文政2年正月「入船帳」(東京都立中
船帳」・同5年正月「入船帳」・天保14年正月「入船帳」・弘化3年正月「入船帳」・安政6年正月「入船
年正月「入船帳」(東京都立中央図書館所蔵田淵家文書)より作成。

船籍	2人乗	3人乗	4人乗	5人乗
紀伊	6件	4件	8件	2件
淡路	54	94	39	31
讃岐		1		
摂津		1		
播磨		1		
和泉	1			
尾張				
相模				
伊豆				
江戸				
石見	1			
周防				1
黒津地	1	1		
答島				
原ヶ崎		1		2
鶴島				
北浜	1	7		
相野	2			
岡崎	1			
福井	1	1		
津田	1			
鳥ヶ丸	1			
中島	1			
合計	71	112	47	36

(註)　寛政11年正月「入船帳」・文化6年正月「入
央図書館所蔵田淵家文書)、同3年正月「入
帳」(国立史料館所蔵田淵家文書)、万延2

からし・蠟・木材等が見られ、延件数三九二件のうち塩が一九六件と半数近くを占め、米七三件・木材四九件・麦安一三件・からし一二件・小麦一〇件・小豆一〇件・大豆七件・藍四件・蠟四件・刻煙草四件等と続いた。そして、弘化三年と安政六年との間には米の移入が大幅に減少し、藍・小豆・からし・蠟等もわずかな件数であるがほとんど見られなくなり、代わって木材の移入が大幅に増加するという変化が見られた。それは、廻船規模の変化でもあり、塩や一部の米穀輸送に従事していた比較的大規模な廻船が減少し、木材輸送等に従事していた小規模な廻船の増加によるものであった。比較的規模の大きな廻船が多く見られたのは、摂津・尾張・相模・伊豆・江戸および黒津地・答島・原ヶ崎・鶴島であり、一方四人乗以下の比較的小規模な廻船が多く見られたのは、紀伊・淡路、阿波国内では黒津地・答島・原ヶ崎・鶴島を除くすべての地域であった。ただし、紀伊と淡路は、五人乗以上の規模の廻船もかなり見受けられ、必ずしも小規模な廻船によっていたのではなかった。

二　移入商品

ここでは、阿波国板野郡斎田村の山西庄五郎家の「御品仕切帳」[8]と北浜村の田淵清右衛門家の「諸上納之帳」[9]とを中心に用いて、撫養地方に出入りした商品のうち米穀を中心とした移入品について見てみることにする。ただし、史料的制約から撫養への重要な移入品である魚肥については明らかにできなかった。

まず、山西家の弘化三年（一八四六）〜嘉永五年（一八五二）の「御品仕切帳」によって、見てみることにしよう。この史料は、同家の「入船出船通」のうち安政三年（一八五六）以降分の冊子Ⅳ・冊子Ⅴ・冊子Ⅵ[10]と同じような性格をもつ史料であるが、残念ながら米穀に関する記載はなく、それ以外の「雑」に該当する移入商品の仕切帳である。したがって、月日・取引相手・商品名・数量の他にその商品の代金まで明記している。これによって、魚肥・米穀以外にどのような商品が撫養地方に流れ込んできたのかがよくわかる。そこで、この史料を集計したのが、表56である。この表によれば、約六年間に延件数にして五四一件のうち、からしが三三五件で最も多く、数量で一三万一三一七俵、金額で六三二七貫一三二匁余、金額の比率で九三・一％と他を圧している。[11]件数では次に、石炭五九件、海産物四七件、蠟三二件、莚一五件、実綿九件、木材九件、鉄八件等と続くが、金額

表56　「御品仕切帳」における商品額

商　品	延件数	数　　量	金　　額	比　率
からし	335件	131,317俵	6,327貫132匁9分3厘	93.1%
蠟	32	765丸・15箱・10俵	178貫889匁9分8厘	2.6
石　炭	59	659,227貫	69貫157匁2分1厘	1.0
海産物	47		61貫419匁7分	0.9
鉄	8	731束	60貫146匁6分2厘	0.9
莚	15		46貫624匁8分8厘	0.7
実　綿	9	193本	21貫144匁6分6厘	0.3
木　材	9		6貫960匁5分2厘	0.1
その他	27		21貫931匁1分8厘	0.3
合　計	541		6,793貫407匁6分8厘	100.0

（註）弘化３年「御品仕切帳」（鳴門市撫養町山西家文書）より作成。

的に見ても蠟の二・六％が最高で、他はいずれも一％以下の比率である。その他には、布・傘・畳縁・杖・茣蓙・苫・苧・砂糖・味醂・素麺・生姜・蒟蒻玉・黒胡麻等が含まれ、それぞれ一〜三件程度見られた。しかしながら、からしは別としても、これらの商品がたとえ少量であっても撫養地方へ移入されていたことに意味があった。というのは、一度の取引が少量であるがゆえに、その分比較的小規模な廻船でも輸送が可能であったからである。そのような比較的小規模な廻船でも、瀬戸内を縦横に航行することができたのであり、またそのような廻船の存在が、遠距離航行が可能な大規模廻船の活躍と相俟って、瀬戸内における地方市場を発展させる原動力になったと考えられるのである。

それでは、もう少し具体的にどのような地方の商品が撫養地方へ移入されたのか、銘柄がわかる範囲で見てみよう。まず、からしについて銘柄ごとに移入数量を見ると[12]、筑前が五万四〇三五俵で最も多く四一・一％を占め、次に肥後柳川の三万一四八四俵（二四・〇％）、越前の九九四九俵（七・六％）薩摩の七一七一俵（五・五％）、肥前島原の五六四四俵（四・三％）と続く。そのうち九州地方が合わせて一一万四一九四俵で八七％を占め、越前を除いて圧倒的な産地となる。ただし、これらの産地から直接輸送されたのか、あるいは中継の地方市場から再度積み出されたのかは明確ではない。また、期間が七年と短いためか、時期的に産地が明確に変化することもなかったようである。

石炭について見てみると、最も多いのが小豆島の二〇万四二六〇貫目（三一・〇％）、次に白浜九万四四〇七貫目（一四・三％）、松島七万八〇六〇貫目（一一・八％）、元山四万二五〇〇貫目（六・四％）と続き、塩田の燃料として石炭がこの時期盛んに使用されていたようで[13]、塩田地帯である撫養への移入品として注目される。特に、撫養から比較的近い小豆島の石炭を最も多く移入しているのは、納得できよう。海産物は、その産地を明らかにすることはできないが、種類として鯖・鰹・鯵・鰯・鰤・鰹節・目刺し・塩鯖・塩鱒・するめいか・昆布等があり、

表57 「諸上納之帳」における米穀移入量

商品	天保14年（1843）				弘化５年（1852）			
	件数	俵数	船籍		件数	俵数	船籍	
	件	俵		件	件	俵		件
米	34	4,015	紀州	9	28	3,285	紀州	4
糯米	18	914	淡州	45	9	136	淡州	54
白米	8	927	尾州	2	3	98	兵庫	12
麦			備前	1	14	465		
大麦			北浜	9	1	20		
小麦	1	30	不明	1	5	170		
大豆	2	32			7	76		
小豆	3	33			2	50		
蕎麦	1	32			1	5		
合計	67	5,983		67	70	4,305		70

（註）　天保14年正月「諸上納之帳」・弘化５年正月「諸上納之帳」（国立史料館所蔵田淵家文書）より作成。

松前の三ッ石昆布を除いて瀬戸内周辺でとれたものが中心であろう。蠟は、生蠟七六五丸・蠟灰一〇俵・蠟燭一五箱からなり、そのうち生蠟は島原一九一丸・筑前一三四丸・天草一一六丸・大洲四三丸・柳川三〇丸・不明二五一丸であり、北部九州地域が多く見られる。莚は、「七嶋」「青莚」「莚」等と記されており、銘柄は明らかにできないのであるが、第三章で見た讃岐国直島の難船史料の例から、たぶん豊後を中心とするものであろうと思われる。実綿には、備中繰綿二本が含まれているが、それを除くと備中九三本・備前五七本・不明四一本であり、中国地方から移入された。木材・鉄については、備中鉄三三束以外にはその銘柄が明らかではない。

次に、田淵家の天保一四年（一八四三）と弘化五年（一八四八）の「諸上納之帳」を用いて、撫養地方に移入された米穀がどこへ流通していったのか見てみよう。まず、この史料から移入された米穀を示すと表57のようになる。これによれば、量的に米類が圧倒的部分を占め、麦・豆・蕎麦類はその一部に過ぎないことがわかる。特に天保一四年では著しい。船籍は、延件数にして天保一四年の場合、淡路四五件、紀伊九件、尾張二件、備前一件、不明一件と阿波国の北浜九件であった。弘化五年の場合は、淡路五四件、兵庫一二件、紀伊四件で、阿波国の廻船は見られない。ここでも先に「入船帳」で見たように、淡路が中心となり、阿波国の廻船が見られなくなるという傾向が指摘される。

これらの廻船によって移入された米穀は、表58に示したような村々へ売却された。たとえば、天保一四年正月に北浜の辰蔵船によって移入された米一四〇俵は、一〇〇俵が斎田村の直兵衛へ、一五俵が同村浜人の惣太郎へ、二五俵が南浜の林八へ引き取られたように、少ない場合は単独で、多い場合は二四名の人々によって分割され、引き取られている。一回一人当たりの取引額は、最低一俵から最高一五〇俵まであり、平均すれば一〇～二〇俵程度である。表58は、これらを村ごとに集計したものである。この表によれば、斎田・南浜・林崎の三か村が中心であるが、それは一七か村に販路をもち、撫養の塩田地帯を広く覆っていた。したがって、移入された米穀は塩田の飯米等として用いられたであろうことは容易に考えられる。またこれらの米穀は、どこからもたらされたのか必ずしも明確ではないが、天保一四年の「諸上納之帳」に「広島米」「筑前米」「唐津米」等と記されていることから、たぶん九州・中国地方の米穀が移入されたのであろう(14)。

表58　移入米穀の販売先

村　名	天保14年（1843） 俵数	比率	弘化5年（1848） 俵数	比率
	俵	%	俵	%
斎　田	2,198	36.4	913	21.1
南　浜	1,448	24.0	869	20.0
林　崎	835	13.8	1,144	26.5
高　島	422	7.0	183	4.2
桑　島	307	5.1	157	3.6
明　神	166	2.7	178	4.1
岡　崎	142	2.4	246	5.7
立　岩	95	1.6	111	2.6
里　浦	90	1.5	65	1.5
土佐泊	90	1.5	0	0.0
弁財天	66	1.1	332	7.7
堂ノ浦	60	1.0	10	0.2
栗　田	41	0.7	0	0.0
三ッ石	40	0.7	13	0.3
北　浜	26	0.4	50	1.2
黒　崎	13	0.2	51	1.2
合　計	6,039	100.0	4,322	100.0

（註）　表57に同じ。

このように撫養地方へは、魚肥のほかここで取り上げた米穀・からし・石炭・海産物・蠟・莚・実綿・木材・鉄等が、比較的小規模な廻船により少量ずつとはいえ九州・中国地方から多量に移入され、その移入商品は米穀の場合には撫養の塩田地帯の飯米として各村へ分散して引き取られたのであった。そして、山西家や田淵家はこのような取引の接点に位置していたのであった。

三　移出商品

ここでは、撫養地方からの重要な移出商品である塩・藍のうち塩について、田淵家の「諸上納之帳」等を用いて見てみよう。

まず、塩の移出量を年代を追ってみると、寛政一二年（一八〇〇）の「諸上納之帳」[15]によればこの年には九万六九一九俵、文化三年（一八〇六）の「上納扣之帳」[16]では九万一五八五俵、同八年の「上納帳」[17]では一一万五三四八俵、同九年の「上納帳」[18]では一七万五八三六俵、文政七年（一八二四）の「諸上納之帳」[19]では一九万九九〇八俵、前述した天保一四年（一八四三）の「諸上納之帳」では一二万七七九二俵、弘化五年（一八四八）の「諸上納之帳」では一〇万二九〇九俵と、多少変動するが年間一〇～二〇万俵であった[20]。次に、どのような廻船によって積み出されたのかを見てみると[21]、前述した「入船帳」におけると同様に他国船では淡路・紀伊・摂津・相模・江戸・尾張等、自国船では黒津地・答島・原ヶ崎等が中心であった。特に文政七年以降の淡路船の活躍が注目される。廻船規模は、文化八年と同九年の「上納帳」ではすべて水主八～一二人乗の比較的大規模な廻船であり、黒津地・答島・原ヶ崎・江戸の廻船が見られた。これに対して、文化九年と文政七年の「諸上納之帳」では八～一一人乗の廻船と比較的小規模な二～四人乗の廻船とに分かれ、前者にはさらに南浜・鶴島・淡路の廻船が加わり、後者は淡路・紀伊・播磨・岡崎等の廻船であった。この相違は、同じ年代の史料でも異なることから、「上納帳」と「諸上納之帳」との史料的相違によるものであろうと思われる。

それでは、これらの塩はどのようにして船積みされたのであろうか。例えば、文化九年の「上納帳」では九月四日に黒津地の文蔵船（一〇人乗）には高島屋孫左衛門から二〇〇〇俵、黒崎の惣兵衛から一〇〇〇俵、北浜の田淵清右衛門から三五〇七俵の合計六五〇七俵を積み込んでいるように、単独あるいは数軒の塩問屋等によって一艘の廻船に見合う積載量にして出帆したようである。田淵清右衛門家から積み出された「私積入」の塩の俵数を示しておくと、文化九年の「上納帳」では二万五八五〇俵、同年の「諸上納之帳」では四万八六二七俵、文政七年の「諸上納之帳」では二万四五五六俵であった。

それでは、どこからこれらの塩は集荷されたのか。弘化三年（一八四六）の「塩買帳」によって田淵家に買入れられた塩について見てみよう。表59によれば、弘化三年には田淵家に合計五万五〇九六俵の塩が買い集められたことがわかる。月別では、六月が一万七一四三俵で最も多いが、七月の一万七一四三俵、正月の一万六六二二俵も多く、この三者で七〇%を越える。少ない月は、二月の四〇〇俵が最

表59　弘化3年月別塩買入量

月	件数	俵数	比率
	件	俵	%
正月	20	10,622	19.3
2	1	400	0.7
3	5	1,250	2.3
4	6	842	1.5
5	17	2,196	4.0
閏5	6	1,520	2.8
6	51	17,143	31.1
7	40	11,989	21.8
8	8	1,340	2.4
9	4	1,266	2.3
10	12	2,388	4.3
11	18	3,210	5.8
12	9	930	1.7
合計	197	55,096	100.0

（註）弘化3年正月「塩買帳」（国立史料館所蔵田淵家文書）より作成。

表60　弘化3年の塩買入先

村名	件数	俵数	比率	取引人数	一人当たり俵数
	件	俵	%	人	俵
高島	50	17,301	31.4	22	786
大桑島	42	8,529	15.5	12	711
立岩	34	6,756	12.3	15	450
北浜	22	6,064	11.0	7	866
南浜	14	4,065	7.4	10	407
明神	11	4,953	9.0	4	1,238
小桑島	6	2,380	4,3	3	793
弁財天	6	1,309	2.4	3	436
斎田	4	1,475	2.7	1	478
黒崎	4	1,435	2.6	3	1,475
三ッ石	1	330	0.6	1	330
不明	3	499	0.9	3	166
合計	197	55,096	100.0	84	656

（註）表59に同じ。

も少なく、四月も一二月も一〇〇〇俵以下である。したがって、正月を別にすれば、六～七月の夏場を中心に塩が買い集められ、冬期には塩の生産量も減少し、買い集める量が少なくなっている(22)。次に、どのような地域から塩が田淵家に買い集められたのか、表60によって見てみよう。最も多くの塩を提供したのは、俵数の比率では高島の三一・四%で、大桑島・立岩・北浜・明神・南浜・小桑島・斎田・黒崎・弁財天・三ツ石と続き、これらの地域はいずれも北浜村に存在する田淵家の周辺に位置する撫養一二か村に属する塩田地帯の村々であった(23)。一人当たりの一回の塩売買量は、ほぼ一〇〇～四〇〇俵であるが、正月一五日の高島村瀧蔵のように一四六七俵を引き渡しているものも見られる。取引相手は、各村に対し数名の者に限定していたわけでなく、たとえば最大の俵数を扱った高島村では、勘兵衛・瀧蔵・いセ次郎・源右衛門・徳太郎・多左衛門・文兵衛・作兵衛・作右衛門・為吉・平右衛門・又右衛門・仲助・弥兵衛・安助・重蔵・茂次兵衛・平七・甚蔵・仲蔵・喜介・文弥の二二名もの人々から塩を買い入れている。そして、取引件数の最も多かったのは、大桑村惣兵衛の一二件であり、取引俵数の最も多かったのは、高島村いセ二郎の三〇五八俵であった。

このように、田淵家の「諸上納之帳」によれば、塩を年間一〇～二〇万俵移出し、その輸送には淡路・紀伊・摂津・相模・江戸・尾張および阿波に黒津地・答島・原ヶ崎等の廻船が中心となった。塩の船積みは、単独あるいは数軒の塩問屋等によって一艘に見合う積載量にして出帆し、田淵家の場合はそのうち年間二～五万俵を積み込んでいた。田淵家に集荷された塩は、六～七月の夏場を中心に買い集められ、それらの塩は高島・大桑島・立岩・北浜を中心に周辺に位置する塩田地帯の村々から運び込まれた。取引相手も一人で一二件もの取引を行なっている者も見られるが、特定のものに限定していたわけでなく、高島村では二二名もの人々から買入れていた。

四　廻船経営

ここでは、山西家の廻船経営[24]について見てみよう。山西家は、肥料問屋・塩問屋を営んでいただけでなく、自ら手船を所有し、撫養地方に出入りする塩・藍・米穀・魚肥等の輸送にも深く関係していた。

山西家では、第一一章で見たように天保一二年（一八四一）には一〇〇〇石積級の廻船として万神丸・住吉丸・伊勢吉丸・徳永丸の四艘の廻船を所有していた。また元治二年（一八六五）には、山西家の手船として江戸廻船の徳永丸・皇照丸・伊勢宮丸・永福丸・松栄丸・徳福丸の六艘と九州・大坂廻船の八幡丸の合わせて七艘の廻船が存在し、さらに山西家支配の廻船として江戸廻船の常盤丸、北国船の徳一丸・乾済丸、九州・大坂廻船の長福丸・長栄丸・幸住丸・喜栄丸の合わせて七艘の廻船を持っていた[25]。

それでは、これらの廻船はどのような貨物を積載し、どれだけの利益をあげていたのか。個別廻船の詳細な経営内容は、すでに伊勢丸・徳一丸・観音丸・徳悦丸・幸福丸の五艘について明らかにされた[26]。その結果、これらの廻船は活動内容から二つに区分することができた。すなわち、塩・藍・魚肥等を中心に輸送する江戸廻船と米穀等を中心に輸送する九州・大坂廻船であり、この区別は廻船規模とも密接に関係していた。江戸廻船は一〇〇〇石積級の大規模な廻船であるのに対し、九州・大坂廻船は比較的小規模な二〇〇石積級の廻船であった。したがって、活動範囲も自ずから異なり、江戸廻船は撫養と江戸・北国地域、九州・大坂廻船は撫養と九州・大坂の瀬戸内地域を中心に航行していたのである。伊勢丸・徳一丸は前者に属し、観音丸・徳悦丸・幸福丸は後者に属した。

ここでは、天保一二年の「徳善丸勘定帳[27]」によって、これまで明らかにされた山西家の廻船経営に、もう一つ

表61　徳善丸利益構成

上　下	魚　肥	整　玉	塩
嘉永4年 I	買　12両1分　・3匁7分5厘　(490俵) 運　25両　2朱・20匁7分1厘 (1,107俵)		買　92両2分2朱・　8匁4分7厘 (6,160俵)
II			買　87両3分2朱・　6分3厘 (5,928俵)
III	買△　1分　・5匁1分2厘　(207俵)		買　55両3分　・　4匁7分1厘 (4,010俵)
嘉永5年 I	買△ 3両1分　・19匁5分4厘　(150俵)		買　97両1分　・10匁1分9厘 (6,281俵)
II		運　1両　2朱・6匁2分4厘　(21本)	買　77両1分　・　8匁7分6厘 (6,150俵)
III			買 106両2分2朱・10匁1分9厘 (6,210俵)
IV			買　95両3分2朱・　5匁2分6厘 (6,210俵)
V		運　8両3分　・1匁7分5厘　(150本)	買　50両1分　・12匁8分　(5,710俵)
嘉永6年 I		運　18両2分　・1匁2分5厘 (317本半)	買　72両2分2朱・　3匁6分9厘 (5,210俵)
II		運　5両3分　・5匁　(100本)	買　58両　2朱・　6匁3分6厘 (5,496俵)
III	買　11両3分　・6匁4分3厘　(67俵)		買　96両2分　・　7匁4分4厘 (6,110俵)
IV		運　12両　2朱・17匁	買　53両3分2朱・　5匁4分1厘 (5,246俵)
安政元年 I	買　6両3分2朱・2匁5分9厘　(67俵)	運　18両1分　・　9分1厘　(308本)	買　65両　2朱・　5匁5分5厘 (5,060俵)
II			買　68両1分　・　7匁3分　(6,010俵)
III			買 132両3分　・　2匁2分7厘 (6,010俵)
IV	運　2両2分2朱・6匁1分2厘　(187俵)		買 127両3分　・　4匁3分8厘 (5,400俵)
合　計	55両　2朱・14匁9分4厘 (2,275俵)	64両2分　・32匁1分5厘 (896本余)	1,362両2分　・103匁6分4厘(91,201俵)

上　下	米	その他	経　費	利
嘉永4年 I			} 67両2分　・4匁3分	} 50両1分　・24匁8分8厘
II		買　3分2朱・7匁3分3厘	51両1分　・1匁8分5厘	37両2分　・6匁1分1厘
III			56両　・4匁4分5厘	△　1分　・5匁1分2厘
嘉永5年 I			41両3分2朱・3匁7分6厘	51両3分2朱・3匁9分4厘
II			50両2分　・10匁7分7厘	27両3分2朱・4匁2分3厘

III			42両1分2朱・7匁1分	64両1分・3匁9厘
IV			61両3分・9匁1分4厘	34両・5匁2厘
V		運 3分2朱・3匁6分2厘（傘20丸）	64両1分2朱・9匁	4両1分・8匁6分3厘
嘉永6年 I			45両2分・4匁1分5厘	45両2分2朱・7分9厘
II	買△ 3分・5匁8分2厘（200俵）		40両3分2朱・3匁5分9厘	21両2分・9分9厘
III			41両3分2朱・5匁8分	66両1分2朱・8匁7厘
IV			56両1分2朱・6匁2分8厘	3両2分2朱・16匁1分3厘
安政元年 I			49両2分・5分9厘	40両3分・8匁4分2厘
II		運 1分	53両1分・3匁3厘	15両1分・5匁3分1厘
III		運 3分2朱（江戸行御荷物）	56両2分2朱・5匁1分8厘	76両3分2朱・5匁8分4厘
IV	運 31両2分・3匁2厘（321石余）		107両1分2朱・7分6厘	54両2分・12匁7分6厘
合計	30両3分・△2匁8分（200俵・321石余）	2両3分2朱・10匁9分5厘	887両・79匁7分5厘	615両2分・109匁9厘

（註）天保12年「徳善丸勘定帳」（鳴門市撫養町山西家文書）より作成。△は損金を示す。

新たな個別廻船の事例を付け加えることにしよう。徳善丸は、以上二つに区別した山西家の廻船のうち伊勢丸・徳一丸のグループに属する。「天保十二丑七月吉日、荒井幸次郎殿手船乗出シ之儘買取」「一千四百石積、代金五百五拾両也」とあるように、天保一二年七月に荒井幸次郎の一四〇〇石積の手船を五五〇両で購入し、その後大作事などを行ない、嘉永四年（一八五一）正月には一五三七両二分二朱・二三匁八分九厘の船代に相当する廻船として経営を行なうこととなった。乗組人数は、水主賃金として「一金壱両弐朱也、船頭分」「一同六両三分也、水主九人」「一同壱分也、親事陸廻り」「一七五匁、かしき弐人」「〆金八両弐朱ト七十五匁」とあるように、一三人乗の廻船であったことがわかる。

それでは、表61によって徳善丸の経営形態・収益状況・積荷内容について見てみよう。この表によれば、嘉永四年～安政元年（一八五四）の四年間に一六上下（往復）活動し、その間に水主賃金・飯米・道中遣等の経費として八八七両・七九匁七分五厘を要し、六一五両一分・一〇九匁九厘の収益をあげた。積荷は、魚肥が六件で二二七五俵、藍玉六件で八九六本半余、塩一六件で九万一二〇一俵、米二件で二〇〇俵・三二一石余、その他四件であり、そのうち買積は二三件、運賃積は一二件であった。

魚肥は、買積が主であるが、運賃積も行なっており、宮島屋与兵衛・池北屋・瀬部丈兵衛・石川庄右衛門の関東〆粕合わせて一一〇七俵と宮島屋庄兵衛の関東粕一八七俵の輸送にあたっている。買積は、大須賀藤兵衛から南場粕・一ノ宮粕四九〇俵、同南場粕一五〇俵、窪田長右衛門から九十八粕二〇七俵、紀伊国屋伊兵衛から九〆粕六七俵、和泉屋忠右衛門から関東粕六七俵を買入れ、いずれも「山西売仕切」として山西家へ売り捌いている。藍玉はすべて運賃積であり、「山西庄五郎買仕切」の斎田塩の添荷として輸送され、斎田塩が江戸へ運ばれていることから、これらの藍玉も江戸へ輸送されたものと思われる。塩はすべて買積であり、いずれも斎田塩が輸送されたように考えがちであるが、古屋元右衛門から丸亀の託間塩五九二八俵を買入れ江戸の喜多村富之介へ売り捌いた場合、川口屋九兵衛から赤穂塩四〇一〇俵を買入れ神奈川の伊勢屋孫兵衛へ売り捌いた場合、讃岐の坂出から新斎田塩六二八一俵を買入れ同じく伊勢屋孫兵衛へ売り捌いた場合もある。それ以外は、「山西庄五郎買仕切」として斎田塩を山西家自身から買入れ、浦賀の阿波屋甚右衛門や江戸の下り塩仲間である広屋吉右衛門(28)等に売り捌かれていた。米は、買積と運賃積とがあり、買積は山西家から土浦米一〇〇俵と御老中米一〇〇俵を買入れ、浦賀の大島屋源太郎へ売り捌いている。運賃積は「御米」と「運賃」と記されているだけで内容はわからない。他に、江戸の藩邸への「御荷物」や塩荷物への添荷として傘等が運賃積されているのが見られるだけである。このように、塩の買積を中心に藍玉の運賃積および魚肥の買積と運賃積も行なうことによって徳善丸の経営がなされていたことがわかる。

次に、同じく表61によって利益構成をみると、総利益一五一五両三分・一五八匁八分八厘の九割が塩輸送によって得られ、残りの一割を魚肥・藍玉・米で分けあっている。塩の買積によって獲得される利益は、かなりの変動が見られるものの、多い場合には一航海に一三二両余もあり、買積による利益の大きさがうなずける。損金が生じているのは、当然ながら買積で三件見られるが、徳善丸の場合には一件当たりの損金額も少なく、廻船の経営状況を良好なものにしている。経費は、他の廻船と同様一仕建当たり常に五〇両程度を要し、廻船の減価償却分を考慮に入れなくても、一仕建に五〇両以上の利益を上げなくては採算がとれないことになる。年間の仕建回数は、ほぼ四仕建であり、廻船規模も大きく遠距離航行する江戸廻船であるため、九州・大坂廻船である観音丸・徳悦丸・幸福丸等に比べ仕建回数もやや少ない。

また、徳善丸の航跡を辿ってみると、単に無計画的に航行していたのではなく、そこには一つの行動パターンが見出される。すなわち、基本的には山西家自身から斎田塩を買入れそれを江戸・浦賀等の関東方面へ輸送し売り捌くのが普通であった。しかし、その基本パターンに絡ませて以下のような活動も行なわれ、廻船を効率よく運営している。たとえば、嘉永四年の一番上下では、正月に魚肥を四九〇俵買入れると同時に二月には魚肥の運賃積を行ない四月にはそれを山西家で売り捌き、今度は山西家から塩を買入れ六月にはそれを売り捌いたり、同年の三番上下では、一一月に赤穂塩を四〇一〇俵買入れ同月にそれを浦賀で売ると同時に魚肥を二〇七俵買入れそれを山西家で売るというように、なるべく空船で航行するのを避けた。したがって、その場合は買積にこだわることなく、運賃積でもよかった。それゆえ、山西家から買い入れられた塩の積載量が六〇〇〇俵に満たない場合には藍玉等の添荷が積み込まれたのである。しかも、塩および魚肥が山西家の自己荷物であったことに山西家の廻船経営の一つの特色を示すものとして注目されるのである。

このように、徳善丸は、伊勢丸や徳一丸と同様に一〇〇〇石積級の江戸廻船であり、比較的小規模な九州・大坂廻船とは活動範囲・積荷等も異なり、瀬戸内と関東とを上下する活動範囲をとり、基本的には自己荷物である斎田塩の買積によって廻船経営がなされ、その活動の合間を縫って魚肥や藍玉の輸送に従事していたと言えよう。

以上山西家の廻船経営について見てきたが、これらの廻船はその活動範囲にかかわりなく、藍玉と一部の商品を除いて、塩・魚肥・米穀を中心にいずれも基本的には自己荷物を対象とした買積船であったということができよう。

これまで阿波国撫養をめぐる商品流通と廻船について、山西家と田淵家の二家の史料を用いて見てきたのであるが、そこでは次のようなことが明らかになった。

近世後期の阿波国撫養地方は、塩・藍等の特産物の移出地域であるとともに米穀・魚肥・石炭・雑品等の移入地域であるという二つの側面をもっていた。すなわち撫養地方の背後には塩田や藍作・甘蔗作の商業的農業地帯が控えており、その中で撫養地方は特産物の移出品市場だけでなく、米穀・肥料をはじめとする移入品市場の性格をもち、この両側面が相挨って一つの地方市場を形成していた。そして、山西家や田淵家は、これらの商品流通の接点に位置していたのであった。すなわち、撫養の塩田地帯の村々から塩を買い集め、それをまとめて船積みする一方、米穀を他国から仕入れてそれらの村々に飯米として販売していたのであった。その手足として活躍したのが自ら所有する廻船であり、その廻船も二つのタイプがあった。すなわち、一つは、一〇〇〇石積級の大規模な廻船である江戸廻船であり、それは塩・藍・魚肥等を中心に輸送を行ない、その活動範囲は撫養と江戸・北国地域であった。もう一つは、比較的小規模な二〇〇石積級の廻船である九州・大坂廻船であり、それは米穀等を中心に輸送を行ない、その活動範囲は撫養と九州・大坂の瀬戸内地域を中心にしたものであった。このように手船を買積船として自由に操ることによって、自己荷物の有利な購入・販売を行なうと同時に買積による大きな利益をも得ることができたのであった。

（1）最近の研究では、天野雅敏『阿波藍経済史研究——近代移行期の産業と経済発展——』（吉川弘文館、一九八六年）、高橋啓「江戸積藍商の研究」（三好昭一郎編『徳島藩の史的構造』名著出版、一九七五年）、同「阿波藍の生産と流通」（石躍胤央・高橋啓編『徳島の研究』五　清文堂、一九八三年）、泉康弘「幕藩制下の阿波藍流通と他国藍生産」（徳島地方史研究会『史窓』一〇号、一九八〇年）、同「瀬戸内水運における阿波廻船」（渡辺則文編『瀬戸内海地域史研究』一輯、文献出版、一九八七年）などがある。

（2）斎田塩の流通については、鶴本重美『日本食塩販売史』（全国塩元売捌人組合聯合会、一九三八年）、『日本塩業大系』近世（稿）（日本専売公社、一九八二年）、相良英輔「徳島藩における塩業政策の展開」（前掲『徳島の研究』五）、のち同『近代瀬戸内塩業史研究』（清文堂出版、一九九二年）所収などの研究がある。

（3）泉康弘「瀬戸内水運による阿波藍の流通」（渡辺則文編『産業の発達と地域社会』溪水社、一九八二年）、同「吉野川平野への魚肥移入と阿波藍」（柚木学編『日本水上交通史論集』三巻、文献出版、一九八九年）。

（4）田淵清右衛門家文書は、現在国立史料館の三井高維蒐集史料の中に一〇〇点と東京都立中央図書館の近藤海事文庫の中に一一点があり、二か所に分散して所蔵されている。田淵家については、「北浜村庄屋田渕家覚書」（『鳴門市史』上巻、鳴門市、一九七六年、一〇八六～八七頁）によれば、元来淡路の出身であったが、慶長年中に撫養の塩田開発に功績により北浜村の庄屋となり、さらに岡崎村の庄屋も勤めるようになった。また、本稿において見られるように、いつの頃からか塩の販売にも従事し、塩問屋を営んでおり、浜田屋と称していたという。

（5）寛政一一年正月「入船帳」（国立史料館所蔵田淵家文書）、文化六年正月「入船帳」・同一五年正月「入船帳」（同）、文政二年正月「入船帳」（東京都立中央図書館所蔵田淵家文書）、同三年正月「入船帳」・同五年正月「入船帳」・天保一四年正月「入船帳」・弘化三年正月「入船帳」・安政六年正月「入船帳」（国立史料館所蔵田淵家文書）、万延二年正月「入船帳」（東京都立中央図書館所蔵田淵家文書）。

（6）寛政一一年～万延二年の「入船帳」の廻船規模一覧は、本章では省いたので拙稿「阿波国撫養をめぐる商品流通と廻船」

（柚木学編『日本水上交通史論集』三巻、文献出版、一九八九年）第2表参照。

（7）寛政一一年～万延二年の「入船帳」の船籍一覧は、本章では省いたので前掲拙稿第4表参照。

（8）弘化三年「御品仕切帳」（鳴門市撫養町山西家文書）。山西家文書は、現在国立史料館に祭魚洞文庫旧蔵水産史料として三〇点、鳴門市撫養町の山西家に五〇点ほど存在する。前掲拙稿で用いたのは、前者の史料であり、その後泉康弘氏によって後者の史料が発掘され、それを用いて研究されたのが前掲論文である。筆者も一九八三年に鳴門市を訪れ、その際鳴門市史編纂室に保管されていた山西家文書の閲覧が許され、本章で用いることができた。

（9）寛政一二年正月「諸上納之帳」・文化三年正月「諸上納之帳」・同八年正月「諸上納之帳」・同九年正月「諸上納之帳」・文政七年正月「諸上納之帳」・天保一四年正月「諸上納之帳」・弘化五年正月「諸上納之帳」（国立史料館所蔵田淵家文書）。

（10）本書第一二章参照。「入船出船通」のうち冊子Ⅰ・冊子Ⅱ・冊子Ⅲが、塩・魚肥・油粕・藍・米穀等撫養に出入りする大部分の商品を掌握しているのに対し、冊子Ⅳ・冊子Ⅴ・冊子Ⅵは、米穀等を中心とした記載内容となっている。それは、また大規模廻船をどれだけ含んでいるかに対応している。

（11）山西家の「入船帳」においても、からしが嘉永四年には六五三三俵、同五年には一万五七八〇俵、同六年には一万四四五三俵移入されており、かなり重要な商品であった（泉康弘前掲「瀬戸内水運による阿波藍の流通」）。

（12）撫養地方では、文化四年頃石炭焚の技術が伝わり、同九年から三分通石炭焚をするようになり、その後しだいに増加したようである（前掲『鳴門市史』上巻、一二九三～九四頁）。

（13）山西家の「入船帳」においても、嘉永五年の移入商品として、米は筑前米・備前米・讃岐米・豊前米・秋田米等、麦は讃岐麦・備中麦、小麦は柳川小麦・川越小麦、大豆は肥前大豆・作州大豆、からしは肥後からし・筑前からしというように中国・九州地方の商品を中心としている（泉康弘前掲「瀬戸内水運による阿波藍の流通」、三九～四〇頁）。

（14）弘化三年～嘉永五年の移入からしの銘柄別数量一覧は、本章では省いたので前掲拙稿第7表参照。

（15）寛政一二年正月「諸上納之帳」（国立史料館所蔵田淵家文書）。

（16）文化三年正月「上納扣之帳」（同右）。

（17）文化八年正月「上納帳」（同右）。

（18）文化九年正月「上納帳」（同右）。

(19) 文政七年正月「諸上納之帳」(同右)。
(20) 撫養一二か村の明和・安永期の年間産塩高は、一二二万九八〇三俵であり(前掲『鳴門市史』上巻、一三五〇頁)、ここでの塩移出高はその一〜二割程度であったと言えよう。
(21) 山西家の廻船における積荷の季節変動として、冬から春にかけては魚肥が主となり、夏から秋にかけては塩・藍玉が中心となっている(本書第一二章、三〇四頁)。
(22) 天保一一年における撫養一二か村の塩浜面積を見ると、高島村六四町六反九畝七歩、立岩村四九町三反九畝、南浜村三二町九反二畝一二歩、大桑島村三一町八反九畝一三歩、明神村二八町五反二畝二歩、黒崎村二一町三反四畝二二歩、三ッ石村二〇町五反五畝一一歩、小桑島村一五町五反八畝二二歩、斎田村一一町六反五畝一七歩、北浜村八町七反一畝二三歩、弁財天村七町二反五畝六歩、小島田村二町三反二畝二一歩となり、田淵家の地元の北浜村を除けば、ほぼ塩田面積に対応するかたちで塩が買い集められている(前掲『鳴門市史』上巻、一三五三頁)。
(23) 寛政一二年〜弘化五年の「上納帳」における塩移出廻船一覧は、本章では省いたので前掲拙稿第10表参照。
(24) 鶴本重美前掲書によれば、田淵家も明治三〇年頃山西家等とともに三艘の廻船を所有していたようであり(七〇九頁)、また田淵家文書の中にも「船手算用帳」・「天神丸算用之帳」・「住吉丸算用之帳」・「三社丸算用帳」・「稲荷丸算用之帳」・「八幡丸算用之帳」・「富吉丸算用之帳」など廻船に関する史料が数多く残されているが、どの程度廻船経営にかかわっていたのか現在まだ明らかにできない。
(25) 本書第一一章、表41・表42。
(26) これらの廻船経営の概要については、前掲拙稿一六七〜一七〇頁参照。なお、伊勢丸の経営は本書第一一章、徳一丸・幸福丸の経営は本書第一二章、観音丸・徳悦丸の経営は泉康弘前掲「瀬戸内水運による阿波藍の流通」参照。
(27) 天保一二年「徳善丸勘定帳」(鳴門市撫養町山西家文書)。
(28) 前掲『日本塩業大系』近世(稿)、三三八頁。

第一四章　塩飽廻船の水主と備前国南児島

第三章で述べたように、瀬戸内東部は古くから海運の発達した地域であった。[1] したがって近世初期から、優れた技術で海運界をリードし、幕藩制社会の発展に大きく寄与した。本章で考察する塩飽廻船も、その中で重要な役割を演じていた。また塩飽廻船のような大規模な廻船とは別に、瀬戸内海沿岸の村々には多数の中小規模の廻船が存在した。これらの廻船も規模こそ小さいが、瀬戸内海沿岸をかけめぐるのには十分であった。

そこで本章では、塩飽廻船の動向を概観するとともに、塩飽諸島の対岸に位置する備前国南児島地方を取り上げ、そこでの船稼、塩飽廻船との関係、北国・江戸・九州・大坂・瀬戸内各地への廻船活動、中小廻船の発展についいて考えてみよう。

一　塩飽廻船と廻米

幕藩体制下の輸送体系、とりわけその核となる廻米制度を確立するには、物資の大量輸送手段である廻船の確保が重要な問題となる。しかしそれとともに問題なのは、安全で確実な輸送ルートの確保、すなわち海難救助制度の確立であった。それは、江戸幕府の成立とともに始まった。特に大坂―江戸幹線の整備は、紀州藩・尾張藩親藩の東海道沿岸への設置以来すでに始まっていた。[2] それは単なる軍事的意味よりも、むしろ大坂―江戸幹線輸送体制の確保、海難救助制度[3]の確立にあった。したがって、この時期に登場してくる浦組の成立[4]も海難救助制度の整備・確立と密接な関係があった。

元和七年（一六二一）以来何度も出されてくる海難救助に関する法令は、このような当時最大の商品であった米の輸送を安全かつ迅速に行なうための措置であった。しかもこのような法令は、江戸幕府によって初めて出されたのではなく、人命尊重の見地からもすでに慣習法として存在していた。しかしそれが、江戸幕府によって法令として整備されていったところに、輸送体系の整備上重要な意味をもっていた。

またこのような輸送体系の整備は、大坂—江戸幹線だけでなく、年貢米の輸送ルートとして重要な意味をもつ東廻り航路・西廻り航路の開発においても問題となった。第一章で述べたように東廻り航路・西廻り航路の開発は、寛文一〇〜一二年（一六七〇〜一六七二）に河村瑞賢によって行なわれるが、それ以前にもさまざまな形で北国米の輸送がなされていた。たとえば、明暦元年（一六五五）には秋田藩の東廻り航路による江戸廻米がなされ、寛永一五年（一六三八）には加賀藩米が西廻り航路によって大坂へ輸送された。

そしてこの頃の城米輸送方法は、商人請負方式であった。しかし、寛文一二年（一六七二）に河村瑞賢が西廻り航路を開発するにあたって、請負料が高くて安全性と迅速性に欠ける従来の方式の弊害を改め、幕府による直雇方式を採用することによって、高度な技術を有する船頭・水主を確保するとともに、大型で堅牢な廻船を徴用することとなった。このとき直雇廻船として徴用されたのが、北国海運に慣れた讃岐の塩飽島、備前の日比浦、摂津の伝法・神戸・脇浜などの廻船であった(5)。

塩飽諸島は、本島・牛島・与島（吉島）(6)・櫃石島・広島・手島・高見島の「塩飽七島」を中心とする備讃瀬戸に浮かぶ二十余の島々であり、瀬戸内航路の難所とされているところに位置する。次章で述べるようにこの地の船乗りは「塩飽衆」と呼ばれ、秀吉から御用船方として認められ、徳川氏によってもこれが継承された(7)。塩飽諸島の廻船数は、正徳三年（一七一三年）には四七二艘のうち二〇〇〜一五〇〇石積廻船一一二艘、三〜一八〇石積廻船

図4　塩飽諸島略図

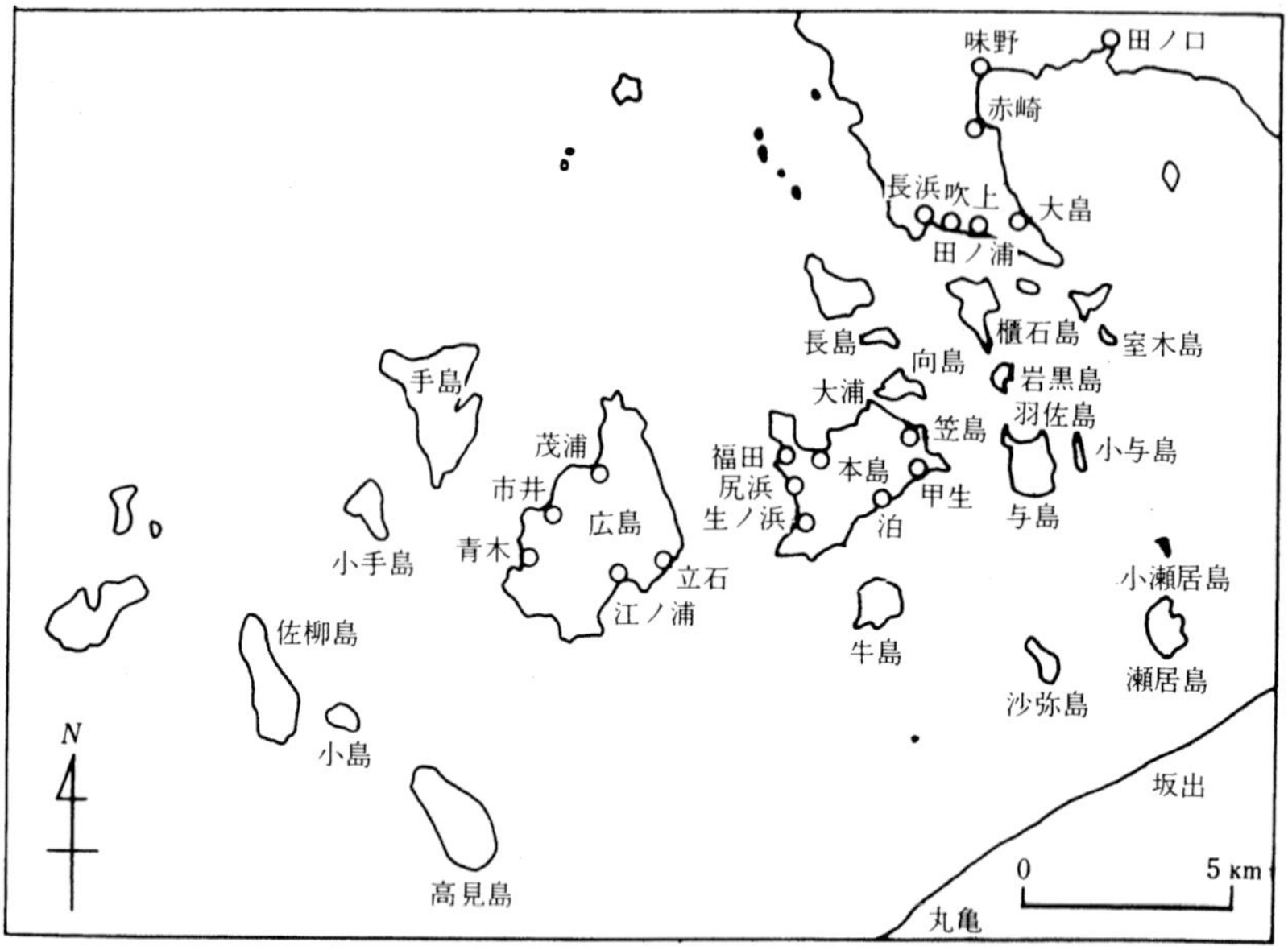

三六〇艘であり(8)、船数・廻船規模でもその隆盛ぶりがうかがえる。

ところが、元禄一〇年（一六九七）に塩飽廻船組頭が提出した願書(9)によれば、この時すでにこれまで維持してきた城米船の特権が、町人請負の諸国廻船の進出によって崩れようとしていることを訴えている。すなわち、この頃に城米の幕府直雇方式から廻船請負人方式への切り替えがなされ、幕府直雇方式によって守られていた塩飽廻船の特権が崩され、その結果塩飽廻船に衰退の兆しが見え始めたのである。そして、享保一二年（一七二七）の触書(10)によれば、五畿内・中国・西国一円にわたり広く城米廻船運賃の入札を呼びかけている。これによって、「御用船」としての塩飽廻船の特権は完全に否定された。実際、塩飽廻船の衰退は激しく、享保六年には船数三五〇艘、そのうち廻船二二三艘・生船一八艘・網船三艘・猟船一二八艘・異船一九艘・商船六艘・通船九三艘・柴船六〇艘と廻船数の激減が見られた(11)。そして廻船稼を奪われた人々は、他国廻船の水主や船大工などの職業についていったようである。[12]

このように塩飽廻船は、秀吉以来の「御用船」としての特権を徳川政権下でも維持し、寛文一二年の河村瑞賢による西廻り航路の開発にあたっては、幕府の直雇廻船として徴用されるに至ったが、元禄期以降の城米輸送の幕府直雇方式から廻船請負人雇船方式への転換によって特権が崩され、衰退をよぎなくされたのである。

二　元禄期の瀬戸内海運

前述したように元禄期に至ると、幕府の廻米方式は大きく転換し始め、それまで幕府御用船としての特権を有していた塩飽廻船にかげりが見え始める。しかしながら、塩飽廻船はまだ高度な技術・規模を維持していた。また、一方では塩飽廻船のような大規模廻船とは別に、瀬戸内をかけめぐる中小規模廻船も存在した。ここでは、これら塩飽廻船および中小廻船の活動状況を、塩飽諸島の対岸にある備前国南児島の他国船稼の実態を通して見てみよう。

まず、ここで用いる史料について説明しておこう。史料は、備前国児島郡味野村[13]の名主荻野家に伝来する文書[14]である。味野村は、児島半島の南西部に位置しており、南端には下津井港があり、後述するように塩業の盛んな地であった。

そこで、天保一二年（一八四二）の備前国児島郡五九か村の廻船所有状況[15]を見てみると、二〇〇石積以上の廻船は、通生村・胸上村・北方村・小串村・阿津村・北浦村・郡村・八浜村・槌ケ原村に合計二三艘が存在するだけで、そのうち五〇〇石を越える船は、胸上村の六〇〇石積と八浜村の一六〇〇石積の各一艘のみである。しかし二～七反帆の小規模な廻船は、各村に存在しており、一〇〇艘以上存在する村は、呼松村・下津井村・田之浦

行般稼一覧

5	6	7	8	9	10	11	12	日 1～	10～	月 1～	3～	5～	村(人) 吹上	田ノ浦	味野	長浜	大畠	赤崎	田ノ口	通生	その他
	1									1	2	4	1	3		4					
												1	9								
									1		2	1	10			4					
1										1	3	6	5	6				3			
											29	68	71	50	2	4	1	9	3		3
												7	4	1							
										1	17	30	25	16	1	5	1	2	3		4
											3	9	10	7		2		2			2
1										2			9	5		5			1		
											1	1									
7	6	1	1			1				16	10	21	47	17		11		1	6		
2		1		1			1		2	6	2		20		8	2					
1										1									2		
2	3	1	3			1			2	8	7	5	15	13	7	6		2	2		
	1								1									2			
				1							2	1	8								
			8	6	1					6	10		14	10		4		1			
	1	3			3	3	2	1		2	3	8	1	20	3	8					
										1				1							
39	25	50	34	24	27	11	7	11	116	208	30	7	71	19	105	636	241	185	9		2
1	1								2						6						
						1					1					1					
		2	6					1		6	6	1		30						1	
3	3	3	4	1	2		1		3	11	4					2	35	2			
	1							1		1					3						
	1				1	1		1	2	1					2			2	1		2
3		1	1			1		2	17	1	1			1	18			30			3
2	1	1		1		2	1	1	7	3					7	8	12	7	1		
										2	1			2				4			
	5								5									13			
									1									2			
	1									4	1					1	1			3	
	2		1								3					4	4				
		1						1		4				4				1	2	12	
4			1	2	1		1	1	6	8	7	1	10	36		12	2	4	1		
				1						1			1								
1		1								3	2	1		1	1	7	1				

行願留帳」、元禄12年「他国行願帳」、元禄13年「他国行願帳」、元禄14年「他国行留帳」、元禄15年「他国行願留帳」（岡山大
示す。村は出願者数を示すが、他はすべて延件数を示す。（買）は購入、（売）は販売を示す。

表62　他国

行先	船籍	積荷・目的	月 正	2	3	4
松前	与島2、笠島3. 牛島1、泊浦1			3	3	
北前		荷物1			1	
北国	笠島1、備中玉島2			1	3	
奥州	与島7、笠島2、櫃石1			3	6	
出羽	与島62、笠島11、櫃石14、泊浦8、前浦1、備中玉島1		1	48	45	3
越前	与島5、泊浦2			4	3	
越中	与島41、笠島3、櫃石2、泊浦1、不明2	材木買積1		12	35	
越後	与島3、笠島5、櫃石1、泊浦1、長浜1、備中玉島1	米(買)、城米1		9	2	1
能州	長浜1	松平加賀守米1、運賃米1				1
加賀	与島1				1	1
江戸	与島25、笠島3、櫃石3、長浜2、加賀3、 備中玉島2、丹後2、越後1、石見1	備中城米16、豊後米6、加賀米5、高砂米2、 広島米1、羽州米1、備後米1、越後米1		22	7	1
九州	私共船1、長浜1、備中倉敷3、備中宮浦1	鰯(買)1、干鰯(買)3、運賃米1、商内2	2	1	1	1
豊前	私共船	干鰯(買)1				
豊後	私共船3、与島3、笠島2、櫃石2、備中宮浦5、 備中西阿知村2、倉敷2	莚1、猟2、干鰯(買)2、鰯(買)1、 荷物積1、運賃積1	2	4	6	
筑前	私共船	商内1				
肥前	与島1、倉敷1、天城町1			2		
肥後	与島13、笠島1、櫃石1、長浜1	運賃積1、肥後城米1				1
五島	直島2、倉敷2、高松2、小豆島1、淡州仮屋鋪1、 尼崎1、摂州成尾2、不明1	猟4、干鰯(買)2		1		1
薩摩	倉敷1			1		
大坂	私共船145、倉敷12、岡山1、与島1、大畠1、長浜3、 味野1、備中玉島1、備中西阿知村3、備中宮浦1、 備中五軒屋1、与州宮之久保浦1、不明2	魚(売)243、塩(売)103、種子(売)18、手ぐす(買)2、 くい(売)1、炭(売)1、布海苔(売)1、干鰯(売)3、 備中様御登米3、破船荷物1	39	41	97	28
紀伊	私共船1	干鰯(買)1、商内1				
尼崎	不明1					
播磨	私共船1、与島5	網(買)1、猟8		2	4	
岡山	私共船	魚(売)17、年貢米積1	1			
備中	吹上1	莚(売)1、備中城米1			1	
備後	私共船2	茶(買)1、莚(売)1、塩木(買)、商内1	1			
福山	私共船1、笠島1	塩(売)21	8	3	3	2
安芸	私共船3	米(売)1、麦(売)1、魚(買)1、塩(買)2、 塩木(買)2、干鰯(買)2、猟1、大根(買)1、商内1	2		2	1
長門	私共船1、櫃石1、備中宮浦1	煙草1、商内物(買)1	1		2	
西国		商内物(買)5				
阿波	備中西阿知村1			2		
讃岐	来見1、高松1	茶(買)1、茶(売)1、猟1		2	2	
小豆島		猟3				
塩飽		猟6			5	
伊予	私共船2、長浜5、吹上1、泊浦1、不明2	魚(買)5、塩木(買)1、木綿(売)2、猟6、商内1	8	4	3	
下辺		魚(買)1				
不明	塩飽3、笠島1、丹後1	猟加子1			3	1

（註）　貞享2年「船ニ而他国参申者願書ひかへ帳」、元禄2年「他国行願留帳」、元禄3年「他国行願留帳」、元禄7年「他国学附属図書館所蔵荻野家文書）より作成。船籍欄のうち、私共船を除き他はすべて水主として雇用された船舶の船籍を

村・大畠村・向日比村・胸上村・小串村・八浜村の九か村にのぼり、これらの地域が船稼の盛んなところであったことがわかる。このことを念頭において、元禄期のこれらの地域の船稼について次に見てみよう。

ここで利用する史料は、「他国行願留帳」[16]である。この史料は、この地方の水主稼および自己船稼の実態を明らかにするもので、味野村組合に属する諸村から船稼などで他国へ行く者が提出した願書を、下肝煎である荻野家が書き留めたものである。そこには、精粗はあるが、出願月日・帰帆予定月日・帰帆月日・船籍・行先・積荷（仕入先・販売先）・目的・村名・出願者名などが記されていて、瀬戸内を流通する商品の実態がよくわかる[17]。この種の史料は、史料の表題が少し異なるものの、貞享二年（一六八五）一冊、元禄二年（一六八九）～同三年の二冊、同七年の一冊、同一二年～一五年の四冊の合計八冊が現存する。

これらの史料に基づいて、行先別に船籍、積荷・目的、出願月、帰帆予定期間[18]（一〇日以内・一〇日～一か月・一～三か月・三～五か月・五か月以上）、出願者の村名・人数を整理したのが表62である。以下行先別にその特色を見てみよう。

松前～加賀の北国行は、判明している船籍だけでも地方の中小廻船ではなく、与島一二一艘・笠島二五艘・櫃石一八艘・泊浦一三艘などと塩飽廻船が圧倒的な位置を占め、塩飽廻船の水主、特に与島の水主として他国稼の願書を提出している。その目的は、判明しているだけでも城米輸送が多く、大多数は西廻り航路による米の運賃積に従事したものと考えられる。それは、出願月を見てもある程度納得できる。すなわち月別出願件数が、正月一件・二月八〇件・三月九九件・四月六件・五月二件・六月一件と二～三月に集中しており、これは春以降の西廻り航路での米輸送に備えるものであった[19]。

それでは、これら北国からの積荷はどこへ運ばれたのであろうか。たとえば松前へ行った元禄三年三月塩飽笠島の七兵衛船は、「松前之内ゑさし村へ参、則大坂へ参申[20]」とある。出羽行では、元禄三年二月塩飽与島の彦八郎船は、「出羽国へ参、則江戸へ加子ニ参申度」とあり[21]、同七年三月塩飽与島の吉左衛門船・惣右衛門船は、「出羽国御城米積、それ5江戸へ参」とある[22]。また越前行では、元禄三年三月塩飽泊浦の久左衛門船は、「越前国ニ御上米積参、則江戸へ加子ニ参申度」とあり[23]、元禄三年三月塩飽与島の久松船は、「越中国へ御城米積、江戸へ参」とある[24]。能登行では、元禄七年四月孫右衛門船は、「松平加賀守様江戸廻り之御米ヲ請合、能州へ積ニ」とあり[25]、これら北国から船積みされた米は、ほとんど江戸へ送られたようである。さらに航行距離が長いこともあって、帰帆予定期間が三~五か月・五か月以上が大部分であり、なかには翌年に帰帆するものも見られた。出願者の村名を見ると、吹上・田ノ浦が大きな比重を占めており、他には長浜（下津井）・赤崎の者が多少見られる。

次に江戸行についてみると、船籍は与島二五艘・笠島三艘・櫃石三艘と塩飽廻船への水主稼が圧倒的部分を占め、他に長浜・加賀・備中玉島・丹後・越後・石見の廻船への水主稼が見られる。そして江戸行となっているが、積荷に見られるように備中・豊後・加賀・高砂・広島・出羽・備後・越後の各地へ行き、米を積み込み、江戸へ運ぶというパターンが多かったようである。したがって前述した北国行廻船の場合も、このパターンに連なるものが幾例か見られる。月別出願件数は、二月二二件・三月七件・四月一件・五月七件・六月六件・七月一件・八月一件・一一月一件と二~六月にほぼ集中しており、米輸送の一つのパターンがうかがえる。帰帆予定期間別件数は、一~三か月一六件・三~五か月一〇件・五か月以上二一件で、北国行に比べればやや短くなっているが、かなり長期にわたって出稼を行なっている。出願者の村名は、北国行の場合と同じく吹上・田ノ浦が多く、長浜・田ノ口・赤崎がこれに続いている。

豊前~薩摩の九州行をみると、塩飽の与島・笠島・櫃石の廻船への水主稼も見られるが、長浜・倉敷・備中宮浦・備中西阿知村・高松等や、さらに「私共船」が六件もあり、北国行・江戸行の船籍とは少し異なっている。それは、積荷においても明らかである。すなわち、肥後城米の輸送もあるが、いわし・干鰯の買積が一〇件もある。他に猟があり、漁船を操ったり、その水主として雇われたりもしている。特に豊後・五島には六件の猟出稼がある。月別出願件数は、正月四件・二月九件・三月七件・四月三件・五月五件・六月五件・七月五件・八月一件・九月七件・一〇月四件・一一月四件・一二月三件と多少変化はあるが、ほぼ一年中連続して出願している。帰帆予定期間別件数は、一〇日以内一件・一〇～一か月五件・一～三か月二四件・三～五か月二四件・五か月以上一四件となり、一～三か月・三～五か月が多く、江戸行よりも期間が短くなっている。出願者の村別件数は、吹上五八件・田ノ浦四四件が多く、長浜二〇件、味野一八件、赤崎五件、田ノ口四件と続く。吹上・田ノ浦という北国行・江戸行廻船の出願村とよく似ているが、長浜・味野からも多くの人々が船稼をしている点が少し異なる。

表63　大坂行積荷購入先内訳

積　荷	購　入　先	件数
魚	児元・自村	69
	讃岐（丸亀、高松、伊吹島）	7
	小豆島（上手島）	1
	伊与（宮窪、弓削島、高松、佐方、新居浜、沖鞆、三津浜）	51
	塩飽（与島、立石）	24
	備後（田島、白石）	27
	安芸（瀬戸田、蒲苅、三津浦、箱崎、竹原）	49
	周防（下松、上ノ関）	3
	豊前（小倉）	1
	豊後	1
	筑前（大畠）	1
塩	児元・自村	86
	讃岐（坂出、高屋浜）	9
	備前（宇野）	1
	備中（黒崎）	3
	安芸	1
種　子	児元・自村	6
干　鰯	五島	3
炭	児元・自村	1
布海苔	児元・自村	1

（註）　表62に同じ。

　次に大坂行について見てみよう。船籍は、塩飽廻船として与島の一件が存在するだけで、倉敷一二件・長浜三件・岡山一件・備中西阿知村三件など備讃瀬戸周辺の村々が中心である。特に注目されるのは、「私共船」が一四五件もあり、自己廻船の買積によって他国稼を行なっていることである。その積荷をみると、魚二四三件、塩一

○三件、種子一八件、干鰯三件などで、これらを大坂へ売りに行く場合がほとんどである。他には備中の登米を輸送しているのが見られる程度である。

そこで、これらの積荷のうち購入先の判明するものを示したのが、表63である。この表によると、魚の買入先として「癸元」「自村」が六九件・伊予五一件・安芸四九件・備後二七件・塩飽二四件などとなっている。その中でも特に多い購入先は、備後田島二二件・安芸瀬戸田一九件・伊予弓削島一五件であるが、とりわけ多いのは「癸元」「自村」六九件であった。このように魚は、自村を中心に備讃瀬戸周辺の地域から買い入れ、大坂へ輸送し、そこで販売されたようである。塩の購入先は、讃岐九件・備中三件もあるが「癸元」「自村」が八六件と多く、塩業地をかかえる児島郡のようすがうかがえる。種子六件・炭一件・布海苔一件は、いずれも「癸元」「自村」で購入され、干鰯は三件とも五島からの買積品である。五島は猟に多く出かけており、その関係から干鰯の買い入れが行なわれたのであろう。

月別出願件数は、正月三九件・二月四一件・三月九七件・四月二八件・五月三九件・六月二五件・七月五〇件・八月三四件・九月二四件・一〇月二七件・一一月一一件・一二月七件であり、一一～一二月はやや少ないが、ほぼ一年中活躍している。帰帆予定期間別件数は、一〇日以内一一件・一〇日～一か月一六六件・一～三か月二〇八件・三～五か月三〇件・五か月以上七件となっており、一〇日～一か月・一～三か月に集中し、短期間の出稼であった。出願者の村別件数は、長浜六三六件・大畠二四一件・赤崎一八五件・味野一〇五件・吹上七一件・田ノ浦一九件などとなり、北国行・江戸行・九州行とは異なって、吹上・田ノ浦はそれほど多くなく、長浜・大畠・赤崎・味野が中心となっている。これは、これらの村々が、大坂行の中小規模廻船による自己船稼を主体とし、吹上・田ノ浦のように塩飽廻船の水主稼に重点を置いた村とは少し異なっていたことを示している。

次に瀬戸内行の廻船についてみると、船籍は与島・笠島・泊浦・櫃石という塩飽廻船もあるが、吹上・長浜を含め「私共船」が多く、他に備中宮浦や高松という地元の廻船が見られる程度で、大坂行廻船と同様の船籍である。すなわち、水主稼というより手船による船稼である。目的は猟が一九件で多く、そこには漁船が含まれていたようである。積荷としては、城米の運賃積もあるが、魚・塩・莚・茶・塩木・たばこ・木綿等の買積が多い。特に塩木は、製塩用の燃料として注目される。たとえば岡山の魚一七件は、伊予（佐方・高浜・くる島）一〇件・安芸（瀬戸田）五件・備後（田島）一件・小豆島一件の瀬戸内各地から買い入れ、岡山へ販売されたものである。また備後福山へ販売された塩は、一九件が「爰元」「自村」からの買積であり、備中笠岡へ販売された莚も「爰元」「自村」からの買積によっている。しかしこの買積のいくらかは、大坂へ販売された可能性がある。月別出願件数は、正月二一件・二月一三件・三月二二件・四月三件・五月一三件・六月一五件・七月八件・八月一三件・九月五件・一〇月四件・一一月五件・一二月三件であり、九州行・大坂行廻船と同様一年中活動している。帰帆予定期間別件数は、一〇日以内八件・一〇日～一か月四三件・一～三か月四二件・三～五か月二四件・五か月以上二件とあり、大坂行廻船と同じく一〇日～一か月・一～三か月が大部分を占める。出願者の村別件数をみると、田ノ浦七三件・赤崎六五件・味野三六件・長浜二八件・大畠一八件などとなっており、田ノ浦が多いのは異なるが、九州行とよく似ている。

以上北国・江戸・九州・大坂・瀬戸内と五つの行先別に述べてきたが、これらのルートは、それぞれ孤立して存在したのではなく相互につながっていた。たとえば北国行の廻船でも、北国で城米を積み、それを江戸へ廻送したのであり、また九州行・瀬戸内行の廻船も九州・瀬戸内で魚・塩などの商品を買い入れ、それを大坂で売却する場合が多く、それぞれ関連していた。しかしながら、それぞれに検討すると次のような特色があった。

船籍では、与島・笠島・櫃石・泊浦などの塩飽廻船への水主稼を行なっていたのは、北国行と江戸行の廻船である。これに対し、「私共船」の自己廻船によって買積を行なっていたのは、大坂行と瀬戸内行であり、九州行の廻船は両者の中間に位置する。積荷および目的については、北国行と江戸行は米の運賃積を主体としており、大坂行・岡山行・福山行は、魚・塩・種子などの販売先となっている。九州行と瀬戸内行は、岡山・福山を除いて米の運賃積を多少含むとはいえ、魚・塩・茶・炭などの買積先であり、さらに猟の出稼が多いのが特色である。出願月は、二〜三月に集中しているのが北国行で、二〜六月にほぼ集中しているのが江戸行で、ほぼ一年中出願しているのが九州行・大坂行・瀬戸内行であった(29)。帰帆予定期間は、三〜五か月・五か月以上の長期にわたるのが北国行で、一〜三か月・三〜五か月・五か月以上のやや長期にわたるのが江戸行であり、一〜三か月・三〜五か月のやや短期であるのが九州行で、一〇日〜一か月・一か月〜三か月の短期であるのが大坂行・瀬戸内行の廻船であった。出願の村では、吹上・田ノ浦の者が多いのは北国行・江戸行の廻船であり、一方長浜・大畠・赤崎・味野などの者が多いのは大坂行の廻船であり、九州行・瀬戸内行の廻船は両者の中間に位置する。

要するに、塩飽廻船のような大規模廻船による米の運賃積を行なう吹上・田ノ浦を中心とする水主稼の北国・江戸行、中小規模の手船による魚・塩などの買積を行なう長浜・味野・大畠・赤崎を中心とする大坂行、さらに両者の中間に位置する九州・瀬戸内行の三つの型に分けることができよう。また元禄期になると、前述したように御用船としての塩飽廻船の特権が崩れ始めるものの、ここで見たように塩飽廻船は依然として西廻り航路の米輸送船として盛んに活躍していたのであり、その塩飽廻船に水主として従事したのは、対岸に位置する南児島の吹上・田ノ浦を中心とした村々の人々であった。

三　味野村の廻船

ここでとりあげる味野村は、前述したように備前国児島郡にあり、岡山藩に属する。味野村の面積・村高は、寛文五年（一六六五）には田畑三五町七反（高四九〇石）・塩浜二町三反（高三五石）・屋敷数五八筆、元文年間（一七三六〜一七四〇）頃には田畑三九町一反（高五〇四石）・塩浜五町一反（高七七石）であり、[30] 塩浜の存在が特徴的である。宝永五年（一七四八）頃の児島郡内の塩田面積をみると、味野村は五町二反八畝二八歩・釜数一六であり、味野組に属する赤崎村も六町三反八畝二四歩・釜数一七、田ノ口村も六反一畝二九歩・釜数二であった。[31] これによっても「爰元」「自村」から買い入れた塩が、大坂・福山等へ地船で販売しているようすがわかる。しかしながら、この地域の塩田開発が活発化するのは、化政期から天保期にかけてである。[32] すなわち、野崎武左衛門が天保一二年（一八三〇）味野・赤崎両村沖合に四九町歩の塩田（野崎浜）を開き、その後児島郡山田村・田井地村沖に一〇〇余町歩の塩田（東野崎浜）を開発してからである。[33] そして、元禄五年（一六九二）には、味野村において一万四五四二俵の塩が生産され、児島郡内や備中倉敷・小豆島・大坂方面へ販売された。[34]

味野村の家数・人数は、寛文五年には屋敷数五八筆、元禄二年には家数一〇八軒・人数七一九人、元文年間頃には家数一二八軒・人数九三五人、天保一三年には家数二三七軒・人数一二四九人であった。[35]

味野村の名主荻野家には、「船方御用記録」[36] という一連の史料が、安永五年（一七七六）〜同九年、文化七年（一八一〇）〜文政八年（一八二五）、同九年〜天保四年（一八三三）、同五年〜安政五年（一八五八）、同六年〜慶応二年（一八六六）、同年〜明治六年の合計六冊現存する。これらの史料には、年三回の船数改、船舶の売買・譲渡、船運上、触書等が記されており、これによって味野村の安永五年以降、特に文化七年以降については連年継続して船数動向が判明する。また安永四年以前の船数については、享保六年（一七二一）に一二艘存在し、大坂その他へ塩等の輸送を行なっていたこと[37]や元文年間頃に三〜七反帆の船が六艘存在したこと[38]がわかるだけである。

そこで、「船方御用記録」によって安永五年以降の味野村の船数を規模別に見てみよう。史料には、石数別船舶、反数別船舶、肥し船の三つに分けて記載されており、[39] これらの史料から次のようなことがわかった。第一に、安永期と文化期以降と比較すれば、一〇〇～一五〇石三艘・二反一艘・三反三艘・四反一艘・肥し船一艘から、五〇～八〇石四艘・八〇～一〇〇石八艘・二反七艘・三反三艘・肥し船一艘へと急激な船数の増加が見られる。第二に、文政五年以降五〇～一〇〇石の船数が減少し、一〇〇～一五〇石の船数が増加する。また三～四反規模の船舶および肥し船の増加が見られる。すなわち、規模の拡大がはかられた。第三に、天保七年以降になると、この規模拡大の傾向がますます強まり、天保七年～同一二年には七〇〇石積の大規模な廻船一艘まで出現する。そして艘数の増加と規模の拡大傾向が、明治期に至るまで徐々に進められていった。第四に、味野村周辺の商業的農業の展開にともない、文政期以降肥し船の増加が見られたのである。

次にこれらの廻船を味野村はどこから入手し、どこへ譲渡したのか。文政九年「船方御用記録」によれば、所有船舶の移動が文政九年（一八二六）～天保四年（一八三三）の上荷船や二～七反帆の船舶二九艘について明らかになる。[40] そこでは、買入先として児島郡の味野村・郡村・小串村・呼松村・下津井村各一艘、上道郡の西大寺村・沖新田村・金岡村各一艘、邑久郡牛窓村一艘（上荷船）の近隣諸村や周防八代島・塩飽与島および大坂安治川八艘・富島二艘（大坂はいずれも上荷船）があげられ、味野村からの売却先としては児島郡の味野村・郡村各一艘、備中曽根村・小豆島渕崎浦各一艘、塩飽櫃石島一艘・青木浦二艘、大坂富島一艘となっている。さらに、建造年代等がわかる文政三年（一八二〇）の「味野村船数書上」[41] では、一〇～一〇〇石積の船舶二〇艘が児島郡赤崎村・備中玉島・安芸仁保島・塩飽青木浦・櫃石島・泊浦の近隣瀬戸内諸村や大坂安治川・江之子島において「仕替」「買取」を行なっているのがわかる。

これらの廻船の積荷と行先については、前述したように「自村」周辺にて塩・魚等を買い入れ、大坂・岡山・福山等へ販売するパターンが中心となるのは、ある程度推測がつくが、天明九年（一七八九）の「出船願出留帳」[42] によって、内容の一端を見てみよう。そこでは積荷だけでなく、水主の実態がわかる。すなわち、半数以上が直乗船頭で、水主としては稗田・通生・呼松・大畠等の近隣諸村の者もいるが、大部分が「悴」「弟」等の家族労働によって占められており、乗組人数も二〜三人程度で小規模な船舶であった。積荷は、薪・さつまいも・塩・松葉・醤油等で、なかでも製塩の燃料として使用されたと思われる薪・松葉の買積が特に注目される。行先は、下筋(43)・備後・大坂等を中心とした地域である。また西大寺から大坂への米輸送にも携わったようである。そこで領主による大坂表への米輸送の要請に対し、次のように返答している。

書上(44)

一児嶋郡味野村義四郎文左衛門役之介所持仕居申候船四艘、此度大坂表御登米御用御借上被仰付奉畏候、夫々承糺候処此節下筋并上方へ商用又ハ運賃積等ニ相出罷合せ候、海上之義難計御座候得共、来月上旬ニハ帰帆仕候船も御座候様相聞申候、帰帆次第乗組名前諸道具等相改早々相廻せ可申候、右之趣御断奉申上候、以上

亥(天保一〇年)十一月　　味野村名主　善三郎

松本惣八郎様

松本杢右衛門様

そして廻米可能な廻船を把握するためにも、天保一二年（一八四一）には次のような書上が差し出された。

書上(45)

一公儀御役人様御廻浦ニ付、江戸并上方上下之舟持主名元帆数石数乗人数共、夫々書上候様御触之趣奉承知相糺候処、左之通ニ御座候

一江戸廻り船所持候者無御座候

一上方上下之船七艘

右之内

百五拾石積　拾反帆　権次郎船文永丸沖船頭、悴惣吉水主共三人乗
百四拾石積　拾反帆　文左衛門船住永丸沖船頭、菊松水主共三人乗
百三拾石積　九反帆　和右衛門船住力丸沖船頭、弥右衛門水主共三人乗
百拾石積　八反帆　役之介船住福丸沖船頭、悴市次郎水主共三人乗
百石積　七反帆　役之介船住久丸沖船頭、佐吉水主共弐人乗
百石積　七反帆　文左衛門船龍神丸沖船頭、俊二水主共三人乗
八拾石積　八反帆　仙次郎船八幡丸直乗船頭、水主共弐人乗

右之通吟味仕書上申候、以上

（天保一二年）丑十月　味野村名主　善三郎

松本惣八郎様
松本杢右衛門様

すなわち、味野村には江戸行廻船はなく、同村において比較的大きな二～三人乗の船舶七艘が、大坂行廻船としてあげられている。その後も大坂登米輸送のために一〇〇石以上の廻船借用の要請が、次のように何度もなされた。

百石以上之船当安芸大坂御登米御用御借上ニ相成九月上旬ゟ御入用可有之候間、其段相心得居申候様船々へ可申付候、尤此節ゟ商用ニ罷出候船頭共へも右之趣申付可被置候、尚又追而可申触候間其節早々乗込候様可被取計候、以上

（天保一三年）六月廿一日　松本惣八郎

松本杢右衛門

先達而相触置候大坂御登米御用御借上百石以上之船、早々岡山表へ乗廻候様可被申付候、且乗組人数名前并諸道具共書付船頭共へ為持可被指越候、以上

九月一日

松本惣八郎

松本杢右衛門(46)

このように天保期に至ると、岡山藩の米輸送には加子浦だけでなく、味野村のような村々の小廻船まで動員されたのである。これは藩の廻米体制の変化と地元廻船の発展を示すものといえよう。(47)

以上味野村の廻船について、次のようなことが明らかになった。味野村の廻船は、安永期には一〇〇石以下の船舶が九艘ほどであったが、文化期になると二三艘ほどに増加した。文政期以降は一〇〇〜一五〇石積の廻船が増え、規模の拡大がはかられ、さらに天保期以降には七〇〇石積の大きな廻船も出現し、艘数の拡大・規模の拡大が明治期に至るまで徐々に続いた。積荷は、魚・塩・薪・松葉・醬油等塩業関係のものが多く、行先は大坂・備後・下筋等の地域であって、船舶の売買・譲渡・仕替は、大坂および近隣諸村との間で行なっていた。また児島郡味野村の廻船も、文化期以降の艘数増加・規模拡大により、岡山藩から度々大坂廻米を要請されるようになった。

以上を要約すると、次のようになる。

元禄期以降、塩飽廻船は、城米輸送の幕府直雇方式から廻船請負人雇船方式への転換によって、「御用船」としての特権が崩されるが、元禄期には依然として塩飽廻船の活躍が見られた。そして、塩飽廻船の水主として雇用されたのは、塩飽諸島の対岸に位置する備前国南児島地方の人々であった。この人々の船稼を通じて、元禄期

の瀬戸内をめぐる商品流通の一端が明らかになった。すなわち、北国・江戸へは、吹上村・田ノ浦を中心とする水主稼による塩飽廻船での米の運賃積が行なわれ、大坂へは、長浜村・味野村・大畠村・赤崎村を中心とする中小規模の手船によって地元から魚・塩等の買積が行なわれ、九州・瀬戸内は、両者の中間的な位置を占めるものであった。また、児島郡味野村の廻船も文化期以降艘数の増加・規模の拡大が徐々になされ、領主から大坂廻米の要請もなされるようになったのである。

（1）海運史・商品流通史・産業史を含めた瀬戸内地域の研究としては、福尾猛市郎編『内海産業と水運の史的研究』（吉川弘文館、一九六六年）、松岡久人編『内海地域社会の史的研究』（マツノ書店、一九七八年）、後藤陽一編『瀬戸内地域の史的展開』（福武書店、一九七八年）、渡辺則文編『産業の発達と地域社会』（溪水社、一九八二年）、同『瀬戸内海地域史研究』一～四輯（文献出版、一九八七～一九九二年）などがある。
（2）朝尾直弘『鎖国』（小学館、一九七五年）一二七～一二八頁。
（3）金指正三『近世海難救助制度の研究』（吉川弘文館、一九六八年）。
（4）笠原正夫「紀州藩浦組の成立」（『日本歴史』四〇七号、一九八二年）、のち同『近世漁村の史的研究』（名著出版、一九九三年）所収。
（5）柚木学『近世海運史の研究』（法政大学出版局、一九七九年）二五〇～二五一頁。豊田武・児玉幸多編『交通史』（山川出版社、一九七〇年）二八二～二八六頁。本章での塩飽廻船についての記述については、主としてこの二書に依拠した。なお、塩飽廻船の機能については次章も参照されたい。
（6）与島は、「吉島」「余島」とも記され、拙稿「近世瀬戸内海運と備前南児島」（『大阪大学経済学』三二巻二・三号、一九八二年）ではこれらを区別したが、いずれも「よしま」と称されたと考え、本章では与島に統一した。
（7）柚木学前掲書、二五二～二五五頁。次章、三七〇～三七一頁参照。
（8）真木信夫『瀬戸内海に於ける塩飽海賊史』（教材研究社、一九三四年）三三一～三三二頁。次章、表66参照。

（9）柚木学前掲書、二六七〜二六八頁。前掲『交通史』二八八〜二八九頁。
（10）『大阪市史』第三（大阪市役所、一九一一年）二四八〜二四九頁。柚木学前掲書、二七〇〜二七一頁。
（11）さらに明和二年には、廻船二五艘（一八〜二〇反帆）・猟船一二八艘・小舟一九八艘、寛政二年には廻船七艘（四〇〇〜一一〇〇石）・異船五七艘（三〇〜四五〇石）・生船一一艘（八〜五〇石）・柴船二三艘（二〇〜三五石）・通船八八艘（八〜二五石）・猟船一三三艘（五〜一三石）・網船二艘（三〇石）となっている（真木信夫前掲書、三三二〜三三六頁）。
（12）柚木学前掲書、二五七頁。小野博司「『人名』制下塩飽諸島における経済構造とその変貌」（『地理学評論』二八巻七号、一九五五年）三三二頁。
（13）岡山藩士大沢惟貞が、寛政年間に著した「吉備温故秘録」巻之十（『吉備群書集成』七輯、一九三一年）によれば、味野村は高四九四石九斗三升、田畠三九町六段九畝六歩（内塩浜三町二段八畝二八歩）、家数一一九軒、人数八八五人、舟一二艘とある。以下児島郡諸村の概要については、「吉備温故秘録」巻之十参照。
（14）岡山大学附属図書館所蔵。荻野家については、『岡山大学近世庶民史料目録』巻三（岡山大学附属図書館、一九七四年）一一〜一三頁を参照。
（15）天保一二年の児島郡船舶所有状況表は、本章では省いたので拙稿前掲「近世瀬戸内海運と備前南児島」第1表参照。
（16）貞享二年「船ニ而他国参申者願書ひかへ帳」・元禄二年「他国行願留帳」・同三年「他国行願留帳」・同七年「他国行願留帳」・同一二年「他国行願帳」・同一三年「他国行願帳」・同一四年「他国行願帳」・同一五年「他国行願留帳」（岡山大学附属図書館所蔵荻野家文書）。同史料の一部を用いた研究としては、谷口澄夫「近世における備前南児島の商品生産と流通」（前掲『内海産業と水運の史的研究』）、柚木学前掲書、二五五〜二五六頁があり、最近では山本太郎「元禄期備前国児島郡味野村組合の他国行船稼ぎについての一考案」（『論集きんせい』一四号、一九九二年）の研究がある。また同史料は、その後『岡山県史』二一巻　備前家わけ資料（岡山県、一九八六年）に収録された。
（17）この願書の行先別記載例は本章では省いたので、拙稿前掲「近世瀬戸内海運と備前南児島」三六八〜三七一頁参照。
（18）実際の帰帆月日も史料に記されているが、実際の帰帆月日は帰帆予定月より延びているのが普通である。
（19）泉州の豪商で廻船業も行なっていた食野家の場合も、冬の期間日本海は航行できないので、三〜四月に手船を出羽へ廻して米を受け取り、それを江戸・大坂へ輸送している（拙稿「泉州の豪商食野家の金融活動」『大阪大学経済学』三一巻四号、一九八二年、九四頁)。
(20) 前掲元禄三年「他国行願留帳」。
(21) 同右。
(22) 前掲元禄七年「他国行願留帳」。
(23) 前掲元禄三年「他国行願留帳」。
(24) 同右。
(25) 前掲元禄七年「他国行願留帳」。
(26) この中には、いいだこ・生魚・干魚が含まれている。
(27) 大坂への塩供給地としては、讃岐・播磨・備前・伊予が主であったとされている(渡辺則文「近世における塩の流通」前掲『内海産業と水運の史的研究』二〇四頁)。
(28) これに対し、瀬戸内海総合研究会編『漁村の生活――岡山県児島市下津井田ノ浦――』(一九五四年)によれば、下津井・吹上は商業的要素が大で、四国渡海場としての渡船稼も盛んで、さらに内海沿岸各地および九州方面へ魚・種子・ほしか・木綿・綿実・茶などを出買し、大坂その他へ転売している。一方大島・田ノ浦は、塩飽船へ加子として乗込んで、九州・北陸・出羽・松前方面の「登米江戸積廻」に参加し、純漁的要素が強い点に特色があるとしている(同二六~三二頁)。
(29) 門司田浦における入船地方別月別表においても、行先と船籍との違いはあるものの、同様な傾向がうかがえる(小林茂「西廻り航路と長州藩」前掲『内海産業と水運の史的研究』一六八~一六九頁)。
(30) 前掲『岡山大学近世庶民史料目録』三巻、一〇頁。
(31) 柴田一「備前児島における新開塩田の経営形態」(『岡山史学』五号、一九五九年)三四頁。
(32) 谷口澄夫前掲論文、二六二頁。
(33) 柴田一前掲論文。前掲『岡山大学近世庶民史料目録』三巻、一〇頁。
(34) 谷口澄夫前掲論文、二七七頁。
(35) 前掲『岡山大学近世庶民史料目録』三巻、一〇頁。
(36) 安永五年「船諸御用留帳」・文化七年「船方御用記録」・文政九年「船方御用記録」・天保五年「船方御用記録」・安政六年「船

方御用記録」・慶応二年「船方御用記録」（岡山大学附属図書館所蔵荻野家文書）。
(37) 前掲『岡山大学近世庶民史料目録』三巻、一一頁。
(38) 谷口澄夫前掲論文、二七五頁。
(39) これらの史料から作成した味野村の船数一覧表は、本章では省いたので拙稿前掲「近世瀬戸内海運と備前南児島」第4表参照。この分類は、石数別船舶が比較的大きな廻船を示し、反数別船舶が比較的小さな廻船あるいは猟船を示したようである。
(40) この二六艘の船舶売買の一覧表は、本章では省いたので拙稿前掲「近世瀬戸内海運と備前南児島」第5表参照。なお、船舶譲渡証文の事例も、同三七五頁参照。
(41) 文政三年「味野村船数書上」（前掲文化七年「船諸御用留帳」）。この一覧表も本章では省いたので拙稿前掲「近世瀬戸内海運と備前南児島」第6表参照。
(42) 天明九年「出船願出留帳」（岡山大学附属図書館所蔵荻野家文書）。天明九年の味野村廻船の動向一覧表は、本章では省いたので拙稿前掲「近世瀬戸内海運と備前南児島」第7表参照。
(43) 備前以西の地域を示すものと思われる。
(44) 前掲天保五年「船方御用記録」。
(45) 同右。
(46) 同右。
(47) 「岡山・金岡・西大寺・片上・北浦・小串・郡の七町村を加子浦として、年々の登米を浦方の舟数に按分して輸送する義務と独占権とをもたせた。」「そして登米が増加した場合などには、如上の七町村のほかに、胸上・尻海・浦伊部・邑久郷・日比・牛窓・日生の七村を加子浦として分担させたのであった。」（谷口澄夫『岡山藩政史の研究』塙書房、一九六四年、一八一頁）。

第一五章　讃岐国塩飽廻船の機能

瀬戸内海地域は、九州・四国・中国地方を背後に控え、軍事的には重要な物資補給路となり、一方経済的にも大坂・江戸を中心とする集荷体制の大動脈にあたり、物資が九州・四国・中国地方から、さらに西廻り航路により北国・山陰地方からも大量に流通した。またそれにともない、瀬戸内地方は古くから海運の発展した地域であり、近世初頭からすでに高度な航海技術・組織を有する廻船が活躍していた。

そのような中で、塩飽諸島には塩飽廻船が存在し、そこでは人名制という特殊な制度が形成された。それゆえ塩飽廻船については古くから注目され、これまでに豊富な研究蓄積がある。直接塩飽廻船を取り扱った研究としては、地元の豊富な史料を駆使し、塩飽廻船の歴史を丹念に跡づけた真木信夫氏の研究(1)、塩飽諸島の経済的根幹であった廻船業が衰退した後の生業について漁業・農業・大工職等にわたって考察した小野博司氏の研究(2)、人名制・漁業制の変質を廻船業の衰退とかかわらせて考察した五味克夫氏の研究(3)、塩飽廻船の城米輸送・幕府の廻米政策の転換について考察した柚木学氏の研究(4)があり、前章でも備前国南児島における塩飽廻船の水主稼について明らかにした。本章では、これらの研究を基礎に、特に塩飽廻船の性格の変化とその対応について考えてみよう。

一　塩飽廻船の成立と人名制

塩飽諸島は、備讃瀬戸に浮かぶ二八の島々からなるが、その中でも核となる本島・牛島・与島・櫃石島・広島・手島・高見島を塩飽七島と呼んでいる。

この島々で生成したいわゆる塩飽衆は、高度な航海技術、豊富な船舶によって織田信長以来数々の御用を勤め、現在残されているものでも以下のような朱印状がある。天正五年（一五七七）三月二六日付の織田信長が堺湊での塩飽船の航行優先を保証したもの。さらに、天正一四年八月二二日付の豊臣秀吉が千石権兵衛尉を豊後へ派遣するにあたって、塩飽島年寄中に対して五〇人乗の船一〇艘に水主五人ずつを付けて提供するように要請したものがある。

文禄元年（一五九二）になると、豊臣秀吉の朝鮮出兵にともない秀次の朱印状が出され、塩飽衆に人や物資輸送の任にあたらせている。文禄元年一〇月二三日付、同二年二月二八日付、同年三月四日付の三通の豊臣秀次の朱印状が残されており、秀次は朝鮮出兵に際して、塩飽衆に対し船舶の建造や前進基地である肥前名護屋までの兵士・医師・物資等の輸送にあたらせた。

その後徳川氏の治世に至っても、同様のさまざまな軍役に従事した。それらのようすは、「御軍用御用相勤候次第」によってもよくわかる。そして、さまざまな軍役を勤める中で、天正一八年（一五九〇）には秀吉から次のような朱印状を受領している。

塩飽検地之事

一二百二十石　田方屋敷方

一千三十石　　山畠方
合千二百五十石
右領知当島中船方六百五十人に被下候条、令配分全可領知者也
天正十八年
三月四日　（朱印）（豊臣秀吉）
塩飽島中

すなわち、これによって塩飽衆六五〇名が豊臣秀吉から塩飽諸島の高一二五〇石の領知を認められている[12]。この六五〇名の塩飽衆が基礎となって後述する人名制が成立するのである。そして、この時の高一二五〇石がその後徳川氏によっても踏襲され、慶長五年（一六〇〇）九月にも全く同じ主旨の朱印状が徳川家康から塩飽島中へ下された[13]。

　これによっても塩飽諸島が、一般農村とは異なり、田方が少なく畠地が多い島嶼に特有な土地柄であったことがわかる。さらに秀忠に対しても同様な朱印状を要求したところ、寛永七年（一六三〇）に秀忠より「当嶋中田方屋敷方弐百廿石山畠方千三拾石都合千弐百五拾石事、任慶長五年九月廿八日先判之旨船方六百五拾人に被下之者也」という朱印状が出された[14]。またそれより以前、慶長一一年（一六〇六）には小堀新助が山脇九郎右衛門に命じて再検地を実

表64　塩飽諸島高配分内訳

項　　目	高
朱印高・打出し高合	1442石7斗5升2合5勺
内田方	238石2斗5升6合
内畑方	1184石4斗9升6合5勺
島中地方水主448人分	448石（畑高）
島中船前之水主200人分	200石（同）
年寄４人分	356石6斗7合（同）
島中庄屋	36石（同）
泊・笠島年番給分	6石（同）
寺社領	5石2斗（同）
残	370石9斗4升5合5勺
内田方	238石2斗5升6合
内畑方	132石6斗8升9合5勺

（註）　寛文９年８月「塩飽島中御朱印配分次第」（「別本塩飽島記録」九州文化史研究施設所蔵長沼文庫）より作成。

施し、朱印高一二五〇石に対し、田方一九石六斗五升一合三勺、畑方一〇一石三合三勺三才の打ち出しを得た。[15]そして寛文九年（一六六九）には打ち出し高も増え、朱印高も合わせると田方二三八石二斗五升六合、畑方一一八四石四斗九升六合五才の合計一四二二石七斗五升二合五勺となるが、これは表64のように配分された。すなわち、後述する旧水主・新水主の人名、年寄、庄屋、年番、寺社に高を配分し、残り高三七〇石九斗四升五合五勺を「毎年年寄庄屋立会検見仕納置、島中毎年御役水主大坂ニテ賃金又ハ島中ノ者大坂御用ニ罷在候内、雑用其外島々ニテ之寄合雑用ニ払申候、払方之儀ハ島中年行司三人宛立会毎年算用小帳御座候」[16]とあるように、村方経費等に使われ、その算用が記録されたのである。

さらに具体的にその納入および配分方法について、宝永元年（一七〇四）八月の「塩飽島中納方配分覚」[17]によって笠島浦分を次に示しておこう。

塩飽中納方配分之覚

笠嶋浦分

一高百七十三石六斗三合

内七石六斗六升六合七勺　泊り浦ゟ入作故泊り浦江納ル

引残　百六拾五石九斗三升六合三勺

此内引方

一弐拾弐石九斗七合七勺五才　吉田彦右衛門へ納ル

一弐拾八石三斗三升七合七勺五才　宮本助之丞へ納ル

一五拾三石　右加子五拾三人へ引

一三石　但両浦地面ニ而相渡　専称寺領ニ引

一三石　新右衛門給分ニ引

一三石　但麦年貢取立方骨折ニ前々ゟ遣来ル　同人
一六石　　　　　　　　　　　　　　　　　笠嶋年番雑用引
八口合　百四拾四石弐斗四升五合五勺
　此内
一拾弐石　　　　与島新加子十二人分引
一拾石　　　　　生浜新加子拾人分渡
〆弐拾弐石
　指引残　三斗九合二勺　不足　　但此分甲生浦江納ル（下略）

このように各浦の石高は、それぞれ年寄・人名・年番・寺などに細分化され、その石高に応じて納入された年貢が配分された。

さてこれまで度々触れてきた人名制について、ここで説明しておきたい。人名については、次のような簡潔に説明している史料がある。

島中人名(18)

塩飽人名之儀ハ、昔古秀吉公高麗御征罰之刻、島中ヨリ水主六百五拾人罷出御奉公仕候ニ付、高千弐百五拾刻頂戴仕候、此訳其節塩飽島々人家四百四拾八軒有之、又廻船弐百艘有之候ニ付、右御高ノ内四百四拾八石ハ地方人名江壱石宛配分、弐百人ハ右船方壱艘壱石六百四拾八人、外ニ弐人不足ニ付両浦肝煎弐人右人名ニ差加へ、都合六百五拾人配分仕候と相聞へ申候ニ付左ニ記ス、右弐百人之新加子之訳ハ昔古名前弐百艘を弐百人となそらへ夫々船主作配仕候所、元禄年中御代官小野朝之丞様ゟ被仰出候ニ者、船者浮物の義ニ付御加子役船手江為持候テハ無覚束候間、地方古人名へ配分致候様被仰出候ニ付元禄年中地方へ配分仕候、元来古

表65　人　名　内　訳

浦	古水主	新水主	人　名
笠島浦	53人	25人	78人
泊　浦	62	28	90
甲生浦	11	5	16
大　浦	16	7	23
福田浦	17	9	26
尻浜浦	28	12	40
生之浜浦	23	10	33
牛　島	25	12	37
茂　浦	10	4	14
市井浦	8	4	12
江之浦	14	6	20
立石浦	11	5	16
青木浦	10	4	14
手　島	46	20	66
櫃石島	6	4	10
与　島	28	12	40
沙弥島	9		9
瀬居島	13	7	20
佐奈木島	5	2	7
高見島	53	24	77
両浦肝煎			2
合　計	448	200	650

（註）「島中人名」（「別本塩飽島記録」九州文化史研究施設所蔵長沼文庫）より作成。

人名ニ而在之候得共、夫ゟ
新加子と唱（下略）

すなわち、秀吉の朝鮮出兵の際[19]に、塩飽水主六五〇人が御用を勤めたので、高一二五〇石の領知が人名に許された。その内容は、当時の家数四四八軒と廻船二〇〇艘にそれぞれ一石ずつ人名株として分配された。ところが元禄年間（一六八八～一七〇三）に、代官から船は浮物であるので、船二〇〇艘を二〇〇人と数えるのは不都合であると指摘されたため、これを地方へ新水主として配分し、人名の整備がなされた。これらの水主数を浦ごとに示したのが表65である[20]。人名が比較的多いのは、笠島浦・泊浦・尻浜浦・牛島・手島・与島・高見島で、これにより塩飽廻船の分布がある程度うかがえる。

そして、この六五〇人の人名から四名の年寄が出て島を統治した。年寄四名とは、「塩飽嶋先規年寄覚[21]」によれば、宮本伝太夫・吉田彦右衛門・真木又左衛門・入江四郎左衛門であった。そのうち「真木又左衛門儀、天正十五年之比寺沢越中守様御支配之節、致逐電此年寄給宮本道意預申候、右入江四郎左衛門儀、慶長十三年之比小堀遠江守様御支配之節、致逐電此年寄給吉田彦右衛門預申候」とあり、天正一五年（一五八七）には真木又左衛門の子孫が退転し、その年寄給を宮本道意が預かった。そして「小堀遠江守様御支配之節慶長十三年之比、真木又左衛門跡年寄此伝太夫ニ被仰付候」とあるように、宮本道意の長男伝太夫が、慶長一三年（一六〇八）に真木又左衛門の跡年寄となった。一方、入江四郎左衛門の子孫も同年に退転し、「入江四郎左衛門年寄給吉田彦右衛門預候、弟茂兵衛仮役相勤候処、寛永八年之比御支配小堀遠江守様ゟ宮本助之丞を四郎左衛門跡年寄ニ被仰付候」とあるように、その年寄給が吉田彦右衛門の弟茂兵衛に預けられたが、寛永八年(22)（一六三一）には跡年寄として宮本道意の次男助之丞が任ぜられた。この年寄の下には、笠島・泊浦の両浦肝煎である年番、各浦に庄屋・組頭が存在し、統治にあたった。

これらの任に就いた者は、塩飽諸島においてかなりの有力者であった。そこで、年寄・庄屋の居宅坪数ならびに持高(23)を見てみると、他の庄屋は平均して居宅二〇～三〇坪・持高一石前後であるのに対し、宮本伝太夫は居宅七二坪と土蔵・新物蔵・作物長屋・部屋・門長屋三〇坪（持高一五石四斗七升五合六勺）、吉田彦右衛門は居宅四一坪と蔵・物置部屋・作物部屋・門長屋三〇坪（持高七石八斗八升五合七勺）、宮本助之丞は居宅六四坪と門長屋三〇坪（持高三斗五升九合五勺）もあり、三人の年寄が、庄屋に比べても大きな居宅を持ち、そこには土蔵・長屋が併設されており、持高も農村に比べれば多くはないが、塩飽諸島においてはかなりの所持高であったことがわかる。特に年寄宮本伝太夫は、居宅・持高等において島中で群を抜く存在であった。またこれらの庄屋には、一～五石の庄屋給が支給されており(24)、年寄・庄屋のもとに塩飽諸島は天領に属し、直接的には大坂町奉行所の支配下にあった。

このように塩飽諸島は、織豊政権以来徳川政権に至るも、専ら軍事用船・水主としてその役務につき、見返りとして朱印状を受け、人名制という特権を保持してきた。しかし徳川政権も安定し、島原の乱も制圧され、政情が平穏となり、塩飽衆に対する軍事的意味もあまりなくなってくると、塩飽衆も別の形で自らの道を切り開かねばならなかった。そして、寛文五年（一六六五）に至ると、塩飽諸島は舟手奉行の支配下に入り(25)、同年二月には次のような願書を認めている。

乍恐御訴訟申上候(26)

一嶋中米麦高合千弐百五拾石也

御役仕候覚

一九州仙台御陣之時、大坂ゟ御兵粮并御馬竹其外御用之御道具塩飽船ニ積廻し、其上船加子不残御帰陣まて彼地ニ相詰御奉公仕候御事

一小田原御陣之時分ハ、大閤様御手船百艘塩飽船数艘ニ而御兵粮大坂ゟ積廻り申所ニ、右百艘之御手船ハ小船其上方々雇加子ニて御座候故、勢州鳥羽浦ニ乗留彼地ハ延引仕候へ共、塩飽船ハ不残小田原浜へ乗届、御陣之御用ニ罷立申候

一高麗御陣七ヶ年之内、加子数五百七拾余人船有次第御帰陣まて相詰御奉公仕候御事

一備中連嶋小堀新助様御代官之刻、彼所ゟ御米御材木鉄積大坂江廻り上せ申候、但伏見御普請之御用ニ入用ニ御座候御事

一大坂御陣之刻、塩飽船ハ備中刻ゟ御兵粮積堺浦へ相詰申候御事

一江戸御普請之時、堺ゟかわら出船数弐拾艘ニて積廻し申候御事

一江戸西之御丸御普請之御時分ハ、御材木船数拾三艘ニて積廻し申候御事

一一珀様豊後国ニ御座被成候内ハ、壱ヶ年ニ両度宛船ハ御公儀御船ニ而加子弐百人余并御馬船弐艘相添御役相勤申候御事

一肥後国御仕置之時、塩飽船水野日向守殿へ御渡し被成船数七拾艘被仰付候処、八月六日ニ俄大風仕右之内拾四艘破損仕、船頭加子弐拾七人相果候御事

一嶋原御陣之時ハ、大坂ゟ船数弐拾四艘ニて御用相勤申候、ヶ様之時分ハ常々拾人乗申船ニハ増加子六人宛加御奉公勤来候御事

一長崎御目付衆様御下向之刻、加子百三拾人余御馬船壱艘承応弐年巳ノ年ゟ只今まて毎年御役相勤申候御事
一塩飽嶋諸百姓之儀者西国国々ゟ大坂へ運賃積ヲ仕渡世をおくり申所ニ、肥後国御仕置并嶋原御陣両度之時分、西国大名衆ゟ塩飽ニ而船七艘宛御借り被成度由被仰付候江共、御公儀様ゟ船何程御用ニ可有御座と不存候故、壱艘も借し不申御帰陣迄船加子ともニ嶋ニ相待申候、其後西国経罷下運賃荷物積申度と申候得共、所々之御守護御腹立被成、右両度ニ舟かし不申候故、大形ハ荷物御積せ不被成候、其上近年ハ国々ニも船数艘出来申ニ付、塩飽船之荷物弥々無御座候而迷惑仕候御事
一御両殿様民部様御手下ニ罷成候而丑ノ歳ゟ大坂御城米ハ御米高之内四分一塩飽へも被為仰付候故、船頭加子共ニ難有奉存候処ニ、近年ハ大坂御城米も御廻し不被成候、備中播州豊後豊前与州ゟ御廻し被成候御城米ハ御代官へ出入仕候者ニ被仰付候故、請相之もの共過分ニ口銭取申候間、船頭勝手ニ相不申候へ共、右ニ書付申通外ニ荷物無御座候御事
一塩飽嶋廻船只今大小弐百弐拾艘程御座候ニ付荷物積たり不申候、近年ハ北国表へも過半罷越候、若早速ニ船御用ニも御座候刻御役ニ立兼可申戸奉存候、右御代官所より廻り申候御城米被為仰付候へ者、江戸と大坂之間ニ過半船居申儀ニ御座候経者、急之御用等之時分も北国九州へ罷越候ゟ早可集中事ニ御座候へ者御役ニ立申舟多御座候、末々共ニ只今之通ニ御座候へ者塩飽廻船も次第ニ不足可仕と奉存候、御城米塩飽嶋へ被為仰付被下候者船加子不足仕間敷と奉存候、運賃之儀者大坂川内其時々之相場ニ被仰付候か又ハ十年此かた御通し被成候運賃を御ならし被仰付候ハヽ、難有奉存候御事
右之通御座候間、御城米江戸廻り之儀塩飽廻船ニ被為仰付被下候ハヽ、難有可奉存候、已上
寛文五年巳二月二日

すなわち、秀吉の九州出陣以来の軍事・普請用役の経過を述べた後で、塩飽廻船は近年積荷が不足しているの

で、城米の江戸廻送を塩飽廻船に任せてほしい旨願い出た。
それに呼応するように寛文一一年には、幕府による出羽国最上郡の年貢米を江戸へ廻送せよとの命令に対し、河村瑞賢は廻送船には北国海運に慣れた讃岐の塩飽島、備前の日比浦、摂津の伝法・神戸・脇浜などの廻船採用を建議し、その支持を得て、翌年西廻り航路の開発に成功する[27]。そして塩飽廻船は、城米輸送の特権を幕府から得て、これまでの軍事用務から脱却し、城米輸送への道を切り開いていった[28]。

このように塩飽廻船は、織豊政権以来の軍事御用を勤めることによって朱印状を得て、人名制という独自の支配を確立した。しかし島原の乱も制圧され平穏な政情が続くと、従来の軍事御用に依存するのではなく、新しい道を模索しなければならなくなる。そこで登場したのが城米輸送であり、それが河村瑞賢の西廻り航路の開発と結びつき、城米輸送船としての塩飽廻船の地位が築かれたのである。

二　塩飽諸島と廻船業

前述したように塩飽廻船は、寛文年間（一六六一〜一六七二）に城米輸送船として成立したが、ここでは塩飽諸島と廻船業の実態を具体的に見てみよう。

まず正徳三年（一七一三）六月の

山林	船数	内	（艘数）
か所	艘	石積	石積
2	73	5〜20（50）,	430〜890（18）
7	34	30〜50（26）,	130〜930（8）
1	6	7〜10（5）,	700（1）
3	4	8〜18（4）	
3	7	8（6）,	950（1）
2	13	8〜30（10）,	690〜800（3）
2	11	5〜20（10）,	900（1）
2	12	8〜40（8）,	200〜900（4）
2	15	5〜50（11）,	70〜900（4）
1	19	15〜50（12）,	280〜900（7）
1	20	7〜20（5）,	300〜400（13）
2	18		
1	72	10〜40（48）,	50〜180（24）
	30	8〜20（24）,	30〜90（6）
2	28	13〜50（27）,	300（1）
1	61	30〜50（10）,	200〜1500（51）
1	2	6（2）	
1	16	5（16）	
2	12	7〜60（9）,	780〜930（3）
2	19	5〜40（17）,	750〜950（2）
38	472	3〜180（360）,	200〜1500（112）

究施設所蔵長沼文庫）より作成。

浦ごとの家数・水主役・人数・鉄砲・山林・船数等を示したのが表66である[29]。家数は一〇〇軒以上が三四一軒の泊浦を最高に、高見島・笠島浦・牛島・佐奈木（佐柳）島・手島と続き、五〇軒以下は沙弥島・瀬居島・甲生浦で、合計二〇二六軒となる。水主役は、泊浦九一人・笠島浦七九人・高見島七七人・手島六六人等で、人数も泊浦一五九〇人・高見島一四四九人・笠島浦一一五六人等である。船数は、三〇艘以上が七三艘の泊浦を初めとして、高見島七二艘・笠島浦三四艘・佐奈木島三〇艘であり、一〇艘以下の浦は、沙弥島二艘・大浦四艘・甲生浦六艘・福田浦七艘で、合計四七二艘が存在する。五〇〇石積以上の大規模な廻船は、泊浦・笠島浦・甲生浦・福田浦・

表66　正徳3年塩飽諸島浦々明細

浦	家数	水主	人数	内男	女	出家	山伏	社人	道心	尼	座頭	御改鉄砲
	軒	人	人	人	人	人	人	人	人	人	人	挺
泊　浦	341	91	1590	809	759	11		2	6	1		10
笠島浦	235	79	1156	588	556	5		1	2		2	4
甲生浦	40	16	101	97	98	4			2			
大　浦	72	23	392	207	179	3			2	1		
福田浦	52	26	276	147	127	1	1					
尻浜浦	69	40	373	186	182	2			2		1	
生ノ浜浦	60	33	316	166	146	2			1		1	
立石浦	51	16	300	156	139	2			1		2	7
江ノ浦	94	20	509	246	259	3			1			3
青木浦	78	14	389	182	203	3			1			2
市井浦	67	12	338	175	160	2			1			
茂　浦	78	14	488	249	238	2			2			2
高見島	249	77	1449	728	714	4			2		1	1
佐奈木島	114	7	711	315	365	1						1
手　島	110	66	614	335	275	4						1
牛　島	121	37	705	388	312	3			2			3
沙弥島	15	9	70	34	35				1			
瀬居島	27	20	168	84	84							
与　島	96	40	478	235	237	5			1			2
櫃石島	57	10	300	135	143	1					1	1
合　計	2026	650	10723	5462	5161	58	1	3	27	2	8	37

（註）　正徳3年6月「家数人数加子数山林船数所訳并御改鉄砲数所訳」（「塩飽島記録」九州文化史研

尻浜浦・生ノ浜浦・立石浦・江ノ浦・青木浦・牛島・与島・櫃石島において見られるが、その中でも泊浦・笠島浦・尻浜浦・江ノ浦・牛島・与島・櫃石島には、大規模な廻船が多く存在する。一方、小さな船舶しか存在しない浦は、大浦・高見島・佐奈木島・沙弥島・瀬居島であり、後から開作され、人名が移された沙弥島・瀬居島・佐奈木島は、あまり廻船の発達した地域ではなかったことがわかる。しかし、この時期に塩飽諸島において二〇〇～一五〇〇石積の大規模な廻船が一一二艘も存在したことは注目されよう。

また享保六年（一七二一）に大坂川口役所の与力衆が来島した際に提出した史料[30]によれば、集計値ではあるが「島中家数惣高」として二〇三五軒、人数高九七二三人（男四九一二・女四八一一）、「船大小合三百五拾艘、内弐拾三艘廻船、拾八艘生船、三艘網船、百廿八艘猟船、拾九艘異船、六艘商船、九拾三艘通船、六拾艘柴船」とある。前述した正徳三年（一七一三）の数値と比較すると、家数はほぼ同じで、人数がやや減少している[31]。船数は、四七二艘から三五〇艘へとかなり減少し、内訳の基準が異なるが、特に廻船と思われる船舶の減少が著しい。

明和二年（一七六五）には、「島中十島に廿ヶ浦人居御座候[32]」という状況で、家数一四一六軒、人数九七六七人（男四九三七・女四八三〇）と家数が減少し[33]、人数はほぼそのままである。船数は、大小合わせて三五一艘、そのうち廻船（一八～二〇端帆）二五艘、猟船（走小船）一二八艘、小舟一九八艘となった。さらに寛政二年（一七九〇）には、家数一九六九軒、人数九一六五人で、船数は大小合わせて三二一艘、そのうち廻船（四〇〇～一一〇〇石積）七艘、異船（三〇～四五〇石積）五七艘、生船（八～五〇石積）一一艘、柴船（二〇～三五石積）一二三艘、通船（八～二五石積）八八艘、猟船（五～一三石積）一三三艘、網船（三〇石積）二艘となり、廻船数が激減した[34]。

以上塩飽諸島の家数・人数・船舶数等の推移を見てきたが、次に塩飽諸島の中で比較的大規模な廻船の多い牛島の廻船について、その規模・所有者等についてもう少し詳しく見てみよう。まず延宝三年（一六七五）の牛島の廻船について示したのが、表67である[35]。この表によれば、四四名の船持[36]によって七四艘の廻船が所有され、丸尾五左衛門・長喜屋伝助・長喜屋権兵衛・次郎兵衛・市左衛門・長兵衛等のように数艘も所有している者や太兵衛と治右衛門のように六三〇石積の廻船を二人で共有している場合も見られる。廻船の規模は、ほとんど五〇〇石積以上の廻船であり、なかには一〇〇〇石積近い廻船も存在し、平均すれば六五五石積となり、この時期の廻船としては抜群の規模である。

次に、宝永二年（一七〇五）五月の状況を示したのが表68である。合計四四艘、惣高四万三三五〇石で、一八名の船持がいる[37]。延宝三年（一六七五）の場合と比べると、丸尾五左衛門[38]が八艘から一二艘、長喜屋[39]が一〇艘か

表67　延宝３年の牛島廻船所有者

船　　主	艘数	積石数	船　　主	艘数	積石数
丸尾五左衛門	5	4,980	伊兵衛	1	630
同	1	770	作兵衛	2	1,360
同	1	200	源兵衛	1	720
同	1	200	同	1	500
長喜屋伝助	2	1,540	勘七	1	650
同	1	860	同	1	350
同	1	650	仁左衛門	1	970
同	1	430	平次郎	1	910
同	1	120	仁右衛門	1	820
長喜屋権兵衛	1	880	清九郎	1	770
同	1	760	惣兵衛	1	750
同	1	560	伝兵衛	1	740
長喜屋伝兵衛	1	470	茂兵衛	1	730
次郎兵衛	3	2,340	七郎左衛門	1	710
同	1	880	三四郎	1	710
同	1	470	牛之助	1	670
同	1	230	長左衛門	1	660
市左衛門	2	1,370	弥左衛門	1	650
同	1	810	長四郎	1	640
同	1	670	平三郎	1	640
長兵衛	1	880	弥三左衛門	1	630
同	1	760	（太兵衛 治左衛門	1	630
同	1	580	久左衛門	1	580
彦左衛門	1	760	与右衛門	1	540
同	1	760	太兵衛	1	470
（加右衛門 太兵衛	2	1,500	孫左衛門	1	340
五郎兵衛	1	820	甚右衛門	1	330
同	1	650	理兵衛	1	260
（伊左衛門 木左衛門	2	1,440	次郎右衛門	1	240
庄左衛門	1	750	伝四郎	1	210
同	1	690	五郎右衛門	1	120
伊兵衛	1	760	合　　計	74	48,470

（註）「船入諸事相定」（「塩飽本島文書」九州文化史研究施設所蔵長沼文庫）、柚木学『近世海運史の研究』261頁、第56表より作成。

表68　宝永２年の牛島廻船所有者

船主	艘数	積石数	船主	艘数	積石数
丸尾五左衛門	1	1,150	長喜屋長右衛門	1	990
同	1	1,140	同	1	910
同	1	990	同	1	870
同	1	990	市左衛門	1	1,070
同	1	980	同	1	1,000
同	1	950	同	1	950
同	1	900	松之助	1	950
同	1	880	同	1	900
同	1	800	惣兵衛	1	1,000
同	1	700	同	1	590
同	1	500	太左衛門	1	990
同	1	320	(又兵衛 六郎右衛門	1	960
長喜屋吉之助	1	1,010	文右衛門	1	950
同	1	980	六左衛門	1	950
同	1	970	七郎左衛門	1	950
同	1	970	与兵衛	1	950
同	1	950	作兵衛	1	950
長喜屋伝助	1	1,010	彦左衛門	1	910
同	1	950	源左衛門	1	850
同	1	830	与四兵衛	1	800
同	1	830			
同	1	780	合計	43	43,350
長喜屋長右衛門	1	1,010			

（註）　宝永２年５月「波戸つくろい入目銀船付之覚」（「塩飽本島文書」九州文化史研究施設所蔵長沼文庫）より作成。

ら一四艘に増加し、彼らだけでも牛島廻船の大部分を占める。また船持も四四名から一八名に減少し、少数の有力者に廻船が集中したようである。ただし、廻船が七四艘から四三艘に減少したものの、廻船規模の増加が見られ、一艘当たりの積石数が六五〇石から九八五石に増え、この段階では決して廻船業が衰退したとは言えない。

以上船数・規模・船持の推移を見てきたが、次に個々の廻船の活動について検討してみよう。まず、前章で述べた塩飽諸島の対岸に位置する備前国南児島地方の村民の塩飽廻船への水主稼[40]を通じて活動ぶりを見ることにしよう。そこで貞享二年（一六六五）～元禄一五年（一七〇二）の塩飽廻船の活動状況を見てみると、そこには延件数で与島一六六件（船持四六名）・笠島浦三五件（同二四名）・櫃石島二五件（同七名）・泊浦一四件（同九名）・牛島一件（同一名）が存在し、特に与島の活躍ぶりは注目される[41]。行先は、出羽が九四件で最も多く、越中四八件、江戸二八件、肥後一七件、奥州・豊後各一〇件、越後九件、越前・松前各七件、播磨五件、北国・加賀・備前・伊予・長門・肥前・不明各一件となるが、地域別には北国方面が多く一七七件と圧倒的な位置を占めており、次いで九州方面の二八件、江戸の二八件[42]、瀬戸内方面の三件となる。前述したように塩飽廻船の軍用船から城米船への転換と、それに対応する寛文一二年（一六七二）の河村瑞賢による西廻り航路の開発によって、北国方面の城米輸送に積極的に従事していたようである。それは、その積荷・目的を見ても理解できる。すなわち、判明しているだけでも、越中への材木の買積一件を除き、備中一五件、出羽一〇件、豊後五件、播磨三件、越中二件、越前・備後・肥後各一件とすべてが城米の輸送にあたっている。そして出羽・越後・越中・越前の北国だけではなく、豊後・肥後の九州や備後・備中・播磨の瀬戸内方面の城米を江戸へ輸送していた。また、延件数五件以上の船主は、与島の惣右衛門三四件・助左衛門一五件・久助一三件・半右衛門九件・太郎兵衛七件・庄左衛門七件・仁左衛門六件・吉左衛門六件・彦兵衛五件、櫃石島の三右衛門一二件・九左衛門七件となり、一人で数艘の廻船を操っている者もいることがわかる[43]。

次に但馬国今子浦の享保四年（一七一九）～同一一年の「船番所入津記録」に記された塩飽廻船を見ると[44]、延件数にして牛島一七件・泊浦八件・笠島浦七件・山西四件[45]・広島三件・尻浜一件・青木浦一件・立石浦一件・櫃石島一件が今子浦に入津している[46]。入津月は、ほとんどが四～六月で、積荷は判明するものでは、越後・越前・丹後の城米である。廻船規模は、一七人乗二件・一六人乗九件・一五人乗一二件・一四人乗一二件・一三人乗三件・一二人乗二件・一一人乗三件・一〇人乗一件で、かなり大規模な廻船であったことがわかる。船頭では、牛島の丸尾・長喜屋と称する者が多数見られる。

同じく石見国浜田外ノ浦の「諸国御客船帳」[47]によって、寛延二年（一七四八）～文久元年[48]（一八六一）における同浦の廻船問屋清水家に入った客船のうち塩飽廻船を抽出してみると、延件数にして牛島一七件・広島一七件・高見島一〇件・笠島浦二件・泊浦三件で、牛島と広島の多さが目立つ。船頭は、前述したように牛島では丸尾と称する者が延九名もおり、注目される。積荷は、港の性格にもよるのか、判明している一〇件のうち米は一件も含まれておらず、「干鰯御買」「塩御売」「塩さは御買」「半紙長割買」などとあり、積荷の多様化が見られる。行先は、「箱館登」「ツカル下」「秋田登」「南部下」「越後下」「イッモ登」などとなっている。

このように塩飽諸島は、二〇ほどの村々からなり、正徳三年には家数二〇二六軒、人数一万七二三人、船数四七二艘（三一～一八〇石積三六〇艘・二〇〇～一五〇〇石積一一二艘）で、そのうち五〇〇石積以上の大規模な船舶は、泊浦・笠島浦・尻浜浦・江ノ浦・牛島・与島・櫃石島において、小規模な船舶は、大浦・高見島・佐奈木島・沙弥島・瀬居島という後に開作され、人名が移された浦々を中心に見られた。それが、享保六年には船数三五〇艘（うち廻船二二三艘）、明和二年には三五一艘（うち廻船二五艘）、寛政二年には三二一艘（うち廻船七艘）となり、廻船数が減少した。牛島においては、延宝三年には四四名の船持が七四艘の廻船を所有し、廻船のほとんどが五〇〇石積以上で、なかには一〇〇〇石近いものも存在した。船持の中には、丸尾五左衛門や長喜屋のように数艘の廻船を所有しているものもいた。また積荷は、北国を中心とした城米が主であったが、寛延期以降になると後述するように他国船の進出により城米輸送が不振となり、積荷の多様化が見られるようになってきた。

三　廻船業の衰退

これまで見てきたように寛文期以降、軍事用役から城米輸送への転換をてこに、塩飽廻船は繁栄をきわめた。ところが元禄期以降、城米輸送船としての塩飽廻船の存立が、町人請負の諸国廻船の進出によって動揺し始めた。(49) 享保期には廻米の幕府直雇方式から廻船請負人雇船方式への転換が見られ、城米船運賃の入札による廻船徴用がなされるようになり、城米輸送船としての塩飽廻船の特権が否定されることになった。(50) ここでは、その後における塩飽廻船の衰退状況を多面的にとらえてみよう。

廻船業の衰退ぶりについては、以下のように述べられている。明和二年（一七六五）八月の「塩飽島返答書」には、「島々之者浦稼渡世の儀、先年は廻船多御座候に付、船稼第一に仕候へ共段々廻船減じ候に付、小魚猟仕候者も御座候、元来小島の儀に御座候へば、島内にて渡世難仕、男子は十二三歳より他国へ罷越、廻船小舟の加子、多くは大工職仕、近国へ年分為渡世罷出候、老人妻子共畑作渡世仕候」(51)とある。また寛政元年（一七八九）の「願口上」には、「当嶋之儀、先年者廻船多御座候故、御公儀様御用者勿論、船稼第一ニ渡世仕候、然所六七拾ヶ年以来廻船減少仕、船稼無数、嶋中之者多者大工職仕、年分他国江罷出渡世仕候、（中略）其時分（明和年中）ゟ者船数も又々減少仕、且又近年諸国困窮仕候ニ付、船稼・大工働等無御座、島中一統必至と難儀仕罷在候」(52)とあり、さらに同年の「塩飽廻船再興願書」には、「五拾ヶ年以前ゟ廻船以之外減少仕、海上之挊薄ク罷成候ニ付、忰有之候者茂二男三男者、無是悲他国江奉公稼差出シ海上之働致候者年々減少仕、（中略）古来七嶋之内ニ廻船弐百艘有之候所、当時纔小船弐拾艘程ニ相成申候」(53)とある。寛政二年（一七九〇）の「塩飽島明細帳」には、「島々之者共浦稼の儀、先年は廻船多御座候て、船稼第一に仕候へ共、段々廻船減候に付、異船稼並猟働仕候者茂御座候、且又他国へ罷越、廻船小舟之加子働仕、又は大工職仕、近国へ年分為渡世罷出候、老人妻子共農業仕候」(54)とある。このように元文年間（一七三六〜一七四〇）から廻船数がしだいに減少し、明和年間（一七六四〜一七七一）以降になると塩飽廻船の衰退はかなり進行し、廻船稼が困難となり、そのため大工職や近国への出稼に頼らざるを得なくなった。それは、幕府の廻米方式の変化によってもたらされたものであるが、その衰退は人名制の変質とも深くかかわっていた。

人名制の頂点に立つ年寄の非法に対する批判・訴えは、すでに寛永八年（一六三一）一一月に現れていた。それは、年寄宮本助之丞が多数の島民を労役に使うという恣意的な支配に対する訴論であった(55)。そしてその後も年寄の非法に対する訴えが続く。すなわち明暦二年（一六五六）には、年寄の土地取込について訴え、万治二年（一六五九）には、年寄宮本次左衛門が泊浦の検地で二五〇歩＝一反を固執して訴えられた。[56]このようにこの段階での年寄に対する訴えは、すべて年寄の土豪的恣意行為に基づくものであった。[57]そして、それは前述した塩飽廻船の軍事用船としての性格と結びついていた。

ところが享保期になると、年寄に対して土豪的恣意行為を訴えるのではなく、むしろ年寄の経済的手腕の不手際や濫費による赤字財政、それにともなう人名百姓の経済的負担の増大[58]という財政的・経済的問題を訴えるようになる。[59]たとえば享保六年（一七二一）一〇月には、「年寄仕方不埒ニ御座候ニ付、段々及迷惑罷有候、且又年寄支配ニ而庄や帳本ヲ仕勘定仕立、前年ゟ支払仕、残金等引込相見へ候へ共、其日暮シニ当前をいとなみ申私共ニ御座候へ者、無是非罷過候、依是嶋内段々借銀増帳仕、及難義罷有候、（中略）借銀仕候程之物入多ク出来仕候、（中略）とかく年寄雑用ニ付紛敷義多ク[60]」とあり、年寄の濫費による赤字財政[61]が島中百姓の負担になっていることに対する不満を訴えている。

そのような中で寛政元年（一七八九）には、笠島浦の人名百姓高宮小右衛門・高島惣兵衛が訴えを起こした。訴えは、廻船業の不振、公役・役銀の増加、それに人名の負担増大を述べ、島中勘定帳の審査、公役の軽減・廃止を大坂町奉行所へ願い出た。その結果、寛政三年には裁決が下り、彼らの主張が認められ、四人の年寄は役儀取り上げの上、押し込みとなった。新年寄には、島中一統の推薦および入札によって、牛島庄屋丸屋喜平次・泊浦年番石川清兵衛・笠島浦年番高島惣兵衛が選出され、従来の世襲制が廃止された。[62]

この訴論と関連して、寛政四年五月の「島中請証文[63]」によれば、「網漁之小物成之分者、元文年中寛保年中之頃より次第ニ相増、元禄享保之頃ニ御見競被成候得者、倍増之収納物高ニ相成嶋方所入用払銀高之儀も夫ニ随ひ、右元文寛保年暦之頃より次第に相増、収納物高之儀者延享之頃と者近来格別ニ致減少、右不足銀之分者御朱印高配当之もの共より別段出銀仕相償候趣、且右嶋方廻船数等も前々と者格別致減少、全嶋方困窮之段無相違思召候」とある。すなわち、元禄・享保年間と比べれば、元文・寛保年間になると、しだいに入用払銀高が増加し、収納物高も延享年間と比べると、近年特に減少し、不足銀が増加の一途にあり、廻船数も以前とは比べものにはならないほど減少した。このように廻船業の衰微による島中財政の窮迫、島中百姓の負担増大という財政・経済上の問題が、この時期には年寄に対する争論の対象となっており、寛永期に見られたような塩飽廻船の軍事用役と結びついた年寄の土豪的恣意が、争論の対象ではなくなっていたのである。

さらに寛政訴論については、主体的勢力として積極的に行動した笠島浦と消極的であった与島との相違をあげねばならない。(64) その相違を考える場合、次のような点に注意しなければならない。第一に、島中財政の悪化は、人名株を多くもつものほど負担が重くかかってきたため、人名株の所有形態が重要な問題となる。すなわち、笠島浦の場合は旧水主五三人・新水主七八人と水主数も多く、人名株一人持の百姓が大部分であったのに対し、与島においては旧水主二八人・新水主四〇人で、おおむね人名株を少しずつ多数の者で分有し、一部はこれを浦で保管していた。したがって財政負担が、笠島浦では切実な問題であったのに対し、与島ではさほど問題とはならなかった。第二に、両者の経済状態は対照的であった。すなわち、笠島浦では従来最良の碇泊地・船舶修理場として往来の船が寄港し、浦の財政を潤していたが、安永年間（一七七二～一七八〇）頃から与島にその利を奪われ、笠島浦の財政は打撃を受けたのに対し、与島の財政は逆に豊かになった。(65) そして、この両者の相違が寛政訴論における両者の態度に表れたのである。

与島が、他浦の財政困窮・負担増加とはややかけ離れて存在したことに対する他浦の反発は、すでに明和六年（一七六九）の与島庄屋に対する笠島浦・泊浦・生ノ浜浦・大浦・福田浦・尻浜浦の者たちによる打ちこわしに表面化していた。その騒動は、「去ル正月十四日四ツ時山西四ヶ浦両浦嶋中之者と相見へ舟数五拾艘斗ニ乗込所百姓打拌凡千弐三百人程思掛無御座候処、私宅江押込斧等ヲ持理不尽ニ家打潰申義如何様之趣意有之候而右之通り狼藉仕候哉、於私儀ニ右躰之品ニ逢申義毛頭覚無御座候、庄屋彦吉義去九月廿二日西国表へ商売ニ罷下り未罷登り不申候、此節飛舟差立候得共、遠之義故未罷登り不申候、仍之私一札差上申候」(66)いうようなものであった。

さて、このように寛政訴論は一応決着したが、その後寛政九～一〇年（一七九七～一七九八）には年寄高島惣兵衛に対して島中帳元勘定の不正を弾劾する争論が起こり、また文政六年（一八二三）には年寄高宮小右衛門の浮島五か所の開発と島中勘定の不正をめぐって訴えが起こされた。(67)そしてこれらの訴えは、いずれも年寄の財政的・経済的乱脈ぶりを追求するものであった。

そこで、このような廻船業の不振、島中財政の危機を打開する方向として、塩飽諸島周辺の豊富な漁場(68)に目が向けられるようになる。漁業の領知権は、朱印高一二五〇石に属するものとして人名の支配下にあった。そのため塩飽諸島海域から得られた漁獲運上は、人名の得分とされた。そして塩飽諸島周辺の漁場をめぐって、承応三年（一六五四）以降何度も備前・高松・丸亀の諸浦との間で争論が続いた。(69)しかしこの漁業争論において、塩飽の人名が直接積極的に漁猟を行なったものでないことは、元文二年（一七三七）六月の「口上」(70)に「塩飽島之儀御加子浦ニて人名株六百五十人御座候、右之者共へ人別ニ釣御印札壱枚宛被為遣筈ニ御座候由承り申候、六百五十人之内猟師者廿艘御座候、残者作人商船大工ニ而御座候、左候へは御印六百余も余慶可有と存候、塩飽年寄中へ相談仕右御印札借申様ニ仕候ては如何可有御座候哉」とあることでもわかる。

またかなり年代は下るが、明治五年における塩飽諸島の職業別戸数によっても同様なことがうかがえる。すなわち、漁業従事者が多いのは塩飽諸島の中でも小坂二三〇戸・瀬居島一一七戸・佐柳島二六七戸で、これらはいずれも人名株を持たないか、あるいは後に人名株が移った浦であり、人名株を有する浦々に漁業従事者が少なく、廻船業にとって替わった大工職が多いことがわかる。(71)したがって塩飽人名百姓が求めたのは、周辺漁場から得られる漁獲運上であり、その徴収拡大によって島中財政の赤字解消と財政の安定化をはかろうとした。[72] そして、その過程で周辺諸村と度々争論が生じたのである。

このように元禄期になると城米輸送船としての塩飽廻船が、町人請負の諸国廻船の進出によりその地位を脅かされるようになり、享保期には幕府の廻米方式の転換によって城米輸送船としての特権が否定されることとなった。そのため寛政期には小船二〇艘程度にまで激減した。それは、人名制の変質過程としてもとらえることができた。すなわち、人名制の頂点に立つ年寄の非法に対する訴えの内容が、寛永～万治期における塩飽廻船の軍用船としての性格と結びついた年寄の土豪的恣意行為から、享保期以降になると年寄の経済的手腕の不手際や濫費による赤字財政、それにともなう人名百姓の負担増へと変化してくる。また廻船業の衰退にともない、島中財政の赤字を補塡するために塩飽諸島周辺の豊かな漁場から得られる漁獲運上にも目を向けるようになり、島民は廻船業に代替するものとして大工稼や他国船への水主稼に頼らざるを得なくなった。[73]

以上を要約すると次のようになるであろう。

塩飽廻船は織豊政権以来、塩飽衆と呼ばれる高度な航海技術・組織により朝鮮出兵を含むさまざまな軍事用役を勤め、数々の朱印状を受けて一二五〇石の朱印高を得、人名という独自の制度で島の統治にあたった。そのため人名制の頂点に立つ年寄は、しばしばその土豪的恣意行為に対して島民の批判を受けた。

ところが島原の乱が制圧され、平穏な政情になると、従来の軍事用船としての塩飽廻船から脱却して、新しい道を模索しなければならなかった。そこで登場したのが城米輸送で、それが寛文期の河村瑞賢による西廻り航路の開発と結びつき、城米輸送船としての塩飽廻船の地位が築かれた。

しかし元禄期以降、町人請負の諸国廻船の進出によってしだいにその地位が脅かされ、享保期には幕府直雇方式から廻船請負人雇船方式への廻米方式の転換がみられ、入札による廻船雇用がなされた。そのため城米輸送船としての特権が奪われ、寛延期以降になると積荷の多様化が見られるようになり、衰退の道を歩み始める。このような中で、年寄に対する批判も寛永～万治期の軍事用船としての塩飽廻船の性格と結びついた年寄の土豪的恣意行為に対するものから、享保期以降には年寄の経済的手腕の不手際や濫費による島中財政の赤字、それにともなう島中人名百姓の負担増に対するものへと変化した。

また廻船業の衰退と年寄の不正によって引き起こされた島中財政の悪化を補塡するために、元文期には朱印高に付属する塩飽諸島周辺の豊かな漁場にも目が向けられ、そこからの漁獲運上に依存するようになった。そして島民は、明和期以降廻船業に替わって大工稼や他国廻船の水主稼によって生計を立てざるを得なくなったのである。

（1）真木信夫『瀬戸内海に於ける塩飽海賊史』（教材研究社、一九三四年）。
（2）小野博司「『人名』制下塩飽諸島における経済構造とその変貌」（『地理学評論』二八巻七号、一九五五年）。
（3）五味克夫「讃州塩飽島の人名制と漁業制」（一）・（二）（鹿児島大学『文科報告』九号・一〇号、一九六〇年・一九六一年）。
（4）柚木学「幕藩体制の確立と廻米体制――塩飽廻船をめぐる問題――」（関西学院大学『経済論究』二六巻二号、一九七二年）、のち同『近世海運史の研究』（法政大学出版局、一九七九年）所収。
（5）真木信夫氏は、付属する島を含め、本島・牛島・向島・弁天島・烏小島・雀小島・与島・櫃石島・岩黒島・沙弥島・瀬居島・小瀬居島・小与島・三つ小島・鍋島・羽佐島・歩渡島・室木島・大裸島・小裸島・広島・手島・小手島・佐柳島・小島・高見島・二面島の二八の島々をあげている（同前掲書、七～八頁）。また、「嶋数大小弐拾六嶋人家有之、拾六嶋芝山或岩嶋」（「塩飽島記録」九州大学文学部附属九州文化史研究施設所蔵長沼文庫、以下長沼文庫と略す）とあり、ほとんどが無人島である。
（6）真木信夫氏は、人名を出した島かどうかを七島の根拠にしており（同前掲書、一一頁）、筆者も同意する。なお、塩飽諸島のうち二四島の規模一覧は、本章で省いたので拙稿「近世瀬戸内海運機能の一考察」（『大阪大学経済学』三三巻一・二号、一九八三年）第1表参照。
（7）天正五年三月「信長朱印状」（塩飽勤番所文書）。なお、朱印状については本章では省略したので、前掲拙稿五一～五二頁参照、以下同じ。
（8）天正一四年八月「秀吉朱印状」（同右）。
（9）文禄元年一〇月「秀次朱印状」・同二年二月「秀次朱印状」・同年三月「秀次朱印状」（同右）。
（10）「御軍用御用相勤候次第」（「別本塩飽島記録」長沼文庫）。内容は後述の寛文五年の願書と一部重複する。史料は本章では省いたので、前掲拙稿五二～五三頁参照。
（11）真木信夫前掲書二一〇～二一一頁。
（12）この際に作成されたと思われる天正一八年六月の与島の畠方名寄帳が残されている（真木信夫前掲書、一九五～一九六頁）。
（13）慶長五年九月「塩飽検地朱印状」（塩飽勤番所文書）。
（14）寛永七年八月「秀忠朱印状」（塩飽勤番所文書）。さらにこれ以降、将軍の代替わりごとに何度も朱印状を要求したが、結局貞享元年九月に家康・秀忠の朱印状がある以上、それで十分差し支えない旨申し渡された（塩飽勤番所文書）。
（15）「田畑打出シ所訳次第」（前掲「別本塩飽島記録」）。塩飽諸島朱印高・打出し高表は、本章では省いたので前掲拙稿第2表参照。
（16）「塩飽島中御朱印配分次第」（前掲「別本塩飽島記録」）。
（17）宝永元年八月「塩飽島中納方配分覚」（前掲「別本塩飽島記録」）。
（18）「島中人名」（前掲「別本塩飽島記録」）。
（19）実際には前述したように天正一八年二月の小田原出陣の際に朱印状を受けている。
（20）このうち沙弥島の人名九は、正保元年に与島の岡崎次郎左衛門が開作した時に、与島から移したもので、瀬居島の人名二〇も万治二年に泊浦の宮本伝太夫が開作した時に、泊浦から移したものであり、また佐柳島の人名七も高見島から移されたものである（真木信夫前掲書、二一九頁）。
（21）「塩飽嶋先規年寄覚」（「塩飽嶋漁業記録」長沼文庫）。

(22) 真木信夫前掲書には寛永七年とある（二二一頁）。
(23) 「年寄庄屋居宅坪数并持高」（前掲「塩飽島記録」）。年寄庄屋居宅坪数・持高表は、本章では省いたので前掲拙稿第5表参照。
(24) たとえば、手島五石、牛島・与島・立石浦・高見島各三石、大浦・福田浦・生ノ浜浦・尻浜浦・江ノ浦各二石、櫃石浦・青木浦・茂浦・市井浦各一石五斗、甲生浦・佐奈木島・沙弥島各一石とある（前掲「別本塩飽島記録」）。
(25) この動きも塩飽廻船の性格の変化を考える上で、一つの手掛かりになるであろう。笹間良彦『江戸幕府役職集成』（雄山閣出版、一九六五年）には、大坂御船手として「元和六年（一六二〇）初めてこの職を設けた。大坂に駐在し、関西の公私の船舶、貨物の監査を行ない、寛文五年（一六六五）正月には、小豆島、塩飽島の代官も兼ねた」（一七七頁）とある。
(26) 寛文五年二月「御城米廻送ニ付訴訟書」（前掲「塩飽嶋漁業記録」）。
(27) 豊田武・児玉幸多編『交通史』（山川出版社、一九七〇年）二八二～二八三頁。柚木学前掲書、二五〇～二五一頁。本書第一章参照。
(28) 島原の乱後、寛永一五年五月には慶長一四年に禁止されていた五〇〇石積以上の廻船の建造が商船に限り許可されるようになった。このことも塩飽廻船における城米輸送への転換と無関係であるまい。また塩飽廻船と同様な性格の変化は、川船奉行の場合においても見られた。すなわち延宝六年に、川船奉行が番方系統の旗本から勘定方系統の出身者へと転換し、戦時の物資補給や公用船の徴集という用務から極印改めという船税の徴収を任務とするようになった（川名登『河岸に生きる人々』平凡社、一九八二年、二一〇～二一五頁）。
(29) 正徳三年の同種の史料によれば、他に制札場二四か所、島数大小合一九島（家島一〇・芝山成岩島九）、寺三六か寺（真言宗三三・天台宗一・浄土宗二）、山伏一軒（天台宗）、堂宮数大小合一五二か所、酒屋一軒、牛数三九一疋とある（前掲「塩飽嶋漁業場記録」）。なお正徳三年以前の塩飽諸島の廻船数については、前述した寛文五年二月の「御城米廻送ニ付訴訟書」に、「塩飽嶋廻船只今大小弐百弐拾艘程御座候」とある。また宝永五年には、御城米船として大小一〇一艘の廻船があった（五味克夫前掲論文（二）、一頁）。
(30) 享保六年「塩飽島中書上」（前掲「別本塩飽島記録」）。他に堂数六四か所、宮数七二か所、鉄砲三七挺も記されている。
(31) 人数は、寛保四年三月には九八六三人（男五〇〇七・女四八五六）とやや回復している（前掲「別本塩飽嶋記録」）。
(32) 一〇島とは、本島・牛島・与島・櫃石島・沙弥島・瀬居島・広島・手島・佐柳島・高見島を、二〇か浦とは、泊浦・笠島浦・

甲生浦・大浦・福田浦・尻浜浦・生ノ浜浦・立石浦・江ノ浦・青木浦・市井浦・茂浦・高見島・佐柳島・手島・牛島・沙弥島・瀬居島・与島・櫃石島を指すものと思われる。

(33) この家数は、人数に比べやや減少し過ぎで、誤記の可能性がある。

(34) 真木信夫前掲書、三三三～三三六頁。

(35) 牛島の廻船については、寛文一二年の状況として「当嶋船数多御座候ニ付、船々繋場無御座候間、船頭中以相談」(「塩飽本島文書」長沼文庫)とあり、繁栄しているようすがうかがえる。

(36) 前述したように正徳三年の牛島の家数が一二一軒であるから、牛島では島民の三分の一が船持であったことになろう。

(37) 元禄一六年には船数四五艘・惣石数四万七七〇石・船持一八名、宝永五年には船数四五艘・惣石数四万二〇八〇石・船持二一名とあり(前掲「塩飽本島文書」)、宝永二年と同様である。

(38) 丸尾五左衛門のこれ以外の年代における廻船規模を示すと、元禄一六年一三艘(惣石数一万一二〇〇石)、宝永五年一一艘(同一万一〇〇石)(前掲「塩飽本島文書」)、享保元年一五艘、同五年一三艘、同六年一二艘、同一三年九艘、同一九年九艘(惣石数八四〇〇石)である(柚木学前掲書、二六五頁)。なお丸尾五左衛門については、真木信夫前掲書によれば、「丸尾家の全盛を極めたのは、寛文十二年北廻航路の開始後、元禄年間の頃であって、一時は日本全国到る所の港湾に、五左衛門の船影を見ざる事なき有様であった」(三三九頁)、そして「文化文政の頃より其の勢力は漸く衰へ、船数も年一年と減少せし」(三四四頁)とある。

(39) 長喜屋のこれ以外における廻船艘数を示すと、元禄一六年長喜屋長右衛門四艘(惣石数三七六〇石)・同伝助五艘(同四四二〇石)・同吉之助六艘(同五七九〇石)、宝永五年長喜屋長右衛門四艘(同三七八〇石)・同伝助五艘(同四四五〇石)・同吉之助六艘(同五七三〇石)(前掲「塩飽本島文書」)、享保元年長喜屋長右衛門四艘・同伝助五艘・同吉之助七艘、同五年長喜屋長右衛門四艘・同伝助五艘・同吉之助六艘、同六年長喜屋長右衛門四艘・同伝助五艘・同吉之助五艘、同一三年長喜屋伝助一艘・同吉之助三艘、同一九年長喜屋吉之助三艘である(柚木学前掲書、二六五頁)。

(40) 塩飽諸島村民内での水主稼については、貞享四年に「島中へ加子ニ出申者」三四六〇人の中で、二二七三人が「不断舟方ニ罷出候」者であり、一一八七人が「不断宿ニ居申候諸職人舟持畑作人」であった(五味克夫前掲論文(二)、一頁)。

(41) ただし、史料が備前南児島に限定されており、これだけで塩飽諸島すべての水主をとらえられるものではない。

(42) 江戸行の場合も出羽・越中等へ行き、そこで城米を積み江戸へ行く場合がかなり多かったものと思われるので、さらに北国方面行の比重が高まるものと考えられる。
(43) もちろんこの中には、年代が異なることによって同一船舶が重ねて数えられる場合も含んでいる。
(44) 柚木学前掲書、二五七～二五八頁。
(45) 山西四か浦のことで、本島の西側に位置する生ノ浜浦・大浦・福田浦・尻浜浦の総称である。
(46) 広島には立石浦・青木浦が含まれる。
(47) 柚木学編『諸国御客船帳』上巻（清文堂出版、一九七七年）三六九～三七二頁。
(48) 時期内訳は、寛延八件・宝暦一五件・明和五件・安永九件・天明六件・寛政二件・享和一件・文化一件・嘉永一件・文久一件である。
(49) 真木信夫前掲書、三〇七～三〇九頁。
(50) この経過については、柚木学前掲書（二六七～二七一頁）に詳しい。
(51) 真木信夫前掲書、三三四頁。
(52) 柚木学前掲書、二七四頁。
(53) 同書、二七五～二七六頁。
(54) 真木信夫前掲書、三三六頁。
(55) その内容については、五味克夫前掲論文（一）、四～七頁に詳しい。そしてこれに対応するように、承応三年には「塩飽島中仕置事」として年寄の職務・権限を規定している（真木信夫前掲書、二六七～二六八頁）。
(56) 五味克夫前掲論文（一）、八頁。
(57) 同論文、一〇頁。
(58) 島中財政の赤字分は、人名持が持株に応じて負担するのが建て前であったが、実際にはそれ以外の人々も賦課されるようになった（五味克夫前掲論文（二）、二二頁）。
(59) 五味克夫前掲論文（一）、一〇頁。
(60) 柚木学前掲書、二七三頁。

(61) 赤字額については、元禄三年と享保一五年の勘定帳を比較して、「元禄三午年之勘定帳ニ而者、島中田畑収納高之内御朱印配当之もの并寺社除地年寄始嶋役之もの共夫々役料配分残之米麦払代銀并山手銀其外網漁等之小物成銀、又者長崎御奉行様江御貸辺之役加子江被下候御扶持方米払代銀等合八貫目六分七厘壱毛之内、嶋方年中之諸入用払銀〆高七貫五百拾匁七分四厘弐毛致差引、過銀四百八拾九匁九分弐厘九毛有之候処、享保十五戌年之帳面ニ者、右収納銀口々〆高漸三貫八百九拾六匁三厘六毛よ有之、差引拾貫五百弐拾五匁五分六厘九毛之不足ニ而」（「塩飽島書類」長沢文庫）とあり、元禄三年には四八九匁の過銀、享保一五年には一〇貫五二五匁余の不足額があった。

(62) この寛政訴論については、五味克夫前掲論文（一）、一一〜一三頁に詳しい。なお寛政訴論に先立って、天明六年正月に島中百姓が徒党を組んで、笠島浦の年寄吉田彦右衛門宅、櫃石島の庄屋儀平二宅、泊浦の年寄宮本伝太夫宅を打ちこわしたというが、詳細は不明である（同、一〇頁）。

(63) 寛政四年五月「島中請証文」（前掲「塩飽島書類」）。

(64) この相違については、五味克夫前掲論文（一）、一四〜二二頁に依拠した。

(65) 寛政九年の訴状に、「廿ケ年以来塩飽島之内与島と申所ニ居場出来、彼地へ多ク入船仕、当浦（笠島浦）へは先年の十分の一も居船参不申、何様之儀ニ付候ても年々百姓困窮仕候」とある（五味克夫前掲論文（一）、二一頁）。

(66) 明和六年二月「打潰一件ニ付一札口上覚」（前掲「塩飽嶋漁場記録」）。

(67) これらの事件の経過は、五味克夫前掲論文（一）、二四〜二七頁に詳しい。

(68) 塩飽諸島の漁業制度については、五味克夫前掲論文（二）、二〜一九頁に依拠した。

(69) これらの漁業争論については、五味克夫前掲論文（二）、三〜七頁、備前との争論については、瀬戸内海総合研究会編『漁村の生活』（一九五四年）四六〜六七頁に詳しい。

(70) 前掲『漁村の生活』五六頁。

(71) 小野博司前掲論文、三三二頁。

(72) 五味克夫前掲論文（二）、二〜四頁。それは、前述した寛政四年五月の「島中請証文」に「網漁之小物成之分者、元文年中寛保年中之頃より次第ニ相増」とあることによってもわかる。

(73) その後の塩飽衆については、優秀な航海技術によって幕府の咸臨丸を初めとする多くの洋式軍艦の乗組員として活躍したことがわかる（真木信夫前掲書、三六二～四〇〇頁）。また人名制については、維新後人名の塩飽諸島領知権の法的主柱は失われたが、明治三年の地租徴収に際し、領知権者である人名に地租額の一〇分の一の支給が認められた。ところが、明治六年の地租改正によりこの特権は消滅した。しかし、さらに旧藩主の家禄奉還に準ずるように要求し、明治一〇年に一時金として明治三～八年の平均貢租高の三年分二九六〇円一二銭四厘のうち、すでに支給した一〇分の一を減じ、残り二三二八円八〇銭四厘が下付され、これにより領知権は完全に消滅した（五味克夫前掲論文（二）、一二五～一二六頁）。

第一六章　石見国銀山領の城米輸送

城米とは、徳川幕府の直轄地および預地の年貢米のことであり、幕府財政の基礎をなすものである。それは大名領の蔵米とは異なり、一部大坂へ廻送されたものもあるが、大部分は江戸へ運ばれた。[1]この城米輸送[2]には、当時の一級廻船を使用し、安全迅速に任務を遂行したのであり、その主たる担い手となった廻船は、第二章で述べたように次のように整理できる。寛文～享保期には前章で見た讃岐の塩飽廻船、享保～化政期には大坂・伝法・西宮・紀州廻船、化政期以降は大石・御影・今津・鳴尾等の灘廻船となる。ここで取り扱う時期は、この灘廻船が台頭してくる時期にあたる。一方、日本海海運の担い手についても、近世初期から中期にかけて日本海海運を支配していたのは、上方・瀬戸内船であったが、化政期を画期に日本海側の山陰・北陸地方の廻船がこれにとって代わるとされる。[3]したがって、石見国の城米輸送においてもこれらの動きが何らかの形で現れるはずである。

本章では城米輸送の担い手として台頭してくる灘廻船と、日本海海運の担い手として台頭してくる山陰・北陸地方廻船が、石見国の城米輸送においてどのように反映されるのか検討し、あわせて具体的な城米の集荷方法、城米輸送の実態について見てみよう。

一　大浦湊と城米集荷体制

石見国は島根県の西部にあたり、天明七年（一七八七）の「御巡見案内帳」[4]によれば、石高一四万一五八〇石余であり、浜田領（浜田藩）・津和野領（津和野藩）・銀山御料[5]（天領）の三つに分割される。そのうち浜田領は一五三か村で五万三〇七四石一升、津和野領は一三〇か村で四万三〇〇〇石、銀山領は一三四か村で四万五五〇五石二斗四升三合であり、ほぼ三等分されている。

銀山領には、大きな湊として大浦と温泉津があり、一三四か村から集荷された年貢米はこの二つの湊から江戸・大坂へと廻送された。両湊は大きな河川の川口に発達した湊ではなく、いわゆる海港である[6]。温泉津湊の方が古く、大浦湊は後からできたようであるが[7]、二つの湊は緊密な関係にあり、両湊で城米を積合したり、大坂川口出帆廻船の温泉津湊への入津状況などを大浦湊へ伝達したりしている[8]。大浦湊[9]は、邇摩郡磯竹村のうち上組・中組・下組の在方三組とは区別された浦方として存在し、文政一三年（一八三〇）の「浦差出明細書上帳[10]」によれば、高は二〇石余と少なく、畑方ばかりで、家数二〇〇軒、人数一〇〇〇人ほどであった。無高層が過半数を占め、廻船九艘、漁船一一〇艘、商屋二三軒もある漁業・商業の盛んな湊であり、また江戸大坂御城米廻船定問屋や江戸大坂御城米津出蔵宿などが存在し、城米積出湊としての機能を備えた湊であった。

このように石見国銀山領の城米は、大浦と温泉津の二つの湊から船積みされたのであるが[11]、大浦湊へはどのような範囲の村々から集荷されたのであろうか。大浦湊の城米集荷範囲をみると、組数では銀山領六組のうち大田組と久利組の全部と佐摩組の一部が含まれ、村数では一三四か村のうち四三か村[12]（三二％）、石高では四万五五〇五石二斗四升三合のうち一万九六二九石九斗四升（四三・一％）にあたる。すなわち大浦湊は、石見国銀山領の廻米を温泉津湊と二分していたことがわかる。ただし大浦湊の方が、やや少ないようである。そして、大浦湊の城米集荷村落は、大浦湊を中心とした銀山領のほぼ北半分に該当していた。

文政八年（一八二五）の「中御年貢江戸大坂御廻米俵造帳[13]」によれば、大浦湊からのこの年の江戸廻米高は本米・欠米合わせて四一八八石余、大坂廻米高は本米・欠米合わせて四六三石余であり、合計廻米高は四六五二石余（本米四五一六石余・欠米一三五石余）となり、村高に対する廻米高は二三・七％であった。このように四三か村から津出しされた廻米が大浦に集められるのであるが、そこではまず農民の手元から米納年貢の約六〇％にあたる厳選された良米が廻米として村に集められ、四斗俵に詰め込まれ、それから大浦湊へ運ばれた。これらの廻米の集荷に携わったのが前述した江戸大坂御城米津出蔵宿であった。各村と蔵宿とはある一定の結びつきがあり、村々から津出しされた廻米は何日にも分けて、ほぼ二軒程度の蔵宿へ分割して納められ、その間廻船が入津するたびに船積みされていったのである。(15)

二　城米輸送

ここでは蔵宿に集荷された廻米の船積み状況および廻米の量的把握と城米輸送船の性格について検討しよう。

まず各蔵宿に集められた廻米の船積み状況を文化一〇年（一八一三）～文久三年（一八六三）について示したのが、表69である。各蔵宿ごとに推移を見ておくと、土肥屋・大黒屋・小浪屋・伊予屋はほぼ全期間にわたり全廻船に積み込んでおり、因幡屋もほぼ全期間にわたり少量ではあるが、ある一定の廻船に積み込んでいる。丹波屋は文化一〇年に船積みが確認されるだけで、それ以降不明である。これらの蔵宿に代わって出てきたのが糀屋で(16)あり、弘化五年（一八四八）以降全廻船に船積みしている。各蔵宿の積高を比較すると、土肥屋・大黒屋・糀屋が多くの廻米を積み込んでおり、特に土肥屋は多くて大浦湊の廻米積出高の半分近くが、土肥屋の手で船積みされていた。また、蔵宿と船積みの関係についても、江戸・大坂仕建の廻船ごとにある特定の蔵宿が単独で船積みするのではなく、各仕建廻船ごとに各蔵宿から少量ずつ積み合わせて船積みされたのがわかる。

次に、大浦湊から積み出された江戸・大坂廻米を文化六年～文久四年について可能な限り示したのが、表70で

積 高

小 浪 屋	越 前 屋	伊予屋	田嶋屋	丹波屋	因幡屋	糀　屋
300俵	240俵	190俵	170俵	160俵	60俵	
669俵	300俵	220俵	270俵	260俵	40俵	
130俵	110俵	100俵	80俵	90俵		
90俵1斗5升	50俵	30俵	50俵	53俵		
519俵	216俵	176俵	375俵	442俵	91俵	
350俵	330俵	200俵	250俵		32俵	
70俵	150俵	100俵	100俵		20俵	
178俵	250俵2斗	170俵	180俵		16俵	
100俵	250俵	150俵	150俵		202俵	
253俵	297俵	49俵	572俵			
		72俵	72俵			
396俵		324俵	432俵		185俵	
252俵		180俵	180俵		36俵	
108俵		144俵	216俵		36俵	
288俵		180俵				946俵
396俵		216俵				656俵
361俵		257俵			33俵	430俵
422俵		379俵				464俵
50俵		50俵				50俵
432俵		324俵				504俵
433俵		308俵			3俵	534俵1斗
211俵		212俵			40俵	228俵
504俵		355俵			41俵	504俵
396俵		324俵				427俵
98俵		96俵				95俵
180俵		360俵				396俵
432俵		360俵			43俵	432俵
421俵		353俵			7俵	600俵3斗3升
422俵		307俵			43俵	352俵
413俵		308俵				815俵
378俵1斗4升		373俵			6俵	547俵

属図書館所蔵坂根家文書)、天保９年「御城米廻船掛り御用留」・天保10年「御城米廻
年「御城米浜御廻控」・万延２年「御城米御廻控」・文久２年「御城米浜御廻控」・文

年は江戸４仕建、大坂１仕建である。

表69　蔵宿別廻船

年　代	廻米先	積　高	土　肥　屋	大　黒　屋
文化10年(1813)	江戸	3218俵3斗	1528俵3斗	570俵
	江戸	3399俵	900俵	740俵
	大坂	990俵1斗1升7合	210俵	270俵1斗1升7合
	江戸	373俵1斗5升	70俵	30俵
	江戸	2977俵1斗4升8合	766俵1斗4升8合	392俵
文政8年(1825)	江戸	2832俵2斗	950俵2斗	720俵
	大坂	1158俵3斗	380俵	338俵3斗
	江戸	2214俵2斗	750俵	670俵
	江戸	2072俵3斗5升	550俵3斗5升	850俵
	江戸	3352俵2斗　　5勺	712俵	1077俵2斗　　5勺
天保9年(1838)	江戸	373俵	229俵1斗5升	
	江戸	3605俵	1584俵	684俵
天保10年(1839)	江戸	1673俵3斗	792俵	233俵3斗
	大坂	1586俵　8升	866俵　8升	216俵
弘化5年(1848)	江戸	3862俵2斗	2448俵2斗	
	江戸	2475俵	1207俵	
安政6年(1859)	江戸	3795俵2斗1升9合	2105俵2斗1升9合	609俵
	江戸	3914俵	2069俵	580俵
	大坂	515俵	250俵	115俵
安政7年(1860)	江戸	4120俵	2176俵	684俵
	江戸	4075俵3斗3升	2112俵	685俵
	江戸	2360俵2斗9升5合	1277俵	392俵
万延2年(1861)	江戸	4248俵3斗	2160俵3斗	684俵
	江戸	3991俵	2304俵1斗	540俵
	江戸	1058俵1斗9升6合	578俵	191俵
文久2年(1862)	江戸	3733俵3斗	2329俵3斗	468俵
	江戸	3991俵1斗	2004俵1斗	720俵
	江戸	3968俵　3升5合	1914俵1斗　6合	672俵
文久3年(1863)	江戸	3733俵3斗	2321俵	640俵3斗
	江戸	4120俵	1941俵	643俵
	江戸	4131俵3斗5升7合	2249俵	581俵

（註）文化10年「申御廻米船積浜廻し帳」・文政8年「酉春江戸大坂御廻米船積浜渡帳」（島根大学附
船懸御用留」・弘化5年「御城米廻船懸浜御用留」・安政6年「御城米浜廻し御用留扣」・安政7
久3年「御城米浜御廻控」（島根大学附属図書館所蔵林家文書）より作成。
実際には、天保9年は江戸4仕建、大坂3仕建、天保10年は江戸4仕建、大坂1仕建、弘化5

ある。大浦湊からは江戸・大坂だけに城米を輸送したのではなく、天保七年（一八三六）と嘉永二年（一八四九）には福山廻し、元治元年（一八六四）には浜田廻しの城米輸送などが確認されるが、これらはむしろ例外的存在で、ほとんどが江戸・大坂廻しと考えてよい。

さて、この表によると、年間仕建回数は江戸・大坂合わせて三～七仕建、平均すると五仕建となり、江戸四に対し大坂一の割合で仕建てられる。ただし仕建回数と積石数とは比例せず、後述するように積船の大きさや温泉津湊との積合の問題を加味しなければならない。年間積石数は、江戸・大坂合わせて四〇〇〇～五〇〇〇石程度であり、江戸が四〇〇〇石、大坂が五〇〇～八〇〇石程度となる。しかし、これも年によって変動しており、多い時は天保一二年のように八〇九四石六余、少ない時は天保八年のように二七〇五石余である。特に天保一一年～弘化二年が多いだけで、他の年度は四〇〇〇～五〇〇〇石でほぼ一定している。江戸・大坂の廻米比率は、前述したように仕建回数で四対一、積石数では九対一の割合であったが、嘉永四年以降は大坂廻米が安政二年（一八五五）・同六年を除いて見られなくなり、江戸廻米船の仕建回数も

仕建	江戸積高	仕建	大坂積高	仕建	合　計
	石		石		石
5	7501.2975			5	7501.2975
4	4779.397	1	558.456	5	5337.853
5	5377.517			5	5377.517
4	4931.487	1	895.235	5	5826.722
3	4042.389			3	4042.389
3	2942.336	2	744.649	5	3686.985
3	2922.728			3	2922.728
3	3772.04			3	3772.04
3	4369.129			3	4369.129
4	4154.084			4	4154.084
3	3903.088	1	615.94	4	4519.028
4	5167.866			4	5167.866
3	4110.515			3	4110.515
3	4787.886			3	4787.886
2	3154.019	1	206	3	3360.019
3	4292.827			3	4292.827
3	3719.396			3	3719.396
3	4833.935			3	4833.935
3	4946.257			3	4946.257
3	4475.518			3	4475.518

日帳」・天保15年「御廻船日帳控」（同林家文書）、その他は各

表70　大浦湊積出江戸大坂廻米高

年代	仕建	江戸積高	仕建	大坂積高	仕建	合計	年代
		石		石		石	
文化6年(1809)	6	5251.018	1	403.276	7	5654.294	弘化2年(1845)
文化7年(1810)	4	3965.566	1	527.03	5	4489.596	弘化3年(1846)
文化8年(1811)	4	3124.839	1	198.367	5	3323.206	弘化4年(1847)
文化10年(1813)	4	2916.398	1	396.117	5	3312.515	弘化5年(1848)
文化14年(1817)	4	3839.975	1	666.204	5	4506.179	嘉永2年(1849)
文政8年(1825)	4	4188.955	1	463.5	5	4652.455	嘉永3年(1850)
文政13年(1830)	5	4525.356	1	604.61	6	5129.966	嘉永4年(1851)
天保2年(1831)	4	4264.212	1	721	5	4985.212	嘉永5年(1852)
天保3年(1832)	4	4290.244			4	4290.244	嘉永6年(1853)
天保4年(1833)	4	3552.21	1	778.68	5	4330.89	嘉永7年(1854)
天保5年(1834)	4	4234.804	1	640.66	5	4875.464	安政2年(1855)
天保6年(1835)	5		1		6		安政3年(1856)
天保7年(1836)	2	2065.116	1	657.14	3	2722.256	安政4年(1857)
天保8年(1837)	2	1852.4815	2	852.84	4	2705.3215	安政5年(1858)
天保9年(1838)	4	4511.825	3	845.63	7	5357.455	安政6年(1859)
天保10年(1839)	4	4063.0955	1	638.6	5	4701.6955	安政7年(1860)
天保11年(1840)	6	6312.0795	1	588.13	7	6900.2095	万延2年(1861)
天保12年(1841)	6	8094.639			6	8094.639	文久2年(1862)
天保13年(1842)	6	8049.922			6	8049.922	文久3年(1863)
天保14年(1843)	5	6627.877	2	1306.586	7	7934.463	文久4年(1864)
天保15年(1844)	5				6		

(註)　文化10年「申御廻米船積浜廻シ帳」(島根大学附属図書館所蔵坂根家文書)、天保6年「御廻船
年の「御廻船送状并御届書控」(同坂根家文書・林家文書)より作成。

低下する。しかし積石数はほぼ一定であり、仕建回数の低下は後述するように廻船の大規模化によるものであった。

次に、江戸および大坂廻米船の特色について見てみよう。そこで、江戸廻米船と大坂廻米船を対比させて集計したのが表71である。この表により江戸・大坂廻米船の特色を項目ごとに見て行こう。まず船籍は、江戸廻米船では摂津(大坂を除く)と大坂の廻船が圧倒的位置を占め、他に瀬戸内および紀州廻船が見られるのに対し、大坂廻米船では伊予・安芸を中心とした瀬戸内の廻船が主で、大坂の廻船が意外と少なく好対照をみせる。

さらにその内容を個々の積船ま

表71　江戸大坂廻米船比較

項目	区　分	江 戸	大坂	項目	区　分	江 戸	大坂
船籍	大坂	62	4	船齢	3年	27	2
	摂津	73			4年	43	3
	内(御影)	(32)			5年	24	8
	(西宮)	(6)			6年	19	5
	(大石)	(6)			7年	7	2
	(今津)	(5)		乗組員	5～ 7人		6
	(東明)	(5)			8～10人	6	14
	(鳴尾)	(4)			11～13人	14	2
	(兵庫)	(3)			14～16人	58	3
	(神戸)	(3)			17～19人	56	
	(その他)	(9)			20～22人	9	
	伊予	5	9	反帆	16～18反		6
	安芸	8	7		19～21反	5	7
	周防	3	1		22～24反	12	9
	備後	1			25～27反	13	3
	紀伊	4			28～30反	47	
	能登		1		31～33反	15	
	越前		1		34反以上	1	
	若狭		1	粮米	8～13石		10
	但馬		1		14～19石	4	9
	筑前	1			20～25石	12	2
	肥前	1	1		26～31石	7	1
	豊後		1		32～37石	18	2
船頭	直乗船頭	41	14		38～43石	46	
	沖 船 頭	113	12		44～49石	38	
船齢	新造	6			50石以上	15	
	2年	17	4				

（註）　文化10年「申御廻米船積浜廻シ帳」（島根大学附属図書館所蔵坂根家文書)、天保6年「御廻船日帳」（同林家文書)、その他は各年の「御廻船送状并御届書控」（同坂根家文書・林家文書）より作成。

で詳細に検討すると、(17) 江戸廻米船では天保一一年までは六九艘のうち大坂四八艘・摂津九艘（御影七・深江一・大石一）・安芸五艘・伊予四艘・紀伊一艘・筑前一艘・周防一艘であり、大坂の廻船が七〇％を占め主たる担い手であった。ところが、同一二年以降になると九二艘のうち大坂一三艘・摂津六五艘（御影二六・西宮六・大石五・今津五・東明五・鳴尾四・兵庫三・神戸三・その他八）・安芸三艘・紀伊三艘・周防二艘・伊予一艘・備後一艘・肥前一艘であり、摂津とりわけ御影の廻船がその中心を形成するようになってくる。これは、前述したように城米輸送の担い手が、大坂・伝法・西宮・紀伊等の廻船から酒造家の手船化などによって勢力を増大させた大石・御影・今津・鳴尾等の灘廻船へと移行して行く時期にまさしく合致する。しかしながら、これは江戸まで城米を輸送することが可能な大規模廻船について言えることであり、中規模廻船でも廻米が可能な大坂廻米船の場合は、少し事情が異なっていた。大坂廻米船においては、天保一一年までは一九艘のうち伊予九艘・安芸五艘・大坂四艘・周防一艘で瀬戸内・大坂の廻船が中心であった。ところが、同一四年以降になると八艘のうち安芸二艘・若狭一艘・越前一艘・但馬一艘・能登一艘・肥前一艘・豊後一艘であり、若狭・越前・但馬・能登の廻船の進出が見られる。これも前述した日本海海運の担い手が、この時期に上方船・瀬戸内船から日本海側の山陰・北陸地方の廻船へと移行して行く傾向に合致する。そして、城米輸送の担い手として台頭してくる灘廻船と日本海海運の担い手として台頭してくる山陰・北陸地方廻船の動向が矛盾することなく、石見国銀山領の城米輸送船の上に反映できたのは、江戸廻米船と大坂廻米船との廻船規模の相違に基づくものであった。

それでは、江戸廻米船と大坂廻米船とではどれだけ大きさが違っていたであろうか。同じく表71によって、両者の廻船規模を比較しよう。まず乗組人数[18]をみると、江戸廻米船では一四～一九人乗が中心であるのに対し、大坂廻米船では八～一〇人乗が中心をなしている。反帆数では、江戸廻米船が二八～三〇反帆を中心とするのに対し、大坂廻米船は一九～二四反帆を中心とする。粮米[19]では、江戸廻米船が三八～四九石であるのに対し、大坂廻米船は二〇石以下がほとんどである。そして積石数[20]については、江戸廻米船は一仕建につき四六〇石余～二〇六〇石、平均すると一三〇〇石程度であり、年代が下るにつれて、化政期には一〇〇〇～一三〇〇石、天保期には一三〇〇石、弘化期には一五〇〇石と廻船の大規模化が目立つ。これに対し大坂廻米船は、二九〇石余～一一二七石余、平均すると六〇〇石程度である。このように江戸廻米船は大規模廻船、大坂廻米船は中規模廻船というようにそれぞれ異なる規模の廻船によって構成されていたことがわかる。

また船積にあたっては、温泉津湊との積合も江戸一四五仕建のうち三三仕建、大坂二五仕建のうち一〇仕建とかなり頻繁に行なわれていた。他に丹後城米との積合二仕建、商荷との積合二仕建も見られ、城米輸送は厳格で他の荷物との積合を許さないのであるが、実際には時折行なわれていたようである。ただしその量は少なく一〇〇～二〇〇石程度であり、添荷と考えられる。

さらに同じく表71によって、船頭と船齢について江戸廻米船と大坂廻米船とを比較してみよう。船頭では、江戸廻米船が沖船頭の割合が高いのに対し、大坂廻米船は直乗船頭の方がやや多い。これは、大坂・摂津には多数の廻船を所有する船主や酒造家の手船が多く、沖船頭を雇用していることによる。船齢は、すべて七年造り以下である。これは、城米輸送船は七年以下の堅固な廻船を使用するようにと定められていたからである(21)。

このように化政期を画期として日本海海運の担い手が、上方船・瀬戸内船から山陰・北陸地方の廻船へと移行するとしても、それは石見国の城米船を見た場合には中規模廻船としての大坂廻米船への進出であった。大規模廻船を要する江戸廻米船は、この時期大坂の廻船から酒造家の手船を中心とする摂津御影などの廻船へと移行するが、山陰・北陸などの地方廻船がその担い手となるには至らず、依然として摂津・大坂・瀬戸内を中心とする大規模廻船に依存せざるを得なかったようである。

三　城米輸送船の航行

ここでは、石見国城米輸送船における廻米の時期、航海期間、滞船、入津出帆時刻などについて、具体的に見てみよう。

まず廻米の時期についてみると、元文二年（一七三七）の「廻米期月之覚」[22]によれば、関東・伊豆は九～一〇月、甲州は一〇～翌二月、奥州は一〇～翌正月、羽州米沢は四月中、海道筋は一〇～翌正月、越後・越前・能登・羽州酒田は四月中、五畿内は九～一二月、中国は一二～翌正月限、丹後は三月中にそれぞれ江戸・駿府・甲府・二条・大坂の御蔵へ納めるようになっており、およそ太平洋側は秋～一二月中、日本海側は翌年春までに積地出帆および蔵納がなされたようである。実際石見国大浦湊においても、後述するように翌年の二～八月、ほとんどが三～四月に積出しを行なっており、羽州～丹波の北国筋と同様に翌年春の積出しとなっている。

そして、大坂川口出帆[23]から積湊までの事情については、安政六年（一八五九）の「御仕法帖并日帳案文控」[24]に「御城米積空船於大坂御改之上朱ノ丸船印被成御許出帆被仰渡、日和満汐掛り津々浦々逗留之子細共所々庄屋年寄江相断、往返共此日帳ニ記し印形可取之旨被仰渡候事」とあり、大坂川口において船改めを受け、送状と朱ノ丸船印をもらい、空船で城米の積湊へ向かった[25]。その間滞船の事情や毎日の天気を日帳に記すことになっており、城米輸送は厳重を極めたのである。

大坂川口出帆から大浦湊・温泉津湊に入津するまでの城米船の航行予定期間については、順風空船で四～五日と規定されているが[26]、実際の石見国城米送状をみると、約八日間と見込んでいる。しかし現実には、すべて予定期間を越え、ほぼ二〇日～一か月余を要している。そこで大坂出帆月と大浦入津予定月、そして実際に大浦に入津した月を見てみると、大坂出帆月は正月二六件・二月六一件・三月四九件・四月一二件・五月二件・六月一二件・七月三件・一二月二件、大浦入津予定月は正月六件・二月三二件・三月八一件・四月二一件・五月六件・六月一二件・七月四件、現実の大浦入津月は二月二一件・三月五四件・四月五一件・五月一三件・六月四件・七月一一件・八月三件である[27]。一般的にたとえば大坂川口を正月に出帆した場合、二月に大浦に入津予定となり、実際には三月に入津したようである。大坂川口は正～七月、ほとんどの場合は二～三月に出帆し、長くかかった場合は予定より一か月程度延着している。しかし、延着も二か月を越えるような場合はなかった。

次に大浦湊での滞船日数・滞船理由・出戻回数について見てみよう。[28]なお、滞船日数には入津日・出帆日も含めた。まず滞船日数は、一～三日七艘・四～六日六六艘・七～九日四八艘・一〇～一二日二七艘・一三～一五日七艘・一六～一八日六艘・一九日以上四艘である。四～九日が最も多く、早い場合には弘化二年の大坂小西屋の江戸廻米船のように四月二六日の午刻に大浦湊へ入津して、翌二七日に米を積建て、同日の申刻に出帆した。遅い場合には二四日間も大浦湊で滞船している。それは、天保一〇年の大坂錺屋の江戸廻米船であり、五月一七日の夜子刻に大浦湊へ入津して、一八日船拵、一九～二一日雨天滞船、二二～二四日高波滞船、二五日雨天滞船、二六～二八日曇天滞船、二九～三〇日高波滞船、六月朔日～二日雨天滞船、三日米積建、同日未刻出帆、同日申刻西風にて出戻入津、四～九日西風滞船し、結局六月一〇日未刻に出帆した。滞船理由は、[29]西風二二三日・雨天二〇三日・高波一四二日・曇天七八日・先御城米廻船積建一八日・大風七日・南風強一日・東風一日・風合悪敷一日である。西風三三％・雨天三〇％・高波二一％で大部分を占め、これらの組み合わせも見られる。他に曇天が一二％もあり、かなりの比重を占めており、城米船としての慎重さをうかがうことができる。また他の城米船が船積みを行なっている場合も、同時に船積みができないため滞船させられている。

出戻回数、すなわち大浦湊を一度出帆してまた引きかえして入津した回数を見ると、一回九七艘・二回一二艘・四回一艘であり、一～二回出戻り入津している場合がかなり見られる。大浦湊への入津廻米船一五九例のうち一〇一例が一度は出戻っていることになり、約三分の二が出戻り入津経験船となる。特に四回も出戻り入津を繰り返しているのは、天保六年の大坂播磨屋の大坂廻米船で、三月六日巳刻に入津し、七日雨天滞船、八日米積建、同日申刻出帆、同日酉刻西風にて出戻入津、九日辰刻出帆、一〇日卯刻入津、一一～一三日西風滞船、一四日午刻出帆、同日未刻西風にて出戻入津、一五日巳刻出帆、一六日卯刻出戻入津し、結局一六日午刻にようやく出帆した。このように和船の場合、日和見のため滞船日数に航行期間が左右され、特に城米廻船の場合には出戻り入津を繰り返したり、曇天にて滞船とあるように出帆に際してかなり慎重であった。

表72によって大浦湊での城米船の入津・出帆・出戻入津時刻について、次に見てみよう。入津時刻は、巳~申刻（九~一七時）にほぼ集中している。大浦湊へ城米を積建てに来るのであるから、風待港や避難港のような突然の入津はあまりあり得ないため午後に多く、早朝や夜間に少ない。出帆時刻は、卯~申刻（五~一七時）に集中しており、それ以外は例外的存在である。その中でも特に早朝と午後とに二つの山があり、巳~午刻（九~一三時）はやや谷間となる。午後にも山があるのは、次に温泉津へ入津するためかと思われる。出戻入津時刻は、申~酉刻（一五~一九時）に集中しており、特に酉刻（一七~一九時）は極端に多い。一般的な場合としては、申刻に出帆して酉刻に出戻り入津をしている例が多い。これは、夕方になり気象条件が悪化したため、無理をせずに出戻り入津をしたものであろうと思われる。夜間航行も行なわれていたが、地廻り航法にとって悪条件下での夜間航行はなるべく避けるため、出戻り入津したのであろう。ここにも城米輸送船の慎重さがうかがえ、結果として航行日数の増加となって表れるのであった。

表72　大浦湊入津・出帆・出戻時刻

時　刻	入津	出帆	出戻
子(23～1時)	1	2	
丑(1～3時)			
寅(3～5時)	1		
卯(5～7時)	2	49	6
辰(7～9時)	9	57	6
巳(9～11時)	33	24	9
午(11～13時)	43	25	2
未(13～15時)	43	47	6
申(15～17時)	38	98	23
酉(17～19時)	3	2	87
戌(19～21時)	4		
亥(21～23時)		1	
合　計	177	305	139

（註）　文化6年「御廻船御用留」・文化14年「江戸大坂御廻船送り状扣」（島根大学附属図書館所蔵林家文書）、その他は天保元年～文久4年の各年「御廻船日帳」（同）より作成。

四　運賃と農民の負担

ここでは、城米輸送の運賃額、その動向、支払方法と城米輸送に関する農民の負担について見てみよう。大浦湊から江戸および大坂までの廻米（本米）一〇〇石の運賃を示したのが、表73である。これらの運賃は、同じ年度は同一運賃であり、一年ごとに決められていた。江戸廻米運賃は、一〇〇石につき九五〇匁〜一貫目であり[30]、籾米は天保一三年の「廻船送状控」[31]には、「御籾百石ニ付御米運賃外弐割引」とあり、本米一〇〇石の運賃の約二割引であった。欠米の運賃は、本米運賃の一割増で[32]、農民の負担となる。大坂廻米運賃は、一〇〇石につき五五〇匁〜六〇〇目であり、江戸廻米運賃の約六割弱であった。

さらに、天保三年（一八三二）〜文久二年（一八六二）の三一年間の江戸廻米運賃と江戸米価の動向を比較する[34]と、米価と運賃はほぼ同様に上昇・下降するが、変動幅が米価に比べ運賃の方が小さいことがうかがえ、米価上昇局面では運賃収入の相対的な低下が見られ、城米輸送の船主にとって不利な側面が表れたのではないかと推察される[35]。

運賃の支払方法としては、出羽北国方面から大坂・江戸への廻米の場合、運賃の半額を前貸として大坂にて渡し、残り半額の二分の一を中貸として積地払いとし、他の二分の一を後貸として着船地にて支払うことになっていた[36]。石見国の城米輸送の場合には、文化六年以降の例ではあるが、江戸廻米運賃は前貸として半額を大坂にて渡し、後渡として残り半額を江戸にて支払い、大坂廻米運賃は前貸として半額、後渡として残り半額をいずれも大坂にて支払っている。ところが、天保一四年の江戸二番船から江戸廻米船も大坂廻米船も、前貸として半額、後渡として残り半額のいずれも大坂渡となっている[37]。

表73　大浦湊より江戸・大坂廻米運賃高（100石に付）

年　代	江　戸	大　坂	年　代	江　戸	大　坂
	匁	匁		匁	匁
文化6年(1809)	860	520	弘化3年(1846)	965	574(478.26)
文化7年(1810)	1030	605	弘化4年(1847)	950	
文化8年(1811)	900	540	弘化5年(1848)	945	569(473.91)
文化14年(1817)	880	520	嘉永2年(1849)	945	
文政8年(1825)	910	543	嘉永3年(1850)	960	545
文政13年(1830)	970	543	嘉永4年(1851)	1005	
天保2年(1831)	975	563	嘉永5年(1852)	980(816.67)	
天保3年(1832)	940		嘉永6年(1853)	985	
天保4年(1833)	940	553	嘉永7年(1854)	995	
天保5年(1834)	1040	593	安政2年(1855)	985	548
天保7年(1836)	1003	580	安政3年(1856)	970	
天保8年(1837)	1040	593	安政4年(1857)	1000	
天保9年(1838)	1000(833.33)	579	安政5年(1858)	1030	
天保10年(1839)	1000(800)	579	安政6年(1859)	1060	565
天保11年(1840)	973(810.83)	560	安政7年(1860)	1060	
天保12年(1841)	941		万延2年(1861)	1240	
天保13年(1842)	947(789.17)		文久2年(1862)	1170(975)	
天保14年(1843)	944	574(478.26)	文久3年(1863)	1340(1116.67)	
弘化2年(1845)	951		文久4年(1864)	1650	

（註）　各年の「御廻船送状并御届書控」（島根大学附属図書館所蔵林家文書・同坂根家文書）より作成。（　）内の数値は籾100石の運賃額を示す。

最後に、これらの城米輸送に関する村の負担について見ておきたい。城米を江戸・大坂へ輸送するに際しての本米運賃は幕府が支出するが、欠米運賃および積み出しから江戸・大坂の御蔵へ納入するまでに関係する費用は、農民が負担した。

そこで、文政八年に大浦から江戸（四仕建、うち一仕建温泉津湊との積合）・大坂（一仕建、温泉津湊との積合）への廻米に要した費用を示したのが、表74である(38)。まず最初の二項目についてみると、文政八年正月に本米一石につき二匁の取立銀を廻米入用費として村々から集めている。次の「乗納人引取米代并船頭弁米代」は、乗納人(39)による引取不良米の売払代金と船頭からの弁償米代金である(40)。この二項目を合わせたのが入金額であり、江戸廻米一五貫九四八匁六分一厘、大坂廻米一貫六二七匁二分二厘となる。ここから廻米に関して実際に要した費用を差し引く。これらの費用のう

表74　大浦湊積出江戸大坂廻米諸入用（文政8年）

	項　　目	江　戸	大　坂
入	酉正月取立分　但本米1石ニ付2匁	8貫133匁8分9厘	900目
	乗納人引取米代并船頭弁米代	7貫814匁7分5厘	727匁2分2厘
	〆	15貫948匁6分1厘	1貫627匁2分2厘
払	御蔵納諸入用	2貫 82匁7分8厘	200目6分3厘
	納不足御米代金	2貫508匁4分8厘	176匁
	欠米運賃	1貫221匁3分	80目6分4厘
	乗納入滞留中、帰国道中、留主中仕付雇人足賃引当	1貫825匁1分8厘	150目
	乗納人大浦湊より水揚まで船中日別賃	542匁6分	73匁8分
	丁持掛廻、内廻し、浜廻し人足賃	361匁3分7厘	41匁6分3厘
	様俵拵入用	69匁4分1厘	5匁4分2厘
	御廻船入津出帆雇人足賃	7匁6分	2匁4分
	七嶋千木諸替賃并扱苧代	7匁	3匁5分
	下使御廻米御用相勤候日別賃	154匁	42匁
	御米掛年番御廻米御用相勤候日別賃	1貫380匁	300目
	御廻米積立相済候迄夜廻り賃	16匁	4匁
	小以	10貫177匁7分2厘	1貫 84匁8分4厘
残		5貫770目8分9厘	542匁3分8厘

（註）　文政8年「去申御年貢江戸御廻米諸入用清割帳」・同「去申御年貢大坂御廻米諸入用清割帳」（島根大学附属図書館所蔵坂根家文書）より作成。

ち温泉津湊との積合の場合、たとえば乗納人の費用などは温泉津積米高に応じて分担金を温泉津湊側に負担させており、江戸・大坂廻米に共通する費用、たとえば米掛年番の給銀や夜廻り賃のような費用は、廻米高に応じてそれぞれに分担させている。そしてこれらの費用合計、江戸廻米一〇貫一七七匁七分二厘、大坂廻米一貫八四匁八分四厘を前述した入金額から差し引き、江戸廻米五貫七七〇目八分九厘と大坂廻米五四二匁三分八厘の合計六貫三一三匁二分七厘が、当初の予定より余ったことになる。

さらに同年の「江戸大坂御廻米入用清勘定之上過銀割返帳」[41]によると、この過銀を廻米高に応じて村々へ割り戻している。要するに、文政八年の場合には、江戸廻米に対しては本米一石につき二匁取り立てたが、一匁四分一厘八毛九七五の過銀となり、差引本米一石につき五分八厘一毛〇二五の負担である。

大坂廻米に対しては本米一石につき同じく二匁取り立てたが、一匁二分〇五二九の過銀となり、差引本米一石につき七分九厘九毛九四七一の負担である。江戸・大坂廻米合わせて計算すると、本米一石につき約六分の廻米にともなう費用を農民が負担したことになる。

以上石見国銀山領の城米輸送をめぐる問題を城米輸送船の動向、城米の集荷方法、城米輸送船の実態について化政期以降を中心に述べてきたが、これらを要約すると次のようになる。

第一に、化政期以降城米輸送船の担い手が、大坂・伝法・西宮・紀州廻船から酒造家の手船化によって勢力を増大させた大石・御影・今津・鳴尾等の灘廻船へ移行するにともない、石見国銀山領の城米輸送船においても、天保一二年以降担い手が大坂の廻船から摂津御影・大石・今津などの灘廻船へと変化していった。しかし、それは大規模廻船からなる江戸廻米船についての現象であって、大坂廻米輸送においては事情が異なっていた。大坂廻米船に場合は、中規模廻船でも十分航行可能であったため、むしろ日本海海運における山陰・北陸の地方廻船台頭の影響を受け、上方船・瀬戸内船に代わって天保一四年以降山陰・北陸地方の中規模廻船が、大坂廻米船の担い手として登場しはじめた。しかしながら、これらの廻船もまだ江戸廻米船の担い手として成長するまでには至らなかったのである。

第二に、石見国には二つの大きな湊として大浦湊と温泉津湊があり、この湊から江戸・大坂へと城米が積み出された。本章では大浦湊の城米集荷体制について見た。そこでは、まず農民の手元から米納年貢の約六〇％が廻米として村に集められ、四斗俵に詰め込まれ、大浦湊の蔵宿へ送られた。各村と蔵宿とは一定の結びつきがあり、各村はほぼ二軒程度の蔵宿へ常時納めていた。八軒の蔵宿の中では、土肥屋と大黒屋が大きく、この二つの蔵宿で五〇～六〇％の廻米を取り扱った。これらの蔵宿がいくつか集まり、江戸・大坂廻米船へ船積みする仕組であった。仕建回数は、年間平均すると江戸四仕建、大坂一仕建の割合であるが、江戸廻米船は一〇〇〇～一五〇〇石積、大坂廻米船は五〇〇～六〇〇石積であったので、年間積高は江戸四〇〇〇石、大坂五〇〇～八〇〇石程度となった。そして、江戸廻米船は年代が下るにつれしだいに大規模化し、廻米高は一定であっても仕建回数が低下し、大坂仕建もしだいに行なわれなくなっていった。

第三に、城米輸送船は大坂川口を正～二月頃に空船で出帆し、積湊まで八日間の航行期間で、二月頃に大浦湊へ入津する予定になっていた。しかし実際には二〇日～一か月余を要し、三月頃に大浦湊へ入津した。入津の時刻は巳～申刻であり、城米を積建てに来るため午後に多く、夜間・早朝における突然の入津はあまり見られなかった。入津すると、四～九日間大浦湊に滞船する。滞船理由は、西風・雨天・高波がほとんどであるが、曇天も多かった。大浦湊からの出帆は、卯～申刻に集中し、なかでも早朝と午後に二つの山があった。しかし大浦から出帆しても、約三分の二の廻米船が一～二回の出戻り入津を経験していた。夕刻になり気象条件が悪化したため、無理をせずに引き返したものと思われる。このように城米輸送船は、航行には非常に慎重であり、そのことが滞船日数を増加させ、予定していた航行日数を大幅に越えることになった。

第四に、本米運賃は、江戸廻米運賃が一〇〇石につき九五〇匁～一貫目、大坂廻米運賃が五五〇匁～六〇〇目であり、欠米運賃は本米運賃の一割増で農民の負担となった。江戸廻米運賃と江戸米価を比較すると、ほぼ同様の動きを示すが、変動幅は米価に比べ運賃の方が小さく、米価の上昇局面では運賃の相対的低下が生じた。城米輸送に関する村の負担は、欠米運賃および乗納人の手当や江戸・大坂の御蔵へ納入するまでに要する費用がそれである。その負担も温泉津湊との積合や江戸廻米と大坂廻米で共通に要した費用については、それぞれ廻米高に応じて分割負担し、村々の負担金が実際に要した費用を超過した分については、各村へ廻米高に応じて割り戻した。

（1）鈴木直二『増補江戸における米取引の研究』（柏書房、一九六五年）三三頁。なお天領は、石高で四〇〇万石を上回っており、全国六八か国のうち六九％にあたる四七か国に分布する。山陰地方では、丹後・但馬・石見・隠岐の四か国に分布し、国別に天領村数の割合をみると丹後三四％・但馬二一％・石見三一％・隠岐一〇〇％となる（村上直「山陰における天領について」『地方史研究』二七巻四号、一九七七年、四一～四二頁）。

（2）城米輸送についての研究については、鈴木直二・柚木学・原与作・阿部善雄・石井謙治・中田四朗・渡辺慶一・富井秀正・本間勝喜氏などの研究がある。序章の研究史参照。

（3）柚木学編『諸国御客船帳』下巻（清文堂出版、一九七七年）五一七～五一九頁。

（4）天明七年「御巡見案内帳」（島根大学附属図書館所蔵林家文書）。

（5）石見銀山が活況を呈するのは、戦国時代から江戸時代前期にかけてであり、銀山の衰退とともに多量の飯米供給の必要もなくなり、銀山領も銀山経営を機軸とした性格から年貢米の供給地としての性格へと変化していった。

（6）鈴木直二『徳川時代の米穀配給組織』（巌松堂書店、一九三八年）七九頁、七一六頁。

（7）「銀山領の城米は江戸時代前期には、主として温泉津から積出されたのであるが、江戸時代後期には大浦からも積出されるようになった」（『新修島根県史』通史篇一、島根県、一九六八年、七八六頁）。これは、前述したように石見銀山領が、銀山の衰退にともない年貢米供給地としての性格を強めて行ったことにより、城米積出港の機能を新たに両湊に求めたためであろう。

（8）温泉津から江戸までの海上里数は、四五七里、大浦湊から江戸までは四六二里で、温泉津と大浦湊との間は五里ほどであった（鈴木直二前掲『徳川時代の米穀配給組織』五七八頁）。ただし、文政一三年の「浦差出明細書上帳」（島根大学附属図書館所蔵林家文書）には、「当湊（大浦）ゟ江戸迄海上四百六拾里」とある。

（9）大浦湊の概要については、本章では省いたので拙稿「石見国銀山領の城米輸送」（柚木学編『日本水上交通史論集』一巻、文献出版、一九八六年）五〇一～五〇五頁参照。

（10）前掲文政一三年「浦差出明細書上帳」。

（11）石見国・出雲国の海上輸送については、前掲『新修島根県史』通史篇一、七七八～七九一頁参照。

（12）天保五年「御用留」（島根大学附属図書館所蔵林家文書）には、「当御代官所石見国邇摩郡磯竹村之内大浦湊之儀者、邇摩安濃両郡四三ヶ村御年貢江戸大坂御廻米積湊ニ而諸国廻船入津商場所ニ御座候」とある。

（13）文政八年「申御年貢江戸大坂御廻米俵造帳」（島根大学附属図書館所蔵坂根家文書）。

（14）欠米については、本米の輸送・蔵納などに際しての補塡として本米の三%があてられた（『地方凡例録』上巻、近藤出版社、一九六九年、二八二頁）。宝暦一〇年の三国湊からの城米輸送の例では、欠米の本米に対する比率は四・五%である（阿部善雄「城米廻送よりみたる越前三国湊」、福井県立図書館・福井県郷土誌懇談会編『日本海海運史の研究』福井県郷土誌懇談会、一九六七年、三六六頁）。また「廻船必用」（住田正一編『海事史料叢書』一巻、巌松堂書店、一九二九年）によれば、国によって一石につき二〜八升までさまざまであるが、遠方ほど欠米が多かったようである。

（15）銀山領の城米が個々の農民から集められ、大浦湊の蔵宿に納められるまでの具体的な状況については、本章では省いたので前掲拙稿五〇五〜五一六頁参照。

（16）蔵宿については、天保二年二月の「蔵宿土蔵封印ニ付願書」（文政一三年「御用留」、島根大学附属図書館所蔵林家文書）によれば、同じ蔵宿でも廻米の取扱量が異なり、土肥屋・糀屋・小浪屋・越前屋は数か所の土蔵をもつ比較的大きな蔵宿であり、伊予屋・丹波屋・田島屋は小さな蔵宿であったことがわかる。なお各蔵宿も、まず丹波屋が没落し、次いで越前屋・田島屋が退転し、明治以降において因幡屋・大黒屋も村外へ転出した（山岡栄市「漁村の社会経済史的研究——大森銀山領大浦の場合——」、島根大学『山陰文化研究紀要』四号、一九六三年、六頁）。

（17）個々の江戸廻米積船と大坂廻米積船の内容（船籍・船頭・船齢・乗組人数・反帆・粮米・積高・積地・欠米）については、本章では省略したので前掲拙稿第8表・第9表を参照。

（18）享保二〇年の「御城米積船乗組人数定」（大蔵省編『日本財政経済史料』巻一、財政経済学会、一九二二年、三五七〜三五八頁）によれば、中国西国大坂廻りは七〇〇石積一一〜一三人、八〇〇石積一二〜一三人、九〇〇石積一三〜一四人、一〇〇〇石積一四〜一五人、同江戸廻りは七〇〇石積一二〜一三人、八〇〇石積一三〜一四人、九〇〇石積一四〜一五人、一〇〇〇石積一五〜一六人である。また前掲「廻船必用」では、中国西国江戸廻りは一〇〇〇石積一五〜一六人、同大坂廻りは一〇〇〇石積一四〜一五人であり、「千石より上は百石に付壱人宛相増候積」（三〇二頁）とある。

（19）嘉永七年の「船中粮米定」（前掲『日本財政経済史料』巻一、三八六頁）によれば、瀬戸内江戸大坂廻り一〇〇〇石積三〇石、北国大坂廻り一〇〇〇石積三〇石、北国江戸廻り一〇〇〇石積四〇石とあり、廻船規模と航行距離によって定められていた。前掲「廻船必用」には「粮米積百石に付四石宛之積」（三二六頁）とある。

（20）前掲「廻船必用」には、「廻船中国西国大坂廻は二百石以上、江戸廻船は五百石以上可差出候事」（二九八頁）とあり、江戸廻米と大坂廻米とでは廻船積石数の規準が異なっていたようである。

（21）享保五年には、「新造より七年造迄丈夫成船可差出候」（前掲『日本財政経済史料』巻一、四二一頁）、天明二年には、「御廻米空船雇候節改方之儀七年造」（同三九五頁）とあり、前掲「廻船必用」にも「船五百石積以上七ヶ年迄新造也」（三二五頁）とある。

（22）元文二年「廻米期月之覚」（前掲『日本財政経済史料』巻一、四三六～四三七頁）。他に廻米時期について、天明二年には「北国筋は翌春二月中迄に長州下之関迄差向、海上次第可成丈早速積所へ差下し候様、其外国々之分者其年十二月限り、積所へ急度差向候様可被取計候」（同三九五頁）、同七年には「北国之分者早春之内積船手当いたし置、八十八夜相立候はゞ早速積湊へ差向、五六月を限着船之積り」（同三六三頁）、文化四年には「冬廻着十二月限、春廻者三月中旬限、大阪出帆之積」（同三八一頁）とある。

（23）大坂川口出帆に至るまでの廻船調達の過程をみると、「勘定奉行所がその年の直轄地および預所の年貢米に対して、秋中に江戸廻送分・大坂廻送分を決定して通達すると代官・預所役所から冬廻送・春廻送の区別や積荷国数仕訳見込書が大坂の廻船改代官に送られ、その書類によって廻船差配人（廻船用達）に空船の調達を行なわせた」（阿部善雄「江戸城米の廻送と蔵納」『史学雑誌』七二編一一号、一九六三年、五八頁）ようである。

（24）安政六年「御仕法帖并日帳案文控」（島根大学附属図書館所蔵林家文書）。

（25）東廻りでも西廻りでも、城米船の場合は積湊へ赴くときには、同一航路を通らねばならなかった（阿部善雄前掲「江戸城米の廻送と蔵納」、五九頁）。また空船が原則であるが、船の安定をはかるため下積荷を許された場合もあった（石井謙治「西廻り航路における城米輸送について」『交通文化』四号、一九六四年、一三頁）。

（26）前掲「廻船必用」三〇三頁。しかしながら、鈴木直二前掲『徳川時代の米穀配給組織』（四七一頁）によれば、石見国江津・温泉津は七～八日であり、「送状」の約八日間の数値に近い。

（27）前掲拙稿第11表参照。

(28)　前掲拙稿第12表・第13表参照。

(29)　石井謙治前掲論文では、酒田湊からの城米船出帆延期理由として西風三七%、雨天四二%、曇り一四%、その他七%をあげている（一四頁）。

(30)　寛政五年には、石見国から江戸までの廻米運賃は米一〇〇石につき七六〇匁であった（前掲「廻船必用」）。

(31)　天保一三年「廻船送状控」（島根大学附属図書館所蔵林家文書）。

(32)　前掲「廻船必用」には、「一丹後石見出羽北国籾半之積は米之弐割引之事、一同国籾一色は壱割半引」（二九八頁）とある。

(33)　文化六年の「御廻船御用留」（島根大学附属図書館所蔵林家文書）には、「欠米運賃并ニ一割増共ニ其元ニ而御渡可被成候」とある。また文化四年には「是迄廻船方御用達共へ運賃之外割増壱割五分づつ被下候処、五分相減以来壱割被下候積、依之村々より右廻船へ積込相廻候欠米用意之分、運賃割増も右准、当卯年分より壱割之積にて可相渡」（前掲『日本財政経済史料』巻一、三八一頁）とあり、この年より一割増に改められたのかも知れない。

(34)　前掲拙稿第16表参照。

(35)　この時期に運賃の相対的低下が見られたのは、城米輸送だけではなく、酒造家の手船化・廻船加入化が進行した樽廻船においても存在した（本書第四章、一一二頁）。城米輸送の収益性について、阿部善雄氏は、七年の就航年限・入津時期の遅延・空船航行規定から城米輸送の不利な側面を強調された（阿部善雄前掲「江戸城米の廻送と蔵納」七四頁）。これに対し柚木学氏は、実際の廻船経営の分析から他の運賃積に比べ城米輸送の有利性を指摘される（柚木学前掲書、二〇八頁、二三二～二三三頁）。

(36)　前掲「廻船必用」二九九頁。享保一八年には、これまで前貸三分の一を大坂にて渡し、中貸三分の一を積所にて渡し、後貸三分の一を江戸・大坂着船地にて支払っていたが、大坂出帆の節に舟道具・賃金・米代等の費用が多くかかるため、今後前貸二分の一を大坂にて渡し、中貸六分の一を積所にて渡し、後貸三分の一を着船地にて支払うことになった（前掲『日本財政経済史料』巻一、四二四～四二五頁）。

(37)　難船の際の運賃支払規定として、天明二年には「一空船破船運賃高三分一被下之、一破船致し御米海中へ捨候分運賃高三分の二被下之、一沖合にて御米刎捨候分運賃不被下、一御米陸揚再積廻之分運賃不残被下之、一米陸場所払之分運賃三分一被下之」（前掲『日本財政経済史料』巻一、四二八頁）とある。

(38) 大坂廻米入用分については、文政八年「大坂御廻米諸入用請割帳」として前掲『新修島根県史』史料篇三に収録されている。
(39) 乗納人は、廻米五〇〇石を目当てとして鬮一本と定め、抽選で決めた(阿部善雄前掲「江戸城米の廻送と蔵納」七一頁)。
(40) 引取米および船方弁米の措置については、阿部善雄前掲「江戸城米の廻送と蔵納」六五～六六頁参照。
(41) 文政八年「江戸大坂御廻米入用清勘定之上過銀割返帳」(島根大学附属図書館所蔵坂根家文書)。

第一七章　幕末期における越後国の城米輸送

城米輸送に関しては、すでに第二章で全国的な城米輸送の概観を行ない、第八章で紀伊国尾鷲入津の城米船、また前章で石見国銀山領の城米輸送について述べてきたが、さらに本章では越後国の城米輸送について検討することにしよう。

越後国の城米輸送については、すでに阿部善雄氏(1)・渡辺慶一氏(2)・富井秀正氏(3)による研究がある。阿部氏は、万延元年（一八六〇）前後を中心とする越後国古志・刈羽・蒲原郡の桑名藩預所の城米廻送について、廻米手続や新潟での船積から江戸蔵納までの過程を克明に研究され、渡辺氏は、越後国の出雲崎や新潟湊での城米船への船積を中心に、越後国からの城米積出湊・城米積出量・船積規定・運賃等について明らかにされた。また富井氏は、海老江湊に集積された岩船・蒲原郡の城米を江戸へ廻送する組織とその経過を解明された。ほかに越後国の廻米の研究として、幕藩制成立期の越後国における廻米についての小村弌氏の研究(4)、近世後期における高田藩の廻米についての田上繁氏の研究(5)、越後国の廻船の動向を明らかにされた柚木学氏の研究(6)がある。

幕府領は、関東・中部・近畿地方に集中して見られるが、全国各地に分布しており、石高では享保元年（一七一六）には四〇八万八五三〇石に及んだ(7)。それでは、越後国には幕府領がどれだけ存在していたのであろうか。幕府は、享保九年に越後国にある幕府領三三万一〇五五石を近隣諸藩に預けており、その大名預所の内訳は、高田藩一〇万七〇〇〇石（頸城郡内）、長岡藩六万四〇〇〇石（頸城・三島・刈羽・古志・魚沼郡内）、新発田藩四万三〇〇〇石（蒲原郡内）、会津藩七万五五五石（魚沼郡内）、館林藩四万七〇〇〇石（蒲原・岩船郡内）であった。これらの大名預

け高から推定して、享保初年の越後国の幕領高は三五万石余であったことが知られる。(8)

これらの幕府領から徴収された年貢米が、江戸・大坂の御蔵等へ城米として輸送されるのであるが、越後国の城米積出湊としては、新潟・出雲崎・今町（直江津）の三湊が存在した。この三湊から幕末期には年間一二～一三万石の越後国幕府領の城米が積み出されたと推定されている。(9) しかし、安永元年（一七七二）に海老江の百姓甚平による幕領年貢米積み出し願いにより、同四年には海老江湊からも大坂・江戸等への廻米が始まり、さらに文政一〇年（一八二七）頃には柏崎からも城米が積み出されたようである。(10)

本章では、このうち新潟・今町・海老江から積み出され、江戸・大坂へ東廻り航路あるいは西廻り航路で輸送された越後国の城米および城米船について、それぞれ比較しながら、特質を明らかにしたい。ただし、史料的制約から幕末期に限らざるを得なかった。

一　大坂廻米

越後国の幕領年貢米は、どのような形で幕府へ納入されたのか、まず次の史料によって見てみよう。

去々御年貢金米籾皆済御届書(11)

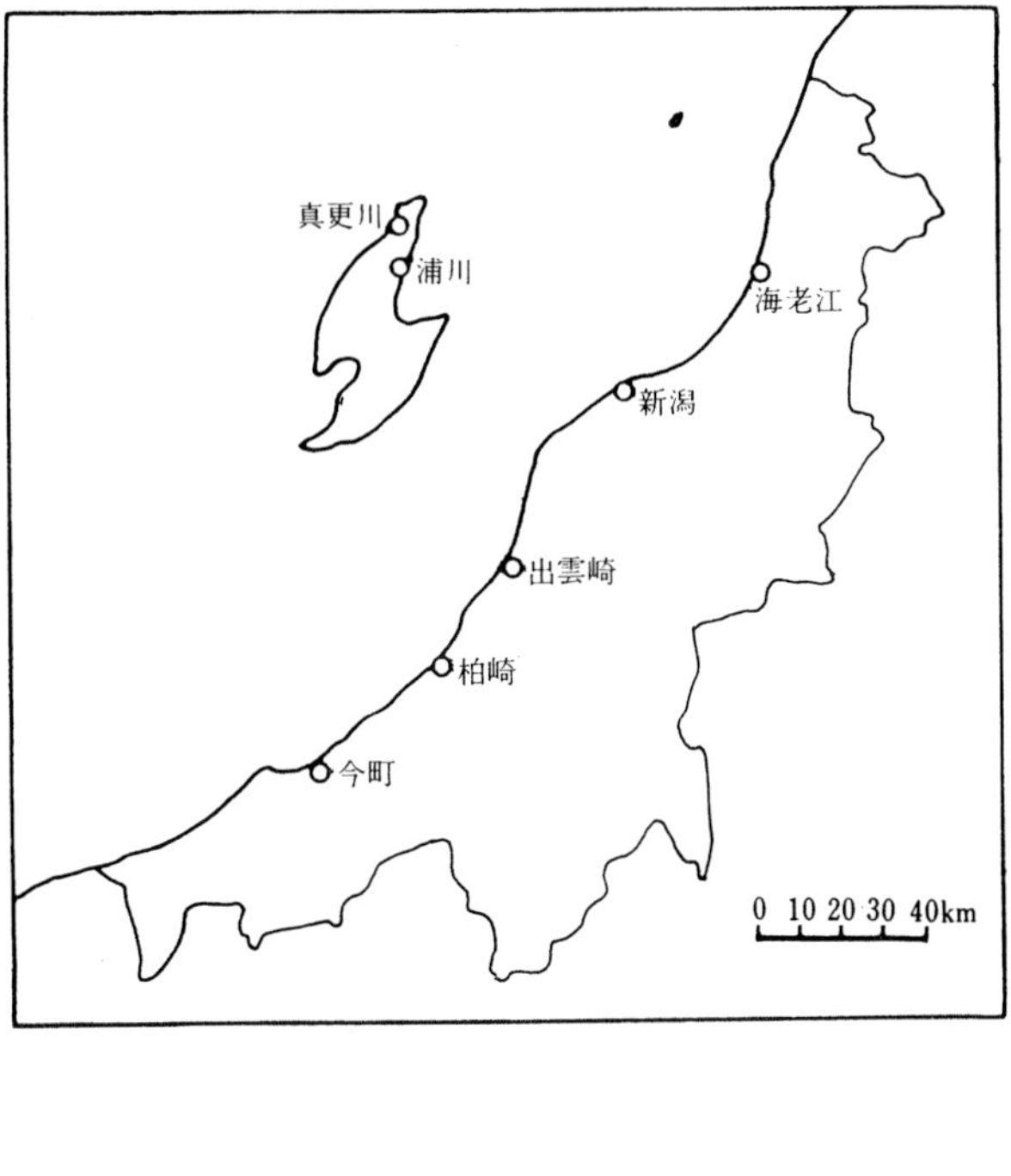

図5　越後国城米積出湊

越後国 期月七月　　　　　　　　　　　　　　　　　　　　　　　　御代官所当分御預所　里見源左衛門

右去々亥御年貢本途見取小物成其外可取立分、金壱万三千八百拾壱両余、米弐千七百拾七石余、籾三百八拾四石、去々亥十一月六日ゟ当丑十一月六日迄江戸御金蔵浅草御蔵小菅納屋并大坂御蔵江上納皆済仕候

右御届之儀去子十二月廿七日凡積を以申上置候処、此節諸伺相済下ヶ札之通　増相成申候、依之御届申上候、以上

（嘉永六年）丑十二月　　　　　　　　　　　　　　　　　　　　　里見源左衛門

右之通今日（空白）阿伊勢守殿遠藤但馬守殿江御届差出候ニ付、此段御届申上候、以上

丑十二月　日　　　　　　　　　　　　　　　　　　　　　　里見源左衛門

御勘定所

これによれば、里見源左衛門代官所当分預所の嘉永四年（一八五一）の年貢取立分は、結局一万三八一一両余が石代納金で徴収されて江戸御金蔵へ納入され、現物納の米二七一七石と籾三八四石は、同年の一一月六日から翌年の一一月六日までに浅草御蔵・小菅納屋と大坂御蔵へ廻送されたことがわかる。このように越後国の城米は、江戸だけでなく大坂へも廻送された。

それでは、大坂への廻米はどれだけであったのか。また江戸廻米と比べてどうであったのか。次の史料を見てみよう。

大坂御詰米減石并空船差向方之儀ニ付伺書(12)

当午御物成来未御廻米高
米壱万五千三百三拾五石八斗之内
一米壱万五千百石

大坂御詰米御割賦高

右者私御代官所当分御預所越後国蒲原岩船郡村々当午御物成、来未春御廻米可相成石数之内大坂御詰米書面之通御割賦被仰渡候間、其段村々江申渡候処、御廻米之儀元来米性不宜国柄ニ而壱俵之御廻米撰立候ニ者、凡五斗三升余も無之候而者斗立難出来其外納入用等之難渋不少故、往古ゟ三分一金納其外御廻米と願石代歩通を以其年々壱毛位ツ、増方いたし来、近年ニ相成御米操不宜趣を以年毎増米いたし、去ル丑年者多分之増方当午年迄米三千三百九拾石余六ヶ年之間増方ニ相成以前ニ引競候而者難渋不少候処、大坂御詰米者弐拾ヶ年以来弐千三千石之石数ニ而壱万石以上之石数是迄御割賦無之、尤弘化元年辰年米八千三百五拾五石余、安政二年卯年御物成米之内米七千三百拾石、去巳御物成米之内九千五百石之御割賦ニ而一同難渋いたし、其度々村役人共ゟ小前江厚申論及請候儀ニ而、然ル処此度之御割賦ニ而者残江戸御廻米纔ニ相当リ無拠皆大坂御廻米相願候外無之、一躰大坂納之儀江戸納ゟ者海上里数も近く納方之弁理可相成訳ニ者候得共、同所納之儀者水揚之上一旦仮蔵江詰入、夫より御蔵江相納候迄者内拵其外ニ而幾度も拵直し度毎減米相立、素ゟ刈上時節年々雨天勝ニ而干立無甲斐土用後ニ着船相成候分別而受痛強く、不残唐箕操被仰付多分之唐箕先ニ相成候ニ付、悉く減石相立無拠買納相願内損相立、殊ニ玉造納有之候得者御蔵所迄之運送駄賃者勿論右往来之道筋掃除人足賃迄相掛候間、大坂納之儀者存外之入用相掛、挙而難渋申立御免之儀相願候得共、一旦御割賦被仰出候上者遮而相願候儀も難出来候間、大坂御詰米減少之上成丈江戸御廻米多分ニ相成候様相願、且又空船差向之儀八十八夜目当ニ新潟海老江両湊江着船之処、近年年毎延着既ニ去々辰御物成之内米弐千五百石余延着ニ付湊御払ニ相成、当午年之儀も数艘土用後延着、其上三百石余可積請空船海老江湊江当十月ニ至リ着船、最早北海荒立積立難出来越年米等ニ相成候而者、猶更減石相立及難儀候間、両郡村々一同及嘆願得と勘弁仕候処、実々申立之趣無余儀次第ニも相聞候間、出格之御評議を以大坂御割賦米御差操を以減石被仰付、且空船差向方八十八夜目当皆湊着相成候様其筋江御達御座候様仕度奉存候、依之減石之儀奉伺候、以上

安政五午年十一月　　　里見源左衛門印

御勘定所

すなわち、里見源左衛門代官所当分御預所の越後国蒲原郡と岩船郡の村々の安政五年（一八五八）の年貢米一万五三三五石八斗のうち一万五一〇〇石を幕府が大坂へ廻送しようとした。これに対し農民側は、第一に、従来より年貢米のうち三分の一が金納で、残りの廻米分も年々金納に切り替えられ、最近二〇年では大坂廻米も二〇〇〇〜三〇〇〇石と少なくなったものの、弘化元年（一八四四）には八三五五石余、安政二年には七三一〇石、同四年には九五〇〇石と増加したため、一同難渋したので廻米分を減石してほしいこと。第二に、城米は良米の厳選を要求されるため、米俵一俵を拵えるのに五斗三升もの米を準備しなくてはならず、非常に手間と費用を要して困ること。第三に、大坂廻米と江戸廻米を比べると、一見大坂廻米は越後からの航行距離も短く、便利なように見えるが[13]、大坂では一旦仮蔵に入れてから御蔵へ納めるため、何度も拵え直しをしなければならず、小廻し賃・人足賃等の費用も多くかかるので、同じ廻米量を増やすならば大坂廻米よりむしろ江戸廻米の量を増やしてほしいこと。第四に、越後での城米積み出しに際しては、近年城米船の到着が遅れ一〇月を越える場合も見られ、それでは日本海が荒れ越年米になる恐れもあり、余計な費用がかかるため、八十八夜をめどに城米船が到着するよう申し出た。これを受けて、里見氏が幕府の勘定所へその旨を伝えたものである。

このように、年貢米の三分の一が金納とはいうものの、実際にはかなりの部分が金納に切り替えられ、大坂への廻米は二割以下にまで低下していた。また、大坂廻米は、江戸廻米に比べ越後からの距離は短いが、御蔵に納めるまでに諸費用がかかり、かえって農民の負担が増えた。さらに、越後国からの城米輸送に当たっては、日本

海の航行条件が悪化するため冬期の廻送が困難であることが明らかになった(14)。

次に、大坂廻米の城米船について、難船史料であるが紹介してみよう。文政元年（一八一八）には、高田藩預所の越後国の大坂廻米一一三三石が、大坂淡路屋次郎兵衛船（沖船頭覚兵衛）によって一〇〇石につき一三両三分の運賃で輸送された。この城米船は、四年造の一七人乗・二八反帆の大規模な廻船であった。城米の安全な廻送を監視するために乗り込む上乗人には、越後国蒲原郡川瀬村の三右衛門がなった。三右衛門は、同村の庄屋を務め、「持高三拾石五斗三升」の上層農民であった。乗組員の粮米は三三石であり、ほかに上乗人のために粮米八斗が積み込まれた。同船の難船に至る経過は、五月一四日に大坂川口を出帆して、七月九日の午下刻に新潟湊に入津し、同一三日には「空船見分船中諸道具相改」、同一四日には米を積建て、同一七日の午上刻に新潟湊を出帆し、但馬国二方郡諸寄浦沖合で「水船同様ニ罷成」、八月一七日に同浦へ入津したのである(15)。

嘉永四年（一八五一）には、「越後国去戌御年貢」「本欠合」五〇一石四斗四升四合が、伊予国高浜浦の直乗船頭繁蔵船によって輸送された。この城米船は六人乗のやや規模の小さい廻船であり、上乗人は乗っていなかった。同船は、同年七月一八日に新潟湊に入津し、同二八日に城米を積み請けたが、雨天のためそのまま滞船し、同晦日に新潟を出帆した。そして、大坂に向かって航行していたが、九月七日但馬国の沖合で難風に遭ったので、打米をして同国城崎郡津居山村へ入津したというものであった(16)。

このように大坂廻米は、農民にとっては諸経費が多く掛かるため、できれば避けたい存在であり、年貢米の納入に当たっては量的には石代納が大きな比重を占め、廻米に際しても後述する江戸廻送に比べて大坂廻米は少なかったようである。

二　西廻り江戸廻米

大坂廻米は、越後から日本海を南西へ向け航行し、山陰海岸から下関を廻り、瀬戸内を通り大坂へ至る航路をとるのであるが、江戸廻米は、そこからさらに紀伊半島を廻り遠州灘から江戸へ至る西廻り航路と越後から北東へ向け航行し、津軽海峡を廻り、陸中海岸を南下して江戸へ至る東廻り航路があった。ここでは、西廻り航路を経由して輸送された江戸廻米について見てみよう。西廻りの江戸廻米は、史料の上では単に「江戸御廻米」とのみあり、特に東廻りと区別する場合には「西海御江戸廻米」と記されたようである。

越後からの西廻り江戸廻米は、たとえば弘化四年（一八四八）の里見源左衛門代官所年貢米の場合、今町湊から米二四七四石五斗三升七勺・籾四二三石、新潟湊から米二一七石三斗四升・籾三九石六斗が翌年に積み出され、廻米量は今町湊の方が多かった。運賃は、今町からの米が一〇〇石につき一九両二分、籾が同一六両一分であり、新潟からの米が一〇〇石につき二〇両二分、籾が同一七両・永八三文三分であった(17)。今町湊からの運賃の方が低いのは、今町の方が新潟より西側にあり、西廻りでは新潟より江戸への航行距離が少し短いことによるものであろう。

次に、西廻り江戸廻米の城米船について紹介してみよう。嘉永元年（一八四八）には、越後国頸城郡の「去未御廻米籾」「本欠合」九三一石六斗六升六合六勺が、摂津国二ッ茶屋の丸屋藤次郎船（沖船頭常次郎）によって輸送された。同船は、一一人乗の廻船で、同年三月二九日に大坂川口を出帆し、五月一五日申中刻に今町湊へ空船で入津し、上記の城米を積み込み、同月一九日未上刻に同所を出帆し、六月二五日に品川へ無事到着した。この場合、大坂から積湊の今町まで一か月半、今町で五日間ほど滞船、今町から江戸までは一か月以上要したことになる。[18]

嘉永五年には、越後国魚沼郡の「去亥御物成」「本欠合米籾」九〇六石四斗一升九合三勺が、伊予国大洲の直乗船頭卯太郎船によって輸送された。同船は、一四人乗の大規模な廻船で、同年七月一日に新潟湊へ入津し、米籾を積み込んだが雨天続きで、同二八日にようやく同所を出帆したが、八月五日夜中に越後国粟島の沖合で難風に遭った。廻船は損傷を受けたが、積荷には別条がなかったので、粟島で修復を行ない、一〇月一八日に再び出帆したが、また難船に遭い積荷も濡れたため、痛米は粟島で売払い、残り七一一石余は代船を雇い輸送することとなった。[18]

安政二年（一八五五）にも、同じく魚沼郡の「去寅御年貢」「本欠合米」九九一石一斗が、安芸国倉橋島怒輪屋団次郎船（沖船頭与吉）によって輸送された。同船は、一四人乗の大規模な廻船で、新潟湊で城米を積み請け、同年五月一二日に同所を出帆したが、六月一九日に大風雨のため破船した。[20]

このように厳重な輸送体制にあった城米輸送であったが、次に空船で越後の積湊に到着するまでに破船してしまった事例を紹介しよう。万延元年（一八六〇）には、里見源左衛門支配所の「越後国村々去未御物成」約八〇〇石を新潟から江戸へ輸送するために、越前国四ケ浦直乗船頭勘右衛門船を雇用した。[21]この城米船は、四年造りで、そこには、船頭の勘右衛門（六五歳）をはじめ楫取の次郎左衛門（四〇歳）、水主の松次郎（三三歳）・半四郎（二八歳）・勘四郎（二八歳）・権兵衛（三七歳）・金蔵（二七歳）・米蔵（二二歳）・徳次郎（二七歳）・松太郎（三五歳）と炊の三之助（一七歳）の合計一一名が乗り組んでいた。同船の破船に至る経過を辿ると、次のようになる。申二月九日に送り状と運賃の前貸分（二分の一）を受け取り大坂川口を出帆しようとしたところ、雨天となりその日は滞船、一〇～一一日は西風が激しく滞船、一二～一四日は海上が荒れたため滞船し、一五日にはようやく順風となったため出帆した。二九日には長州赤間ケ関へ入津し、三月朔日～三日は北風が強く滞船、四日は天気がよく出帆したが、また空模様が悪くなった。同二四日未下刻には佐渡国の小木湊へ入津し、二五日は天気がよく同所を出帆し、新潟湊へ向かったところ西南の風に吹かれ、二七日未下刻に西風のため出羽国戸賀浦へ入津、二八日は南風、二九日は東風、同晦日～閏三月二日は西南の風、三日は雨天、五日は南風のためそれぞれ滞船していたが、同夜九時頃嵐風となり同所を出帆した。六日には同国能代川湊へ入津したが、「其後日々逆風并雨天続ニ而、出帆難相成」、二三日まで同所に滞船、二四日は北風が吹き順風となり同所出帆、二五日に粟島沖まで来たところ南風に変わったため、二六～二八日は沖掛かりをし、二九日の申下刻には北風が吹き順風となったので再び出帆した。晦日には新潟湊の先まで来たが、急に東風に変わり湊へ乗り入れられず、浅瀬に乗り掛かったところ大時化となり、結局破船したのである。[22] このように城米輸送の場合には、空船で積地まで辿り着くのも、天候・風向などによって航行が大きく左右され、かなりの困難を要したことがわかる。

ほかに、江戸廻米の史料としては、同じく里見源左衛門代官所の「越後国去亥御年貢」「本欠合」五一三石六斗六升一合六勺が、伊予国宇和島泉屋与次兵衛船（沖船頭音五郎）によって輸送されたのがある。しかし、これも七月一三日に能登国の沖合で難船となった。そこで、濡米は所払いとし無難米三三九石六斗六升一合六勺を再び積み直し出帆したところ、九月一五日に長門国引島の沖合で再度難船したようである。[23]

三　東廻り江戸廻米

東廻り航路を経由する江戸廻米は、「東海廻り」と称された。東廻りと西廻りとでは、どれだけ江戸廻米運賃に差があったのか、表75によって見てみよう。[24] 越後では新潟・海老江の二湊からは東廻り航路の船積みがなされたが、出雲崎・今町からはほとんど見られなかったため、この表には東廻り航路の積出湊は記されていないので

表75　嘉永元年の江戸廻米運賃比較（100石に付）

種類（積湊）		西廻り航路	東廻り航路
米	新潟	20両2分	23両1分
	今町	19両2分	
籾	新潟	17両　・永83文3分	19両1分・永125文
	今町	16両1分	
籾一式	新潟	17両3分・永 76 文1分	20両　・永217文4分
	今町	16両3分・永206文5分	

（註）嘉永元年「越後国新潟今町湊江戸御廻米運賃定書」（「御廻米一件」名古屋市鶴舞中央図書館所蔵）より作成。

あるが、新潟湊からの運賃であると考えた。そうすると、東廻り航路を利用する場合は、西廻り航路に比べて米一〇〇石につき二両三分も割高となる。[25]それは、東廻り航路は航行が難しく、難船の恐れも高かったことによるものであろう。それでは、なぜ運賃も高く難船の可能性も高い東廻り航路を選択したのであろうか。それは、後述する航海日数と距離が関係していたのではないかと考えられる。東廻り航路の船積みは、越後国の北東部寄りに位置する新潟・海老江の湊から行なわれ、南西寄りに位置する出雲崎・今町の湊からはほとんど見られなかったのである。したがって、運賃においても航海日数においても東廻り航路による城米輸送の限界点がこの越後にあったとも言えるのである。

次に、籾運賃を見てみると、籾運賃は米運賃の約八三％であり、前章で述べた石見国の城米輸送の例では米運賃の約二割引きであった[26]のと比べれば、やや高くなっている。さらに、「籾一式」についてであるが、これは城米輸送において義務づけられていた上乗人を同乗させない代わりに蔵納までの廻送を一切廻船御用達に任せた場合の運賃である。もちろん上乗人分等の費用と同様に増運賃分は農民の負担となったが、農民は費用負担の少しでも軽減される「籾一式」の方を希望したようであり、次のような史料がある。

越後国村々御廻米籾廻船御用達苦屋久兵衛外三人引請之儀ニ付伺書[27]

私御代官所越後国頸城郡魚沼郡村々去未御年貢当申御廻米籾之儀、小笠原信助支配所同国下条村市嶋次郎吉儀、御廻米積船差配年季中之処、右御年貢御廻米籾積船之儀者、大坂船割御代官ゟ差向可申旨被仰渡有之候段信助ゟ申送有之、然ル処頸城魚沼両郡村々御年貢江戸大坂御廻米籾之儀、去未御年貢ゟ来ル戌御年貢迄四ヶ年之間、廻船御用達苫屋久兵衛佃屋勘左衛門広嶋屋平四郎嘉納屋次作江御蔵納迄一式引請取計之儀及対談、積所渡方等之儀夫々取極候ニ付、廻船御用達之もの一式引請納之儀被仰付度段相願候間、村々願之通去未御年貢迄四ヶ年江戸大坂御廻米籾共廻船御用達苫屋久兵衛外三人御蔵納迄一式引請之儀被仰付候様仕度奉存候、依之奉伺候、以上

嘉永元申年四月　　　　里見源左衛門印

御勘定所

すなわち、弘化四年から嘉永三年までの四年間の江戸大坂廻米を廻船御用達の苫屋・佃屋・広嶋屋・嘉納屋の四名に一式引受納にすることを願い出たのである。

最後に、表76によって、海老江湊から城米を積み込み、東廻り航路を経由して江戸へ廻送を行なった城米船について見てみよう。これらは、いずれも里見源左衛門代官所の「越後国村々去未御物成」を翌万延元年（一八六〇）に輸送したものである。城米船一艘への積載米は「本欠合」一〇〇〇石前後であり、したがってこの年には海老江湊からは東廻り航路で合わせて七〇〇〇石弱の城米が輸送されたことになる。また、米と籾を積み合わせている場合も見られた。年貢米は、越後国のうち岩船郡・蒲原郡のものであることは、上乗人が岩船郡の長政新田・土沢村・新小路村・牛屋村・海老江村・荒嶋村・坂町村と蒲原郡の下長橋村の「百姓」や「組頭」であることからほぼ見当がつく。この年の運賃は、一〇〇石につき二八両となっ

上乗人粮米（石）	粮米（石）	船齢（年）	反帆数（反）	乗組人数（人）	沖船頭
8	40	5	21	12	寅蔵
8	36	5	26	12	金四郎
8	38	3	25	13	万蔵
8	28	6	25	13	源治
8	31	3	21	11	清六
8	40	4	26	12	作太郎
8	31	7	26	12	源五郎
8	43	5	25	11	吉五郎
8	44	5	21	12	寅蔵

表76　万延元年越後国海老江湊積建東廻り江戸廻米船

品川沖出帆	海老江入津	海老江出帆	本欠合	上乗人居村	船籍
3・9	閏3・18	閏3・24	石 米1,019.7	岩船郡長政新田	江戸霊岸島重蔵船
3・25	4・1	4・5	米　947.6	岩船郡土沢	尾張名古屋弥兵衛船
閏3・7	4・25	4・28	米　988.8	岩船郡新小路	相模西浦賀伝六船
3・20	4・26	4・29	米　741.6	蒲原郡下長橋	相模西浦賀六兵衛船
3・9	4・27	4・29	米　782.4	岩船郡牛屋	相模西浦賀伝六船
閏3・4	4・28	5・9	米1,030	岩船郡海老江	江戸北新堀富之助船
5・4	6・14	6・18	（米 506.2637 （籾 309	岩船郡海老江	陸奥仙台石巻庄松船
4・14	6・晦	7・5	（米 515 （籾 494.66	岩船郡荒島	尾張名古屋弥兵衛船
4・22	9・8	9・15	（米 515 （籾 618	岩船郡坂町	江戸霊岸島重蔵船

（註）　万延元年「申御廻米籾御用留」（名古屋市鶴舞中央図書館所蔵）より作成。

ている。

城米船について見ると、船籍は江戸三艘・相模三艘・尾張二艘・陸奥一艘であり、西廻りの江戸廻米船や大坂廻米船と比べると、江戸・浦賀の東国の廻船が多く、西国・瀬戸内の廻船が全く存在せず、また石巻の廻船も見られ、東廻り航路を航行するのにふさわしい地域の廻船によって輸送されている。ただし、江戸霊岸島の重蔵船（沖船頭寅吉）は三月と四月の二度城米輸送に従事している。船齢は三〜七年であり、船頭は全て沖船頭であった。廻船規模は、乗組人数一一〜一三人、反帆数二一〜二六反であり、大規模な廻船であったことがわかる。

これらの廻船は、空船で積湊に赴くときも城米輸送と同一航路をとらねばならないという規定に従い[28]、いずれも江戸品川沖を出帆し、越後へ向かったようである。品川沖を三〜五月に出帆し、積湊である海老江湊には四〜六月に着いたようであるが、その間早くて三七日、遅い場合には四か月以上もかかっているが、平均一か月半程度で越後に到着した。前述の大坂廻米船の場合には、大坂川口から新潟湊まで二か月弱かかっており、ほぼ同様の航海日数を要している。海老江湊では、三～一一日滞船し、城米の積載などに当たり、いずれも午上刻（午前一一時～正午）に出帆している。海老江湊から江戸までどのくらいの日数を要したかは、この史料から直接明らかにできないが、江戸霊岸島の重蔵船（沖船頭寅吉）は閏三月二四日に海老江湊を出帆して、翌四月二二日には再度越後へ向けて品川沖を出帆しており、この場合には一か月弱で航行したことになる。また、東廻りの江戸廻米船の上乗粮米が全て八斗であり、それは前述の新潟から船積した大坂廻米船の場合と同じであり、大坂までとほぼ同様の航海日数を予定していたようである。

以上、幕末期の越後国の城米輸送について、新潟・今町・海老江の三湊から輸送された里見源左衛門代官所の城米を中心に述べてきたが、これを要約すると次のようになる。

第一に、越後国の城米は、新潟・出雲崎・今町の三湊から、後に海老江・柏崎の湊からも輸送されるようになった。越後国からは大坂廻米・東廻り江戸廻米・西廻りの江戸廻米が行なわれたが、東廻り航路の船積は、越後国の北東部寄りに位置する新潟・海老江の湊から行なわれ、南西寄りに位置する出雲崎・今町の湊からはほとんど見られず、東廻り航路による城米輸送の限界点は越後国にあった。

第二に、越後国の幕府領の年貢米は、その三分の一が金納とされたが、実際にはかなりの部分が金納に切り替えられており、農民も良米の厳選を要求される城米よりも石代納を希望した。大坂廻米は、江戸廻米に比べれば越後からの距離は短いが、御蔵に納めるまでに諸費用がかかり、農民の負担が増えるため、農民はむしろ江戸廻米を望んだ。したがって、越後からの大坂廻米は江戸廻送に比べて量的にも少なかったようである。

第三に、越後からの江戸廻米は、東廻り航路を経由する場合と西廻り航路を経由する場合があったが、新潟湊からの運賃を比較すると、東廻り航路を利用する場合は、西廻り航路に比べて米一〇〇石につき二両三分も割高となり、しかも年代が下るにつれ両者の格差は少し広がっていったようである。

第四に、東廻り航路を経由する城米船の船籍は、江戸・浦賀・名古屋・石巻等の東国の廻船が多く、西廻りの江戸廻米船や大坂廻米船が摂津・伊予・安芸等の大坂・瀬戸内を中心とした廻船からなっているのとは大いに異なっており、東廻り航路を航行するのにふさわしい地域の廻船によって輸送されていた。廻船規模は、大坂廻米船で五〇〇石積級のやや規模が小さい廻船も見られたが、越後国から大坂・江戸（東廻り・西廻り）への廻米船はほとんどが一〇〇〇石積級の大規模な廻船であった。

第五に、東廻り航路による江戸から越後までの空船による航行日数は、約一か月半ほどかかり、大坂から越後までの航海日数とほぼ同じであった。また、東廻り航路を利用した江戸廻米船と大坂廻米船の上乗粮米とが、八斗で一致していることから、越後から江戸までの航海日数は、大坂までのそれとほぼ同様の日数を予定していたようである。

（1）阿部善雄「江戸城米の廻送と蔵納──幕末期桑名藩預所城米を中心として──」（『史学雑誌』七二編一一号、一九六三年）。
（2）渡辺慶一「越後の御城米船積の研究」（小村弌先生退官記念事業会『越後佐渡の史的構造』一九八四年）。
（3）富井秀正「近世城米廻送について──近世後期蒲原郡岩船郡を中心として──」（前掲『越後佐渡の史的構造』）。
（4）小村弌『幕藩制成立期の基礎的研究──越後国を中心として──』（吉川弘文館、一九八三年）。
（5）田上繁「近世後期高田藩における領主米商品化の構造変化」（『歴史学研究』五二六号、一九八四年）。
（6）柚木学「幕藩体制の確立と越後海運」（上越郷土研究会編『越後地方史の研究』国書刊行会、一九八一年）。
（7）村上直「江戸幕府直轄領の地域的分布について」（『法政史学』二五号、一九七三年）一五頁。
（8）『新潟県史』通史編四　近世二（新潟県、一九八八年）一五頁、三三三頁。
（9）渡辺慶一前掲論文、三五六頁。

(10) 安永一〇年三月「上杉家預所城米西海江戸廻船送り状」・「荒川湊城米積湊願書」(『新潟県史』資料編八　近世三、新潟県、一九八〇年、七七一～七七五頁)、前掲『新潟県史』通史編四　近世二、七一二頁、『新潟県史』通史編五　近世三(新潟県、一九八八年)二三二頁。
(11) 嘉永六年一二月「去々御年貢金米籾皆済御届書」(「御廻米難破船一件」名古屋市鶴舞中央図書館所蔵文書)。
(12) 安政五年一一月「大坂御詰米減石并空船差向方之儀ニ付伺書」(前掲「御廻米難破船一件」)。
(13) たとえば安永二年における今町から江戸・大坂までの米一〇〇石の運賃を比べても、江戸へは東廻り二一両二分・永二五〇文、西廻り二〇両三分であるのに対し、大坂へは一三両・永一六〇文であり、大坂廻米賃は江戸廻米賃の三分の二程度であった(渡辺慶一前掲論文、三八一頁)。
(14) 安政六年には、城米を積み込みに来た廻船が海老江湊で破船し、冬期廻送ができないため、海老江浦において江戸廻米二五七九石余と大坂廻米三一六石の冬囲が、それぞれ二〇石六斗三升八合と二石五斗二升八合の蔵敷賃で行なわれた(安政六年九月「越後国辰御物成巳御廻米積立残米冬囲ニ付去午蔵敷賃被下方伺書」、同年一二月「越後国村々去巳御物成積所囲米江掛候蔵敷賃米被下方伺書」前掲「御廻米難破船一件」所収)。
(15) 文政元年「松平越中守殿御預所越後国御廻米但馬国二方郡諸寄村沖合ニ而及難船候一件」(前掲「御廻米難破船一件」)。
(16) 嘉永四年一〇月「越後国去戌御年貢大坂御廻米難船御届書」、同五年一〇月「越後国村々去々戌御物成大坂御廻米積船及難船候一件諸書物継立御勘定組伺書」(前掲「御廻米難破船一件」)。
(17) 嘉永元年四月「越後国村々江戸御廻米籾運賃金仕訳書」(「御廻米一件」名古屋市鶴舞中央図書館所蔵)。
(18) 嘉永元年六月「越後国頸城郡村々去未御廻米籾着船御届書」(前掲「御廻米一件」)。
(19) 嘉永六年一一月「越後国村々去亥御物成江戸御廻米籾積船及難船再積立大坂御詰米江戸買納一件諸書物継立御勘定組伺書」(前掲「御廻米難破船一件」)。
(20) 安政二年一二月「越後国村々去寅御年貢当卯江戸御廻米積船及破船候一件書物継立御勘定組伺書」(前掲「御廻米難破船一件」)。
(21) 史料には、積米高は記されていなかったが、その運賃が一五九両・永七五文であり、かつ当時新潟から江戸までの運賃が米一〇〇石につき二〇両程度であったことから考え、積米予定高を約八〇〇石とした。

（22）万延元年「破船口書」（前掲「御廻米難破船一件」）。この史料には年代が記されていないが、これまで述べてきた史料と同じ冊子に綴じられており、史料中に「当申二月」「閏三月」とあることから万延元年のものと判断した。
（23）子一一月「越後国去亥御年貢江戸御廻米再難船池田岩之丞方ニ而吟味仕候趣御届書」（前掲「御廻米難破船一件」）。
（24）古田良一「東廻海運及び西廻海運の研究」（前掲『日本海海運史の研究』）二五頁。
（25）これまでの研究で明らかになった両者の運賃が比較できる数値をあげておくと次のようになる。今町湊からの運賃は、安永二年には、西廻り二〇両三分に対し、東廻りは二一両二分・永二五〇文であり、新潟湊からの運賃は、文化八年および文政一三年には、西廻り二〇両三分に対し、東廻りは二一両二分・永二五五文、万延元年には、西廻り二五両一分に対し、東廻りは二七両三分であり、年代が下るにつれ両者の格差は少し広がっていったようである（阿部善雄前掲「江戸城米の廻送と蔵納」六三頁、渡辺慶一前掲論文三八〇～三八一頁）。
（26）本書第一六章、四一〇頁。
（27）嘉永元年四月「越後国村々御廻米籾廻船御用達苫屋久兵衛外三人引請之儀ニ付伺書」（前掲「御廻米一件」）。
（28）阿部善雄前掲「江戸城米の廻送と蔵納」五九頁。

第一八章　佐渡国入津船と商品流通

近世の日本海、特に佐渡・越後を中心とする商品流通については、小村弌氏の研究[1]や『新潟県史』の刊行[2]によって、最近かなり明らかになってきた。そこでは、各地の「入船帳」や「客船帳」[3]などを駆使して、佐渡・越後の廻船や全国各地と佐渡・越後との交易・商品流通の実態が明らかにされた。

本稿も、佐渡国に所在する「入船帳」「客船帳」を用いて、佐渡をめぐる商品流通の一端と佐渡に寄港する各地の廻船の動向を明らかにしようとするものである[4]。

一　浦川港の客船帳

すでに佐渡国への入津船を集計した事例がある。一つは、天明四年（一七八四）～寛政九年（一七九七）の宿根港石塚家の「他国廻船入津覚帳」[5]による二一八艘の入津船であり、もう一つは、文化一一年（一八一四）～慶応四年（一八六八）の小木港谷屋の「客帳」[6]による二七五艘の廻船である。

さらに、浦川港の客船覚留帳による事例がある。すなわち、浦川港には、問屋七人衆と呼ばれた東屋（佐藤、古くは竹内）・納屋助右衛門（竹内）・加賀屋五郎右衛門（佐藤）・中ノ屋庄兵衛（佐藤五郎左衛門）・樋口屋権右衛門（樋口）・上の屋源左衛門（酒井、古くは山岸）・新屋勘三郎（佐竹）の七軒の問屋が存在し、そのうち東屋と上の屋の二軒の問屋の客船覚留帳に記された六八八一艘の客船を確認することができる[27]。その客船を船籍別に集計したのが、

表77　享保～明治16年佐渡浦川港入津の諸国廻船

船　籍	内訳（判明分のみ）	船　籍	内訳（判明分のみ）
伊豆　16	下田16	丹後 116	由良29、岩滝21、港19
駿河　1	沼津沢 1	若狭 139	小浜79、西津29、板尻10
遠江　1	十良島 1	越前1035	敦賀283、三国273、米ヶ脇120、安島96、新保95、川野浅89、崎浦49、吉崎39、梶浦38
尾張　14	小野浦 5 、半田 2		
伊勢　4	阿野津 2		
紀伊　98	日方16、日高41、黒江5、藤白 5	加賀 841	港津116、橋立浦143、本吉108、宮腰100、粟ヶ崎60、安宅58、堀切68、大野42
阿波　51	才田31、幸高16		
土佐　5	崎ノ浜 2		
讃岐 129	塩飽41、粟島34、三本松浦34、津田浦12	能登 333	黒島60、輪島39、七尾42、皆月16、中津13、福浦10
伊予　20	佐方浦 6 、菊間浦 3	越中 669	放生津167、伏木123、六導寺61、海老江51、岩瀬70、水橋42、滑川35
淡路　14	津土浦 1		
筑前　24	羽方 9 、今津 4 、広泊 6		
筑後　2		越後 974	新潟191、今町112、出雲崎70、鬼舞64、荒川59、沼垂52、糸魚川49、寺泊46、五ヶ浜32、青梅24、宮川22、荒井浜、村上、梶屋敷、早川、松ヶ崎、犬川、間瀬
肥前　11	平戸 3 、唐津 3 、長崎 1		
肥後　2			
豊後　3			
日向　4	鮎村 2		
大隅　1		庄内　57	酒田20、加茂 9
薩摩　6		秋田　25	秋田13、能代 3 、塩越
和泉 142	佐野浦58、堺50、港浦20	津軽　60	青森、鯵ヶ沢
摂津1058	大坂666、御影浦102、神戸60、兵庫36	南部　77	脇沢21、宿野井12、川内 6 、大畑7
播磨 105	坂越51、魚崎20、高砂、赤穂	松前 134	松前70、江差47、枝ヶ崎13、小樽 3 、箱館 3
備前　28	岡山 3	佐渡 264	松ヶ崎44、宿根木26、相川25、沢根25、赤泊21、小木16、多田10、川崎 9 、港 8 、新町 6 、五十里 5 、腰細 5 、新保 4 、野浦 4 、月布施 3 、川原田 3 、莚場 2 、達者 2 、田野浦 2 、尾戸 2 、夷 2 、北小浦 2 、水浦 2 、蚫 1 、住吉 1 、大川 1 、見立 1 、歌見 4 、北松ヶ崎 2 、平松 2 、平沢 1 、北椿 1
備中　16	玉島11		
備後　1			
安芸　62	椋浦36、柿浦11、因島		
周防　45	別府32、小松、伊保庄		
石見 138	浜田54、和江浦24		
出雲　33	松江15		
隠岐　6	目貫村3		
因幡　7			
但馬 110	伊組村28、諸崎浦12、竹昂村11	合　計	6881

（註）　加茂村誌編纂委員会編『加茂村誌』（両津市加茂公民館、1963年）456～457頁より作成。

数字は船数を示す。

表77である。年代は享保頃から明治一五、六年にいたる一七〇～一八〇年間にわたるという。かなり長期に及ぶ史料であるが、年代別の分布がわからないので、時期的な変化は把握できない。

この表によれば、一〇〇艘以上の客船が入津した諸国として多い順に、摂津一〇五八艘・越前一〇三五艘・越後九七四艘・加賀八四一艘・越中六六九艘・能登三三三艘・佐渡二六四艘・和泉一四二艘・若狭一三九艘・石見一三八艘・松前一三四艘・讃岐一二九艘・丹後一一六艘・但馬一一〇艘・播磨一〇五艘があげられ、松前・越後から石見にいたる日本海地域を除けば摂津・和泉・讃岐・播磨の大坂を中心とした瀬戸内地域とのつながりが強いようである。これは、佐渡が西廻り航路の中に含まれていることによるものであろう。特に、摂津は北陸地方の国々を抑えて全客船の一五％余を占めている。

次に、その内訳を見ると、北陸地方において五〇艘以上の廻船を入津させているのは、越前では敦賀・三国・米ヶ脇・安島・新保・川野浅、越後では新潟・今町・出雲崎・鬼舞・荒川・沼垂、加賀では湊津・橋立・本吉・宮腰・粟崎・安宅・堀切、越中では放生津、能登では黒島、若狭では小浜であり、敦賀・三国・新潟・放生津などの港が特に多い。北陸地方以外の地域において、三〇艘以上の廻船を入津させているのは、紀伊の日高、阿波の斎田、讃岐の塩飽・粟島、和泉の佐野・堺、摂津の大坂・御影・神戸・兵庫、播磨の坂越、安芸の椋浦、周防の別府、石見の浜田、松前の松前・江差であり、全国各地の廻船が入津しているようすがわかる。特に大坂は六六六艘と他を圧倒しており、注目される。

また、これらの客船のうち五〇〇艘について入津月が明らかにされており、それによれば、二月一三艘・三月五〇艘・四月九八艘・五月一一三艘・六月八二艘・七月七一艘・八月四〇艘・九月二八艘・一〇月五艘であり、(8)一一月～翌正月には入津船は見られず、三～九月、特に四～七月の春から夏にかけて日本海を盛んに航行していたようである。

浦川は、天保一二年（一八四二）には田八町七反五畝二二歩・畑三町三反六畝二九歩を有し、江戸期には家数二八〜三二軒、人口二〇〇〜二五〇人の村であった。天保九年には二五艘の船をもち、漁業を中心に農業や薪炭の生産も行ない、廻船が風待ちする良港をもっていた。ここでとりあげる客船帳の所蔵者である酒井源左衛門家も前述したように浦川の問屋七人衆の一軒であり、天保九年には名主を務め、その後も名主や組頭を歴任した村役人層であった。また、同家は享保頃に五〇石積程度の地廻り廻船を所有していたともいわれている。(9)

表78　安永７年以降浦川港山岸屋の客船

船　籍	内　　訳（判明分のみ）
紀伊30	日方11、日高９、黒江２、宮崎２、布引１、田辺２、名高３
加賀 4	宮腰３、安宅１
松前 1	江差１
塩飽19	山本12、立石１、茂浦３、牛島３
阿波31	才田10、桑島５、北浜２、新家屋町１、形井２、北泊１、立花８、新浜１、中島１
薩摩 2	寺田１
越後15	出雲崎２、寺泊２、芦谷１、村上肴町１、荒川４、藤塚浜１、新潟１
越中19	海老江１、伏木15、東岩瀬１、放生津１、六渡寺１
筑前 4	
越前 4	三国４
能登10	所口町１、宇出津４、七尾２、新保１、領家町１
讃岐27	
摂津 7	大坂６、西宮１
羽後 1	庄内１
佐渡 3	太田1、相川２
合　計	177

（註）　安永７年「客船覚帳」（酒井源左衛門家文書）より作成。数字は船数を示す。

この酒井源左衛門家に安永七年（一七七八）の「客船覚帳」(10)が残されており、ここでその内容を紹介してみよう。この史料は、「安永七戌年改　客船覚牒　山岸源左衛門」と表紙に記されているが、史料中に「文化八未九月入」「安政六未八月廿五日入」「元文六酉年四月十三日入」などと客船に注記があることからわかるように、安永七年の時点で元文六年（一七四一）入津分を含めそれ以前の客船帳を書き改め、それ以降幕末に至るまで客船を書き加えていったものと思われる。

そこで、この客船帳に記載された廻船一七七艘を船籍別に示したのが、表78である。この表によって船籍を見ると、阿波が三一艘で最も多く、紀伊三〇艘・讃岐二七艘・塩飽一九艘・越中一九艘・越後一五艘・能登一〇艘・摂津七艘・加賀四艘・越前四艘・筑前四艘・佐渡三艘・薩摩二艘・松前一艘・羽後一艘と続き、北陸地方以外では阿波・紀伊・讃岐（塩飽）・摂津・筑前の客船との関係が深いことがわかる。さらに、その内訳で五艘以上の客船を入津させている地域を見ると、紀伊の日方一一艘・日高九艘、塩飽の山本一二艘、阿波の斎田一〇艘・立花八艘・桑島五艘、越中の伏木一五艘、摂津の大坂六艘となり、ほかに松前江差、羽後庄内、越後出雲崎・寺泊・新潟、佐渡相川、越中海老江・放生津、加賀宮腰・安宅、越前三国、能登宇出津、摂津西宮、紀伊田辺など各地の廻船が出入りしていたようすがうかがえる。

二　享保一〇年「諸廻船入津留帳」

前述した史料は、客船帳という性格から、遠くからでも識別できるように帆印・船名など個々の廻船の特徴は記載されているが、客船の入津日も一部しか明らかでなく、廻船規模や積荷などは記されておらず、同一廻船が数度入津しても記されていなかったりする弱点があった。ここでは、真更川の土屋三十郎家の享保一〇年（一七二五）の「諸廻船入津留帳」[11]を用いて、佐渡国への入津船について船籍・積荷・廻船規模・入津月・滞船日数など時期的変化に注目しながら検討しよう。

真更川は、元禄七年（一六九四）の検地帳によれば、田畑屋敷一一町七反二畝一八歩を有し、宝暦～文久二年（一七五一～一八六二）には家数一七～一九軒・人数一三三～一四三人の村であった。土屋三十郎家は、慶安元年（一六四八）から安政七年（一八六〇）にいたるまで何度も名主を務め、元禄七年には田六反二畝七歩・畑五畝一九歩・屋敷三畝二四歩の村中でも五番目の高を持つ村の草分け的存在であり、船宿を営んでいたという。[12]

さて、この「諸廻船入津留帳」は、表題に「享保十年巳正月吉日」「佐州加茂郡真更川村鴨嶋　船宿土屋三十郎」とあり、船宿である土屋三十郎家が、享保一〇年（一七二五）から寛政一〇年（一七九八）にいたる七四年間の入津船七〇九艘を記したものである。ただし、七四年間のうち安永七年（一七七八）の一艘を除く明和八年（一七七一）～天明七年（一七八七）の一七年間が欠落している。それ以外にも明和年間など一部に年間数艘しか入津しない年もあり、少し不自然さをもっている。[13]しかしながら、ここではほぼ一〇年ごと機械的に区切り、七つの時期に区分して七四年間の変化を見ようとした。すなわち、享保一〇年～同一九年を一期、享保二〇年～延享元年を二期、延享二年～宝暦四年を三期、宝暦五年～明和元年を四期、明和二年～安永五年を五期、安永六年～天明八年を六期、寛政元年～同一〇年を七期と区分した。ただし、入津船の少ない時期（明和・安永・天明）は一二年刻みとなっている。

そこで、この時期区分に従い入津船をみると、一期一八四艘・二期一八三艘・三期一六二艘と三期までは常に一六〇艘以上の入津船が見られたのに、四期五五艘・五期二六艘・六期五艘と落ち込み、七期に八四艘と少し回復する。年度別では、最大は享保一一年の四四艘であり、三期までは普通二〇艘前後の廻船が入津し、それ以降は最大で寛政八年の一五艘であり、少ない年は一～四艘程度であった。さらに、月別動向を見ると、二月五艘、三月七九艘、四月一九一艘、五月一五七艘、六月一〇六艘、七月一〇二艘、八月四五艘、九月八艘、不明一六艘であり、入津の時期は二月から九月までに限定されており、冬季の日本海での廻船航行はほとんど行なわれなかった。特に四月と五月でほぼ入津船の半数近くを占め、三～七月の春から夏にかけてに集中している。また、時期的な変化もほとんど見られなかった。

次に、表79によって廻船規模別に入津船を見ると、二人乗から二〇人乗まで存在するが、最も多いのが六人乗の九一艘で、五人乗八五艘・七人乗八一艘・八人乗六二艘・一三人乗五二艘・一四人乗四二艘と続く。ここでは、廻船規模として乗組人数を用いたが、積石数も併記されている廻船も二八艘存在するので、乗組人数と積石数を対比すれば、二人乗六〇石積・三人乗七〇〜一〇〇石積・四人乗一八〇石積・六人乗三〇〇石積・七人乗四〇〇石積・八人乗五〇〇石積・一〇人乗七〇〇石積・一二〜一三人乗八〇〇石積・一四人乗一〇〇〇石積・一五〜一七人乗一一〇〇〜一二〇〇石積である。すなわち、二〜三人乗の小規模廻船は一〇〇石積以下、四〜九人乗の中規模廻船は二〇〇〜五〇〇石積、一〇〜一七人乗の大規模廻船は七〇〇石積以上となる。したがって、四%が二〜三人乗の小規模廻船、五三%が四〜九人乗の中規模廻船、四二%が一〇〜一七人乗の大規模廻船であり、真更

模

		時期区分						
不明	合計	1期	2期	3期	4期	5期	6期	7期
	8	4	1	2				1
	14	1	1	8	1	2		1
	7	5		1				1
	2	2						
	11			2		3	1	5
	16	1	1	2	1		1	10
	50	15	13	6	3	5		8
	7	1	1	3				2
1	228	42	65	63	26	7	1	25
3	82	25	21	21	2	2	1	10
	3		1	1	1			
	9	3	3			1		2
	1				1			
	4		2	2				
	1			1				
	4		3	1				
	11	10	1					
	1				1			
	1	1						
	1			1				
	15	10	5					
	44	11	17	10	1			5
	52	18	12	13	4	1		4
	37	9	9	10		1		8
	27	10	7	7	1		1	1
	2	1	1					
	41	18	12	5	6			
	18	3	5	1	6	3		
	4	2	1	1				
	1		1					
	7	2	1	1	1	1		1
4	709	194	183	162	55	26	5	84

表79　船籍と廻船規

船籍	乗組人数（人）																		
	2	3	4	5	6	7	8	9	10	11	12	13	14	15	16	17	18	19	20
松前				1	1	1	2		1		2								
津軽			1	4	2	3			4										
羽後		1				1							1	1	3				
南部					1		1												
佐渡		3	1		5	1		1											
越後	5	2	3	4	1				1										
越中	1	1	3	6	8	10	3	7	2	7		2							
能登	1	1	3	1			1												
加賀	5	5	12	60	58	36	36	7	1	5			1			1			
越前			5	7	11	24	11	4	12	1	1						1		
若狭			2		1														
丹後		1		2				2		4									
出雲			1																
石見										2		1	1						
長門								1											
周防															2		1		1
肥前										1	2	4	1	2		1			
豊後															1				
安芸												1							
備後														1					
備前												1	5	6	3				
播磨							1			2	3	9	13	5	6	2	1	2	
大坂					1	1	3	1	5	8	8	8	3	2	8	2	2		
摂津								1	2	1	1	5	3	3	5	13	3		
和泉					2			1	1	2	7	9		3	1	1			
伊予										1				1					
塩飽									2	2	4	8	11	12	2				
讃岐						2	2	1	3	1	1	3	1	2		2			
阿波							1	1	1	1									
淡路											1								
紀伊							1	1		2		1	2						
合計	12	14	31	85	91	81	62	28	35	40	30	52	42	38	31	22	8	2	1

（註）享保10年正月「諸廻船入津留帳」（土屋三十郎家文書）より作成。数字は船数を示す。

川が佐渡の外海府に位置しているため、中・大規模廻船の入津が中心であった。
船籍は、同じく表79によれば、最も多いのは加賀の二二八艘で、越前八二艘・大坂五二艘・越中五〇艘・播磨四四艘・塩飽四一艘・摂津（大坂を除く）三七艘・讃岐（塩飽を除く）一八艘・越後一六艘・備前一五艘・津軽一四艘・肥前一一艘・佐渡一一艘と続く。ただし、摂津は大坂、讃岐は塩飽を除いているが、それを含めると摂津八九艘・讃岐五九艘となる。船籍も、加賀・越前などの北陸地方と摂津（大坂）・讃岐（塩飽）・播磨などの瀬戸内東部地域の廻船が中心となっている。

次に、船籍と廻船規模の関係について見てみよう。まず、二〜三人乗の小規模廻船を有するのは、加賀一〇艘・越後七艘・佐渡三艘・越中二艘・能登二艘・羽後一艘・丹後一艘のみであり、いずれも北陸地方とその隣接国である。これは、廻船規模からくる佐渡までの航行距離の限界に基づくものである。ただし、これらの国々は小規模廻船だけでなく、四〜九人乗の中規模廻船も有し、むしろ中規模廻船を主体とする国々であった。そこで、中規模廻船を主として有する国々を見ると、加賀二〇九艘・越前六四艘・越中三七艘・津軽一〇艘・佐渡八艘・能登五艘であり、特に加賀は九二％、越前は七八％、越中は七四％が中規模廻船によって構成されていた。これらは、北陸地方の比較的廻船の発達した国々であった。したがって、加賀には八艘、越前には一五艘、越中には一一艘の大規模廻船も存在したのである。それでは、大規模廻船を主として有する国々はどこかと言えば、大坂四六艘・播磨四三艘・摂津三六艘・和泉二四艘・塩飽四一艘・備前一五艘などとなっており、大坂は八八％、播磨は九八％、摂津は九七％、和泉は八九％、塩飽・備前は一〇〇％が大規模廻船によって構成されていた。特に大規模な一五人乗以上の廻船を有するのは、摂津二四艘・大坂一四艘・播磨一四艘・塩飽一四艘・備前九艘・和泉五艘・羽後四艘・周防四艘・讃岐四艘・肥前三艘・加賀一艘・越前一艘・豊前一艘・備後一艘・伊予一艘であり、第三章で見た廻船の比較的発達した摂津・大坂・播磨・塩飽・備前・和泉など東瀬戸内地域が中心となっている。

さらに、各地域ごとに廻船規模およびその時期的特徴について簡単に見てみよう。松前は、松前と江差の廻船からなり、五〜一二人乗の中・大規模廻船である。津軽は、十三湊が一一艘で最も多く、ほかに鯵が沢・深浦・小泊が見られ、四〜一〇人乗の中規模廻船である。羽後は、能代が五艘で最も多く、他に塩越・本庄が見られる。能代は一四〜一六人乗の大規模廻船が一期に五艘集中して存在し、塩越と本庄は七人乗と三人乗の中小規模廻船であった。南部は、六人乗と八人乗の中規模廻船で、いずれも川内の一期に属した。

佐渡は、相川三艘・赤泊三艘で、宿根木・松ヶ崎なども見られるが、三〜九人乗の中小規模廻船であった。一一艘のうち五期以降が九艘と多い。越後は、鬼舞四艘・柏尾二艘・早川二艘で、新潟・岩船・瀬浪・糸魚川など比較的分散している。一〇人乗一艘を除けば、いずれも二〜六人乗の中小規模廻船であり、しかも三人乗以下の廻船が七艘と多い。越中は、放生津が四五艘と九〇%を占め、他に伏木二艘・高岡一艘などが存在するだけである。二人乗・三人乗が各一艘見られるものの、中規模廻船三七艘・大規模廻船一一艘で、四〜一二人乗の中・大規模廻船が中心であった。能登は、輪島二艘・福浦二艘・宇出津二艘・皆月一艘で、皆月の八人乗を除けば、二〜五人乗の中小規模廻船であった。加賀は、宮腰七一艘・粟ヶ崎五七艘・大野四〇艘・向粟島一二艘・橋立一一艘・本吉一〇艘・大崎八艘・塩屋七艘・吉崎五艘・安宅一艘・瀬越一艘などが見られ、宮腰・粟ヶ崎・大野で七四%を占める。二〜三人乗一〇艘、四〜九人乗二〇九艘、一〇〜一七人乗八艘と中規模廻船が圧倒的であり、特に五人乗と六人乗はそれぞれ六〇艘・五九艘であり、五〜六人乗の廻船が中心であった。越前は、吉崎一六艘・三国一四艘・新保一三艘・案島一二艘・敦賀一〇艘・梶浦六艘・米脇五艘・浜坂二艘などであり、小規模廻船は存在せず、四〜九人乗六四艘・一〇人〜一八人乗一五艘の中・大規模廻船である。特に七人乗は二五艘で最も多く、大規模廻船では一〇人乗が一二艘を占め、大規模廻船でも一〇人乗に集中している。一八人乗は、享保一一年の三国の廻船であった。

若狭は、小浜一艘・竹原一艘などであり、四人乗二艘・六人乗一艘の中規模廻船であった。丹後は、由良四艘・大向四艘・亀島一艘で、三～五人乗三艘と九～一一人乗六艘に分かれる。出雲は、富木一艘のみで、四人乗の廻船であった。石見は、中須浦四艘のみで、一一～一四人乗の大規模廻船であった。長門は、今浦一艘のみで、九人乗であった。周防は、岐波浦二艘・阿知須浦一艘・丸尾崎一艘で、一六～二〇人乗の大規模廻船であった。二〇人乗は、延享五年の阿知須浦の廻船で、この史料で最も多くの乗組員を要した。肥前は、一一艘ともすべて唐津の一一～一七人乗の大規模廻船であり、いずれも一～二期に属する。豊前は、田浦一艘のみで、一六人乗の廻船であった。安芸も瀬戸田浦一艘のみで、一三人乗の廻船であった。備後も一五人乗の廻船一艘のみである。備前は、牛窓七艘・尻海六艘などで、一三～一六人乗の大規模廻船であった。

播磨は、魚崎二七艘・坂越九艘・高砂二艘・妻鹿二艘・的形一艘・室津一艘・新浜一艘などであるが、魚崎が六一％を占める。八人乗一艘を除けば、いずれも一一～一九人乗の大規模廻船であった。大坂は、道頓堀五艘・百間町四艘・安治川三艘をはじめ西横堀・長堀・北堀江・南堀江・北浜・天満・立売堀などが見られるが、単に「大坂」と記されている廻船が二六艘ある。六～九人乗六艘があるだけで、残り四六艘は一〇人乗以上の大規模廻船で八八％を占める。時期的には一～三期に多い。摂津は、大坂が除かれているが、二ッ茶屋一二艘・神戸九艘・御影八艘・兵庫四艘・脇浜二艘・西宮二艘であり、古くから廻船の発達した地域が含まれている。廻船規模は、九人乗一艘を除けば、残り三六艘は大規模廻船で、そのうち一七人乗は一三艘もあり、大規模廻船の中でも一六人乗以上の廻船が目立つ。和泉は、佐野二二艘・中庄湊二艘・堺一艘・岡田浦一艘であり、佐野が八一％を占める。廻船規模は、六人乗二艘と九人乗一艘を除けば、残り二四艘は大規模廻船であり、特に多いのは一二人乗七艘・一三人乗九艘である。時期的には一～三期に集中しており、佐野の廻船業の隆盛時期が推察できる。伊予は、金子一艘と単に「与州」と記された廻船一艘だけであり、一一人乗一艘・一五人乗一艘の大規模廻船である。塩飽は、牛島五艘・広島四艘・泊浦二艘・笠島一艘と単に「塩飽」と記された廻船二九艘からなる。すべて一〇人乗以上の大規模廻船であり、特に一四人乗一一艘・一五人乗一二艘が多い。時期的には一～四期のみであり、特に一～二期に集中する。第一五章で述べたように塩飽は、古くから廻船の発達した地域で、この時期城米輸送に従事していたが、明和期以降廻船業は衰退していった。讃岐は、粟島五艘・三木松四艘・宇多津二艘・浜二艘・積浦一艘・庵治一艘などであり、七～九人乗五艘・一〇～一七人乗一三艘である。時期は一～五期に存在する。阿波は、斎田一艘・高島一艘・中島一艘・沖島一艘であり、八～一一人乗の中・大規模廻船からなる。淡路は、一二人乗一艘である。紀伊は、薗浦二艘・比井二艘・藤代二艘・栖原一艘であり、八～一四人乗の中・大規模廻船からなる。日高の薗浦・比井は紀州廻船の根拠地であり、しかも薗浦は二・四期、比井は五・七期に入津しており、第四章で述べたように紀州廻船の隆盛期である明和・天明期と一致する。

それでは、これらの廻船によって、どこからどこへどのような商品が輸送されたのであろうか。この入津帳からは断片的なことしか明らかにできないが、積出地あるいは行先と積荷について見てみよう。史料には、「秋田ゟ米」「松前江下リ」などと、積出地あるいは積出予定地（行先）や積荷（予定積荷）を記しており、積出地と積荷さらに行先まで示されていない。したがって、積出地（積出予定地も含む）と積荷の関係を見ると、次のようになる。松前一〇艘（材木四艘・鯡一艘・昆布一艘）・江差一艘（材木一艘）・津軽二四艘（材木一二艘・米四艘・鯡一艘）・鰺ヶ沢二艘（米一艘）・田名部一艘（昆布一艘）・南部一四艘（材木七艘）・秋田二六艘（米一七艘）・能代一六艘（米五艘・材木三艘）・本庄四艘（米三艘）・酒田五艘（米五艘）・庄内六艘（米四艘・材木一艘）・越後一艘・新潟一艘・今町一艘（大豆一艘）・敦賀三艘・大坂一艘（米一艘）・不明二艘（材木一艘・鯡一艘）である。すなわち、材木が松前・江差・津軽・南部・能代・庄内、特に松前・津軽・南部から、米が津軽・鰺ヶ沢・秋田・能代・本庄・庄内・酒田、特に秋田・

能代・庄内・酒田から、鯡が松前・津軽から、大豆が今町から、昆布が松前・田名部からそれぞれ積出されているのがわかる。特に、この時期には米と材木の輸送が日本海を航行する廻船にとって重要な積荷であったことを示している。輸送船は、今町からの二人乗、新潟からの三人乗を除けば、残りはいずれも中・大規模廻船であり、瀬戸内・大坂・江戸など遠隔地まで運ばれたようである。ただし、この史料からは七〇九艘のうち七四艘の積荷しかわからず、しかも東北地方などの東からの商品流通のみで、北陸地方からの積荷や大坂などからの輸送商品については明らかにできなかった。

なお断片的であるが、寛政元年～三年に入津した七艘の廻船の佐渡での滞船状況をみると、入津したその日に出帆した廻船一艘・二日三艘・四日一艘・六日一艘・七日一艘であり、一週間以内に出帆している。

以上、客船帳や入津帳によって、佐渡国に入津する廻船の特徴を中心に見てきたのであるが、特に享保一〇年の「諸廻船入津留帳」では次のようなことが明らかになった。

第一に、この史料は一部欠けているものの、享保一〇年から寛政一〇年にいたる七四年間の入津船七〇九艘を記しており、ほぼ一〇年ごとに機械的に七つの時期に区分すると、一期～三期は常に一六〇艘以上の入津船が見られたのに対し、四期五五艘・五期二六艘・六期五艘と落ち込み、七期に八四艘と少し回復する。年度別では、最大は享保一一年の四四艘であり、三期までは毎年二〇艘前後の廻船が入津するが、それ以降は一五艘以下となり、少ない年は一～四艘程度であった。

第二に、入津の時期は二月から九月までに限定されており、特に四月と五月でほぼ入津船の半数近くを占め、三～七月の春から夏にかけてに集中している。これは、冬季の日本海での廻船航行はほとんど行なわれなかったことによるものであった。

第三に、廻船規模は二人乗から二〇人乗まで存在するが、最も多いのは六人乗で、五人乗・七人乗・八人乗・一三人乗・一四人乗と続く。乗組人数と積石数の関係は、二〜三人乗の小規模廻船が一〇〇石積以下、四〜九人乗の中規模廻船が二〇〇〜五〇〇石積、一〇〜一七人乗の大規模廻船が七〇〇石積以上であった。したがって、入津船の四％が小規模廻船、五三％が中規模廻船、四二％が大規模廻船であり、港が佐渡の外海府に位置していたため中・大規模廻船の入津が中心であった。

第四に、船籍では、最も多いのは加賀の二二八艘で、加賀・越前などの北陸地方と摂津・讃岐・播磨などの瀬戸内東部地域の廻船が中心となっていた。船籍と廻船規模の関係では、小規模廻船を有するのは北陸地方とその隣接国であり、それは佐渡までの航行距離の限界によるものであった。加賀は九二％、越前は七八％、越中は七四％が中規模廻船によって構成され、大規模廻船も存在した。大規模廻船を主として有するのは、廻船の比較的発達した東瀬戸内を中心とした地域であり、大坂は八八％、播磨は九八％、摂津は九七％、和泉は八九％、塩飽・備前は一〇〇％が大規模廻船によって構成されていた。

第五に、積出地と積荷の関係では、材木が松前・津軽・南部から、米が秋田・能代・庄内・酒田から、鯡が松前・津軽から、大豆が今町から、昆布が松前・田名部からそれぞれほとんど中・大規模廻船によって積出され、佐渡を経由して瀬戸内・大坂・江戸など遠隔地まで運ばれたようであり、米と材木が日本海を航行する廻船の重要な積荷であった。

（1）小村弌「幕末日本海の商品流通について――越後国泊屋文書を中心に――」（福井県立図書館・福井県郷土誌懇談会編『日本海海運史の研究』（福井県郷土誌懇談会、一九六七年）。のち同『近世日本海海運と港町の研究』（国書刊行会、一九九二年）所収。

（2）『新潟県史』通史編4　近世二（新潟県、一九八八年）の四章三節、『新潟県史』通史編5　近世三（新潟県、一九八八年）の三章三節に詳しい。また、『新潟県史』では資料編の一冊を近世の流通編にあて、近世の商品流通史に力を入れている（『新潟県史』資料編10　近世五　流通編、新潟県、一九八四年）。

（3）「入船帳」「客船帳」の史料的性格については、柚木学「海運史料としての入船帳と客船帳――廻船の動向と商品流通――」（『交通史研究』七号、一九八二年）を参照。なお「入船帳」「客船帳」を含めた近世商品流通史料の特質については、本書第三章参照。

（4）佐渡の個別廻船業者の動向については、佐藤利夫「佐渡沢根町浜田屋の廻船業について」（柚木学編『日本水上交通史論集』一巻、文献出版、一九八六年）参照。

（5）天明四年「他国廻船入津覚帳」（前掲『新潟県史』資料編10　近世五　流通編、九六一頁）。その内容は、本章では省略したので拙稿「近世佐渡国入津船と商品流通」（同志社大学人文科学研究所『社会科学』四七号、一九九一年）参照。

（6）文化一一年「客帳」（前掲『新潟県史』資料編10　近世五　流通編、九六三～九七二頁）。その内容は、本章では省略したので前掲拙稿参照。

（7）加茂村誌編纂委員会編『加茂村誌』（両津市加茂公民館、一九六三年）四五三・四五六頁。村誌では六八八六艘とされているが、内訳を集計すれば六八八一艘となり、五艘少ない。この中には本稿で述べる酒井家の「客船覚帳」も含まれているものと考えられる。

（8）前掲『加茂村誌』四五七頁。

（9）両津市誌編さん委員会編『両津市誌』町村編下（両津市役所、一九八三年）四五一～四七六頁。

（10）安永七年「客船覚帳」（酒井源左衛門家文書）。この史料については、すでに両津市誌編さん委員会編『両津市誌』資料編（両津市役所、一九八四年）六五二～六五四頁に冒頭部分が紹介されているが、ここでは全面的に利用した。記載様式については、『両津市誌』資料編を参照されたい。

（11）享保一〇年「諸廻船入津留帳」（土屋三十郎家文書）。この史料については、すでに前掲『両津市誌』資料編、六四三～六五二頁に冒頭部分が紹介されているが、ここでは全面的に利用した。記載様式については、『両津市誌』資料編を参照されたい。また、その簡単な内容については、前掲『新潟県史』通史編四　近世二、七二七～七二八頁にも記されている。

(12) 前掲『両津市誌』町村編下、六九三〜七一五頁。
(13) 年代ごとの船数は、前掲拙稿註15参照。
(14) 佐野の廻船については、拙稿「泉州の豪商食野家の金融活動」(『大阪大学経済学』三一巻四号、一九八二年)参照。

結　論

一　廻船の発展類型

全国各地に存在した廻船について、その発展度を第一に廻船数の増加、第二に他国船依存から自国船の育成、さらに自国船稼から他国船稼への進出という船稼形態の変化、第三に直乗船頭から沖船頭へという多数廻船所有者の出現、第四に小規模廻船から中規模廻船、さらに大規模廻船へという廻船の大規模化の四つの指標によって、把握することができると考えた。そこで、貞享四年～明治三年に讃岐国直島周辺で海難に遭った廻船三三四艘を分析した結果、第一に、最も古くから廻船の発達した地域には、大坂・摂津・紀伊・讃岐などの瀬戸内東部を中心とした地域があげられ、そこでは主として他国稼・沖船頭・大規模廻船という廻船の進んだ形態が比較的早い時期に見られた。第二に、文化期以降に廻船が発展してくる地域には、周防・安芸・伊予・豊後などの瀬戸内西部を中心とした地域があげられ、そこでは、廻船数の増加・自国船の充実・沖船頭の出現・廻船の大規模化が見られた。第三に、幕末期に至ってある程度の廻船の発展が見られた地域には、北国・出雲・石見・長門・日向・薩摩などの北陸・山陰・九州を中心とした地域があげられ、そこでは他国船依存からの脱却・自国船の育成が行なわれ、沖船頭・中規模廻船も見られるようになった。第四に、幕末に至ってもまだ廻船の発展が顕著でない地域には、松前・肥前・肥後・土佐の遠隔地があげられ、小規模廻船の発展は見られたが、まだ他国船にかなり依存していたといえよう。ただし、史料的な制約から、地域・年代がやや限定されており、今後東日本を含めた全国各地の廻船の動向を把握し、時期的にもさらに遡ることによって、この指標の有効性を確認・補強する必要があろう。

享保一〇年~寛政一〇年に佐渡へ入津した廻船七〇九艘の船籍においても、その一端が明らかになる。すなわち、そこでは加賀・越前などの北陸地方と摂津（大坂）・讃岐（塩飽）・播磨などの瀬戸内東部地域の廻船が中心となっていた。さらに廻船規模でも、二~三人乗の小規模廻船を有するのは、加賀・越後・佐渡・越中・能登・羽後・丹後のいずれも北陸地方とその隣接国である。ただし、これらの国々は小規模廻船だけでなく、四~九人乗の中規模廻船も有し、むしろ中規模廻船を主体とする国々であった。そこで、中規模廻船を主として有する国々を見ると、加賀二〇九艘・越前六四艘・越中三七艘・津軽一〇艘・佐渡八艘・能登五艘であり、特に加賀は九二%、越前は七八%、越中は七四%が中規模廻船によって構成されていた。これらは、北陸地方の比較的廻船の発達した国々であり、大規模廻船も存在した。大規模廻船を主として有する国々は、大坂四六艘・播磨四三艘・摂津三六艘・和泉二四艘・塩飽四一艘・備前一五艘などで、大坂は八八%、播磨は九八%、摂津は九七%、和泉は八九%、塩飽・備前は一〇〇%が大規模廻船によって構成されていた。特に大規模な一五人乗以上の廻船を有するのは、摂津二四艘・大坂一四艘・播磨一四艘・塩飽一四艘・備前九艘・和泉五艘・羽後四艘・周防四艘・讃岐四艘・肥前三艘などであり、廻船の比較的発達した摂津・大坂・播磨・塩飽・備前・和泉など東瀬戸内を中心とした地域が主体となっていたのである。

本書で取り上げた地方の廻船は、この類型によれば主として第一の最も古くから廻船の発達した地域に属するものであった。それは、本書で取り上げた廻船は大型帆船による商品輸送を中心とした事例が多く、そのため比較的廻船の発達した地域の廻船が中心となった。しかし、これらの類型は、一般的な傾向を示したものであって、輸送商品や個別廻船業者の展開とは別の問題であることは言うまでもないであろう。

二　廻船と商品流通

幕藩体制は、石高制を経済的基盤とする社会であったため、米納年貢の換金が必要とされ、そのため米穀は最も重要な商品であった。それは、摂津・出羽・越後・出雲・石見・安芸・阿波など全国各地の港での取扱商品・入港廻船積荷の中に占める米穀取扱高が、他の商品を圧倒して過半近くに達することによっても明らかであった。

城米輸送の担い手は、元禄・享保期頃までは塩飽廻船が中心であったが、それ以降大坂の廻船がしだいに進出し、宝暦期頃には大坂の廻船が中心となり、一部瀬戸内の廻船がそれを担い、塩飽廻船は後退した。天保期頃になると摂津特に御影などの灘廻船や瀬戸内特に周防・伊予などの廻船の進出が著しく、大坂の廻船はむしろ後退した。石見国の城米輸送においても、天保一二年以降その担い手が大坂の廻船から摂津御影・大石・今津などの灘廻船へと変化していった。しかし、それは大規模廻船からなる江戸廻米船についてのことであって、大坂廻米船においてはまた事情が異なっていた。大坂廻米船の場合は、中規模廻船でも十分航行可能であったため、天保一四年以降上方船・瀬戸内船に代わって、山陰・北陸地方の中規模廻船が、大坂廻米船の担い手として登場しはじめた。また、越後国の城米輸送においては、東廻り航路を経由する城米船には江戸・浦賀・名古屋・石巻などの東国の廻船が多く、西廻りの江戸廻米船や大坂廻米船が摂津・伊予・安芸などの大坂・瀬戸内を中心とした廻船からなっていたのとは大いに異なり、東廻り航路を航行するのにふさわしい地域の廻船によって構成されていた。そして、江戸廻米船が一〇〇〇石積級の大規模廻船であったのに対し、大坂廻米船は五〇〇石積の中規模廻船も含まれていた。さらに、尾鷲地域に入津した城米船の船籍も、摂津・紀伊・安芸を中心とするが、特に大坂は圧倒的な位置を占めていた。しかし、幕末期になると大坂の廻船がやや後退し、灘廻船の進出が見られた。また、大坂の廻船はすべて沖船頭であったのに対し、地方の廻船は直乗船頭の形態が多かった。

米以外の輸送商品としては、灘の酒、紀州の蜜柑・木材・炭、赤穂の塩、阿波の藍・塩など各地の特産物がある。特産物は生産地からできる限り遠隔地へ輸送されてはじめて特産物としての価値が増大することになり、そこに廻船の果たす役割の重要性が認められる。そこで、これらの特産物の輸送について見てみよう。

灘の酒は、樽廻船によって輸送されたのであるが、それを構成していたのは、大坂・西宮・灘の廻船と紀州廻船を中心としていた。それらの廻船は、大坂・伝法樽廻船問屋と西宮樽廻船問屋に付船され、その差配に従ったのである。紀州廻船は、日高・比井・富田の紀州三か浦廻船によって構成されて文化期頃までは繁栄を極めていたが、文政・天保期にはしだいに衰退するに及び、天保四年にはついに菱垣廻船へ合体することになる。この樽廻船の担い手の一つであった紀州廻船の衰退に対し、台頭してきたのが灘廻船であり、この灘廻船が幕末期には樽廻船の主体をなして行くのであった。

紀州の有田蜜柑は、その三分の二が江戸へ、五分の一が尾張へ、一〇分の一程度が伊勢・浦賀へ輸送された。紀州の日高廻船が、安永・寛政期には蜜柑輸送船の八割近くを占めていたが、しだいに日高廻船の絶対的な地位は崩れはじめ、多様化する。文政期には日高廻船が半数を割り、嘉永期にはほとんど姿を消し、これに代わって淡路を中心に紀州の大川・周参見・和歌山や内海などの廻船が蜜柑輸送を担うようになる。紀州熊野の木材・炭は、熊野川河口に位置する新宮廻船・鵜殿廻船によって江戸・大坂へ輸送された。特に、新宮領の炭は領主である水野氏の手船によって江戸へ輸送された場合もあった。

赤穂の塩は、江戸方面へ四分の三が輸送され、幕末期には、赤穂の地船と江戸・浦賀・紀州等の他国船によってほぼ半分ずつ輸送されていたが、明治期になると赤穂の地船の占める比率が上昇していった。赤穂地方の中でも、坂越浦の廻船の進出は著しかった。

阿波の塩は、常陸・江戸・相模・伊豆・伊勢・紀伊・長門・阿波の大規模な廻船によって、阿波の藍はその添荷として江戸へ輸送された。北国からの阿波への魚肥流入は、松前・越前・越中・越後・能登・加賀・和泉・兵庫・周防・阿波の大規模な廻船によって担われた。また、阿波への米穀輸送は、尾張・播磨・淡路・讃岐・伊予・備前・備中・備後・阿波の比較的小規模な廻船によって担われた。すなわち、塩・藍・魚肥は大規模な江戸・北国廻船、米穀は小規模な大坂・九州廻船によって輸送された。

讃岐国直島の難船史料から商品と廻船の関係を示すと、城米は大坂・讃岐塩飽廻船が中心であった。蔵米は宝暦期頃までは大坂・摂津と瀬戸内・九州の廻船が中心であったが、それ以降大坂・北陸・山陰の廻船が少なくなり、瀬戸内・九州の廻船が中心となる。商人米は、大坂周辺地域よりもむしろ北陸・瀬戸内・北九州・山陰等の広範囲な地方廻船の台頭が見られた。塩は讃岐・備中・尾張、海産物は讃岐・安芸・備中、紙は安芸・周防・伊予、畳表は備前、莚は豊後、木材・炭・薪は安芸・伊予、鉄は安芸・石見の廻船が中心となり、それぞれ積地の廻船が用いられた。そして、城米は大規模、蔵米は大・中規模、商人米は中・小規模廻船によって輸送された。砂糖・木材・炭は大・中規模、紙・蠟・莚・薪・石炭・鉄は中規模、麦・大豆・小豆・海産物・干鰯・綿・畳表・苧・縄・竹・小間物・雑貨等の大部分の商品は中・小規模、醬油・煙草は小規模廻船によって輸送された。

三　廻船の性能

近世廻船は、その基盤となる経済社会から大量輸送機能・安全性を要求されても、迅速性はさほど必要とされなかった。また、廻船構造上、季節・天候などの自然的条件に大きく左右された。たとえば、冬期における日本海地域への航行は行なわれなかったし、雨や風の強い日の出帆は避けた。そのため、航行日数は大幅に延びることとなった。

越後からの城米輸送の場合には、東廻り航路による江戸から越後までの空船による航行日数は約一か月半程度かかり、大坂から越後までの日数とほぼ同様であり、上乗粮米から見ても東廻り航路による越後から江戸までの航行日数と越後から大坂までの日数とはほぼ等しかった。

石見国の城米輸送の場合には、城米船は大坂を正～二月頃に出帆し、石見の積湊まで八日間の航行日数の予定であったが、実際には二〇日から一か月余を要し、三月頃に入津した。入津の時刻は巳～申刻であるが、特に午後に多く、夜間・早朝の入津はほとんど見られなかった。入津すると四～九日間滞船した。滞船理由は、西風・雨天・高波がほとんどを占め、曇天も多かった。積湊からの出帆は、卯～申刻に集中し、特に早朝と午後に二つの山があった。しかし、積湊から出帆しても、約三分の二の廻船が一～二回の出戻り入津を経験し、出戻り時刻も酉刻に集中し、夕刻になり気象条件が悪化したため無理をしないで引き返した。

尾鷲へ入津した城米船の場合には、大坂川口で送り状を受け取り、空船で積湊へ向け出帆するのは、一一月～翌二月がピークとなるが、年内に出帆するのは摂津・播磨・備中・豊前など九州・瀬戸内地方の城米であり、日本海側は冬期廻送が困難なため翌年に輸送を行なった。積湊では、城米積載や天候悪化などのため城米船は一～二週間の滞船を必要とした。積湊から尾鷲までは、およそ摂津から一週間、播磨・備前・豊前から半月～一か月前後、越後から二か月前後、出羽から二か月以上かかった。尾鷲での滞船は、二週間以上の長期滞船がかなり見られ、滞船理由は雨天が圧倒的であり、東風・北風も江戸への向風となるため理由にあげられた。尾鷲への入津は、日暮れには少し早い未刻に見られ、出帆は夜明けの卯刻に行なわれた。

樽廻船の場合は、幕末期には今津から江戸までの所要日数で早いのは一〇日間、遅い場合は七三日間もかかり、平均二週間から一か月程度要した。蒸気船では数日となったが、風帆船では一～二か月に一往復の稼働で樽廻船の場合と大きく変わらなかった。

赤穂廻船の場合には、江戸まで年間三～四回往復しており、明治期に入っても四～六回とやや増えるものの、二～三か月に一往復する程度の稼働状況であった。阿波廻船の場合も年間四～五回江戸などへ塩・藍玉・魚肥等の輸送に従事した。紀州廻船の場合も、菱垣・蜜柑・塩仕建などで年間四～五回江戸などを往復するだけであった。それゆえ、新宮の水野氏の手船が熊野の炭を新宮から江戸へ一五日間で輸送したことで褒美を貰い、また江戸と新宮の間を年間七往復したということで褒賞を得たのである。

このように近世廻船は、経済的な帆船走行で、日和（天候）待ちなど安全性には十分注意を払っていたが、海上輸送のため難船にも遭った。紀州の有田蜜柑では、年間五〇～七〇艘の廻船で輸送されていたが、三艘程度の廻船が常に海難に遭っていた。したがって、約五％の難船率であった。樽廻船の場合には、魚崎からの難船は年間一～四艘程度みられ、一方年間一五〇～二〇〇艘の廻船によって輸送されていたから、約一～二％の難船率であった。今津からの場合は、慶応二年には五五艘のうち四艘（七％）、明治元年には一三五艘のうち七艘（五％）が難船に遭っており、魚崎の場合より難船率が少し高かった。時期的にも、新酒番船競争による無理な航行が行なわれる三月と台風シーズンの九～一〇月が多かった。このように少ない事例であるが、近世廻船による難船率は、ほぼ五％程度であったといえよう。

四　廻船の損益と運賃

近世の個別廻船経営の実態は、阿波廻船の伊勢丸・徳一丸・幸福丸・徳善丸、紀州廻船の益久丸・龍神丸、赤穂廻船の利吉丸・長安丸について明らかになった。ほかに、明治期の赤穂廻船の個別廻船経営についてもわかった。廻船の価格は、伊勢丸（一一〇〇石積）一七六九両余（中荷金三〇〇両を含む）、徳一丸（七〇〇〜八〇〇石積）六〇貫三三七匁余、幸福丸（三二〇石積）六四二両余、徳善丸（一四〇〇石積）一五三七両余、龍神丸（一五〇〇石積）一〇四貫四八九匁余であり、比較的小規模な幸福丸を除き、いわゆる千石船の価格は一〇〇〇両以上であった。

伊勢丸は、四年数か月の間に二一仕建行なわれ、一仕建の平均利益は五六両余で、その経費は五二両余を要した。したがって、海難もなく順調に運営すれば年間二〇〇〜三〇〇両の利益があった。しかし、造船・作事や海難による積荷の流失など大きな損害が生じ、結局利益を差し引いても、一四二〇両と二〇貫二六八匁余の損失に終わってしまった。徳一丸は、作事もなく順調に七年間運営された。経費としては七年間で一八六五両と五貫五八九匁余（年平均二七九両余）かかったが、海難もなかったためこの間一五〇〇両近い利益（年平均二一二両余）があげられた。したがって、徳一丸への約一〇〇〇両の投資は廻船が順調に運営されたため五年後にはすべて回収され、それ以後は毎年二〇〇両程度の収入と船舶自体が手元に残ることとなったのである。幸福丸は、四年間に廻船規模が小さかったため経費として年平均一二二両余と徳一丸の半分以下で済んだが、四年間で一五両と七六匁余の利益しかあげられず、また船代と作事代の六六七両余がかかり、船舶の売却益一四八両で補塡しても、結局五〇二両余の損失となった。徳善丸は、四年間に一六仕建活動し、経費として八八七両と七九匁余を要し、差引六一五両と一〇九匁余の利益をあげた。益久丸は、三年余の間に一七仕建し、一仕建当たりの利益は三貫目程度であった。龍神丸は、二年余の間に一二仕建し、一仕建七貫目の運賃収入があったが、一仕建当たりの経費も五貫目程度あり、差引二貫目程度の利益であった。さらに一年間の諸払いを差し引くと年間八貫目程度の利益があった。しかし、船代が一〇四貫四八九匁余で、この間柱代として一一貫七〇〇匁が費やされており、結局九貫一一三匁余と古柱売代七八〇匁が手元に残ったのである。利吉丸は、六年間に一八仕建で、収入は九〇貫目六六八匁余であり、年間一五貫一一一匁余、一仕建当たり五貫目余の利益をあげていた。長安丸は、一三年間に四一仕建で、収入は五五六六両余と四貫六五九匁であり、一仕建当たり一三〇～一四〇両となる。しかし、この間の作事などの経費が二四六五両と一貫七三三匁余かかり、結局三一〇〇両と二貫九二五匁余の利益となり、年平均にすると二三八両の利益であった。

運賃は、越後城米を江戸へ輸送する場合、嘉永元年には新潟から一〇〇石につき西廻り航路では二〇両二分であるのに対し、東廻り航路では二三両一分と割高であり、それは東廻り航路の危険性と迅速性に対する対価であった。石見から江戸・大坂への城米輸送では、文化～安政期には江戸へは一〇〇石につき九〇〇匁～一貫目程度、大坂へは五五〇匁～六〇〇目程度であり、大坂廻米運賃は江戸廻米運賃の約六割であった。灘酒の江戸への輸送運賃は、文政～天保期には一〇〇石につき一貫目程度であるのに対し、一方米一〇〇石の運賃は七三〇～七九五匁であり、酒運賃の方が二～三割高かった。しかし、幕末に至るにつれ米運賃に対し酒運賃は抑制される傾向にあった。有田蜜柑の江戸への輸送では、蜜柑一籠約四匁に対し運賃は一籠約一匁であり、運賃は商品価格の二五％程度であった。

阿波の山西家の場合、伊勢丸は買積船として阿波から江戸へ塩を運び、江戸から阿波へ返り荷として肥料を運び、その合間に藍・米・小麦・砂糖等を輸送した。そして、藍玉等の一部を除き、ほとんどが山西家による買積形態をとっていた。徳一丸は、積荷として魚肥二四件・昆布二件・塩八件・米二件・砂糖三件・その他九件であり、そのうち三三件が買積、一五件が運賃積であった。積荷別では、塩・砂糖・米・菜種はすべて買積で、肥料は三分の二が買積で、昆布・大豆は買積と運賃積の両方を行ない、煙草は運賃積を主体とした。したがって、運賃積によって得られた利益は一〇分の一に過ぎず、利益の大部分は損失が時折見られるものの買積によって得られたのであった。要するに、自己荷物である塩・魚肥を主として輸送する北国船として運営され、その利益の主体は買積船としての機能からくるものであった。幸福丸は、積荷として米穀物一七件・繰綿六件・砂糖一件・魚肥六件・藍玉八件・塩三件を輸送し、そのうち買積が二八件、運賃積が一三件であった。積荷別では、穀物・繰綿・塩と米の一件を除いた残りが買積で、藍玉・砂糖が運賃積で、魚肥は買積と運賃積とが半数ずつであった。このように、幸福丸は、米穀の買積と藍玉の運賃積を主体に経営がなされていた。

徳善丸は、積荷として魚肥六件・藍玉六件・塩一六件・米二件・その他四件を輸送し、そのうち買積が一三件、運賃積が一二件であった。魚肥は、買積が主であるが、運賃積も行なっていた。そして、魚肥の買積はいずれも山西家へ売り捌いていた。藍玉は、すべて運賃積であり、山西家から買い入れた斎田塩の添荷として輸送されており、斎田塩が江戸へ運ばれていることから、藍玉も江戸へ輸送されたようである。塩は、すべて買積であり、いずれも山西家からの斎田塩が輸送されたように思われるが、託間塩・赤穂塩を買入れたり、讃岐の坂出から新斎田塩を買入れたりした場合も見られた。米は、買積と運賃積とが見られ、ほかには江戸の藩邸への「御荷物」や塩荷物への添荷として傘等が運賃積されているのが見られた。このように、塩の買積を中心に藍玉の運賃積および魚肥の買積と運賃積も行なうことによって徳善丸の経営がなされていた。そして、総利益の九割が塩輸送によって得られ、残りの一割を魚肥・藍玉・米で分けあっていた。塩の買積によって獲得する利益は、かなり変動が見られるものの、多い場合には一航海に一〇〇両を越し、買積による利益の大きさがわかる。損金が生じているのは、当然ながら買積において三件見られるが、徳善丸の場合には一件当たりの損金額も少なく、廻船の経営状況を良好なものにした。経費は、他の廻船と同様一仕建当たり常に五〇両程度を要し、廻船の減価償却分を考慮に入れなくても、一仕建に五〇両以上の利益を上げなくては採算がとれないことになる。また、徳善丸の航跡は、基本的には山西家自身から斎田塩を買入れ、それを江戸・浦賀等の関東方面へ輸送し売り捌くのが一般的であったが、なるべく空船で航行することを避けるため、買積にこだわることなく魚肥の運賃積なども行なったり、山西家から買い入れた塩の積載量が少ない場合には藍玉等の添荷が運賃積として積み込まれた。また、買積においては、金利負担のともなう買い入れ資金としての中荷金を必要とした。

このように山西家の廻船経営は、塩・魚肥・米穀を中心にいずれも基本的には自己荷物を対象とした買積船経営であり、廻船の効率的運航を図るため藍玉やその他の商品の運賃積を行なっていたといえよう。したがって、山西家が廻船経営をするようになったのは、塩大問屋と諸肥物平問屋に終始することなく、手船化により輸送手段を確保することによって、買積を通じて自己荷物の有利な売却をすることにあったといえる。それゆえ、単に廻船経営から利益をあげる運賃積ではなく、あえて危険のともなう買積を行ない、自己荷物の有利な売却と結び付いた買積を主体とする経営形態がとられたのであり、その方が問屋として塩・肥料販売の手段をもっている山西家にとって合理的な廻船経営であった。

紀州廻船の村上家の龍神丸の場合は、いずれも酒・塩・藍玉などの運賃積を行なっており、一仕建に五〜九貫目ほどの運賃収入を得ている。しかし、内払として一仕建に五貫目程度の経費がかかっており、運賃積による一仕建の利益額は二〜三貫目程度であり、運賃積経営の着実性がうかがえる。しかし、運賃積は、安定した価格の大量商品が年間継続して存在する場合に適しているが、価格変動が激しい季節商品の場合にはむしろ買積が適していた。薗家の益久丸の場合は、一七仕建のうち一〇仕建が蜜柑輸送で、運賃積であったが、蜜柑輸送は季節性が見られ、輸送期間は一〇月から翌年正月までに限られていた。そして、紀州廻船が樽廻船として活躍していた時には、蜜柑輸送の空白期間に酒輸送が行なわれ問題はなかったが、天保四年に菱垣廻船へ合体されてから、この間の積荷を確保するために、御用荷・塩等の輸送に着手せざるを得なくなった。そこで登場してくる積荷の塩は買積であり、運賃積廻船としての紀州廻船の限界を打破する方向が買積であった。この損失の危険をともなう買積への進出が、紀州廻船の安定性を崩すことになったのである。買積は塩と登り荷物の大豆のみで、蠟燭・砂糖・御産物・御用荷等は、いずれも蜜柑の添荷として運賃輸送され、量的には少ないが登り荷物としては魚肥の運賃積が存在した。しかも、大豆輸送は買積による損失を出し、赤穂塩の買積は一七仕建のうちで最高の利益額をあげており、買積の投機的性格が見られた。揚力丸の場合も、一二仕建のうち四仕建が蜜柑輸送で、他に菱垣仕建や材木・蠟燭・砂糖・御用荷などの輸送を行なった。ほとんどが運賃積で、斎田塩と添荷の杉板・小麦のみが買積であった。このように紀州廻船は、樽廻船や菱垣廻船を構成していたことからも明らかなように運賃積を主体とした廻船経営が行なわれていたが、積荷不足により塩などの買積を行なわざるを得なくなったところに、近世の廻船経営における運賃積輸送の限界が存在したのである。

赤穂廻船の奥藤家の場合には、利吉丸は一八仕建のすべてが塩の買積で、その添荷として干鰯・鰹節の買積や米・畳表・干鰯・明樽・御産物の運賃積を行なっている。塩はすべて赤穂城下の竹島屋から買い入れ、江戸の塩問屋を中心に神奈川・下田・鳥羽・熊野の取引先へも販売した。一仕建の利益は、最高一四貫三三三匁余の利益から最低四貫一二三匁余の損失まで買積のため利益変動幅は大きかったが、平均五貫目余の利益があり、塩の買積によりかなりの利益をあげていた。長安丸は四一仕建のうち三八仕建が塩の買積で、その添荷として米・材木・炭・木綿・御用荷などの運賃積を行なっていた。塩は赤穂の塩問屋である浜野屋を中心に徳久屋・川口屋・小笹屋・的形屋から買い入れ、大部分を江戸の塩問屋へ販売した。塩輸送以外には、城米輸送が二仕建と廻米が一仕建見られ、いずれも運賃積であった。添荷の運賃積が加わるものの、塩の買積が主体であるため、一仕建の利益も変化に富んでおり、最高六六七両余の利益から最低二二七両余の損失まで、さまざまであり平均一三〇〜一四〇両となり、塩の買積による利益の大きさがわかる。なお、城米と廻米の各一仕建は、運賃積であったにもかかわらず、仕建の経費が多くかかったため、三二両余と一七両余の損失を出している。このように赤穂廻船は、地元の赤穂塩の買積を主体とした廻船経営を行なっており、それが地元の特産物を有利に販売する方法であり、合理的な廻船経営であった。

灘酒輸送に携わる灘廻船の場合は、灘酒造家が積極的に廻船を所有するようになり、幕末期には、樽廻船のほとんどが灘廻船によって占められるようになった。そこで、酒造家の手船による酒輸送が問題となった。本来は酒造家の手船であってもそれを樽廻船問屋に付船することで、自己荷物を勝手に積み込むことを防止する仕組になっていたが、実際には酒造家の手船による自己荷物の優先荷積が行なわれていた。すなわち、魚崎村における酒造家赤穂屋の手船の場合は、魚崎村からの積荷のうち四分の三が赤穂屋同族の積荷によって占められ、手船以外の場合の二分の一弱と比べると多くなっていた。同じく山路家の手船の場合も四割以上が山路同族の積荷によって占められ、手船以外の場合の一割未満に比べると多かった。また、今津村の酒造家である千足家の手船の場合にも、千足同族以外の廻船の場合には千足同族の積荷はわずか二割未満しか積載されていないのに対し、千足同族の手船には同族の荷物が六割以上も積み込まれた。したがって、自己荷物の勝手積は禁止されているものの、手船による同族荷物の優先的な輸送が、酒造家の手船所有の大きな理由の一つとして考えられた。また、一二月になると赤穂屋同族の手船による同族荷物の輸送がほとんど見られなくなっているのは、酒樽輸送のピークが過ぎて、もはや同族荷物の優先輸送があまり意味を持たなくなったことを示した。そして、酒造経営の規模を拡大しようとする酒造家にとって酒荷輸送の盛況期に輸送手段を確保することは、江戸における酒価の変動と入津状況に応じた酒荷販売の有利性を増すこととなったのである。したがって、酒造家が手船を所有する意味もここに存在したといえる。

六　廻船と危険分散

近世廻船は、前述したように海上を航行しており、しかも船舶構造上自然の条件に大きく左右され、迅速性を犠牲にしても日和見など注意深い航行がなされたのにもかかわらず、難船率も五％程度であった。それゆえ、保険制度が発達していない近世社会においては、廻船に対する危険分散のためのさまざまな工夫がなされていた。

和船はそれ自体、蒸気船などに比べれば格段に割安であるが、一〇〇〇両以上もかかり当時としては巨額な投資であった。したがって、それだけの金額を一度に出資できる企業家は限られていたし、一瞬にして巨額の出資金が消失する難船の危険性を考えれば共同企業が成立するのも当然であった。共同出資は、廻船加入の形態で行なわれ、一仕建ごとあるいは一年ごとに損益勘定がなされ、徳用配分・欠損負担がそれぞれの加入率に基づいて処理された。そして、海難による欠損や修復等の新たな費用についても加入率に従い負担する仕組になっていた。

阿波廻船の伊勢丸の場合は、大藍商の三木与吉郎家と塩大問屋の山西庄五郎家による五分ずつの共同出資であり、その運営は山西家があたった。この廻船は従来住吉丸として活躍していた廻船を改造したものであるが、その際要した船代・材木・釘代等の一切の合計一七六九両二分二朱と三匁六分九厘を両家が八八四両三分と五匁九分三厘ずつ出資している。そして、弘化二年の柱替入用八五両三分と一〇匁六分五厘、同四年の柱作事の入用五五両と六匁二分八厘、同年の大作事の費用三七九両二分と二〇貫四五七匁一分一厘、嘉永二年の破船による積荷流失損金五〇四両二朱と九匁五分七厘も、いずれも両者で折半して負担している。もちろん一仕建ごとに収支決算を行ない、その利益を折半していることは言うまでもない。徳一丸は、最初の四年間は山西家の単独出資であったが、安政二年には山西家と船頭の中屋彦次郎との五分ずつの共同出資となった。しかし、同五年には中屋彦次郎に出資分を返却し、山西家の単独出資に戻った。幸福丸は、山西家と岡崎十軒家の忠三郎と五分ずつの共同出資であり、運営は山西家があたっていた。元治二年の山西家には、江戸廻船六艘と九州・大坂廻船一艘が手船としてあり、ほかに山西家の支配船として江戸廻船の常盤丸（常州中之湊長四郎船）、北国船の徳一丸（越前三国藤蔵船）・乾済丸（同庄右衛門船）、九州・大坂廻船の長福丸（阿波土佐泊庄次郎船）・長栄丸（同庄三郎船）・喜栄丸（同万右衛門船）・幸住丸（阿波林崎富三郎船）があり、これら支配船は山西家の何らかの出資を受けている可能性が高かった。

紀州廻船でも比井廻船の場合は、特に酒造家の廻船加入を多く受けており、それが紀州廻船の樽廻船から菱垣廻船への合体を拒否した理由の一つでもあった。実際、龍神丸の場合も錫屋武兵衛から二分四厘の加入を受けていた。このように、廻船加入は単に巨額資本の必要性、利益配当、危険分散だけの機能によって成立していただけでなく、荷主の優先荷積や集団的利益供与の意味も含まれていたことは、否定できないのであるが、共同企業形態の一つとして注目されるものであった。

さらに、廻船経営においては、海難などの危険がともなったにもかかわらず、当時保険制度が欠如していたため、これを補完するさまざまな工夫がされていた。共同出資も海難による船舶被害を分散する方法の一つであり、それ以外にも荷積にも危険分散のための工夫が存在した。すなわち、特定荷主の商品のみを積み込まないという分散荷積による積込み方式の工夫が見られた。

紀州の有田蜜柑輸送では、江戸の蜜柑問屋は廻船一艘に積み込む単位である積合に結びつくのではなく、組株と結びついていた。すなわち、万一難船に遭った場合にも特定の江戸蜜柑問屋の損害は五分の一に分散される仕組になっていた。また、組株段階においても、蜜柑生産者はそれぞれ数籠ずつ出荷し、その都度居合わせた廻船に分散して積み込んでおり、結果的に万一難船した場合でも生産者の被害は分散される仕組になっていた。石見の城米輸送でも、各村から運ばれた城米は一つの蔵宿に集中させるのではなく、複数の蔵宿に納米しており、また蔵宿に集められた城米を船積みする場合にも、各蔵宿が一括して一艘の廻船に満載するのではなく、各蔵宿が城米をそれぞれの廻船に少量ずつ分散させて船積みしている。灘酒輸送でも、酒荷を船積みする場合灘酒造地の一か所からの積荷で一艘の廻船を満載するのではなく、灘各地の酒荷を分散させて荷積を行なっている。また、一地域の積み込みに際しても、同一荷主の積荷だけを一手に積み込むのではなく、数多くの荷主に積荷を少しずつ多数の廻船に分散させて輸送しており、これらはいずれも難船等による荷主の危険分散をはかるための仕組のようであった。

さらに、前述したように実際の廻船航行に当たっても日和見には異常なまでに注意を払ったのである。このように、保険制度が存在しないだけ、余計に危険分散に対する細心の注意・工夫がなされていた。また、万一海難に遭っても、迅速にその処理を行なえるように海難救助制度の整備がなされていた。

七　廻船の近代化

近世廻船の近代化として考えなければならないのが、西洋形帆船（風帆船）と蒸気船の導入であろう。酒輸送と樽廻船は、樽廻船の創設以来密接なつながりがあったが、そこにおいて風帆船と蒸気船が比較的早く導入された。

魚崎の酒輸送において、最初に蒸気船が見られたのは明治四年九月であった。樽廻船である和船は明治四年には酒輸送船の九五％、同五年には七七％、同七年には六七％を占めていたが、同一一年にはついに三〇％に落ち込み、同一二年になると全く姿を消し、和船は酒輸送において明治一〇年以降急激に減少していった。風帆船が最初に見られたのは明治六年一一月であり、蒸気船の明治四年九月に比べれば二年ほど遅れた。したがって、魚崎の酒輸送においては和船から蒸気船、そして風帆船の順に導入され、日本には蒸気船と風帆船とがほぼ同時にもたらされた。風帆船は明治七年にもわずか一艘見られるのみであったが、同一一年には三四艘も存在し、酒輸送船の三〇％を占め、同一二年には七四艘となり、五九％も占めるようになり、風帆船は急増して和船にとってかわった。

蒸気船は、明治四年に八艘存在し、酒輸送船のわずか五％しか占めていなかったが、同五年には一八艘（一一％）、同六年には四五艘（二三％）、同七年には七〇艘（三三％）、同一一年には四一艘（三五％）、同一二年には五二艘（四一％）と酒輸送船の中で占める比率の上では着実に増加していった。ただし、艘数では減少しているが、これは従来の樽廻船にとってかわった風帆船の急増によるものである。また、今津の酒輸送においても、明治二年には蒸気船・風帆船は全く見られず、すべて和船である樽廻船によって輸送されていたが、同一五年の酒輸送においては、和船は全く姿を消し、風帆船は七三艘（六六％）・蒸気船は三八艘（三四％）を占め、風帆船・蒸気船が普及していった。

このように、灘地方から東京への酒荷輸送においては、明治四～一二年に和船から蒸気船・風帆船への急激な転換が行なわれたのである。それは、上方―江戸間の定期航路にふさわしい積荷である灘酒の輸送には、和船である樽廻船にいつまでも依存するより、風帆船・蒸気船の導入をはかる方がより経済効率がよかったからであった。

しかしながら、西洋形帆船や蒸気船は高価で、燃料・保険料・修復費・減価償却費などの維持費や高度な技術をもった乗組員の雇用など、積載量・迅速性・安全性では和船を大きく上回ったが、日本の沿岸を航行する場合には和船でさほど不自由はなかった。むしろ近世的合理性が明治期に入っても、商品や航路などによっては生きていたのである。その典型的なものは北前船であった。したがって、一般的には明治期に入っても、あるいは大正期に至るまで、和船が日本沿岸を縦横に航行していたのである。

赤穂廻船においても、明治三〇年代末まで赤穂塩の東京方面への輸送に和船が活躍していた。ただし、近世廻船がそのまま用いられたのではなく、改善が行なわれたようである。すなわち、年間仕建回数も一艘当たり江戸期には三仕建であったが、明治期になると四～五仕建、なかには七～八仕建も行なわれており、塩積載量も江戸期には五〇〇〇俵程度であったのが、明治期になると六〇〇〇～七〇〇〇俵に増加し、船舶規模が増大した。このように明治期になると廻船性能の改善が見られたものの、基本的には和船の活躍が明治三〇年代末に至っても依然として存在したのである。それは、明治期に入っても近世廻船の経済合理性がそのまま通用する分野が存在し、そこでは和船が能力を十分に発揮することができたことを意味していた。ただし、外洋航路・旅客輸送・定期航路・大量商品輸送などの分野においては、蒸気船の導入・活躍が早急に見られたのは言うまでもなく、明治期に入って、海運業における住み分けが進行していったのである。

以上近世日本の海運史における問題として本書の分析視角に即して、廻船の発展類型・廻船と商品流通・廻船の性能・廻船の損益と運賃・廻船の経営形態・廻船と危険分散・廻船の近代化についてまとめ、本書の結論とした。なお、本書においては、東日本の海運業や北前船の個別分析・内陸水運との結合関係など残された課題は数多く存在するが、いずれも今後の研究課題として行きたい。

あとがき

本書は、修士論文に取り組んで以来続けてきた近世日本海運史に関する研究の成果である。私が近世史に興味をもつようになったのは、和歌山大学経済学部に入学して、安藤精一先生のもとで古文書の手ほどきを受けてからであり、それ以来近世文書に魅せられて勉強しはじめるようになった。しかし、学部においては農業史や商品流通史などに興味を持ち、海運史自体を将来研究しようとは思ってもいなかった。大学院へ入学して暗中模索の状態にある私を見兼ねて、安藤先生は豊富な内容をもつ廻船関係の史料を提示された。それからというもの、その膨大な古文書を前にして、「これを読めば何かがわかるのだ」という執念で、来る日も来る日も一日中史料の筆写を続けた。それでも、満足に文書も読めずに過ぎて行く毎日が続いた。そのうち、「こんなに時間を費やして、果たしてこれで修士論文ができるのか、このようなことで研究者の道へ進めるのか」と自問したこともあった。しかし、「そんな古文書ぐらいで、弱音を吐いてどうするのだ」という安藤先生の叱咤のおかげで、ようやく修士論文を完成することができた。それが、私を近世海運史研究に駆り立てた最初の研究であった。それ以来、安藤先生には公私にわたり、御世話になり続けている。

その後、大学院の博士課程では、大阪大学の原田敏丸先生のもとで御指導を受けるようになった。原田先生には拙稿の一字一句を丁寧に指導していただくとともに、史料調査や史料整理などを通じて研究者としての心構えなどを厳しく教えていただき、引き続き近世海運史の研究を押し進めることができた。原田先生には、現在にいたるまで、温和な雰囲気の中でいろいろ勝手な御相談にものっていただいているが、時々厳しいが温かい訓戒を受けている。大阪大学では、大学院および助手時代を含め、原田先生はもちろんのこと作道洋太郎、竹岡敬温、宮本又郎の諸先生方には、自由な学問的雰囲気のもとにさまざまな御指導をいただいた。また、三上敦史・次田健作・植村正治・佐村明知・畠山秀樹・上川芳実・柴孝夫・廣山謙介・ウィチェン・チェクパイチャヨン・藤川澄子・阿部武司・沢井実・廣田誠・市川文彦・松本貴典・鴋沢歩・山田雄久らの先輩同輩諸氏からは、研究仲間としていつも親しく御意見を聞かせていただいている。大学院時代には、安藤先生の御世話で和歌山県史編さん室に五年間非常勤職員として週に三日間通い、主として近世史料編の編纂に従事した。史料調査・写真撮影・史料整理・史料筆写・校正・割付・合宿など楽しく基礎的な勉強をする機会を得たが、かなりのオーバー・ワークであった。時には研究時間の不足から焦燥にかられたこともあったが、振り返って見れば、それが現在自分自身の実証研究の血となり肉となったように思われる。

また、同志社大学の研究会にも参加させていただき、安岡重明・藤田貞一郎・石川健次郎らの諸先生には私の失礼な発言にも温かい態度で接していただき、そこでも大きな学問的刺激を受けた。森泰博・宇田正・岩橋勝らの諸先生をはじめ、故宮本又次先生を中心とする宮本エコールに集う諸先生方には、普段からいろいろ御教示を受けている。滋賀大学では、井上洋一郎・傳田功・故小倉栄一郎・水原正亨・瀬岡誠らの諸先生には、研究のための自由な時間を与えていただき、御支援を賜った。さらに、安藤精一先生の研究会では、高嶋雅明・笠原正夫・天野雅敏・小山誉城・原田政美らの諸先生には私の中途半端な報告にも温かい気持ちで励ましていただき、少しは自信が持てるようになった。そして、近世海運史研究の第一人者である関西学院大学の柚木学先生には、学問上の御高説はもちろんのこと、いろいろな面で御指導を得た。本書ができたのも柚木先生の研究を一つの目標としてきたからでもある。

ここで、本書の基礎となった旧稿を掲げておこう。

第一章「徳川経済の循環構造」（速水融・宮本又郎編『日本経済史』第一巻、岩波書店、一九八八年一一月、宮本又郎氏と共同執筆のうち担当部分に加筆）
第二章「近世の米穀流通と廻船」（『大阪大学経済学』第三五巻第四号、一九八六年三月）
第三章「近世瀬戸内の商品流通」（一）（二）（滋賀大学『彦根論叢』第二四〇号・第二四一号、一九八六年一〇月・一一月）
第四章「菱垣廻船再興策と紀州廻船—紀州廻船の合体を中心に—」（『大阪大学経済学』第二七巻第四号、一九七八年三月）
第五章「近世廻船業者の活動と在村形態—紀州日高郡薗家・村上家の場合—」（『和歌山県史研究』第八号、一九八一年一月）
第六章「有田蜜柑輸送と日高廻船」（安藤精一先生還暦記念論文集出版会編『地方史研究の諸視角』国書刊行会、一九八二年二月）
第七章「新宮鵜殿廻船と炭木材輸送」（安藤精一先生退官記念会編『和歌山地方史の研究』宇治書店、一九八七年六月）
第八章「尾鷲入津の城米船について」（安藤精一編『紀州史研究』第四巻、国書刊行会、一九八九年六月）
第九章「幕末・維新期の灘酒輸送」（柚木学編『日本水上交通史論集』第四巻、文献出版、一九九一年六月）
第一〇章「幕末・明治期の赤穂塩輸送と廻船経営」（『大阪大学経済学』第三〇巻第四号、一九八一年三月）
第一一章「近世阿波における廻船経営と手船化の一例—伊勢丸の場合—」（『大阪大学経済学』第二八巻第一号、一九七八年六月）
第一二章「幕末期における廻船経営の一断面—阿波国板野郡斎田村・山西家の場合—」（『大阪大学経済学』第二九巻

第一号、一九七九年一〇月）
第一三章「阿波国撫養をめぐる商品流通と廻船」（柚木学編『日本水上交通史論集』第三巻、文献出版、一九八九年八月）
第一四章「近世瀬戸内海運と備前南児島」（『大阪大学経済学』第三二巻第二・三号、一九八三年三月）
第一五章「近世瀬戸内海運機能の一考察—讃州塩飽廻船を中心に—」（『大阪大学経済学』第三三巻第一・二号、一九八三年一二月）
第一六章「石見国銀山領の城米輸送」（柚木学編『日本水上交通史論集』第一巻、文献出版、一九八六年五月）
第一七章「幕末期における越後国の城米輸送」（滋賀大学『彦根論叢』第二五五・二五六号、一九八九年一月）
第一八章「近世佐渡国入津船と商品流通」（同志社大学人文科学研究所『社会科学』第四七号、一九九一年八月）

これらの旧稿は大幅な加筆・削除などの改稿を行なっている。また、序論・結論は、本書作成のため新たに執筆したものである。

なお、本書は近世海運史の実証的研究であるため、全国各地を調査し、そこで史料所蔵者や史料所蔵機関の御好意によって数多くの一次史料を目にすることができた。その際多くの人々に仲介の労を取っていただいた場合もあった。史料所蔵者をはじめこれらの方々には、感謝の気持ちでいっぱいであり、ここで改めてお礼を申し上げたい。

ここにようやく本書を上梓することができたが、それはあくまで自分の研究生活の一区切りに過ぎないと考えている。研究活動はこれからもまだまだ続くのであり、ここで歩みを止めることなく、第二、第三の山を目指してあきることなく邁進することを誓いたい。

最後に、本書の刊行に当たっては安藤精一先生に御尽力いただいたことを記しておきたい。また、出版事情が悪いにもかかわらず、このような形で本書を刊行していただいた吉川弘文館の御好意に対し厚くお礼申し上げるしだいである。

一九九三年一二月

上村雅洋

索　　引

あ　　行

秋田藩 ……4, 349
赤穂廻船 ……239, 458, 459, 463, 464, 469
有田蜜柑 ……153, 156, 455, 458, 460, 467
阿波廻船 ……458, 459
合　荷 ……104, 325
移出商品 ……326, 329
移出品 ……325
移出品市場 ……324
居船頭 ……10
一紙帳 ……216, 227
移入商品 ……329, 332
移入品 ……325
移入品市場 ……324
鵜殿廻船 ……181, 455
浦　組 ……348
浦手形 ……1, 74
宇和島藩 ……56, 67
上乗人 ……202, 425, 429, 430
運　賃 …32, 39, 41, 120, 122, 146, 158, 159, 163, 169, 205, 384, 410, 429, 459, 460
運賃積 …10, 43, 173, 176, 244, 287, 295, 311, 317, 342, 359, 461～464
江戸大坂御城米廻船問屋 …… 398
江戸廻船 ……284, 303, 343, 466
江戸廻送船 ……204
江戸廻米 ……31～33, 50, 349, 398, 412, 424, 426, 428
江戸廻米運賃 ……410, 428
江戸廻米船 ……403～406, 408, 410, 454
江戸十組問屋 ……36, 37
近江商人 ……1, 42～44
大坂廻船 ……284, 304, 343, 466
大坂廻送船 ……204
大坂廻米 ……29, 364, 398, 412, 421, 424, 425
大坂廻米運賃 ……410
大坂廻米船 ……403, 405, 406, 408, 410, 454
大坂廿四組問屋 ……37, 315
大坂登米 ……30, 32, 50, 54
大坂菱垣廻船問屋 ……123
岡山藩 ……364
沖船頭 ……10, 62, 74, 82, 97, 191, 203, 406, 452
荻野家 ……351
奥藤家 ……239, 243, 269
御手船 ……55

か　　行

海運政策 ……5, 12, 54
海運制度 ……1
海運論 ……2
海事法制史 ……1
海上金 ……11
廻船請負人方式 ……350, 351
廻船請負人雇船方式 ……384
廻 船 加 入 ……7, 10, 110, 116, 132, 141, 282, 296, 465, 466
廻船加入化 ……41, 120, 123
廻船加入証文 ……147
廻船機能 ……10
廻船規模 …42, 61, 74, 82, 97, 104, 190, 298, 327, 382, 383, 431, 442, 453
廻船行司 ……140
廻船経営 …7, 10, 12, 72, 141, 146, 169, 239, 269, 279, 329, 462～464
廻船御用達 ……430
廻船市場 ……83, 103, 324
廻船性能 ……469
廻船の性能 ……268, 456
買　積 ……10, 169, 173, 176, 244, 280, 287, 295, 311, 317, 342, 356, 461～464
買積船 ……7, 44, 270, 285, 291, 315, 461
海　難 …10, 11, 34, 37, 39, 75, 163, 458, 459, 465, 467

海難救助……34
海難救助制度……1, 11, 73, 348, 467
海難史料……58, 73, 76, 77
海法史……1
加賀藩……3, 5, 30, 32, 54
欠　米……205, 398
水　主…240, 298, 310, 348, 350, 361, 374, 375, 387, 427
加子浦……364
水主稼……354, 382, 389
合　体……40, 106, 113, 118, 123, 176
上方廻米……29
上方船……32
空　船……49, 206, 407, 457
仮菱垣……41
河村瑞賢……8, 31, 349, 351, 378
関東出漁……137
危険分散……10, 11, 177, 465～467
紀州廻船…7, 40, 41, 106, 107, 111, 113, 120, 130, 165, 203, 224, 293, 302, 397, 447, 455, 458, 459, 463, 466
紀州藩……40, 106, 110, 113, 117, 123
季節性……173, 176, 222, 463
季節変動……304
艤　装……38, 39
北前船……4, 5, 7, 42, 44, 295, 469, 470
客船帳……3, 4, 7, 44, 73, 436, 439
九州海運……6
共同海損……11, 37, 38, 73
共同企業……10, 465, 466
共同出資……10, 40, 282, 295, 309, 316, 465, 466
近代化……2, 468
九店仲間……41
組　株……154, 156, 164
蔵　米……30～32, 50, 57, 59, 397, 456
蔵　宿……399, 467
軍　役……370
軍事用役……387
軍事用船……375, 386
軍用船……389
経営形態……2, 295, 311, 317, 461
経済合理性……2, 8, 9, 11, 469
交通史研究会……3
鴻　池……224
小倉細川藩……28
御城米船……33
米運賃……429, 460

さ　行

在村形態……13
佐賀藩……56
酒運賃……122, 460
三橋会所……40
塩専売制……239, 257, 262, 265, 267, 268, 270
直乗船頭……10, 62, 74, 82, 97, 191, 203, 406, 452
自己運送……2, 10, 124, 295
自国稼……85, 95
自国船……55, 61, 74, 82, 96, 452
自己荷物…72, 231, 293, 308, 318, 319, 343, 461, 462, 465
地払米……31, 56
地　船……54, 56, 61, 242, 360
社会的分業……8
出荷組織……153, 168
出資形態……280, 295
酒造統制……39, 120, 215, 216
蒸気船……9, 225, 227, 295, 458, 468, 469
商人請負方式……349
商人米……59, 62, 456
城　米…50, 59, 192, 378, 384, 397, 398, 421, 424, 456, 467
城米集荷体制……397
城米船……198, 203, 350, 406, 407, 421, 427, 431, 455, 457
城米積出湊……398
城米輸送…4, 51, 59, 200, 349, 354, 369, 378, 397, 399, 405, 411, 420, 427, 454, 457, 467
城米輸送船……389, 399, 406, 409
初期豪商……28, 42
所有形態……280, 295, 311
白子屋佐兵衛……40, 115
塩飽廻船……51, 60, 348, 369, 370, 389, 397, 454, 456
塩飽衆……349, 370
塩飽七島……370

塩飽諸島……………33, 349, 369, 370, 378, 388
新宮廻船 ……………………………181, 455
新酒番船 ……………………219, 221, 225, 458
杉本茂十郎………………………………40
西洋形帆船 ……………225, 227, 295, 468, 469
瀬戸内海運 …………………………5, 351
瀬戸内船 ……………………………………397
仙台藩……………………………………31
船　齢 ……………………………406, 431
添　積…………………………39, 167, 168, 302
添　荷……81, 104, 167, 221, 223, 244, 250, 304, 342, 343, 406, 461～464
薗喜太夫 ……………………………131, 169
薗　家 …………………………130, 175, 463

た　行

滞　船 …………206, 304, 406, 407, 427, 448, 457
滞船日数 ……………………207, 208, 408, 409
滞船理由 ……………………208, 209, 408, 457
他国稼 ……………………………83, 95, 356, 452
他国船 …………61, 74, 82, 96, 242, 389, 452, 455
他国行願留帳 ………………………………354
他人運送…………………………2, 10, 124, 295
田淵家…………………………328, 334, 336～338
田淵清右衛門 ………………………………325
樽廻船 …1, 6, 7, 36, 106, 224, 227, 230, 455, 463, 464, 468, 469
樽廻船問屋 ………………36, 39, 41, 42, 231, 455
樽廻船積問屋………………………………38
地方廻船 …42, 44, 45, 62, 159, 187, 204, 325, 397
長州藩 ……………………………………55, 56
賃　金 ……………………………146, 309, 341
賃積船 …………………………………………7
津軽藩…………………………………………4, 32
積　合……59, 62, 77, 79, 81, 104, 155, 160, 164, 190, 223, 406, 412
手　船 …29, 30, 187, 217, 230, 296, 359, 406, 464, 645
手船化 …39, 41, 44, 120, 123, 124, 279, 291, 324, 405
出戻回数 ……………………………………408
出戻入津時刻 ………………………………409
天目船印 ……………………………………40, 106
鳥取藩 ………………………………………55, 56
富田廻船 ……………………………………107

な　行

中荷金 ……………………………284, 285, 311, 462
灘廻船 …41, 53, 123, 203, 397, 405, 454, 458, 464
灘酒輸送 ……………………………215, 216
納屋米 ………………………………………50
難　船 …1, 36, 162, 163, 203, 225, 285, 427, 428, 429, 458, 465, 467
難船史料…………………1, 45, 198, 425, 456
難船率 ………………………………225, 458, 465
南部藩…………………………………………4, 31
荷　親 ………………………………154, 155, 160
西宮酒積問屋 ………………………………137
西廻り航路 ……4, 33, 80, 369, 378, 421, 426, 429, 460
荷所船 ……………………………………43, 44
日本海海運 ………………………4, 5, 397, 406
日本海事史学会 ………………………………3
入津出帆時刻 ……………………………209, 406
入船出船通 …………………………………296
入船帳……………………………7, 73, 325, 436
人　名 ………………………………374, 380
人名株 ………………………………………374, 387
人名制 ………………………………369, 370, 385
乗納人 ………………………………………411
乗組員 ………………………………………309

は　行

羽賀瀬船………………………………………35
幕藩制的市場構造…………………………8, 28
幕府直雇方式……………………34, 350, 351, 384
破　船…………………………36, 291, 427, 428
八戸藩 …………………………………………4
発展類型 ……………………………………452
払米市場………………………………………28
帆走性能…………………………………9, 35
比井廻船………………41, 108, 111, 130, 136, 466
菱垣廻船……………1, 6, 7, 36, 106, 113, 455, 463

菱垣廻船再興策 ……………………………4, 106
菱垣廻船問屋 ……………………36, 39, 41, 42
東廻り航路 …4, 32, 421, 426, 428, 429, 454, 457, 460
日高廻船 …41, 108, 111, 130, 131, 132, 135, 136, 153, 455
日和見 ………………………………9, 11, 465, 467
風帆船 ……………………225, 227, 458, 468, 469
船　宿 ………………………………………440
船　稼 ………………………………………95
船稼形態 …………………………74, 102, 452
豊後廻船 ………………………………………6
分散勘定 ……………………………………37
兵農分離 ………………………………………8
米穀市場 …………………………………48, 56
米穀輸送史 ……………………………………6
米穀流通 …………………………………48, 58
米納年貢 ……………………8, 28, 48, 399, 454
弁才船 ………………………………………9, 35
北国船 ……………………35, 284, 304, 315, 466
本　米 …………………………………205, 398

ま　行

松江藩 ………………………………………………56
松前藩 ………………………………………………42
三木与吉郎 ……………………………280, 466
村上家 …………………………130, 136, 463
木綿帆 ………………………………………………35
籾　米 ……………………………………………205
籾運賃 ……………………………………………429
洩　積 …………………………………38, 39, 40

や　行

大和型帆船 ………………………………………2
山西家 ………57, 295, 303, 319, 329, 343, 461, 462
山西庄五郎 ……………………280, 304, 324, 466

ら　行

領外市場 ……………………………………29〜31
領内市場 ……………………………………29, 30
両浜組 ………………………………………42, 43
粮　米 ……………………204, 405, 425, 432

著者略歴
一九五一年　大阪市に生まれる
一九七四年　和歌山大学経済学部卒業
一九八二年　大阪大学大学院経済学研究科博士課程
単位修得
大阪大学経済学部助手、滋賀大学経済学部助教授等
を経て
現在　和歌山大学経済学部教授

〔主要著書〕
『近江商人の経営遺産』（共著、同文館、一九九二年）

近世日本海運史の研究

平成六年四月一日　第一刷発行
平成七年九月十日　第二刷発行

著者　上《うえ》村《むら》雅《まさ》洋《ひろ》

発行者　吉川圭三

発行所　株式会社　吉川弘文館
郵便番号一一三
東京都文京区本郷七丁目二番八号
電話〇三―三八一三―九一五一〈代〉
振替口座〇〇一〇〇―五―二四四

印刷＝三和印刷・製本＝誠製本

近世日本海運史の研究（オンデマンド版）

Digital Publishing

2018年10月1日　発行

著　者　上村《うえむら》雅洋《まさひろ》

発行者　吉川道郎

発行所　株式会社 吉川弘文館
〒113-0033 東京都文京区本郷7丁目2番8号
TEL 03(3813)9151(代表)
URL http://www.yoshikawa-k.co.jp/

印刷・製本　株式会社 デジタルパブリッシングサービス
URL http://www.d-pub.co.jp/

上村 雅洋（1951～）
ISBN978-4-642-73314-4